教育部人文社会科学重点研究基地重庆工商大学长江上游经济研究中心
"三峡库区百万移民安稳致富国家战略"服务国家特殊需求博士人才培养项目
国家社科基金重点项目"新型种粮大户的成长机理及种粮激励研究"（14AJY021）

新型种粮大户成长机理研究

邵腾伟　著

科学出版社
北　京

内 容 简 介

随着市场化改革的不断深入，全国各地涌现出一大批通过土地流转追求规模效益的新型种粮大户，成为解决中国农业"谁来种地"问题、保障粮食安全、实现家庭经营与现代农业发展有效衔接和全面推进"乡村振兴战略"的重要组织力量。基于此，本书专题研究新型种粮大户的成长机理，厘清新型种粮大户成长的组织逻辑、组织特征、组织发展、组织绩效、生存管理、商业模式、政策激励，为积极、规范、健康发展新型种粮大户提供解决方案。全书坚持宏观与微观贯通、国际与国内贯通、历史与现实贯通，多视角、多维度研究新型种粮大户规模化种粮的成长机理及激励机制，对新型种粮大户的成长规律把握具有理论上的科学性，对培育和壮大我国新型种粮大户具有实践上的可行性。

本书既可作为从事现代农业组织创新研究学者的学术研究参考资料，也可作为从事农业产业化经营的企业管理者的工作实务参考资料，还可为农林经济管理部门制定现代农业政策提供参考。

图书在版编目(CIP)数据

新型种粮大户成长机理研究 / 邵腾伟著. — 北京：科学出版社，2021.1

ISBN 978-7-03-061890-0

Ⅰ.①新… Ⅱ.①邵… Ⅲ.①粮食–生产–研究–中国 Ⅳ.①F326.11

中国版本图书馆 CIP 数据核字 (2019) 第 150799 号

责任编辑：莫永国　陈　杰 / 责任校对：彭　映
责任印制：罗　科 / 封面设计：墨创文化

科 学 出 版 社 出版

北京东黄城根北街16号
邮政编码：100717
http://www.sciencep.com

成都锦瑞印刷有限责任公司印刷

科学出版社发行　各地新华书店经销

*

2021 年 1 月第 一 版　　开本：787×1092 1/16
2021 年 1 月第一次印刷　　印张：16 3/4
字数：400 000

定价：149.00 元
(如有印装质量问题，我社负责调换)

前　言

　　新型种粮大户一方面可以通过流转离农小农户的闲散土地实现适度规模经营，另一方面可以通过社会化服务带动小农户进行传统农业的现代化改造，实现小农户和现代农业发展的有效衔接，有望成为解决我国"谁来种地"问题、保障粮食安全、实现农业现代化和实施"乡村振兴战略"的重要力量。本书以习近平新时代中国特色社会主义思想为指引，专题研究新型种粮大户成长的基本规律，设计种粮大户依靠自身主观努力提高生存管理能力、优化商业模式、依靠外部政策的种粮激励机制，为种粮大户可持续发展提供解决方案。

　　(1) 积极发展种粮大户。综合运用物质激励与精神激励、正面激励与负面激励、中央激励与地方激励的种粮激励手段，强化政策的支持力度，确保国家普惠性惠农政策对种粮大户全覆盖，并对土地规模适度、技术水平较高、经营管理较好的种粮大户进行倾斜性支持，从增加收益的角度保护好种粮大户的种粮积极性。通过合理控制粮食进口，严厉打击粮食走私，减少国外低价粮进口对国内粮食价格的冲击；通过费用减免、以奖代补等形式支持种粮大户投资或对外合作开展种养加循环、粮经饲统筹、三次产业融合发展，实施规模化、产业化、生态化、差异化、品牌化商业模式增强市场竞争力；建立农资价格与粮食价格联动机制保障农民种粮有合理的效益，通过税收和费用的增减把农资企业的利润控制在合理水平，消除粮食领域的"剪刀差"；加大农业科技推广、机耕道路、灌溉沟渠、晾晒仓储等基础设施建设，增加良种补贴、农资补贴，提高农业的物质装备和机械化水平，直接或间接减少农民种粮的生产成本；引导农村无效、低效利用状态的耕地向种粮大户规模化集中，通过规模经济效应弥补单位土地面积种粮效益低的问题。

　　(2) 规范发展种粮大户。重点扶持种粮规模相当于当地户均承包地面积 10~15 倍、务农收入相当于当地二、三产业务工收入的新型种粮大户，建立种粮大户准入制度。明确农业部门为种粮大户的职能管理部门，监管和指导种粮大户生产与发展，为其提供政策、信息、技术等方面的服务。国家农业主管部门需要把扶持种粮大户发展作为一项专门政策，构建覆盖全国的监测网络，系统摸清各地情况，准确监测种粮大户的数量、结构、特点、迫切需要解决的问题。地方农业部门要建立种粮大户档案台账，构建种粮大户信息网络，对种粮大户实行专门登记，动态管理，积极开展当地种粮大户示范户创建活动，制定种粮大户示范户的评定标准，开展种粮大户示范户评定工作，通过示范户的示范带动效应，促进种粮大户健康发展。

　　(3) 健康发展种粮大户。坚持以市场"看不见的手"为主、政府"看得见的手"为辅，创造一个有利于农村低效利用或无效利用耕地向种粮大户集中实现帕累托改进的政策环境。在经济发展水平较高、农村劳动力转出多、非农就业渠道多、农户种地预期收益低而机会成本高的地方，可以加快发展新型种粮大户；在严重存在"100 个人的地给 1 个人种后，其余 99 个人到哪里去？干什么？"问题的地方则需要富有历史耐心，循序渐进地引导种粮大户的发展，不可掉入当政者"好心办坏事"的"王夫之定律"陷阱里：用行政命令或准行政命令的方式让广大农民"被规模"成为失地农民、失业游民。

目　　录

1 绪 论

规模化流转离农小农户的土地集约种粮或为留农小农户提供农业社会化服务的新型种粮大户兴起正好填补了传统小农生产在工业化和城镇化的吸引下逐渐退出粮食生产的空档，也让继续坚守农业的小农户与现代农业实现了有效衔接，并逐渐成为解决我国"谁来种地"问题、"把中国人的饭碗牢牢端在自己手中"的可靠力量和实施"产业兴旺、生态宜居、乡风文明、治理有效、生活富裕"乡村振兴战略的微观主体[①]。为此，本书专题研究新型种粮大户规模化种粮的成长机理及激励机制。

1.1 新型种粮大户产生的背景

改革开放以来，我国农业取得了举世瞩目的成就，主要农产品产量大幅度增长，农产品品质明显改善、农业结构不断优化，特别是党的十八大以来，在一系列惠农政策的作用下，全国粮食产量每年稳定地维持在 6 亿吨左右，在 1978 年(改革开放之初) 3 亿吨的基础上整整翻了一番。但我们也必须清醒地看到，农业依然是国民经济发展的薄弱环节，中国现代化的"短板"在农业，无论是与国民经济其他产业相比，还是与国外发达国家农业相比，抑或是与中国 14 亿人口日益增长的多样化食物需求相比，我国农业都有较大发展空间，在当前世界经济缓慢复苏和国内经济进入新常态的条件下面临更加严峻的挑战。

(1)"三个安全"的严峻考验。中国农业的核心问题不仅是要确保国民有粮可吃，而且要适应人们对食物日益增加的"安全、健康、绿色、营养"的品质要求和实现农业自身可持续发展，确保国家粮食安全、产品质量安全和自然生态安全。目前，我国粮食年产量 6 亿吨，每年有近 1 亿吨的缺口需要进口，进口量约占世界粮食年贸易额的 1/3，离"中国人的饭碗主要装中国粮"的目标还有很大差距。中国作为负责任的大国，必须通过粮食的基本自给维护世界粮价和供求稳定。但传统经验式耕作方式在有限的土地上追求产量，必然会过度用药、用肥、用水，有的甚至违禁使用农业投入品，致使国内农产品质量安全事件频发，水土流失、土地酸化、有机质降低、理化性状变劣和肥力缺失，并造成全国江河湖泊水体不同程度的富营养化。

(2)"三种要素"的严重流失。土地、资本和劳动力是农业发展的基础要素。工业化和城镇化消耗了大量良田沃土，直逼全国 18 亿亩耕地的安全底线。非农劳动收入远高于农业，导致农村高素质劳动力过量非农转移，农村"空心化"和农民"老龄化"日益加剧。据统计，全国农业劳动力从 1991 年到 2016 年，已由 3.9 亿锐减到 1.9 亿，且以 60 岁以上

---

① 不忘初心，牢记使命，高举中国特色社会主义伟大旗帜，决胜全面建成小康社会，夺取新时代中国特色社会主义伟大胜利，为实现中华民族伟大复兴的中国梦不懈奋斗——习近平代表第十八届中央委员会向全国十九大作报告，2017.10.18.

老人为主,"谁来种地"的问题凸显[①]。由于农业风险大、周期长、回报低、交易成本高,不仅城市金融资本不愿意下乡,农村金融资源也被工业化和城镇化"抽血"外流,农业发展的资本投入严重不足。据统计,2014 年我国农业经营性贷款只有 5.36 万亿元,占金融机构各项贷款总额的 6.6%,与农业占国民经济总额 9.2%的比例相去甚远[②]。

(3)"三类风险"的相互叠加。农业异于其他产业的基本特征在于生产过程对自然力、自然条件及生命个体的依赖,容易受旱灾、洪涝、病虫害等自然风险的破坏。近年来我国受自然灾害影响的作物面积年均超过 3000 万公顷,其中绝收超过 350 万公顷,直接经济损失超过 4600 亿元,总体上呈逐年递增趋势。随着外来物种进口的交叉感染,国内动植物疫病日趋复杂多样,病毒变异不断加快,飞虱、蝗虫等重大病虫害严重。千家万户单打独斗的小农户分散经营与社会化大市场需求脱节,加之国际金融投机、期货炒作和国际大粮商操纵全球农产品市场的推波助澜,农产品价格大起大落,谷贱伤农、谷贵伤民事件一波未平一浪又起,对农业生产的过度刺激或过度抑制严重扰乱了国内农业的正常秩序。同时,由于农产品标准化、品牌化不足,一起农产品质量安全事件往往给整个行业带来灭顶之灾。如 2008 年的"三聚氰胺事件"引发消费者对国内乳品的"信任危机",导致国内乳业至今还没有完全恢复元气,国内一、二线城市的婴幼儿奶粉市场仍然主要被国外品牌占据。

(4)"三次产业"的相互割裂。农业既是传统产业,更是新兴产业,现代农业早已不再是自给自足的小生产,而是一、二、三产业相互融合的社会化大生产。农业除了产出农产品,还可横向拓展到生态环保、观光休闲、文化传承等功能,纵向产前、产中、产后衔接形成"接二连三"的全产业价值链;同时,农业的品牌化、专业化发展在满足消费者物质需求的同时,也让消费者获得农耕体验等文化精神享受,提升农业的附加值。但目前我国农业仍主要停留在提供初级产品阶段,产品精深加工、分级包装和品牌推广不足,远未形成三次产业多功能并行、产业化协同的局面。国内农业一盘散沙的局面,也让国际粮商找到了击败我国农业的可乘之机,东北大豆产业的整体沦陷就是一个典型的例证。

(5)"三种效益"的相互掣肘。现代农业要求经济效益、社会效益与生态效益协调一致。但由于农户小规模细碎化、碎片化经营缺乏规模经济优势,且随着城镇化导致耕地数量减少,以及工业化导致人口红利消失,农业生产成本呈逐年上升趋势。加之为适应国内消费者多样化饮食需求,农产品进口数量逐年增加,国内农业小生产与出口国大农场生产的成本劣势进一步凸显,致使多数进口农产品到岸价比国内农产品最低收购价还低,国内农业生产的"地板效应"与国外进口价格的"天花板效应"不断增强。而一些生产者违禁使用廉价有毒农药或兽药降低生产成本,部分经销商违禁使用保鲜剂或防腐剂维持农产品好的卖相和卖价,致使国内农业生态被破坏、环境被污染和农产品质量安全事故频发,农业经济效益、社会效益和生态效益相互间掣肘的"短板效应"显现。

---

① 中华人民共和国农业部.中国农业统计资料(2015)[M].北京:中国农业出版社,2016.
② 中国人民银行.中国农村金融服务报告(2014)[M].北京:中国金融出版社,2015.

1.2 新型种粮大户产生的条件

在一个农户众多、规模细小、经营分散的国家，不要说实现农业现代化，就连维持现状也很困难。在工业化和城镇化的吸引下，农民学会了"用脚投票"，把土地、资本和劳动等优质资源更多地配置到非农领域，导致日益严重的农民"老龄化"、农业"副业化"和农村"空心化"，使中国农业"谁来种地"成为一个绕不开的沉重话题。中国市场经济建设的成功经验表明，一个地方、一个产业的兴旺发达有赖于一大批追求经济效益的微观市场主体崛起。有鉴于此，解决中国农业"谁来种地"问题可行的做法是培育大批追求规模经济效益的新型种粮大户去填补青壮劳动力大量非农转移的"三农"，用现代工业化、企业化的思维嫁接传统农业的家庭经营，产生"鲶鱼效应"，示范带动普通农户共同推进中国农业现代化，保障国家粮食安全。

(1) **小农化是导致农民种地效益不好的重要原因**。发端于安徽小岗村的农业家庭承包赋予农户家庭剩余索取权的经济激励，调动了农户家庭全员生产的积极性，促进了农业发展、农民增收和农村繁荣，显著地改善了我国农业生产条件和农民生活状况。林毅夫(2005a)对我国当时的家庭联产承包经营制度进行了绩效测算，得出我国 1978~1984 年农业生产总值有近一半的贡献来源于家庭联产承包责任制改革，远高于提高农产品收购价格或降低农业生产要素价格等其他因素的贡献(郑尚元，2012)。然而这种"按人分地""好差组合"的农地制度安排必然导致土地细碎化和规模不经济，尤其是随着农业生产资料和农产品依次进入市场，这种小规模分散经营的小农化弊端逐步暴露。据统计，我国现阶段有 2.5 亿农户，户均经营耕地不足 0.5 公顷，经营规模仅相当于日本、韩国农户的 1/3，欧盟家庭庄园的 1/40，美国家庭农场的 1/400(徐勇，2010)。农业小农化经营与社会化、专业化和现代化的大生产、大市场、大流通格局极不相容，具体表现为：农户"小而全"的传统生产方式使他们在有限的土地上种植自己需要的多种作物，无法享受专业分工所带来的好处；农户的经营规模太小，无法形成规模经济，不能取得规模效益；农户分散经营，难以及时获取有效的市场信息和技术信息，生产的自发性和盲目性较大，市场预测能力较差，无法适应激烈的市场竞争和需求变化，生产经营活动容易受到过度刺激或过度抑制，农产品价格大起大落。农户小规模经营，一家一户的经济实力有限，缺乏吸纳现代科技和金融服务的内在动力，也不具备获得一定规模的金融信贷和采用现代技术扩大农业再生产、发展农副产品深加工的能力和条件，农产品加工发展缓慢；市场开拓能力缺乏，进入流通领域交易成本太高、讨价还价能力太弱，合理的利益诉求得不到保证，正当的权益常常受损，其他组织与农户的信息传递和政策执行也比较困难；不利于农业标准化生产和机械化作业，先进的农业科技运用往往面临着效益上的障碍；常常会出现集体行动困境，农户对农田水利的投资和有机肥料养田养地积极性不高，对农产品质量不够重视，农产品"柠檬市场"现象突出；无论是在规模、效率，还是在竞争能力上都无法与那些在生产组织上已经产业化、集约化、规模化和商业化程度极高的国外农业展开竞争。这种小农化的局面与发展现代农业的要求不相适应，与提高农业可持续发展能力的要求不相适应。

（2）**市场化为我国农业去小农化发展创造了条件**。我国在农村推行家庭联产承包经营的同时，又在城市铺开了社会主义市场经济的改革，充分发挥市场配置资源的基础性作用。市场经济的理念不仅让城市发生了翻天覆地的变化，也悄然地扩散到了农村并唤醒了农民的经济理性，农村沉寂的生产要素开始按照收益最大化原则流动，导致农村的土地、资金、劳动力向收益更高的城市或非农领域外流，尤其在巨大的城乡劳动收入面前，农户的种粮行为开始发生微妙变化。一些农户或家庭成员部分留在农村务农、部分常年外出务工经商，形成所谓的"留守农业"，而留守在农村的主要是老人、妇女、儿童或伤病残疾人员，即所谓的"99386125"[①]部队；部分农户家庭成员是农忙时回农村务农、农闲时外出务工经商；一些稳定转移的农户则将家庭承包经营的土地让与他人耕种或撂荒。农户的这些行为，对我国农业生产和粮食安全造成了一系列不利影响。一些地方开始出现农业劳动力短缺，以前田野上农民精耕细作共同劳作的场面没有了，只有少量的农民在广袤田野里不慌不忙地种着稀疏的禾苗，"懒汉田""双改单""口粮田"越来越多，一些农民种地只有播种和收割两道工序，基本没有田间管理，粮食产量和质量低，在一定程度上造成了土地资源的浪费和资源配置效率低下。一些农民只选择生产条件好的、离家近的田地耕种，离家远的、生产条件不好的以及交通不便的则撂荒，原来一年可以种两季的则改为现在只种一季，形成季节性抛荒。由于农村大量青壮年非农转移导致农村劳动力短缺，加上种粮的比较效益低，一些农民种粮只是为了解决自己的口粮需要，即"够吃就行了"。但世间利弊总相伴，伴随着农村劳动力非农化转移带来的土地撂荒或粗放经营，农村土地上结构性的过剩人口得到释放，农业"去过密化"[②]的历史契机降临。一些有商业头脑的农户逐步扩大生产经营规模成为商品化经营程度更高的种粮大户，有的种粮大户还示范带动周边粗放经营的"留守农业""老人农业"的普通农户联合起来组建集约化粮食生产的专业合作社，而一些返乡农民工、城市新农人也加入了农村规模化种粮的队伍，这些市场化的种粮主体以追求利润最大化为目的，在耕地资源流转和集中基础上进行规模化经营，雇用少量的农业工人，对现代生产要素有较强的吸纳能力，能够适应市场经济环境的变化，对我国种粮生产主体去小农化、提高粮食综合生产能力、增加市场商品粮有效供给、保障国家粮食安全发挥了日益重要的作用。

（3）**规模化是种粮大户市场化经营的必然选择**。组织创新是解决未来我国农业"谁来种地"以及"怎样种地"问题的有效途径。农业规模化意味着农业生产组织要把经济效益作为一切决策行为目标之首，农业经营主体不会老是干"赔钱赚吆喝"的事情。但农业的比较效益很低，纯粹种粮食的比较效益更低，过去如此，将来也不会有明显改善。原因是自从我国加入 WTO，国内的农产品市场与国际市场完全接轨，国内大宗农产品价格一旦走高必然会引起国外廉价农产品大量进口拉低国内粮食价格，即使政府高价托市收购，农

---

① 99 指代老人；38 指代妇女；61 指代儿童；25 指代智障、重病、残疾等弱势群体。

② "过密化"亦称"内卷化"，是指以单位工作日边际报酬递减为代价，在单位生产资料上过量投入劳动。它始于吉尔茨（Clifford Geertz）1936 年的著作《农业过密化：印度尼西亚的生态变化过程》（*Agricultural Involution:The Process of Ecological Change in Indonesia*），而后美籍华人黄宗智教授在其 1990 年出版的《1350-1988 年间长江三角洲小农家庭与乡村发展》一书中用"过密化"解释中国农业人多地少、缺乏规模效益的问题。"去过密化"就是指按照规模经济的要求使劳动力的过量投入减到合理的水平。

业生产资料(种子、化肥、农药等)也会纷纷涨价抢走大头,当前我国粮食市场正是这种情况。因此,种粮主体要愿意种地必须要有一定经营规模作保证,要让种粮主体获得与外出务工经商大致相当的收益,否则经济理性告诉农民应该选择非农转移,因为劳动力的机会成本是客观存在的。目前,学术界通过大量的理论证明和实证检验,普遍认同我国农业生产组织形式应当坚持适度规模经营,存在的主要分歧是:采取内生于农户家庭经营的种粮大户,还是外生于工商资本下乡的"圈地运动"。但大量的实践证明,种粮大户是适合当前我国粮食生产特点的微观组织形式。其组织逻辑在于以农户家庭为基础的新型种粮大户适应了农业内部分工水平低的生产特点,产权明晰,雇用少量农工,对投入和产出了如指掌,可实现激励约束相容,降低劳动监督成本,能把更多的现代生产要素吸收到组织内部降低市场交易费用、提高市场谈判能力,获取规模经济和范围经济,流转农民不愿耕种的土地不仅不会造成非农化、非粮化,而且可以严防死守耕地红线、提高农业综合生产能力和产业化经营水平,保障国家粮食安全;相比而言,工商资本下乡圈地,组织内部有较高的劳动监督成本,难以实现激励约束相容,资本排挤劳动还会造成大量农民失地、失业,其强烈的机会主义行为对国家粮食安全造成威胁。所以国家不提倡工商资本大规模、长时间流转占用农民的土地。但这并不排斥工商资本主导的粮食规模化生产与种粮大户形成多元化的竞争格局。正是因为种粮大户内生于"三农"的组织优势,种粮大户近年来在我国获得了蓬勃发展,逐渐成为我国农业现代化的一支主力军。

(4)**新型种粮大户的健康成长有赖于政策的支持保护**。正如马克思主义哲学所言,新事物代表未来的发展方向,但它的成长壮大从来都不是一帆风顺的,尤其在力量弱小的发展初期,需要社会更多的关照,新型种粮大户作为保障我国粮食安全的一股新生力量,自然也不例外。我国种粮大户最早兴起于 20 世纪八九十年代,当时正值全国各地外资民资企业大量涌现,大量农民进城务工经商以后导致一大批农田闲置。为了适应粮食生产的需要,同时也寻找一条种粮致富的道路,响应国家的政策号召,一批有耕作技术实力的农户当起了种粮大户。这期间,尽管粮食价格低、国家扶持政策少,但有规模经济优势且获取一定规模的土地成本低、劳动力务农机会成本低,种粮大户的生存环境比那些仍守望在田野里的普通农户要好得多,李昌平讲的"农民真苦"主要是指普通农户,而不是种粮大户。不过,从 2003 年起,国家加大了对农业的扶持,2004 年开始减免农业税,2006 年开始发放种粮补贴,与此同时,粮食价格开始上涨,从而刺激了部分有恋土情节的第一代农民工返乡种地,种粮大户被迫把土地归还给普通农户,种粮大户开始隐退。直到 2009 年随着国家应对世界金融危机的"一揽子计划"的推出,新的城乡"剪刀差"①出现,种粮的普通农户又开始减少,种粮大户又开始蓬勃发展。由于这些东山再起的种粮大户是在中国市场经济发展比较深入的条件下兴起的,其普遍采取规模化、机械化、专业化、产业化、市场化经营,具有明显的企业化特征,因此本书将其称为新型种粮大户(非特别说明,本书后面提到的"种粮大户"即为新型种粮大户)。截止到 2016 年底,据农业农村部种植业管理司的统计,全国共有新型种粮大户 68.2 万户(占全国农户总数的 0.28%),经营耕地面积

---

① 新"剪刀差"与传统工业产品价格高于其价值与农产品价格低于其价值的旧"剪刀差"相对应,是指经济作物与种粮食作物的收入差、出去打工的收入与在家种粮的收入差、农产品投入成本上涨与农产品销售价格上涨的幅度差。

1.34 亿亩[①]（占全国耕地面积的 7.3%），粮食产量达 746 亿千克（占全国粮食总产量的 12.7%）。调查显示，种粮大户扣除生产成本之后的亩产效益比普通农户平均高出 10%～20%。种粮大户已成为农业现代化建设的重要力量，他们在提高种粮效益、提高土地利用率、提升农产品质量中的作用日益显现。但在种粮大户蓬勃发展的同时，一些制约种粮大户成长的问题日益突出，如地难租、款难贷、天难测、人难请、粮难卖、钱难赚。随着粮食价格下跌，种粮大户种粮收益收窄，种粮积极性下降，有的种粮大户甚至一年亏损上百万元，一些地方开始出现种粮大户"退租"或减少耕种土地的情况。与普通农户要回土地自己耕种导致种粮大户的被动隐退不同，这是种粮大户自己不愿耕种而主动退出，普通农户多半也不会再耕种种粮大户退出的土地，因为随着第一代农民的老去，新生代农民没有恋土情节，也不会种地，只能将土地荒着，由此给国家粮食安全埋下了重大隐患。规模化效益农业是市场经济条件下我国农业现代化发展的必然趋势，国家必须理顺体制机制给予种粮大户更多的政策扶持，要壮大而不是减少种粮大户队伍，激励种粮大户多种粮、种好粮，以保障国家粮食安全。

---

① 1 亩≈666.67 平方米。

2 新型种粮大户的组织逻辑

新型种粮大户成为重要的粮食生产主体是我国经济社会发展的必然选择。本章以现代农业理论、粮食安全理论、农业组织理论等理论为指导,以美国、法国和日本等农业发达国家的种粮主体选择为国际借鉴,以我国粮食生产主体的历史变迁为实践基础,阐释新型种粮大户能够承担起保障粮食安全和实现农业现代化责任的原因。

2.1 种粮大户成长的理论基础

2.1.1 现代农业理论

现代农业(the modernization of agriculture)强调以现代工业装备农业,以现代科技武装农业,以现代管理理论和方法经营农业。其基本特征是科学化、集约化、商品化和市场化。发展现代农业的根本目的是提高土地生产率、资源产出率、劳动生产率和产品商品率,实现农业的经济效益、社会效益和生态效益的统一。现代农业的基本特点是高产、优质、低耗、高效,其实质要求将农业发展成为国民经济中具有较高生产能力和较强竞争能力的现代化产业,并不断地引进新的生产要素和先进经营管理方式,用现代科技、现代工业产品、现代组织制度和管理方法来经营农业,将其锻造成集科学化、集约化、市场化、生态化为一体的既可保护生态平衡又可持续发展的农业。从我国的实际情况来看,发展现代农业的当务之急是大力发展规模经济,改变小生产与大市场不协调的局面。首先要以商品粮生产基地为重点,建设专业化、一体化、现代化的粮食产业体系,在此基础上开展种养结合;其次要以农产品加工为重点,向农业产后延伸,实施一、二、三产业融合发展。

现代农业是与传统农业相对应的概念,学术上把从传统农业向现代农业转变的过程叫作农业现代化(agricultural modernization),其主要内容是实现农业生产手段、生产技术和生产管理的现代化,提高农业的物质装备、科学技术和经营管理水平。我国农业现代化具体表现为以下几个方面:①生产过程机械化。包括选种、育秧、耕地、播种、施肥、除草、灌溉、收割、脱粒、烘干、仓储、加工、包装、运输等从种植到市场所有过程的机械化,以降低劳动体力强度,提高劳动效率。②生产技术科学化。把先进的科学技术广泛运用于农业,以提高产量、提升品质、降低成本、保证食品安全。③增长方式集约化。摒弃传统的粗耕简作,推广现代的精耕细作,种植绿肥、开展秸秆还田、种养循环,减少化肥、农药和灌溉投入,降低生产成本,提高综合效益。④经营循环市场化。面向市场来组织农业生产,投入、产出和消费的经营循环都要在市场上得以实现。⑤生产组织社会化。通过劳动分工,提高微观经济单元的专业化生产水平。⑥生产绩效高优化。高产、优质、高效。⑦劳动者的智能化。培养和依靠"有文化、懂技术、善经营、会管理"的新型职业农民，实现以人为本的农业现代化。农业现代化的要求决定了我国农业生产主体需要尽快由传统农户的小农生产转变到种粮大户等新型农业经营主体的规模化大农生产。

2.1.2 粮食安全理论

粮食安全(food security)概念提出的背景是 20 世纪 70 年代，当时因气候灾害导致全球谷物歉收，全球粮食库存锐减和粮价猛涨，一些贫困国家闹饥荒，饿死的人口急剧上升。面对严重的粮食危机，1974 年世界粮食大会通过了《世界消灭饥饿和营养不良宣言》，把消除饥饿列为世界各国，特别是发达国家和有援助能力国家的共同责任。与此同时，世界粮农组织理事会也通过了《世界粮食安全国际约定》，要求世界各国采纳保证谷物库存量最低安全水平的政策，督促有关国家稳定地扩大粮食生产并维护粮价稳定。在此背景下，联合国粮农组织首次将粮食安全定义为"保证任何人在任何地方都能得到为了生存和健康所需要的足够食品"，在 1983 年将其重新定义为"粮食安全的最终目标是确保所有的人在任何时候既能买到又能买得起他们所需要的基本食品"，在 1996 年又将其进一步表述为"只有当所有人在任何时候都能够在物质上和经济上获得足够、安全和富有营养的粮食，来满足其积极和健康生活的膳食需要及食物喜好时才实现了粮食安全"。由此可见，粮食安全是一个动态概念，其内涵和要求随着经济社会发展在不断地丰富和提高，早期的粮食安全概念只追求数量上满足解决饥饿的需求，而今的粮食安全概念强调数量、质量和经济性同时满足人类食物需求，不仅要满足人们吃饱的基本需要，还要优质、无污染、有营养，满足人们积极、健康生活的膳食需要和食物喜好。

粮食安全的核心是粮食供给与需求平衡，交易维持在合理价格水平。但无论是世界范围，还是一个国家、一个地区，粮食生产与消费分布往往不均。并且，由于粮食是人类生活无可替代的必需品，粮食安全的主动权往往掌握在供给侧，如美国前国务卿基辛格所言："如果你控制了粮食，就控制了人类"。从世界范围来看，美洲和东南亚国家的粮食有富余，尤其是美国作为世界上的粮食生产大国和强国，其对世界粮食安全的影响很大。在美国政要眼里，"粮食是一种手段，是美国外交谈判中的一种武器"，所以美国的农业政策往往是通过高额的农业补贴向海外市场倾销农产品，把粮食援助或商业出口作为一种筹码，以促使别国在贸易和政治上让步，获取自己所需要的矿物资源和能源。由此可见，粮食安全不单是产业安全，它还涉及政治、外交等国家主权安全，从而使粮食安全具有高度的复杂性。我国作为拥有 14 亿人口的发展中大国，每年自产 6 亿吨粮食，可满足国内基本需求，但还要从国际市场进口 1 亿吨左右的粮食丰富国内粮食品类和填补缺口，因此政府一向高度重视粮食安全问题，确立了"以我为主、立足国内、确保产能、适度进口、科技支撑"的国家粮食安全战略，树立了"中国人的饭碗主要装中国粮""靠别人解决吃饭问题是靠不住的"国家粮食安全底线思维，确保了"中国人的饭碗任何时候都要牢牢端在自己手上"。同时，我国还要承担起发展中大国的责任，到世界主要粮食富余产区布局仓储物流，直接参与世界粮食市场竞争，为维护世界粮食供需平衡和价格稳定发挥积极作用。由于人多地少导致家庭联产承包经营的粮食生产劳动生产率低，在加入 WTO 以后粮食生产又面临着巨大的冲击，确保我国粮食安全已成当务之急。搞好粮食生产是粮食安全的前提，只要我国在贸易自由化的前提下采取适当的防范和预警措施，发展适度规模经营提高粮食生产劳动生产率，保护好种粮大户等新型粮食生产主体的积极性，增强土地的复耕能力，把我国的粮食警戒线控制在80%以内，"确保谷物基本自给，口粮绝对安全"，就能"立足国内基本解决我国人民吃饭问题"，确保国家粮食安全。

2.1.3　规模经济理论

规模经济（economics of scale）由英国经济学家马歇尔（Marshall）首先提出，它指随着生产规模的扩大，产品平均成本逐步下降，进而总收益递增的现象。规模经济是由生产分工的专用性、生产经营的不可分性、生产规模的维度效益和投入设施的共享性带来的。随着生产规模的扩大，各种生产要素的专用性更强，利用得更加充分，厂商可以通过聘请水平更高的技术人员、购置节省人工的机械、服务更大规模的生产资料从而摊薄使用成本。规模经济以生产技术水平不变为前提，考察所有生产要素同时变动引起的收益变动。在增加各种生产要素、扩大生产规模的过程中，收益变动大致可分为规模收益递增、规模收益不变和规模收益递减三个阶段。当厂商的规模较小时，各种生产要素利用得不够充分，较小的产量不能摊薄固定成本，因此不具有规模经济。当厂商的规模过大时，往往会出现一些要素短板，导致单位产品成本上升，出现规模不经济（diseconomics of scale）。因此，厂商出于利润最大化往往追求适度规模。就粮食生产的范畴来说，粮食生产主体要追求收益最大化，首先要实现粮食生产的规模化。当前，由于家庭联产承包经营，普通农户的种粮规模太小，未能实现粮食生产的规模化，也就无法实现规模经济，更不可能实现利润最大化。当然，也有少数种粮大户经营规模过大，精力有限导致耕作和管理粗放，经济效益不好，需要把规模减小到"适度"的规模经济范围。

与规模经济高度相关的另一经济理论是范围经济（economics of scope），指多产品厂商的联合产出超过单元产品厂商产出的总和，即联合生产产出超过分别生产。一般认为，范围经济来源于投入要素或技术装备的联合利用、联合的市场营销计划、厂商无形资产的共享，以及生产过程的副产品、联产品的综合开发利用。范围经济对于种粮大户的意义在于延伸粮食产业，发展种养循环农业，实现一、二、三产业融合发展，增加粮食生产的附加值，或把粮食产业链的更多环节的价值留住。在产业链的前端，种粮大户可以对外提供土地托管、代耕代收、农机服务、植保服务等粮食生产性服务，充分利用自身的知识、技术和资产；在产业链的中端，种粮大户可通过轮作、间作增加复种指数，提高土地的利用率，也可通过种养业循环充分利用劳动力或设施设备，通过延长产业链减少市场交易次数，进而减少交易成本；在产业链的后端，种粮大户可以涉足产品加工销售，发展休闲农业，开展乡村旅游等。当然，范围经济也有一个"适度"问题，尽量避免自己不熟悉、不擅长的领域，若涉足范围太广，超出了种粮大户自身的资源禀赋，就会出现范围不经济（diseconomics of scope），反而影响种粮大户的收益最大化。

2.1.4　农业组织理论

农业组织（agricultural organizations）是农业生产经营组织的简称，指由许多性质和功能相同的要素组成的直接从事农业生产经营活动的微观经济单位。从世界范围来看，农业生产经营组织主要包括农业家庭经营、农业合作经营和农业企业经营三种基本形式，我国还包括农村集体经济组织、国有农垦经济组织，但最基本的还是农业家庭经营、农业合作经营和农业企业经营这三种形式。农业家庭经营是指以家庭为单元组织农业生产，也就是我们经常所说的农户。农户原指务农的人家，现指户口在农村的常住户。农户和农业是相互联系的整体，在我国距今已有一万年左右的历史。在我国奴隶制社会，诞生了农业家庭经营，并作为农业生产的微观基础支撑着整个农业的发展。而随着社会分工的出现、经济贸易的普及和我国传统农业向现代农业的演进，今天的农户早已不再是一般自给自足的农业生产者，而是集农作物种植、农产品初加工和销售为一体的微型经济体。农业合作经营是由广大农民，为改善生产和生活条件，谋取和保护自身利益，以最大化成员效益为中心，并遵照自愿、互利、民主等原则而形成的一种共同出资、共同管理、共同所有的经济组织，包括共有农民协会、农业专业合作社和新型股份合作社。随着我国市场经济改革的深入发展和农业竞争的日益加剧，以农户为单位的经济组织由于规模小、效益低、信息不畅而阻碍了农业的进一步发展壮大；以农户群体为单位的合作经营虽然突破了规模较小的限制，但缺乏有效的现代企业治理结构，且深受管理不善的毒害，发展效果不理想。于是，以现代企业制度为基础的农业个体企业、农业社区企业和农业国有企业等新型农业组织开始担负起我国农业发展的重任，并为我国农业的现代化建设注入了新的活力。

不同的农业组织形式往往代表了不同的农业生产力水平。生产力发展水平不同，适应生产力发展水平的农业经营组织也不同。一般而言，农业家庭经营与传统农业的小生产生产力发展水平相适应，农业企业经营与现代农业的大生产生产力水平相适应，而农业合作经营则与传统农业现代化改造的漫长过程相适应(图2-1)。农耕文明的发展史即农业组织形式从家庭经营、合作经营到企业经营演化的发展史。应当指出，在传统农业现代化改造的漫长过程中，三个基本层次的农业经营组织形式都可能存在。我国自改革开放以来，在广大农民群众和党中央的共同努力下，农业科学技术的积累、农业市场的需要、农业机械的普及和人力资源得到了极大的提升，进而促成了我国农业经济组织层次的伟大跃迁，最终形成了我国目前的农业家庭经营、合作经营和企业经营三种基本层次共存的繁荣

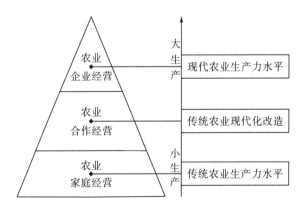

图2-1 不同生产力水平下农业组织形式选择

局面,并呈现出三种组织形式融合发展的趋势。以种粮大户为例,它内生于农业家庭经营,继承了农业家庭经营的生产经营决策高效、劳动监督成本低等优点,又植入了现代企业管理理念,重视对投入-产出的核算,讲究经济效益,追求规模经济。同时,一些种粮大户还领办或加入了粮食生产合作社,通过集体的力量参与市场活动,增强市场竞争能力。正因如此,种粮大户呈现出顽强的生产力,成为我国保障粮食安全和实现现代化的重要力量。

2.1.5　企业成长理论

企业成长(firm growing)问题一直受到理论界的广泛重视。以亚当·斯密(Adam Smith)为代表的古典经济学派认为分工可实现更高的产量与更低的成本,企业作为追求规模经济的分工组织,企业成长与规模化程度正相关。不过马歇尔认为企业规模扩大会导致灵活经营的市场适应能力和竞争力下降,成长的负面效应最终会超过正面效应,使企业失去增长势头。斯蒂格勒(George J. Stigler)认为产业初期的企业成长主要通过内部分工实现自身"全能"扩张,应对市场规模小的问题,产业和市场的扩大使企业逐步转向专业化扩大经营规模。新古典经济学把企业视为一个生产函数"黑箱",认为企业是土地、资本和劳动力成长的同质化市场组织,企业的成长是企业增加产量的边际成本等于边际收益的最优规模水平的过程,企业成长的动力源于规模经济,所以企业追求扩张经营规模,企业成长取决于企业所处的外部环境,如果企业面临的成本或需求曲线发生变动,企业就会调整规模。成本变化通常来自技术变革或要素价格变化,需求变化则主要来自收入变化或偏好变化。新制度经济学鼻祖科斯(Ronald H. Coase)认为企业成长的动因在于节约市场交易费用,企业通过纵向或横向把市场交易成本较高的业务环节内化到企业从而实现企业规模的扩大,但同时企业内部的管理费用随着企业规模扩大也会增加,所以当市场边际交易费用等于企业边际管理费用时,企业规模停止扩大。市场交易水平或企业管理水平的变动引起企业经营规模动态调整。制度变迁理论代表钱德勒(Alfred D.Chandler Jr)认为企业成长的重要方面是所有权与经营权的分离及企业内部组织结构的变革。随着企业规模扩大,内部管理工作增加并日益复杂化,企业往往会横向增设管理部分、纵向增加管理层级。不过,随着互联网思维及技术的深刻运用,企业内部组织结构有去中心化、层级化的扁平化变革趋势。现代管理学派代表安蒂思·潘罗斯(Edit T.Penrose)认为企业的成长是基于"企业资源-企业能力-企业成长"的内生成长,企业拥有的资源状况决定企业能力,企业能力的关键是管理能力,管理能力影响企业资源利用水平,进而影响企业成长速度。不同企业对土地、资本和劳动力的获取能力不同;资源禀赋相同而企业能力不同时企业成长表现也不相同,产生所谓的"潘罗斯效应"。由此可见,企业成长是企业在一定环境中不断壮大的动态演化过程,是企业外延规模扩大与内涵质量提升的统一。

企业成长通常包括内部成长、外部并购和网络化成长三种基本路径。内部成长是指企业依靠自我积累的规模扩张和产业链延伸。外部并购指企业通过参股、控股和收购的形式将外部企业内化到本企业。网络化成长是指企业通过结盟的形式将外部关联企业集成到本企业所在产业链上。根据潘罗斯的企业能力理论,资源转化为产品和服务过程中的一系列生产，可以在一个企业的内部纵向一体化完成，也可以由分散在产业链上的各个环节的企业独立完成。然而，在多数情况下，最终产品的生产会超出单个企业的能力，为了获取更高的竞争优势，企业必须将企业内部成长和外部并购、网络化成长等方式组合起来，以便能够最大限度满足市场需要和确保企业盈利。从农业领域来看，涉农企业由于在对自然资源的依赖性和追求规模效应等方面更为突出，因此种粮大户开展全产业链纵向一体整合更为重要。在产业链的前端，种粮大户可以通过充分利用自身的知识、技术和资产，对外提供土地托管、代耕代收、农机服务、植保服务等粮食生产性服务；在产业链的中端，种粮大户可通过轮作、间作增加复种指数，提高土地的利用率，通过种养业循环充分利用劳动力或设施设备，通过延长产业链降低市场交易频次，进而减少交易成本；在产业链的后端，种粮大户可以涉足产品加工销售、发展休闲农业、开展乡村旅游等。

2.2　粮食生产主体的国际借鉴

2.2.1　世界粮食贸易主要参与国家

世界上不同的国家或地区依据其生产的主要粮食品种、消费习惯和粮食补贴政策，对粮食的概念有各自不同的界定。根据美国农业部(U. S. Department of Agriculture，USDA)的粮食统计口径，粮食是指小麦、玉米、高粱、大麦、稻谷、燕麦、黑麦及其他杂粮，大豆和薯类不计入粮食。以法国为代表的欧洲国家通常把粮食界定为大麦、玉米、小麦、高粱、黑麦和燕麦，薯类不计入粮食。日本则把粮食界定为米谷、大麦、裸麦和小麦等谷物。联合国粮食及农业组织(Food and Agriculture Organization of the United Nations，FAO)的粮食概念专指谷物，包括稻谷、小米、大麦、小麦、黑麦、燕麦、玉米、高粱和混合粮食(张燕林，2010)，其中稻谷按其平均出米率折合成大米。USDA 对粮食的定义与 FAO 基本一致，包括大米、小米、玉米、大麦、小麦、燕麦、黑麦、高粱和混合的粮食，但不包括豆类。在我国，粮食主要是指稻谷、小麦、玉米、高粱、小米、大麦和燕麦等谷物(张燕林，2010)，不包括油菜籽、豆类(包括黄豆、青豆和黑豆)、薯类(只包括马铃薯和甘薯，不包括木薯和芋头)和其他杂粮(荞麦等)，其中薯类按重量、加工转化率折算为粮食，其他粮食按脱粒后的原粮计算，这也是国家统计年鉴和中国农业年鉴关于粮食的定义，所有产量数据为抽样调查数据。稻谷、小麦和玉米三类谷物占全国谷物总产量的90%以上，占全国粮食总产量的80%以上，是我国最主要的粮食作物，是"中国人的饭碗主要装中国粮""中国人的饭碗要牢牢端在自己手上"的关键。鉴于此，本研究的粮食生产主要指稻谷、小麦或玉米等谷物品种的种植。为更好地研究我国新型种粮大户的成长问题，根据表 2-1 所示全球基本谷物主要生产大国和出口大国的情况，结合我国粮食生产的具体国情，重点分析美国、法国、日本等对我国粮食生产主体组织再造有重要借鉴意义国家的种粮主体组织模式，探寻这些国家的粮食生产组织模式对我国种粮大户成长的启示。

表 2-1   2016 年全球三种基本谷物生产与出口的主要国家

品种	全球产量/亿吨	生产大国/亿吨	出口大国/万吨
大米	4.81	中国(1.47)、印度(1.05)、印尼(0.37)、孟加拉国(0.35)	印度(1043)、泰国(998)、越南(500)、日本(0.20)
小麦	7.50	中国(1.30)、印度(0.96)、俄罗斯(0.62)、美国(0.56)	俄罗斯(2500)、美国(2400)、澳大利亚(2000)、法国(1800)
玉米	10.31	美国(3.47)、中国(2.29)、巴西(0.67)、阿根廷(0.28)	美国(4900)、巴西(2500)、阿根廷(2300)、乌克兰(1700)

资料来源：①联合国粮农组织，http://www.fao/world food situation；
②《国家统计局关于 2016 年粮食产量的公告》，2016 年 12 月 8 日，http://www.stats.gov.cn。

2.2.2   美国大型农场的规模化经营

美国是世界上最发达的国家，也是世界第一粮食生产大国和粮食出口大国。美国的粮食生产主要由大规模的农场进行。在美国，农场按经营方式分为家庭农场、合伙农场和公司农场。家庭农场(family farms)实行独资经营、自负盈亏，仅在农忙时雇佣少数临时工。合伙农场是指家庭农场联合体。公司农场是指由加工企业、商贸企业或金融机构等非农结构资本下乡对集中连片的多户家庭农场进行收购、兼并和股份制改造的大型农场。美国的粮食生产主要由家庭农场进行，企业农场通常只涉足一些常年供应稳定、市场需求稳定、劳动力需求稳定的蔬果、养殖和设施农业，一般不从事粮食生产。据统计，美国 90%的农场属于家庭农场，家庭农场拥有全国 81%的耕地，粮食产量占全国总量的 83%。美国家庭农场的粮食生产具有规模化经营、集约化生产、社会化服务、专业化分工、市场化交易和政府扶持力度大等显著特征。

(1)**规模化经营**。美国"人少地多"的国情决定了美国农场规模较大。目前美国大约有农场 200 万个，平均每个农场的耕地面积达 180 公顷。从土地产权的角度分类，美国农场有三种所有制形式，其中有超过 25%的农场属于只经营自有土地的全自耕农农场，有超过 10%的农场为全部经营外部租赁土地的佃农农场，其余 60%左右的农场属于既经营自家土地又从外部租入土地的半自耕农农场。美国农场有大、中、小型之分，且规模经济效应明显，大农场占 25%，产出了全国 85%的粮食。因此，一些规模较小的农场由于生产成本高，市场竞争压力大，不得不转为兼业农场或被迫转业。近几十年来，随着工商业的快速发展，也有越来越多的美国人放弃土地去经营其他产业，把土地转租给其他农场主，从而为其他农场进一步扩大经营规模创造了条件。

(2)**集约化生产**。家庭农场在美国之所以有这么强的生命力，除了来自美国政府的强力保护和具有规模经济以外，更重要的原因是家庭农场主熟悉粮食生产，粮食生产机械化水平和科技含量高。早在 20 世纪 30 年代，美国就建起了集农业教育、科学研究和技术推广"三位一体"的农业技术推广体系，促进了科学技术迅速转化为现实生产力，并呈现出良好的效果，粮食增产增收的科技贡献率超过 70%。农业科技推广培育了大量农业科技人才，这些人才促进了农业科技的推广运用，而且有些人直接当起了农场主。农业科技推广机构将科研成果向农场转移的过程中，也及时收集到了农场反馈的实际需求，从而缩短了农业科技推广的转化周期，提高了农业科技对农场的贡献。

（3）**社会化服务**。为追求规模经济效应，农场生产的产品通常非常单一，从而导致农场产品的产销距离远，农场很难依靠自身的力量完成生产、运输、销售等各个环节，于是就有人从粮食种植和其他产业中分离出来，专门从事粮食产前、产后的服务工作，将粮食种植及相关的各个环节组成一个有机整体。在产前阶段，农场的机械、化肥、农药、种子等农资部分或全部由外部专门的服务机构提供，虽然目前仍有一些农场自己生产种子等农资，但这部分比例不大且正在不断减少。而生产阶段的农场的耕地、播种、中耕、灭虫、收割甚至信息服务、财务管理和审计咨询、农场管理及法律服务，以及粮食收割后的储存、运输、销售等经营活动也不是全部由农场自己完成，而是由农场主给服务公司或合作社一定的费用，由服务公司或合作社代劳。

（4）**专业化分工**。美国农场粮食生产专业化分工表现为粮食品种的区域化、农场产品的单一化和生产过程的社会化。生产过程的社会化已在前文述及，这里不再赘述。白玉米主要由大湖附近的玉米带生产，春小麦由北达科他州和南达科他州生产，冬天小麦则夹在玉米带南部和棉花带北部，如华盛顿和俄勒冈。对农场而言，规模较小的农场一般只生产一种产品，即使是大农场，也仅仅生产有限的几种产品，全国 3/4 的农场生产的产品不超过 3 种，专业化趋势明显。美国粮食品种的区域化和农场产品的单一化，大大提高了农业劳动生产率和产出水平。

（5）**市场化交易**。美国农场的市场化水平表现为商业化家庭农场的形成和发展，以及专业化分工和社会化服务。美国粮食的市场化程度高，已形成一个包括农用物资市场、农业资金市场、农用土地市场、农业技术市场和农业劳动力市场在内的农业要素市场，一个包括农产品现货市场与期货市场的农产品销售市场，以及农产品加工市场等完整的、完备的市场体系。美国是世界上经济最发达的国家，其国内发达工业对粮食的需求与国外粮食出口的扩大为国内农场的粮食生产提供了持续的、巨大的推动力。美国工业的现代化扩大了粮食市场的需求，促进了粮食市场的发展，而粮食市场的发展又促进了美国粮食向海外出口，美国粮食向海外出口为美国换回了大量外汇，从而为美国引进全球先进技术、设备及优秀人才提供了保障，进而强化了美国的工业，形成了一个工业与农业相互强化的闭环。

（6）**政府的支持**。美国人眼里，"粮食是一种武器"，政府高度重视对农业的支持。一方面通过生产灵活性补贴、土地休耕保护计划、农业灾害补贴对农场给予直接补贴，另一方面通过税收减免和财政对农业基础设施、科技推广和人才培养给予支持以改善农场粮食生产经营条件，更重要的是美国政府积极支持国内粮食出口，为美国农业的发展开拓了广阔的空间。美国通过高额的补贴向海外市场倾销粮食，把粮食援助或商业出口作为一种筹码，要求相关国家在贸易和政治上让步，获取自身所需要的能源和资源，向富有国家索取高昂的粮食出口价格换取外汇，为其引进全球先进技术、设备及优秀人才提供外汇支持（臧云鹏，2012）。

2.2.3　法国家庭农场的合作化经营

法国是一个人多地少的国家，人均农业资源禀赋并不高，粮食生产采取类似于我国家庭承包经营的中小家庭农场组织模式。但从 20 世纪 70 年代起，法国却一跃成为继美国之后的世界第二大农业出口国,甚至其农产品的加工出口量高居世界第一。法国农业取得如此大的成功与其坚持家庭农场的规模化经营与合作化联合经营密不可分。一方面通过采取家庭农场这种基本经营组织形式,充分发挥家庭经营在生产决策、成本节约和监督管理方面的优势,大量发展家庭农场规模化经营;另一方面则通过专业合作社的组织形式把广大分散经营的家庭农场组织起来进行产供销一体化,通过合作社克服家庭农场在市场谈判、产销衔接和专用资产投入等方面的劣势。概括起来,法国这种以家庭农场规模化经营与合作社组织化经营相结合的组织模式具有规模化经营、合作化组织、产业化运营、专业化分工和理性化耕作等显著特征。

(1)**规模化经营**。二战前,法国小农场数量众多,阻碍了农业的机械化进程和先进农业技术的采用。为促进农业迅速发展,提高农业劳动生产率,法国政府从20世纪50年代起实行了土地集中的农业政策,鼓励家庭农场通过土地租赁的方式扩大土地经营规模,同时还允许土地在市场上公开买卖,还规定土地租赁期限不少于9年,承租人对出租人的土地有优先购买权。为推动家庭农场的规模化经营,法国政府还出资设立了专门的土地整治与农村安置公司,把那些流转出来的家庭农场土地进行收购并整治,然后转让给有知识、有能力、效率高的经营者,实现土地的大规模经营。正是这些措施,促使法国家庭农场土地经营规模日益扩大,家庭农场的数量由20世纪50年代的228万个减少为目前的66万个,其中20公顷以下的小农场数量不到10%,而50公顷以上的大农场数量超过50%。目前,法国的家庭农场总数约为66万个,60%以上的农场以粮食等谷物生产为主,农场主及其家庭劳动力占法国农业劳动力的90%以上。

(2)**合作化组织**。为应对市场竞争对家庭农场小规模经营的冲击,改进农业生产技术、增加农产品销量及价格、降低农资价格、提高农资产品质量,法国家庭农场开展了粮食供销合作、粮食生产合作、农业信贷合作、农业保险合作等合作运动(李先德和孙致陆,2014)。通过合作运动,家庭农场不仅转嫁了市场风险,还可获得来自合作社产供销、人财物的多元化服务,确保家庭农场生产经营各个环节的业务活动得以顺利开展。目前,法国90%以上的家庭农场都加入了一个或多个合作社。法国有近3000个农业合作社,社员50多万人。法国74%的谷物由合作社生产,71%的谷物由合作社收购。法国的农业合作组织体系由合作社联合组织和基层农业合作社构成(图2-2)。农业合作社联合组织包括法国全国合作社协会、法国农业合作社联盟、法国农业信贷银行集团,其中法国全国合作社协会主要负责推动合作观念和原则的传承与发展、公共决策与立法、合作社及其社员的权益维护(李先德和孙致陆,2014),法国农业合作社联盟主要负责全国农业合作社之间的交流与合作及咨询服务,法国农业信贷银行集团是为法国合作社发展提供创新性金融服务的金融组织。基层农业合作社包括农业共同经营联合体、农业有限责任经营体、农产品营销合作社、农业经营合作社企业、共同使用农业生产资料合作社、牲畜选育与人工受精合作社、农业互助信贷合作社,正是这些合作组织促进了法国家庭农场的粮食生产、加工、销售的全产业链集成,并借助专业化经营和资本集中的优势取得了较好的效果。

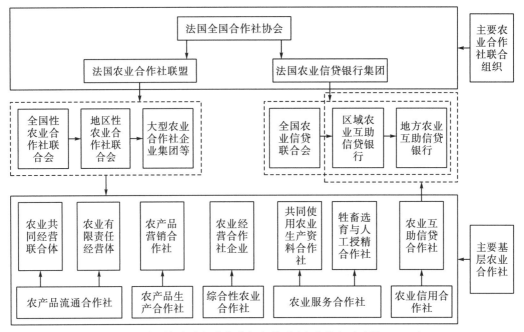

图 2-2　法国家庭农场合作化组织体系(李先德和孙致陆，2014)

(3) **产业化运营**。随着合作社事业的发展，法国的农业合作社从早期的农业生产组织向农产品加工销售拓展，业务范围涵盖农业生产、加工、销售、贸易，融入法国食品产业的产前、产中和产后各个业务环节，成为法国食品行业的重要组成部分。一些合作社或联合社还逐渐发展成为国内外颇有影响力的大型食品企业集团，他们对合作社内采取非营利的惠顾原则集合社员的产品或服务，对外则采取市场交易原则追求收益最大化，将农业产供销业务整合成一体化的农工商综合体。法国还有大量农工商综合体是由共有或私营工商资本下乡举办或参股、控股的。这些农工商综合体以合同的形式与家庭农场签订供销订单，在明确双方权利和义务的前提下，把产供销各个环节整合成一个统一的业务流程，一方面使法国农业越来越紧密地从属于工商资本的控制之下，另一方面则缩减了农产品之间的产销环节，节约并加快了资本周转，提高了法国农业的劳动生产率。

(4) **专业化分工**。法国家庭农场的专业化可概括为区域专业化、农场专业化和作业专业化三个基本层次。区域专业化是指各地根据自然条件和农业资源，把最适宜的粮食作物种到最适宜的行政区域，形成专业化的粮食生产基地，按照这个要求，法国农业部门把全国分为了 22 个大区，比如巴黎大区主要生产小麦和玉米等粮食作物、北部庇卡底主要种植马铃薯。农场专业化则是指充分转变农业的职能，将农场由过去的全面生产转变为生产一种或少数几种农产品的专业化农场，如谷物农场、畜禽农场、水果农场、蔬菜农场等，一家农场通常只耕种一种产品。作业专业化是指将过去由一家农场完成的全部工作，如耕种、田间管理、收割、运输、储藏、销售等工序，部分或全部外包给企业化的农业生产性服务公司，使家庭农场过去自给自足的生产转化为商品化生产。

(5) **理性化耕作**。早在 20 世纪 80 年代，法国家庭农场主和农业科技工作者们就已经发现，长期效仿美国那种大量使用化肥和农药的石油农业模式，虽然在一定程度上提高了作物产量，但却导致土壤板结、肥力下降、水土流失、生物多样性破坏、生态环境退化、产品质量降低和国际市场竞争力下降等突出问题。这种只重视产量而忽视质量和生态环境的耕种模式引起了法国社会的反思。为此，法国政府提出了农业理性化耕作的概念，引导家庭农场在农作物种植过程中，通盘考虑和兼顾生产者经济利益、消费者需求和环境保护，重视环境成本和消费者对农产品的品质要求，加强对土质、水质、空气等生态环境和生态文化的保护，保障生物多样性，实现农业的可持续发展。从某种意义上讲，正是法国农业较早采取了这些理性化耕作措施，才奠定了法国农业在世界农产品贸易市场上的美好声誉，造就了法国的世界农业出口大国和强国地位。

(6) **政府的支持**。以家庭农场规模经营为基础的农业合作社是法国农业生产最鲜明的组织特征，也是法国农业政策长期引导的结果。在推动土地规模化经营方面，法国政府1960 年颁布了《农业指导法》，鼓励家庭农场的土地租赁和买卖，政府出资设立土地整治与农村安置公司引导土地向优势家庭农场规模化集中，对农民转出土地给予 3~5 年预备年金，向购买土地的农场提供无息或低息贷款(李彬和范云峰，2011)，为家庭农场扩大土地经营规模一路"开绿灯"。在推动家庭农场组织化方面，法国政府早在 1884 年就颁布了《职业组合法》，引导家庭农场联合在一起进行资金融通、保险和农资的购买、农产品的销售。1962 年还颁布了《农业共同经营组合法》，农业合作社社员间的业务往来免征税，合作组织供应与采购合作社以及农产品的生产、加工、储运、销售(李先德和孙致陆，2014)免缴相当于其生产净值 35%~38%的公司税，山区及经济条件差的合作组织可获得 3.45%的利率以及最长 12 年期限的优惠贷款，平原地区可获得 4.7%的利率以及最长9 年的贷款。在鼓励农产品出口方面，利用共同农业政策对农产品出口实现巨额补贴，每年从共同农业基金中提取约 5 亿欧元的净收益额用于产品结构调整、价格支持和出口补贴。政府出资赞助组建行业协会、商会和专业的营销促销企业推动农产品出口，如政府在法国农产品食品经营发展公司占有 1/3 的股份并承担 50%的出口营销促进费用。在农业技术推广方面，法国专门设置了农业和农村发展署负责制定国家农业科技发展计划，并对计划的实施进行实时监督和评价。政府出资设立农业教育和培训，健全全国农业推广组织，在市县一级还设有农会、农业合作社等基层农技推广组织向家庭农场推广农业技术(李彬和范云峰，2011)。

2.2.4 日本农协模式的合作化经营

日本与我国有较多相似之处，都是人多地少、土地零碎、山地多的国家，都面临着随着国家工业化、城镇化的发展，农业人口老龄化、农业接班人不足和农地撂荒面积增加等问题。不同的是，我国农业还在现代化的路上，而日本农业早在 20 世纪 70 年代就已实现现代化。日本农业无论在规模化经营、合作化组织、专业化分工、集约化生产、产业化运营，还是政府对农业的支持方面都对我国推进农业现代化有重要借鉴意义。

(1) **规模化经营**。由于人多地少和土地资源稀缺，二战前的日本农业是以农户小规模家庭经营为主，全国农户数量达 581 万，户均规模不到 2 亩[①]。随着战后日本经济的逐渐

---

① 1 亩≈666.7 平方米。

崛起，特别是二、三产业的迅速发展，大量农业人口非农转移，部分农户举家进城把土地转给其他农户耕种，使其成为种粮大户，部分农户半工半农成为兼业农户，农户数量逐年减少，经营规模日渐增加。到 2000 年，日本农户数已减少到 312 万户，其中经营规模化在 75 亩以上的种粮大户占 18.2%，小规模的兼业农户只有 81.8%。同时为提高兼业农户的规模经济效益，日本还把以村为单位的所有农户组织起来统一经营的村落经营一并纳入规模化经营的支持范围。2013 年，日本还新成立了土地银行，免费对租赁的土地开展集中连片整理改造和基础设施建设，并把集中连片的土地租赁给规模化经营的种粮大户或村落，通过扩大经营规模来降低农业经营主体的生产成本，希望有更多平原地区种粮大户的耕地规模达到 300～450 亩，而丘陵地区的种粮大户也要达到 150～300 亩。同时，日本还通过"一村一品"专业化种植的形式开展规模经营，倡导每个村充分利用本地资源优势，因地制宜生产出符合本村资源和地理特点的一种或少数几种产品，提高市场占有率和知名度，提高农业劳动生产率和经济效益。

(2) **合作化组织**。日本农协(全称"日本农业协同组合")是把日本农业家庭经营组织起来的主要组织载体。日本农协的前身——产业组合是 20 世纪初日本模仿西方资本主义国家的合作社而发展起来的，旨在"提高农业生产力，提高农民的社会经济地位，实现国民经济的发展"。农协属于非营利性组织，为社员服务时仅收取少量手续费。日本的农协按照日本的行政管理级别在市、町、村设置基层农协，为该地区农户提供生产指导、农产品买卖、金融保险服务(李彬和范云峰，2011)。共同利用组织、集团栽培组织、受委托组织和协业组织为基层农协粮食生产的主要合作形式。日本农业在水稻、果蔬、畜禽部门广泛存在着共同利用组织，农户共同利用小型农机具及其加工设备(周晓庆，2010)。集团栽培组织在水稻种植行业分布得多，主要表现为多个农户把生产过程中的病虫害防治、机耕机收、播种施肥等部分环节拿出来进行共同劳动，其余环节则保持家庭经营，不改变土地的私有权。受委托组织分作业委托和经营委托。作业委托是农户通过付费买服务的形式把生产过程中的部分或全部作业委托给农协或集体组织；经营委托是农户把农业生产的全部过程都委托给农协或集体组织，受托组织向农户支付一定固定费用后收入分成，本质上是土地租赁，由于日本规定土地租赁不能在农协或集体组织与农户之间，只能在农户之间，且租金固定，所以不称其为土地租赁。协业组织指农户共同出资进行农业经营，从生产到贩卖、收益分配、收支计算都实现共同经营的组织，通常采取土地和生产资料作股出资，收益按出资额和劳动分配，或只按出资额分配而对劳动支付工资。至于日本的村落经营，则是一种农户家庭经营的集体合作组织。

(3) **机械化生产**。日本是世界上农业机械最发达的国家(表 2-2)，农机以水稻机械化为重点。目前 90% 以上的农业作业活动已经实现了机械化。日本的农机制造处于世界领先水平，农机公司通常都设有专门的技术研发部门负责深入田间地头了解农户对农机使用的情况和需求，以不断改进技术。农机公司和基层农协还经常举办各种技术培训，以提高农户操作、维护和保养农机的水平。政府鼓励农户购买农机，为农户购买农业生产和加工机械提供 50% 的购机补贴(朱丽娟，2013)。

表 2-2 21世纪初部分国家的农业机械化程度

机械化评价指标	日本	美国	法国	意大利	荷兰	以色列	澳大利亚
人均耕地面积(公顷/人)	1.2	54.7	17.2	5.0	3.3	4.6	111.1
拖拉机使用密度(台/千公顷)	557.8	27.1	71.7	182.6	193.5	70.1	6.3
收割机使用密度(台/千公顷)	305.5	3.7	8.4	6.2	6.3	0.7	1.1

资料来源：联合国粮农组织数据库

(4)**产业化运营**。农业产业化在日本是指"六次产业化"的概念，它最早由日本东京女子大学教授、农业专家今村奈良臣1996年提出。"六次产业化"是指以农业为基础，发展农产品加工、流通销售及相关服务业，形成集生产、加工、销售、餐饮和服务为一体的完整产业链。"六次产业化"常见的形式是农产品加工销售、农产品直销、农村饭店、观光农园、农家民宿及其组合。农产品加工销售指开展农产品加工、食品加工和销售，或者实行前店后厂；农产品直销是指在消费市场建立门店直接销售当地农产品及加工品；休闲观光指利用当地特色资源开展农事体验、乡村旅游、餐饮住宿等。从实施主体来看，"六次产业化"的实践主体有农业生产者、农协、合作社、基层政府、农工商五类主体，通过产加销一体化，开展农产品加工、销售、餐饮或者观光体验。一些基层政府通过政府控股或参股建设农产品加工、流通设施，吸引农民、合作社共同参与二、三产业经营活动；一些农业生产者与食品加工、流通企业共享各自的经营资源，实现生产加工技术、销售网络和品牌优势合作，共同开发新产品、新服务，农业生产者与工商企业一般通过保护价订单收购、入股等方式结成紧密的利益共同体(王乐君和赵海，2016)。

(5)**政府的支持**。日本是世界经济强国，也是一个农业小国，人地关系十分紧张。为了保障粮食安全，日本对农业生产者(尤其是种粮主体)的支持和干预力度是很大的。日本政府于1994年修改了1968年出台的《综合设施资金》，通过低息等方式支持农地规模经营。1998年颁布《农政改革大纲》，提出促进农户规模化经营的同时积极发展村落经营，并将农业财政预算向改善农业基础设施倾斜，其中一半以上的预算用于土地改良和灌溉体系建设，形成集中连片的旱涝保收田，为规模化经营创造条件。1999年进一步把村落经营列为日本农业重要的规模化经营的实现形式。2013年，日本通过政府为主要出资人设立了土地银行，免费为租赁土地进行集中连片的整理和整治，增加对规模化种粮主体的土地供给，力争通过努力，造就一大批规模在20～30公顷的平原种粮大户和规模在10～20公顷的丘陵种粮大户。为了解决农业劳动力的老龄化问题，日本政府对45岁以下新务农人员连续2～5年每年直接补贴150万日元。日本的农业科研机构和专业设置齐备，农林水产主管部门直接指导和管理众多大型农场，还通过基础农林水产部门进行技术推广，及时将先进的技术普及给农民。日本对六次产业涉及的主要环节都有专项财政资金补助实施主体：对农产品直销店、农产品流通和销售设施补贴3/10；对购买加工设备补贴一半；对开发新产品和拓展销售渠道补贴1/3；若农协建立直销店，中央补贴1/2，地方政府补贴1/4，农协只承担1/8的投资。实施主体开餐饮店，还可申请无息或低息贷款。日本中央、省、基层三级农业部门还设有六次产业化支援促进中心，建设专家服务团队承担六次产业政策咨询、生产指导、产品展示、设计技术服务等工作(王乐君和赵海，2016)。

2.2.5　国际经验总结及其重要启示

（1）**国际经验总结**：①规模经营实现规模经济效益。市场经济条件下的农户已不再是自给自足的小农，而是理性的农业商品提供者。他们从事农业活动，除了极少部分是为了自给的需要，绝大部分产品都要拿到市场上去交换以获取经济收益。由于粮食等大宗农产品的单位溢价能力极其有限，农业生产者靠出售少量商品就能获得可观收益是不现实的。他们必须要扩大经营规模，靠多产多销获得必要限度的收益，来确保自身商业的可持续发展。不然，他们就只有"离田上岸"转行干别的。因为在市场经济条件下，一切资源和要素都贴上了价格标签，它们在"看不见的手"的指引下，从开价低的使用者那里流向开价高的使用者。出于对规模经济效益的追求，美国一些规模较小的农场由于生产成本高，市场竞争压力大，不得不转为兼业农场或被迫转业，从而导致美国农场数量从20世纪初的700万个减少为如今的200万个；法国的家庭农场数量由20世纪50年代的228万个减少为目前的66万个，其中拥有农地20公顷以下的小农场数量不到10%，而50公顷以上的大农场数量超过50%；日本的家庭农场由二战前的近700万个减少为如今的200万个。②合作化把小生产者组织起来。鉴于规模化经营的方向性、长期性和渐进性，为了让仍然存续的广大小规模农业生产者能很好地活下来，也为其日后发展为规模化生产者，往往需要通过合作社等中介组织把小生产者组织起来与大市场产销对接，与规模化生产者同台竞争。比如法国有近3000个农业合作社，社员50多万个，90%以上的家庭农场都加入一个或多个合作社，合作社生产了法国74%的谷物，收购了市场上71%的谷物。在日本，农协为农户提供营农指导、产品买卖、农资采购、资金互助、保险服务，全日本目前有1400多个基层农协组织，农协已发展成为日本规模最大、群众基础最广泛的合作组织，是日本政府推行农业现代化和其他农村政策的重要渠道，日本也是世界上农业合作组织最发达的国家之一。③产业化提升附加值。农业生产环节的附加值低，农业生产者需要延伸产业链，通过产业化占领价值链"微笑曲线"的高端。比如，法国的农业合作社已由早期单一的农业生产组织发展成为以农业生产为基础、以农产品加工销售为导向的综合性合作组织，业务范围涵盖农业生产、加工、销售、贸易，融入法国食品产业的产前、产中和产后各个业务环节，成为法国食品行业的重要组成部分。④集约化增强市场竞争力。以最小的投入获取最大的收益，这就要求农业生产者开展集约化生产，降低生产成本，重视生态环保，生产出适销对路的产品，提高产品的溢价能力。比如，美国粮食生产的机械化水平和科技含量高，粮食增产增收的科技贡献率超过70%。又如，法国政府提出了农业理性化耕作的概念，引导家庭农场在农作物种植过程中通盘考虑和兼顾生产者经济利益、消费者需求和环境保护，重视环境成本和消费者对农产品的品质要求，加强对土质、水质、空气等生态环境和生态文化的保护，保障生物多样，实现农业的可持续发展，进而奠定了法国农业在世界农产品贸易市场上的美好声誉，造就了法国的世界农业出口大国和强国地位。而日本的农业集约化程度更高，全国90%以上的农业作业活动已经实现了机械化。⑤社会化服务促进专业化分工。农业从种到收、从收到卖往往涉及诸多环节，通过社会化服务分工，让种粮主体集中精力搞好生产，把其他不具有比较优势的业务环节外包给专业的机构，有利于提高种粮主体的经济效益和效率。比如美国的农场，通常只生产非常单一的一种或少数几种产品，且有专门的机构从事粮食产前、产后的服务工作，将粮食种植及其相关的各个环节组成一个有机整体。法国的家庭农场按区域专业化、农场专业化和作业专业化进行分工，其中作业专业化将过去由一家农场完成的全部工作，如耕种、田间管理、收割、运输、储藏、销售等工序，部分或全部外包给企业化的农业生产性服务公司，使家庭农场过去自给自足的生产转化为商品化生产。日本的作业委托也是一种社会化服务分工，农户通过付费买服务的形式把生产过程中的部分或全部作业委托给农协或集体组织代劳完成，从而提高农户农业生产的专业化分工水平。

(2)**对我国的启示**：①循序渐进推进规模化。美国农场由681万个合并减少为217万个用了80多年时间，法国家庭农场由228万个合并减少为66万个花了70多年时间，日本农户由581万户合并减少为212万户用了70年时间。根据国家经验，我国农业走上规模化经营的道路必然也是漫长的，这就要求我国在推进农业规模化经营的进程中要富有历史耐心，要创造条件、要循序渐进地推进，要允许观望、允许徘徊，不可盲目冒进搞一刀切。②坚持不懈推进组织化。我国作为有7亿农村人口的农业大国，即便今后实行了工业化、城镇化和信息化，仍将有大量人口留在农村。特殊的国情决定了在相当长的时期内，兼业小农仍然是我国粮食生产的主体。因此需要通过合作组织把这些兼业小户组织起来，克服小生产与大市场的矛盾。③接二连三推进产业化。为了提高种粮主体的经济效益，提高粮食种植的附加值，把粮食全产业链的价值更多地留给种粮主体，需要按照一、二、三产业融合发展的理念推动农业产业化经营，按照工业的理念促进一、二、三产业跨界和融合，支持农产品加工、销售、餐饮、观光、旅游、民宿一体化发展，让种粮主体直接参与二、三产业的粮食加工业与生态休闲服务业，分享农产品增值收益，这是今后一个时期农业产业化发展的必然趋势，也是农业可持续发展的必然要求和提高种粮主体收益的必然选择。④"三良"并举推进集约化。"良种、良田和良法"是粮食增产、农业增效、农民增收的必然要求，也是深化农业供给侧结构性改革的重要抓手，政府应按照建设高标准农田的基本要求，加大土地整治力度，建好灌溉沟渠，修好机耕道路，为种粮大户低成本获得集中连片的旱涝保收的良田沃土创造条件。推广优良品种、生物农药等农业科技，鼓励种粮主体大力实施农业机械化，降低生产成本，鼓励种粮主体通过轮作与间作、种养结合、秸秆还田、土地休耕等生态手段提升产品品质，引导种粮主体按照市场需求调整产品结构，生产适销对路的产品，提高种粮效益。⑤专业分工推进社会化。正如亚当·斯密所说，分工与专业化是经济增长的源泉，分工是有助于提高生产力的重要条件。农业落后于工业的一个重要原因是农业分工程度远低于工业，农业效率的提高有赖于尽可能地学习借鉴和有效引入工业化手段，通过分工和专业化增加迂回生产方式或中间品投入，比如大力发展农业生产性社会化服务，让种粮主体更多地把具有比较优势的资源和精力投入到集约化粮食生产上，而把诸如病虫害防治、加工销售、机收机播等业务环节通过"专业的人做专业的事"进行外部服务。尤其是种粮大户等新型农业经营主体，通过外延式规模化直接流转一定规模的土地，既获取外延式规模化经济效益，又形成一定技术、技能、资产、知识的积淀，并通过生产性服务有偿外溢给广大兼业小户，获得内涵式规模化效益，示范带动周边兼业小户的农业现代化，这对于我国农业在相当长的时期内仍以兼业小户为主体而言，具有特别重要的现实意义。

2.3 国内种粮主体的历史变迁

2.3.1 我国种粮主体组织变迁的过程

种粮主体作为农业生产关系的集中表现，是指在一定的农村经营制度框架下组织粮食生产经营活动的经济组织，与农村基本经济制度和农业生产力发展水平相关，与所处的历史阶段和宏观环境关联。纵观新中国成立以来我国粮食生产组织演化发展历程，可见我国种粮主体组织变迁的过程分为农户私有制粮食生产阶段、合作化集体粮食生产阶段、家庭联产承包小规模粮食生产阶段、新型经营主体规模化粮食生产阶段四个主要阶段(邵腾伟，2017)。

(1)**农户私有制粮食生产阶段**(1949～1952年)。1949年7月，中国人民政治协商会议通过了《共同纲领》，将我国封建、半封建的土地所有制改为农户所有制。1950年6月国务院(政务院)颁发《中华人民共和国土地改革法》规定"所有没收和征收得来的土地和其他生产资料，除本法规定收归国家所有者外，均由乡农民协会接收，统一地、公平合理地分配给无地少地及缺乏其他生产资料的贫困农民所有"，确立了土地的农户所有制。土地所有制的土地改革，实现了耕者有其田，农村土地归农民私有，由农民自主经营。到1952年底，土地的农户所有制改革在全国范围内基本完成。通过土地改革，农户有了对剩余产品的索取权，生产积极性明显提高。1951年全国农业总产值比1949年增加了26.9%，1951年粮食产量达1436.9亿公斤，比1949年增产305.1亿公斤；1952年全国农业总产值比1949年增加了44.8%，1952年全国粮食产量达1639.2亿公斤，比1949年增产507.4亿公斤。回过头看，这次土地改革产生了一些不可忽视的负面效益：一是土地过于细碎化阻碍了农业的规模化、现代化；二是土地生产率和劳动生产率的差异引发土地买卖活动，导致农户重新出现贫富分化；三是农户所有制的土地制度不利于国家索取农业剩余支持国家工业发展。

(2)**人民公社合作化粮食生产阶段**(1952～1978年)。1952年底土地改革完成以后，全国广大农民又自发展了农业生产互助组织、初级合作社等互助合作组织，初步形成了以1亿多农户为主体、700多万个互助合作组织为补充的农业经营体系。1958年人民公社制度建立，实现了农村土地集体所有、集体经营制，土地仅仅是农户的劳动对象，农户不再有土地所有权和经营权，后经多次调整，1962年以后，绝大多数人民公社实行了"三级所有、队为基础"的体制，其基本特征是计划生产、统购统销，形成了7万多个人民公社、60多万个生产大队、500多万个生产队的农业经营体系(李光和吴林羽，2010)。人民公社体制使国家对农村社会的动员和控制更容易实现，在一定程度上促进了农田水利等农业基础设施的建设和发展。但这一集中统一、集体经营的方式彻底否定了农民家庭作为基本生产经营单位的地位(尹成杰，2014)，大大超越了当时农业生产力的发展水平，农民生产积极性受到严重压制，导致我国在这期间的农业、农村发展几乎处于停滞状态，找不到出路。

人民公社集体制度低效的主要原因在于这是一种政府主导的强制性制度变迁,土地集体所有、集体经营的制度安排使农业发展成果缺乏人格化主体,使得产权的激励和约束功能失效。集体劳动由于劳动在质和量上难以客观评价,劳动监督困难。这一系列的制度安排结果使"搭便车"的"机会主义"盛行,每个成员都成为"理性的偷懒者"。正是这些原因,我国农业在这一阶段一直处于低效状态。全国农民人均年度纯收入 1957 年已是 72.95 元,而 1978 年仅为 133.57 元,20 多年仅增加 60.62 元;1978 年全国人均占有的粮食量大体上只相当于 1957 年的水平。

(3)家庭联产承包制小农户粮食生产阶段(1978~2002 年)。党的十一届三中全会以后,基于穷则思变的求生欲望,发端于安徽凤阳县小岗村的"大包干"迅速在全国蔓延,促使了我国家庭联产承包责任制度的诞生。到 1983 年底,全国绝大多数地方废除人民公社体制,以家庭承包经营为基础、统分结合的双层经营体制在全国农村得以普遍确立,初步形成了 2 亿多承包农户搞生产,国营、集体企业办加工、搞购销的农业经营体系。农业家庭联产承包经营的制度安排,在不触动土地集体所有制的性质的前提下,农户通过"交够国家的,留足集体的,剩下的都是自己的"的利益分配,换取了土地的使用权和剩余索取权,在保证国家、集体利益不受损害的前提下增进了农民的福利,属于典型的帕累托改进。这一诱致性的制度变迁很快取得了成功,产生了巨大的经济效益和社会效益。据统计,1980~1984 年中国农业出现超常增长,1984 年农业总产值达到 2380.15 亿元,比 1952 年增长了 291.7%;1984 年全国粮食产量达 4073.1 亿公斤,是 1952 年的 2.5 倍。这一时期,双层经营体制赋予了广大承包农户独立的生产经营主体地位,丰富了符合国情、有利于生产力发展的农村经营体制,大大促进了当时农业农村经济发展,也极大地推动了国民经济持续健康发展。但由于家庭承包经营制度没有从根本上解决土地产权制度对农业持续增长的激励问题和对各经济主体的约束问题,随着经济的发展,这种制度的弊端日益突出(丁慧媛,2012)。加之国家重工业轻农业、重城市轻农村的政策导向,导致农业比较效益低,农村的资本、土地、劳动力等生产要素大量外流,农村在国家经济社会高速发展的过程中日益边缘化,"三农"问题日益突出。与此同时,随着我国社会主义市场经济体制逐步建立,农产品流通体制改革不断深化,为解决小生产与大市场对接的难题,一批适应市场需求的专业大户、农民专业合作组织、农业产业化龙头企业等开始发育。

(4)新型经营主体规模化粮食生产阶段(2002 年至今)。从党的十六大以后,我国进入了工业化和城镇化加快推进的新阶段(廖祖君和郭晓鸣,2015),农村劳动力大量转移,农村土地加速流转,传统农户加速向非农化和兼业化发展,农村空心化、农民老龄化、农业副业化日益严重,"谁来种地"问题日益突出。在此背景下,国家加大了农业投入,全面取消农业税,连续下发 14 个中央一号文件(表2-3),初步构建起国家农业支持保护政策体系,逐步建立起城乡发展一体化体制机制。2008 年 10 月十七届三中全会通过了《中共中央关于推进农村改革发展若干重大问题的决定》,系统回顾总结了我国农村改革发展的光辉历程和宝贵经验,提出按照高产、优质、高效、生态、安全的要求,通过农业结构战略性调整、加快农业科技创新、加强物质技术装备、健全产业体系、建立新型农业社会服务体系,转变农业发展方式,提高土地产出率、资源利用率、劳动生产率,增强农业抗风险能力、国际竞争力、可持续发展能力,发展现代农业,以确保国家粮食安全。2012 年党的十八大提出"大力发展培育新型农业经营主体，逐步形成以家庭联产承包经营为基础，专业大户、家庭农场、农民合作社、农业产业化龙头企业为骨干，其他组织形式为补充的新型农业经营体系"（张幼芳，2015）。十八届三中全会进一步指出"鼓励承包经营权在公开市场上向专业大户、家庭农场、农民合作社、农业企业流转，发展多种形式规模经营"。在国家政策的鼓励支持下，我国新型农业经营主体获得了迅速发展，一批种养大户、家庭农场、合作社、龙头企业等新型农业经营主体，成为现代农业发展的一大亮点。2016 年中共中央办公厅、国务院办公厅还联合下发了《关于完善农村土地所有权承包权经营权分置办法的意见》，进一步为新型农业经营主体规模化经营创造了良好的外部条件。据统计，截止到 2014 年底，我国已有平均规模在 200 亩的家庭农场 87 万家，经营规模在 50 亩以上的种粮大户有 341 万户，专业合作社 129 万个，农业产业化龙头企业 12 万家。新型农业经营主体已成为解决我国农业"谁来种地"问题和保障国家粮食安全的一支重要力量并登上了历史舞台。

表 2-3　国家近年来支持农业发展的 14 个中央一号文件

年份	中央一号文件题目
2004	《中共中央国务院关于促进农民增加收入若干政策的意见》
2005	《中共中央国务院关于进一步加强农村工作提高农业综合生产能力若干政策的意见》
2006	《中共中央国务院关于推进社会主义新农村建设的若干意见》
2007	《中共中央国务院关于积极发展现代农业扎实推进社会主义新农村建设的若干意见》
2008	《中共中央国务院关于切实加强农业基础建设 进一步促进农业发展农民增收的若干意见》
2009	《中共中央国务院关于2009年促进农业稳定发展农民持续增收的若干意见》
2010	《中共中央国务院关于加大统筹城乡发展力度 进一步夯实农业农村发展基础的若干意见》
2011	《中共中央国务院关于加快水利改革发展的决定》
2012	《中共中央国务院关于加快推进农业科技创新持续增强农产品供给保障能力的若干意见》
2013	《中共中央国务院关于加快发展现代农业 进一步增强农村发展活力的若干意见》
2014	《中共中央国务院关于全面深化农村改革加快推进农业现代化的若干意见》
2015	《中共中央国务院关于加大改革创新力度加快农业现代化建设的若干意见》
2016	《中共中央国务院关于落实发展新理念加快农业现代化实现全面小康目标的若干意见》
2017	《中共中央国务院关于深入推进农业供给侧结构性改革加快培育农业农村发展新动能的若干意见》

2.3.2　我国种粮主体组织变迁的绩效

从我国粮食生产主体组织变迁过程来看，由于人多地少，我国农业一直处于规模报酬递增阶段，规模报酬既是我国粮食生产主体组织变迁的动力，也是我国粮食生产主体组织变迁的结果。为检验这一基本结论，需要对我国粮食生产主体组织变迁的规模效率进行测算。但直接测定粮食生产的规模效率是非常困难的，因为粮食生产规模受多方面因素的影响，这些因素又一直处于不断变化的环境中。所以，粮食生产的规模效率应该是粮食生产组织自身纵向的比较，从历史变迁的角度考察现在的规模是否较过去的有所帕累托改进，在数值上体现为生产决策单元实际获得的规模收益与最大可能规模收益之间的比值。常见的绩效测算方法有参数方法和非参数方法两类。参数方法主要包括修正的最小二乘法

(corrected ordinary least squares，COLS)、随机前沿分析法(stochastic frontier analysis，SFA)；非参数方法主要有数据包络分析(data envelopment analysis，DEA)法。参数方法需要建立具体的投入产出函数，而在实际生产中要找到恰当的生产函数往往比较困难。相对于参数方法，数据包络分析法在衡量决策单元的规模效率方面使用更为普遍，评价指标具有综合性和可比性，可以避免构建生产函数的麻烦，并且 DEA 得到的效率是相较于自身发展历史中产生的标杆样本而言的，确立规模无效单元需要改进的方向。基于此，本研究采用 DEA 模型对我国种粮主体的组织变迁规模效率进行测算。

用 DEA 模型测算我国种粮主体组织变迁的规模效率分两步进行。首先测算出种粮主体组织变迁的技术效率(technical efficiency)，然后通过技术效率计算出规模效率。技术效率是指在稳定的生产过程中，技术的生产效能得以发挥的程度。微观技术效率的大小能反映生产者对技术性能的把握和利用能力，宏观技术效率的水平则折射出生产领域中技术更新速度的快慢和技术推广运用的有效程度。同时由于技术效率变化、规模效率变化和技术变化构成了生产率变化的主要内容，因此技术效率也是生产率分析中常用的指标。设粮食生产主体发生 T 年的历史变迁，第 t 年的投入产出向量为 (X_t, Y_t) $(t=1,2,\cdots,T)$，其中 X_t 为 m 维投入向量、Y_t 为 k 维产出向量。在可变规模报酬的假设下，由 T 个点构成了生产可能集 $P = \left\{ (X,Y): X \geqslant \sum_{t=1}^{T} \lambda_t X_t; Y \leqslant \sum_{t=1}^{T} \lambda_t Y_t; \sum_{t=1}^{T} \lambda_t = 1; \lambda_t \geqslant 0 \right\}$，则粮食生产主体在第 s 年的投入-产出 (X_s, Y_s) $(s=1,2,\cdots,T)$ 在生产集 P 上的技术效率 TE_s 为

$$
\begin{cases}
\min_{\lambda} \xi = TE_s \\
\text{s.t.}
\begin{cases}
\sum_{t=1}^{T} \lambda_t X_t \leqslant X_s \\
\sum_{t=1}^{T} \lambda_t Y_t \geqslant Y_s \\
\sum_{t=1}^{T} \lambda_t = 1, \lambda_t \geqslant 0 \\
\lambda = (\lambda_1, \lambda_2, \cdots, \lambda_T)
\end{cases}
\end{cases}
\tag{2-1}
$$

通过运算得出 ξ_s 的值即为粮食生产主体第 s 年的技术效率，从而可计算出粮食生产主体第 s 年的规模效率 AE_s 为

$$
\begin{cases}
\min_{\lambda, \xi} \eta = AE_s \\
\text{s.t.}
\begin{cases}
\sum_{t=1}^{T} \lambda_t X_t \leqslant \xi X_s \\
\sum_{t=1}^{T} \lambda_t Y_t \geqslant Y_s \\
\sum_{t=1}^{T} \lambda_t = 1, \lambda_t \geqslant 0 \\
\lambda = (\lambda_1, \lambda_2, \cdots, \lambda_T)
\end{cases}
\end{cases}
\tag{2-2}
$$

反映种粮主体获得同期种粮收益最大化的能力综合效率(CE)值是技术效率(TE)和

规模效率(AE)的乘积,即 CE =TE ×AE。于是联立式(2-1)、式(2-2)便可计算出种粮主体组织变迁第 s 年的规模效率。为避免复杂的人工计算,国内外已有多款 DEA 软件,本研究选用 DEAP2.1 软件进行种粮主体规模效率测算,同时也计算出技术效率和综合效率。数据来源于《新中国六十年统计资料汇编》(1949~2009 年)和《中国统计年鉴》(2010~2016 年),得到 1949~2016 年有关粮食产量、农作物播种面积、农业劳动力、化肥施用量、农机总动力等反映粮食产出-投入的数据。其中农作物播种面积、农业劳动力、化肥施用量、农机总动力为粮食生产投入变量,粮食产量为粮食产出变量。运用DEAP2.1 软件对这些指标数据进行处理,得到如图 2-3 所示的种粮主体组织变迁的效率变动趋势(1949~2016 年)。

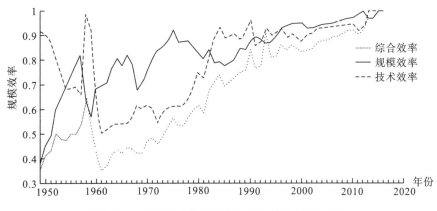

图 2-3　我国种粮主体组织变迁的规模效率变动趋势

资料来源:《新中国六十年统计资料汇编》(1949~2009 年)和《中国统计年鉴》(2010~2016 年)

由图 2-3 可以看出,随着我国种粮主体组织的不断变迁,我国种粮主体的规模效益总体上呈上升趋势。在新中国成立初期的农户私有制粮食生产阶段(1949~1952 年),农民成了土地的主人,农业生产积极性高涨,粮食逐年大幅度增产,农业规模效益不断增加。1952~1958 年的合作化经营有效缓解了农业生产劳动力不足的问题,农业规模经营效益进一步提升,但从 1958 年进入人民公社到 1978 年的十一届三中全会期间,由于缺乏激励机制,加之农业自然灾害和"文化大革命"的影响,这期间农业经营的规模效率呈波动起伏状态且总体水平低。在 1978~2002 年的家庭联产承包制小农户粮食生产阶段,早期的家庭联产承包经营在"交够国家的,留足集体的,剩下的都是自己的"剩余索取权激励下,农业出现超常增长,农业经营规模效益跃升,但由于这种制度未从根本上解决土地产权制度对农业持续增长的激励问题,所以到了后期,随着城乡收入和发展差距的拉大、农业比较效益的下降,农业资源大量外流,农户种粮积极性大幅下降,"农民真苦、农村真穷、农业真危险"的"三农"问题日益突出,种粮主体的技术效率、规模效率和综合效率都大幅度下降。从 2002 年起,随着国家对"三农"问题的重视,开始实施工业反哺农业和城市反哺农村,全面取消农业税,逐年提高种粮补贴,农民种粮的积极性开始恢复。尤其是近年来,随着我国农业现代化与工业化、城镇化和信息化的同步推进和适度规模经营的新型农业经营主体的培育，全国农业的现代物质装备水平、现代农业科技水平明显提升，粮食生产的水利化、机械化和信息化明显改善，土地产出率、资源利用率和劳动生产率提高，从而导致种粮主体组织变迁的规模效率、技术效率和综合效率持续向好。

2.3.3 我国种粮主体组织变迁的趋势

(1) **传统种粮农户多元化加速分化**。随着工业化、城镇化、信息化的加快推进和农村青壮年劳动力大量进城务工经商，我国传统以农户家庭为单元的粮食生产格局正在发生着深刻变化。家庭联产承包经营早期的农民与土地紧密结合、农户与粮食生产者、土地承包者高度合一的状态逐渐发生了改变。部分农户的工资性收入稳步增长，土地经营的地位大大降低，农户开始陆续离开农村。稳定转移后的农户尽管在农村还有承包地，但有了稳定的非农收入后绝大多数都不再从事粮食生产，已经从粮食生产者转变为了商品粮的消费者。随着"四减免""四补贴"和最低收购价等粮食生产扶持政策的实施，部分有商业头脑的农户通过流转土地扩大粮食种植面积，逐步形成了一批专门生产粮食的种粮大户。在一些经济比较发达和农村劳动力转移较快的地区，种粮大户已经成为粮食生产不可或缺的重要组织模式。但绝大多数农户则采取了半工半农、亦城亦乡的兼业模式。由于他们长期在城乡之间流动，追求经济效益的行为取向越来越明显。伴随着农村青壮劳动力的大量非农转移，农业劳动力的机会成本日益增加，种粮农户倾向于减少水稻、玉米等需要劳动投入较多或机械化程度较低的粮食品种，增加小麦等劳动投入少的粮食品种，只耕种农业基础设施条件较好的集中连片链条沃土，导致山区、丘陵或沟渠、路网不好或土地细碎化的地方土地撂荒现象严重。面对种粮成本持续刚性增长、种粮效益下滑的情况，越来越多的兼业农户选择种"口粮田""懒汉田""双改单"，甚至撂荒抛荒。与此同时，种粮农户开始越来越青睐农机作业替代人工劳动的生产方式，采用良种良法减少劳动投入，粮食种植的科技含量日益增加，从而为我国粮食生产的机械化、标准化、专业化和农业技术推广、社会化服务提供了广阔的发展空间。从总体上看，传统农户这种多元化分化，如引导得当，就能够促进我国粮食生产方式转变，确保国家粮食安全；如应对不力，既可能影响粮食的即期产出又影响粮食综合生产能力的提高，甚至危及国家粮食安全。

(2) **农业规模化经营多模式长期并存**。随着传统小农生产方式的逐渐退出，农业适度规模化经营在各种力量的驱动下应时而生(图2-4)。在工业化、城镇化和信息化加快推进的市场化条件下，我国农业现代化的根本出路在于坚持两个相辅相成的"规模化"经营。一是以种粮大户等新型农业经营主体为重要粮食生产主体，通过流转成功非农转移农户的土地，引进机械化、信息化等现代农业生产要素，直接开展规模化粮食生产经营，即内在的规模经营；二是以普通农户为主要粮食生产主体，种粮大户及其他社会化服务主体向未能成功非农转移的周边农户提供土地托管、农机服务等生产性服务，示范带动周边农户推进农业现代化，属于外在的规模经营。在内在的规模化经营中，流入方有的根据生产需要，优化配置土地、资金、技术、良种、农机等生产要素。而外在的规模化经营又分为合作组织带动和社会化组织带动两种类型。合作组织带动型是承包农户以"生产在家、服务在社"

的方式，实现统一购买农资、统一机械化作业、统一对外销售等。社会化服务组织带动型指的是承包农户通过与农机、植保、农资等生产性服务组织签订购买、销售、托管、代耕等协议的形式完成承包耕地的部分田间作业和产前产后经营活动(赵鲲和刘磊,2016)。不管是哪种形式的规模经营，种粮大户都扮演着重要角色。如果缺少种粮大户的深度参与，我国农业的两个"规模化"经营将无从谈起，不仅农业现代化难以向工业化、城镇化、信息化看齐，实现"四化"同步，而且保障国家粮食安全的"谁来种地"和"地怎么种"问题短期内也难以找到有效解决方案。

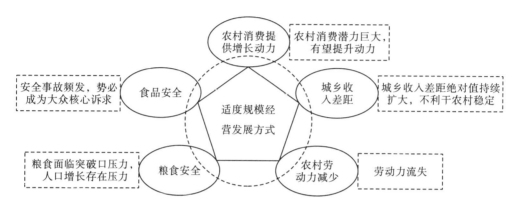

图 2-4　农业适度规模经营的五力模型

(3) 新型农业经营主体多形式优势互补。新型农业经营主体是指专业大户、家庭农场、合作社、龙头企业等规模化农业生产经营组织，它们与传统的家庭联产承包农户共同构成了我国新型经营体系的重要主体。从组织形态看，新型农业经营主体大体可以分为家庭经营、集体经营、合作经营和企业经营四种基本类型。家庭经营类包括专业大户、家庭农场和生产服务专业户，它们大多内生于普通农户，不管是否到工商部门进行了个体工商户或个人独资企业登记，都保留了农户家庭生产经营的特点，以家庭为基本生产经营单位，以家庭成员为主要劳动力。家庭经营类新型农业经营主体最大的优势是产权明晰、内部治理结构简单、成员利益高度一致、劳动监督成本低。家庭经营未来培育的重点是发展种养专业户、家庭农场等规模化经营的种粮大户。集体经营类主要是农村集体经济组织，它是我国农村双层经营体制中统一经营的重要实现形式。集体经济组织的优势是在社区范围内组合土地等资源要素，通过占有共同资源实现共同发展，有利于提高农业集约化和组织化水平。合作经营类主要包括各种农民合作社、专业协会等，是农户在家庭承包经营的基础上，通过各种形式联合起来组建的互助合作型组织，在生产合作和服务合作方面具有规模效益和不可替代的作用。其合作组织的优势在于能将分散农户组织起来，提高市场谈判地位，降低生产和交易成本，增强融资和抗风险能力，能够在更大范围内组合各主体的不同要素，提高资源配置效率。合作经营未来培育的重点是农民专业合作和股份合作社，合作经营组织既可以作为生产主体，又可以是服务主体，还能够联结其他经营主体，地位特殊、作用关键，是引领家庭经营主体参与国内外市场竞争的重要力量。企业经营类主体在农业领域广泛存在，通过各种形式参与农业产前、产中和产后各个环节的生产经营活动(张红宇和李伟毅，2014）。企业类经营组织是市场化程度较高的现代经营组织形式，在现代农业发展中具有方向性。企业经营的优势是产权明晰、治理结构完善、管理效率较高，以及技术装备先进、融资和抗风险能力较强等，在引领众多经营主体发展现代农业方面具有示范带动作用。企业经营未来培育的重点是做大做强农业产业化龙头企业，带动分散经营的各类主体对接社会化大市场，使其他各类主体能够分享到产业链增值收益（吴晓佳，2013）。各类组织功能不同，可以进行分工合作，实现优势互补。事实上，它们之间也可以融合发展，比如有的种粮大户已经注册并发展成为产业化龙头企业，还牵头建成了农民合作社，采取土地代耕、托管等方式，通过组建专家指导组、土地托管员、专业服务队（张红宇，2016），为无力耕种或劳动力不足的农户提供"保姆式""菜单式"服务，解决周边农户无人种地、无力种地的难题，实现了对家庭经营组织、合作经营组织、企业经营组织和集体经济组织的有效整合。

（4）**种粮大户经历波折后获得稳定发展。**作为规模化的种粮主体，种粮大户在20世纪80年代我国农村刚刚实行家庭联产承包责任时就已萌芽。当时，部分家庭劳动人口较多，种植技术较好，又有商业头脑的农户从集体那里承包荒芜地、低洼地、偏远地从事粮食生产，成为种粮大户。而20世纪90年代开始，随着乡镇企业的异军突起，农村劳动力加快向二、三产业转移，加之当时部分先富起来的农村家庭有"农转非"的需求，导致农村出现了一些荒地。为稳定粮食生产，各级政府通过提供补农资金、实行贷款倾斜、上门收购粮食等政策鼓励农民种粮，从而使种粮大户在20世纪90年代获得了快速发展。进入21世纪，我国加大了农业结构调整和粮食流通体制的市场化改革，粮食生产由过去的计划调节转向市场调节，加之连续多年粮食丰收，市场粮食价格低迷，而农地流转价格则刚性上升，种粮经济效益低下，农民种地一年的收入不如外出打工一月的收入，粮食规模化种植呈萎缩趋势，种粮大户的数量和种地规模大幅减少（赵兴泉，2006a）。也正是在这样的背景下，李昌平向总理进言"农民真苦，农村真穷，农业真危险"，引起了国家的高度重视（朱永丰，2004）。2004年，中央一号文件在忽略农业主体多年以后，又开始聚焦农业，粮食生产再度引起了重视。接下来的几年，国家又相继取消农业税，开展农业补贴，加大政策和财政资金支农力度。与此同时，粮价上扬也刺激了部分农民工回到农村，农民种粮积极性再次提高，从种粮大户那里要回土地，种粮大户被迫减少种地规模，有的甚至被迫退出，种粮大户的数量和规模受到了严重的打击。2008年底中央政府推出的"一揽子计划"，导致新的城乡剪刀差拉大，部分农民工又返回城镇非农就业增收，从而为种粮大户东山再起创造了条件。这次各级政府吸取了上次种粮大户衰退的经验，出台了各种政策鼓励种粮大户稳定经营。《国家新型城镇化规划（2014—2020年）》指出，鼓励承包经营权在公开市场向专业大户、家庭农场、农民合作社、农业企业流转，发展多种形式规模经营。从总体上看，我国种粮大户发展已经度过了"冲动期"，进入了理性的稳定发展阶段，今后不大可能出现2004～2008年期间受农民工返乡冲击的大起大落情况，更多的是种粮大户自身能否经得起目前这种粮食生产成本上升、国外低价粮食进口冲击、国内粮食市场价格增长乏力等多重挤压（赵兴泉，2006a）。

2.4 新型种粮大户的责任担当

2.4.1 保障我国的粮食安全

经过长期的不懈努力，我国农业取得了举世瞩目的成就，"但愿苍生俱饱暖"的历史夙愿终于在21世纪初实现，国家粮食安全防线更加牢靠。尽管如此，随着人口不断增长、居民消费结构调整，我国粮食缺口还有增大的趋势，水稻、小麦和玉米等主粮已经出现净进口常态化趋势(房瑞景等，2016)，国家粮食安全形势依然严峻。一方面，随着工业化和城镇化的加快推进，农村大量青壮劳动力非农转移，只有少数妇女、儿童和老人留守农村，他们无论是自身体力，还是文化水平、农业科技素质、农业机械操作能力都不能满足粮食生产的需要；另一方面，随着我国二孩政策全面放开，人口在14亿基础上还将进一步增加，对粮食的需求刚性在增长，而我国的耕地面积和质量却在不断下降，"人多地少土瘦"的矛盾日益突出。为此，2014年国家提出"以我为主、立足国内、确保产能、适度进口、科技支撑"的粮食安全战略，加大培育新型农业经营主体发展粮食生产的扶持力度(房瑞景等，2016)。新型种粮大户作为新型职业农民领办的规模化、机械化、集约化、市场化、企业化、社会化粮食生产的新型农业经营主体,在保障国家粮食安全方面的作用日益显著。

(1)种粮大户解决了土地撂荒问题。随着我国的工业化和城镇化，吸引了数以亿计的农民工进城务工,使得国内部分人口从过去的粮食生产者转为粮食购买者(夏明珠,2015)。即便一些农户仍然从事粮食生产，但也只是"一家人够吃就行了"的"口粮农业"。与之相对应的是，农村出现了农业"用工荒"，因为农村留守的大多是缺乏农业劳动能力或技能的妇女、儿童、老人和病残弱势人群，导致大量土地闲置甚至荒芜。中国传统精耕细作的农业生产模式遇到了人力不足的瓶颈，农业小规模粗放经营模式收益甚微，既无法让农民以农业为生"养家糊口"，也无法与进入我国市场的那些规模化、现代化的农业经济组织同台竞争。种粮大户通过规范的土地流转模式，把不愿种地人的土地流转给愿种地的人，对不愿种地的农户和愿意种地的种粮大户是一个双赢的行为。一方面，不愿种地的农户不仅每年可以取得一定的土地租金，还可以安安心心外出务工经商，减少城乡之间的奔波劳顿；另一方面，愿意多种地的种粮大户则通过土地流转整合资源，发展适度规模经营，推动粮食生产逐步走上规模化、机械化、产业化、社会化、市场化、企业化的发展道路，从而取得更高的种粮经济效益(夏明珠，2015)。

(2)种粮大户缓解了"谁来种地"的难题。2014年中央农村工作会议提出"让农业成为有奔头的产业，让农民成为体面的职业，让农村成为安居乐业的美丽家园"。然而随着市场经济建设和城乡一体化建设，在工业化和城镇化的吸引下,农民的经济理性日益觉醒，由于种粮的比较效益低、自然风险和市场风险大，越来越多的农民非农转移离开"三农"领域，导致耕地闲置、撂荒日益严重。现在的农民已从当初的不想种地过渡到不愿种地甚至是不会种地的状态。农村田野里昔日那种"禾苗在农民的汗水里抽穗，牛羊在牧人的笛声中成长"的精耕细作的场景已经很少了。调研中发现，现在农村田野里真正干活的大都是60岁以上的老人，很多土地还被撂荒着，田野上很少能见着年轻人。在依法、自愿、有偿的原则下，普通农户细碎化分割、分散的耕地逐渐集中到种粮大户手中，有利于耕地的充分利用和合理配置。发展种粮大户，规模效应可以给种粮主体带来更多的经济收益，有利于吸引年轻人留在农村务农，成为新型职业农民。同时，种粮大户以机械劳动代替人力畜力劳动，对劳动力数量要求不高，有利于去"过密化"(夏明珠，2015)。当粮食生产达到一定规模以后，还有利于种粮大户获得贷款，加强与各类涉农企业的合作，加快粮食产业化进程，让种粮主体从规模化、产业化经营中获得更多实惠(陈洁和罗丹，2012)。

(3)种粮大户为稳定市场粮食供应提供了重要保障。粮食产量主要取决于种植面积和单产水平。由于我国可再开垦的耕地资源有限，粮食种植面积扩大的空间不大，因此粮食增产的关键在提高单产。粮食单产的增加主要依靠增加化肥、农药、农业机械、农田水利建设等粮食生产要素，使用良种和良法进行粮食种植。但农村传统一家一户的小农户、小生产由于不依靠种粮作为家庭收入主要来源，因此对此缺乏足够的热情，已严重威胁到我国粮食安全。规模化、集约化种粮的种粮大户出现，既有利于解决农村土地撂荒问题，还能显著提高土地利用率和产出率(陈军，2008)。调查发现，从国家实行粮食收购最低保护价以来，种粮大户的种粮积极性显著提高。一些种粮大户除了耕种农民的撂荒地，还利用废弃土地、新开发荒地等种粮，进一步扩大了粮源；一些种粮大户把普通农户细碎的耕地流转过来集中使用，提高了土地利用率，挖掘了生产潜力(陈洁和罗丹，2010)；一些种粮大户通过推广优良品种，显著提高了种粮单产水平。调查显示，种粮大户通常是当地农业部门的种粮示范户和农技推广示范中心户，容易接收新品种、新技术，具有较高的栽培技术和管理经验，种植粮食产量较高(蒙世欢，2010)。据一项针对种粮大户生产绩效的抽样调查显示，种粮大户种植的小麦、玉米和水稻亩产要比同期全国平均水平分别高出16%、63%和21%(陈洁和罗丹，2010)，经营规模越大，单产增产越明显。同时，种粮大户生产的粮食主要是作为商品粮上市，在稳定市场粮食价格和保障粮食充足供应方面具有不可替代的作用(陈洁和罗丹，2012)。

2.4.2 提高农业现代化水平

在市场经济条件下，传统农户自身的科学文化素质低、种粮收入在农户家庭收入中所占比重小、单位投入从土地上获得的投资回报较少，所以种粮小户通常把农业当作副业经营，对农业的投入积极性不高，对农业科技的采纳较少，导致农业的现代化水平低。相比于传统种粮农户，种粮大户一般年富力强，有商业头脑，综合素质高，能较好地把生产力当中的各种要素有机地整合起来，使土地、设备、劳动、资金和技术得到充分利用，从而推动粮食生产经营产业化和市场化(陈洁和罗丹，2010)。种粮大户把种粮生产经营当成职业和事业，经营规模较大，绝对收支水平较高，注重投入-产出比，对农业的投资倾向比普通农户高(陈洁和罗丹，2010)，在农业基础设施建设上投入较多，农机化率高，物质装备水平高(贺艺，2013)，种田的科学化水平比普通农户高。从资金投入情况来看，种粮大户的资金投入主要用于平整土地、渠道建设、改造泵站和灌溉水源建设等。由于经营面积大，种粮大户农机购置和拥有数量明显较多，物质装备水平较高，农机作业降低粮食耕作成本，不仅节约了雇工成本，还有利于挖掘生产潜力，能显著增加总效益(陈洁和罗丹，

2010)。一些种粮大户还充分挖掘和利用农业机械的作业能力为周边农户提供服务,既增加自己收入,还提高了当地农机化水平(张江涛,2013)。在促进农业科技进步方面,种粮大户对新品种、新技术、新产品易于接受,注重肥料施用品种、数量和时间,普遍采用测土配方施肥、机械深松深翻、种子包衣、精量半精量播种等重要新型适用技术,有的种粮大户还从当地农业院校、科研与技术推广单位聘请专家、技术人员为顾问,及时解决其在粮食生产经营过程中遇到的种植和管理问题(陈洁和罗丹,2010)。种粮大户在粮食生产经营中追求低成本、高收益,讲究科学种粮,重视科技投入,在生产过程中积累了丰富的生产技术及管理经验,在新农业技术推广应用上速度快、效果好(房瑞景等,2016)。种粮大户应用新技术不仅提高了自身的经营效益,往往能够成片带动普通农户效仿,起到良好的示范作用(麻福芳等,2015)。

2.4.3　构建农业现代化体系

现代农业体系包括经营体系、产业体系和生产体系三部分。现代农业经营体系是指现代农业经营主体、组织方式、服务模式的有机组合,重点是解决"谁来种地"和经营效益问题(韩长赋,2016),培育规模化经营主体和服务主体,形成一支高素质农业生产经营者队伍,促进不同主体间的联合与合作,发展多种形式的适度规模经营,提高农业经营的集约化、组织化、规模化、社会化、产业化水平(韩长赋,2016);现代农业产业体系就是农业产业横向拓展和纵向延伸的有机统一,解决农业资源要素配置和农产品供给效率等突出问题(韩长赋,2016),通过优化调整农业结构,充分发挥各地资源比较优势,促进粮经饲统筹、农牧渔结合、种养加一体、一二三产业融合发展,延长产业链、提升价值链,提高农业的经济效益、生态效益和社会效益,促进农业产业转型升级;现代农业生产体系是指先进生产手段和生产技术的有机结合,重点解决农业的发展动力和生产效率问题(韩长赋,2016),需要用现代物质装备武装农业,用现代科学技术服务农业,用现代生产方式改造农业,转变农业要素投入方式,推进农业发展从拼资源、拼消耗转到依靠科技创新和提高劳动者素质上来,提高农业资源利用率、土地产出率和劳动生产率,增强农业综合生产能力和抗风险能力,从根本上改变农业发展依靠人力畜力和"靠天吃饭"的局面(韩长赋,2016)。

从现代农业经营体系的角度看,种粮大户能有效解决"谁来种地"和农业经营效益低的突出问题,成为引领我国现代农业发展的主力军。据统计,截止到2015年底,全国土地规模经营面积占到40%,家庭农场、专业大户、合作社及龙头企业等规模化农业经营主体已达到250万家(韩长赋,2016),其中大部分是种粮大户。由于种粮大户是规模化、机械化、集约化、企业化、市场化、社会化的商品粮生产组织,因此,种粮大户能显著提升农业生产的商品化、规模化、集约化、专业化(麻福芳等,2015)、组织化程度。并且,由于很多种粮大户以家庭农场为基础,还领办农民专业合作社,有的种粮大户还注册了有限责任公司进行农业产业化经营,所以种粮大户很好地促进了各类新型农业经营主体的融合。从农业服务方式看,绝大多数种粮大户以全托管、半托管方式向周边农户提供农资、农机作业、生产管理、产品销售等农机、农技服务,既不改变农户承包关系,又保证地有人种、地能种好(张红宇，2016)，还能为种粮大户充分利用知识、技能、冗余资源和资产创收提供市场，在实践中显现出旺盛生命力。可以说，种粮大户在流转土地规模化粮食生产基础上延伸出来的农业生产性服务是我国农业现代化的一个重要路径选择，是适应我国人多地少国情的一项重要制度创新(张红宇，2016)。

从现代农业产业体系来看，种粮大户普遍实行规模化、专业化、集约化、一体化经营，很好地契合了我国现代农业产业体系构建的要求。规模化方面，种粮大户通常将区域化集中流转土地整理为连片成方土地，实行机械化作业提高农业生产规模效益；通过社会化服务超越地块和家庭的界限，把分散的土地联结起来进行农机作业和农机服务，实现资本、科技、管理、装备等现代生产要素的集中投入，通过服务的边际成本递减形成规模经营的溢出效应。专业化方面，由于有规模经营作为基础，种粮大户根据市场需求和自身禀赋，集中于其最擅长、最适合的粮食生产环节，开展专业化生产经营活动，从专业化粮食生产经营中获得具有诱惑力的收入报酬，能够有效提高劳动生产效率和经营效益。集约化方面，由于种粮大户普遍采取测土配方施肥、秸秆还田、种养结合、有机肥料、生物农药、机收机播、统防统治，促进各种资源要素的科学、精准、减量、高效利用，能显著提高资源的组合效率(张红宇，2016)。在一体化方面，种粮大户普遍以粮食生产为基础向二、三产业延伸，涉足加工、物流、营销等粮食产业环节，从卖原字号农产品进入卖制成品的新阶段，有的还积极发展"农家乐"、休闲农业和乡村旅游，开展分享农业、定制农业、创意农业、养老农业、养生农业等新产业、新业态，促进农业全要素生产率和产业综合素质稳步提升(韩长赋，2016)。据统计，2015年全国主要农产品加工转化率超过60%，各类休闲农业经营主体超过180万家，这其中的相当一部分经营主体就是种粮大户。

从现代农业生产体系来看，种粮大户较好地解决了农业的发展动力和生产效率问题。在农业设施装备建设方面，在一系列强农惠农政策支持下，种粮大户自身也加大了农业基础设施和农业机械投入，种粮大户耕种的土地大部分已改造成为"田成方、渠相连、路成网"的旱涝保收田，粮食生产经营部分或全部实现了农业机械化，农业基础设施条件明显改善，物质技术装备水平不断提升，农业生产方式已从以人力畜力为主转为以机械作业为主，农民"面朝黄土背朝天"的耕作方式逐渐被取代(韩长赋，2016)。在科学种粮方面，种粮大户普遍采取良种与良法开展粮食生产，通过节水灌溉控制农业用水总量，减少化肥农药使用量，实现畜禽粪便、农膜、秸秆基本资源化利用(韩长赋，2016)，部分农户还通过"互联网+农业"发展智慧农业，开展农业电子商务，实现农业的现代化与信息化同步推进，农业发展已从过去主要依靠增加资源要素投入转向主要依靠科技进步。农业标准化生产方面，由于有规模基础，种粮大户耕种的土地往往被当地政府列为专业化、规模化、标准化的农业生产基地进行扶持。同时，为了提高经济效益，一些种粮大户还建立了从田头到市场再到餐桌的全程监管链条，推进农产品质量安全追溯体系建设(韩长赋，2016)，生产的产品普遍达到了无公害、绿色、有机标准，显著提升了农产品质量安全水平。

2.4.4 优化农业供给侧结构

当前我国农业已由总量不足转变为结构性矛盾，突出表现为农产品结构失衡、要素配置不合理、资源环境压力大、种粮效益比较低等突出问题。这些问题的出现,很大程度上是由于我国传统农户经营规模太小造成的。农户小规模多种经营,无法获得专业分工带来的好处,无法形成规模经济取得规模效益,也不利于农业标准化生产和机械化作业。农户小规模分散经营还常常导致集体行动困境,农户对农田水利的投资和有机肥料养田养地积极性不高,对农产品质量不够重视,农产品"柠檬市场"现象突出。为扭转这种局面,2017年中央一号文件提出推进农业供给侧结构性改革,以农业适度规模经营为基础,以提高农业供给质量为主攻方向,促进农业发展由过度依赖资源消耗、主要满足量的需求,向追求绿色生态可持续、更加注重满足质的需求转变。种粮大户的兴起,恰好能落实农业供给侧的这些结构性改革。种粮大户的集约化技术、机械化作业、标准化生产、产业化发展、品牌化经营意识是一家一户小生产无法企及的。其生产管理水平、农产品质量控制水平和规模经营水平明显高于分散经营的小农户。首先,细碎化的分散土地集中到种粮大户手中,有利于土地资源的充分利用和土地要素的合理配置。种粮大户进行土地流转之后,将原本作为户与户之间界限划分的地垄归入耕种范围,形成集中连片的高标准农田,提高土地使用效率。种粮大户有资本、有实力采用优良品种、配方施肥等实用新型技术手段,提高了产品质量,发挥新品种、新技术增产增收效果。通过统一品种、统防统治等生产手段提高生产边际效益,降低投入成本,提高种粮经济效益(麻福芳等,2015)。由此可见,支持种粮大户发展,可以激发传统农业向现代农业转化的内在活力,调整产品结构,改善产品质量,增加经济效益。

2.4.5　提高农业经营的效益

种粮大户通过流转土地和雇佣农村劳动力,一方面可以使外出务工经商放弃务农农户的土地得到有效利用,既解除了外出务工经商农户的后顾之忧又增加了土地租金收入(房瑞景等,2016);另一方面种粮大户规模化粮食生产可以提供大量农业劳动机会,增加留守农村劳动力的收入,实现既减少农民又富裕农民。与此同时,随着经营规模扩大,种粮大户的户均粮食产量相应增长,劳动生产率大大提高。从生产的效益来看,种粮大户基本都采用了农机作业,既减少产后损失,又节约生产成本。通常情况下,手工收获小麦、水稻的自然损失率一般为10%左右,而联合收割机的损失率仅为3%左右。按照标准化、科学化流程生产出的农产品,消费者对它的信任度高,产品销量好,能获得更好的经济效益(夏明珠,2015)。普通农户小规模种粮的收益不大,仅相当于农民外出务工1~2个月的收入,因此农民不愿意在种粮上多投入,不愿意花时间学习先进适用的种粮技术,种粮逐步演化成为"副业"。种粮大户尽管在单位面积的投入大,但总的绝对收益水平比普通农户高,也高于外出务工收入。此外,种粮大户还可以利用转入的承包地进行轮作、套作或间作,进行种养结合,养殖一些生猪、牛羊和鸡鸭以增加收入,通过延伸产业链提升产品品质进行品牌化溢价销售。以大米为例,一些种粮大户通过提高稻米品质,将稻米转化为有机或功能性稻米,开发适合高端客户的产品,进行真空包装和品牌销售,可进一步提高稻米价值和经济效益,实现稻米商业价值的最大化。

3　新型种粮大户的组织特征

新型种粮大户融合了农业家庭经营、农业合作经营和农业企业经营的组织优势，承载着解决中国农业"谁来种地"问题和实现现代化的希望。本章以抽样调查的样本数据为基础，界定新型种粮大户的概念，分析新型种粮大户的产生背景，总结新型种粮大户的主要特点，梳理新型种粮大户的常见类型，概括新型种粮大户的组织形态，给新型种粮大户精准"画像"。

3.1　新型种粮大户的概念界定

3.1.1　种粮农户

种粮农户是以家庭承包经营的土地从事粮食生产经营的农户。农户是人类进入农耕文明以来的最基本经济组织。关于农户的概念，国内外学者从职业的角度和区位的角度对其进行了解读。从职业角度讲，农户是从事农业生产经营的家庭；从区位的角度讲，农户是以血缘和婚姻关系为基础，生活和工作都在农村的家庭。与绝大多数城市家庭不同，作为我国农村家庭的农户不仅是一种生活组织，更是一种生产组织(刘清娟，2012)。作为一种生产组织，农户通常以自身或租入的土地及其他生产资料，依靠家庭成员的劳动或雇佣劳动进行农业生产经营，即农户是从事农业为主的户。尽管农业有多种功能，但最基本的功能还是为人类繁衍生息提供粮食，绝大多数农户的经营活动都或多或少与粮食生产有关，即便少数农户以养殖为主，但也会种植一些粮食来减少养殖粪便对环境的污染，因此基本上可以把农户等同于种粮农户。在我国，由于人多地少的特殊国情，加之农村的二、三产业总体上比较匮乏，农村家家户户以耕作自家承包土地为生，因此种粮农户耕种的土地规模较小，即使人口较多的家庭，全家耕种的土地也仅一二十亩，所以学术上通常又把种粮农户称为种粮小户。

3.1.2　种粮大户

种粮大户是相对传统种粮小户而言的，指传统农户家庭耕种的土地面积比自家承包经营的土地面积高出数倍，甚至达到了几十亩或上百亩的规模的一种粮食生产组织形式。从20世纪80年代开始，伴随着我国市场化改革，农村部分劳动力开始进城务工、经商，我国家庭联产承包经营早期以农户家庭为单元的粮食生产格局开始发生变化，农民与土地紧密结合、农户与土地承包者高度合一的状态发生改变，部分农户离土离乡后有偿或无偿地把土地让与其他农户耕种，从而诞生了种粮大户(林毅夫，2005a)。陈家骥(2002)较早注意到"包干到户"后部分小农户承包"四荒地"成长为种粮大户，陈洁和罗丹(2012)进一步发现部分小农户通过耕种外出务工农户的土地逐步成长为规模经营的种粮大户。由此可见，种粮大户是我国农村经济体制改革和农村市场经济发展到一定程度后出现的，它以家庭承包经营为基础，但又突破了单个家庭的生产力边界，是农业生产经营形式创新和农户升级换代的产物（唐耘，2000）。种粮大户以户为单位，以粮食生产为主，一般是经过熟人间自发流转土地形成的具有比传统家庭经营规模更大的专业型农户，他们在吸收碎化土地、加快农村土地流转方面有着重要作用。但是由于土地流转的自发性，传统农民总体素质不高，早期出现的那些种粮大户往往只是家庭小户的耕种土地规模叠加，集约化生产水平、企业化管理水平、市场化运作水平都比较低，在那个粮食价格波幅较大的年代，种粮大户的商业可持续发展能力差，一些种粮大户因粮价上升、农民工回家要地而被迫解散，一些种粮大户则因经济效益不好而步履艰难。因此，这些种粮大户在我国农业组织发展史上只是昙花一现，他们兴起于 20 世纪 80 年，在 21 世纪初由于严峻的"三农"问题而逐渐淡出了历史舞台。

3.1.3　新型种粮大户

新型种粮大户是与传统种粮大户相对应的概念，是由新型职业农民家庭把绝大多数农户的土地流转到手中作为商品粮基地（金琼，2016），进行大规模集中连片种植粮食作物的粮食生产微观经济组织（图 3-1）。它除了与传统种粮大户一样实行规模化经营外，还普遍实现了机械化、集约化、企业化、市场化、社会化经营。并且，同样是规模化经营，新型种粮大户经营的土地通常是通过合法化的程序进行规范流转的，与传统种粮大户自发的土地流转相比，新型种粮大户的规模化经营具有较高的稳定性（表 3-1）。

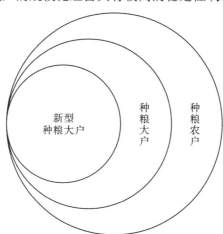

图 3-1　新型种粮大户的组织边界

表 3-1　新型种粮大户与传统种粮大户的比较

比较项目	传统种粮大户	新型种粮大户
户主特征	传统生计农民	新型职业农民
土地流转	自发短期流转	规范稳定流转
生产水平	简单的规模化	集约式规模化

续表

比较项目	传统种粮大户	新型种粮大户
管理水平	家庭作坊管理	现代企业管理
经济效益	经济效益较差	经济效益较好
可持续性	商业可持续差	商业可持续强
合作水平	单家独户单干	有社会化分工

为应对我国农村劳动力大量非农转移导致农业老龄化、农村空心化、土地荒芜化和日益突出的"谁来种地"问题，国家从 21 世纪初开始出台了包括种粮直补、良种补贴、农机购置补贴、农资综合补贴、粮食最低收购价格的政策（樊英，2014），尤其是中共中央办公厅、国务院办公厅相继出台了《关于引导农村土地经营权有序流转发展农业适度规模经营的意见》和《关于完善农村土地所有权承包权经营权分置办法的意见》两个文件，让一些"有文化、懂技术、会经营、善管理"的新型职业农民看到了商机，决心以种粮为创业方向，通过跨区、跨村、跨屯转入规模化的土地进行集约化种植商品粮，提供粮食单产收益和规模收益，追求"利益最大化"。随着国家对新型职业农民的大力培育，一些存续的传统种粮大户追求经济效益的行为取向越来越明显，逐渐改造成了新型种粮大户。从这个意义上讲，是否为新型职业农民领办可作为区分新型种粮大户与传统种粮大户的重要标志。虽然新型种粮大户仍然以户为单元，但普遍注册了家庭农场，或牵头组建了合作社，或注册了农业公司，即使有些新型种粮大户没有进行工商注册，但也采取了准企业的管理模式。新型种粮大户作为一种资源集聚的载体和新生产力的代表，其实质是粮食生产的企业化管理、工厂式运作、公司制经营和专业化大生产，新型种粮大户的产生与发展是市场经济发展的必然，是我国农村继家庭联产承包和乡镇企业发展之后的又一重大经营方式创新。新型种粮大户经济实力强、科技素质高、懂管理、善经营，有利于粮食标准化生产、规模化种植、集约化经营，大幅减少粮食生产成本、增加种粮收入、提高种粮积极性、增加农村就业岗位。目前，新型种粮大户的数量已成为衡量一个地方粮食生产水平的重要标志。因此积极培育种粮大户，推动粮食生产经营适度规模已成为各级粮食主管部门的重要工作（金琼，2016）。基于此，本研究的新型种粮大户是指由新型职业农民领办、以家庭经营为基础、以收益最大化为目标的规模化、机械化、集约化、市场化、企业化、社会化粮食生产经营单位，是以粮食生产经营为主要收入来源的新型农业经营主体的总称，包括主要进行粮食生产经营的家庭农场、专业大户、农民专业合作社和农业企业。市场化条件下，鉴于生存下来的传统种粮大户已改造成了新型种粮大户，所以本研究中除非特别说明，后面章节中提到的"种粮大户"即为"新型种粮大户"。

3.2　新型种粮大户产生的条件

3.2.1　劳动力转移提供前提条件

随着工业化、城镇化和信息化的加快推进，农村劳动力大量非农转移为种粮大户获取规模化的土地创造了前提条件。据全国农民工监测调查报告,从 1978 年到 2015 年,我国农村人口已累计 2.26 亿完全离开农村成功非农转移,2015 年的农民工数量为 2.77 亿。农村人口的大量非农转移和农民工的大量存在,导致全国各地均有不同程度的土地荒芜,也导致农村农户加速分化。农地抛荒的存在,是种粮大户形成的物质基础。一部分农户举家离开农村从事二、三产业,一部分农户劳动力仍留在农村继续从事自给性的农业生产,同时一些种粮有特长但家庭承包土地规模过小的农户又想获得更多的土地来从事商品粮生产(赵兴泉,2006b)。现在农村的情况是能种地的不愿意种,年轻人都出去打工了;愿意种地的无力种,留在农村的老人没有劳动能力了。于是这地只有留给那些既有劳动能力又愿意种地的人,鼓动他们走规模化种粮的路子。部分种粮农户对扩大土地经营面积的需求与部分农户离开农村愿意低偿甚至无偿让出土地经营权之间出现了结合点,于是种粮大户应运而生。种粮大户的出现,大大减少了农地抛荒现象。

3.2.2 政府政策支持的良好环境

邓小平同志曾指出:"中国社会主义农业的改革和发展,从长远的观点看,要有两个飞跃。第一个飞跃,是废除人民公社,实行家庭联产承包为主的责任制。这是一个很大的前进,要长期坚持不变。第二个飞跃,是适应科学种田和生产社会化的需要,发展适度规模经营,发展集体经济。这又是一个很大的前进,当然这是很长的过程。"种粮大户正是我国农业实现"第二飞跃"的有效组织形式,因此从中央到地方各级政府都非常重视种粮大户的发展。党的十七届三中全会提出"按照依法自愿有偿原则,允许农民以转包、出租、互换、转让、股份合作等形式流转土地承包经营权,发展多种形式的适度规模经营。"十八届三中全会进一步提出"鼓励承包经营权在公开市场上向专业大户、家庭农场、农民合作社、农业企业流转,发展多种形式规模经营"。与此同时,从中央到地方各级政府还出台了大量政策支持种粮大户的发展。单就中央财政预算而言,2016 年的种粮直补和良种补贴、农机具购置补贴和粮食保护价收购惠农资金就超过了 2000 亿且逐年递增,从中得益最多的是种粮大户。

3.2.3 规模经济效应的利益诱导

对规模化种粮的利润追求是种粮大户成长的根本动机。单位土地面积生产粮食的收益低,普通农户小规模家庭经营再精耕细作也没有多少收益。如果普通农户从事纯粮食生产,还可能会入不敷出,不如外出打工,但青壮劳动力外出务工后,留下老人和妇女在家耕种,由于他们对农田疏于管理,种植效益往往更差(刘清娟,2012)。但种粮大户不同,由于有规模、技术和市场等优势,可以通过良种良法提高单产,通过轮作、间作提高复种指数,通过规模种粮降低农机、农技接入成本,通过产业化经营增加产品附加值,通过种养结合提高品质增加溢价能力,通过薄利多产获得规模经济效益。事实上,随着二、三产业的日益发达,创业机会越来越少、产业门槛越来越高、产业风险越来越大,而粮食生产的技术要求相对较低,粮食的刚性需求和国家保护价政策使得粮食的市场需求稳定,对市场销售要求不高,粮价低时可以储存起来待价而沽,这些原因促使农村一些有创业想法的农户选择成为种粮大户。

3.2.4 务农逐渐成为体面的职业

农业机械化的普及、农村基础设施的显著改善、农业生产性社会化服务的配套以及农村良好的生态环境、充裕的闲暇时间正在使农业劳动告别过去那种"锄禾日当午，汗滴禾下土""面朝黄土背朝天"的苦、脏、累的场景，日益成为体面的职业。近年来我国农业机械化水平不断提高。调查显示，绝大多数种粮大户通过自筹资金与国家补贴都买上了农机，很多种粮大户是育秧机、插秧机、机械喷雾机、深松机、旋耕机、撒肥机、联合收割机、烘干机、碾米机、包装设备等粮食生产加工机械一应俱全，实现了耕种、播种、施肥、除草、收割、烘干全套机械化作业。有的种粮大户甚至购买了(套)单旋翼植保作业无人机。正如调查中一个种粮大户反映的那样，他种的地已实现了耕、种、收全程机械化，以前一头水牛每天只能耕几亩地，人工每人每天只能给十几亩地喷药施肥，现在一台机器每天可耕五十亩地，可给几十亩稻田打药，无人机植保更是可以达到两三百亩一天，很多农业机械上还自带空调，人干活也不受罪，闲暇时间多。农业机械化的普及得益于农村基础设施的改善。为了提高粮食综合生产能力，各级政府加大了以"田地平整肥沃、灌排设施配套、田间道路畅通、科技先进适用、优质高产高效"为主要内容的高标准农田建设，让每块田边都有一片"灌渠"，"旱能浇、涝能排"。与此同时，随着城乡一体化融合和电子商务的发展，人们在农村创业干事的出行、购物和生活也日渐便捷，也使得种粮大户愿意留在农村通过种粮成就一份事业。

3.2.5 新型职业农民的人才保障

人是社会生产力发展中最关键的因素。种粮大户的发展亦是如此，"有文化、懂技术、会经营、善管理"的新型职业农民才能成功。常年在外务工经商的农民不愿种地，留守在家的老年人无力种地，国家又大力扶持种粮大户的发展，这正是新型职业农民难得的机会(马文起，2013)。调查显示，种粮大户的户主来源主要包括富裕农民工、种田能手、乡村干部、农机推广部门人员和出身农村的大学生等人群。这些人群有一个共同特点，即自身素质高，不但有丰富的农业知识，还懂管理、会经营，熟悉粮食生产，有商业头脑。应当指出的是，这些种粮大户户主中，人数最多的是富裕农民工，他们早期在农村种过地，后来在全国各地务工经商，然后返乡创业成为成功的种粮大户，他们有文化、会种地、阅历丰富、善于发现商机、擅长经营管理、擅长市场渠道开拓，又有一定创业资本积累，所以选择以种粮大户作为创业项目容易成功。

3.3 新型种粮大户的主要特点

3.3.1 职业化家庭经营

种粮大户保留了家庭经营的产权激励等传统优势，核心成员的利益高度一致，劳动积极性高，同时又植入了土地、资本、劳动、技术、管理、信息等现代化农业要素，是对家庭联产承包经营的扬弃(樊英，2014)。但并不是所有的家庭经营都可以发展成为种粮大户，只有那些农村资源禀赋好，尤其是户主为"有文化、懂技术、会经营、善管理"的新型职业农民，才有可能把种粮小户发展成为种粮大户。

调查显示，种粮大户户主大多是返乡农民工、种田能手、农村经纪人、农技推广员、乡村干部、出身农村的大学生等。他们有一定文化水平，肯接受新技术，会管理，也有一定的经济基础，在社会上有一定影响力。从本研究收集的378个种粮大户样本来看，户主为大专以上文化程度的有33人，占8.7%；高中文化程度的97人，占25.7%；初中文化程度的187人，占49.5%；小学文化程度的56人，占14.8%；文盲5人，占1.3%(表3-2)。种粮大户的户主大多为年富力强的中年人，其中30~39岁的有81人，占21.4%；40~49岁的有160人，占42.3%；50~59岁的有73人，占19.4%；60岁以上的有64人，占16.9%；其中30~49岁的中青年超过63%，是种粮大户群体的主体(表3-3)。从他们之前的职业身份来看，返乡农民工80人，占21.2%；种田能手71人，占18.8%；农村经纪人67人，占17.7%；农技推广员62人，占16.4%；村干部53人，占14.0%；返乡大学生31人，占8.2%；其他14人，占3.7%；由此可见，种粮大户的来源呈多元化趋势(表3-4)。这些种粮大户大多数还获得过"全国种粮大户""省(市)粮食生产标兵""省(市)粮食生产大户"等称号。其中有2人获全国劳动模范称号，7人获省(市)劳动模范或杰出青年称号，多数是省、市、县各级人大代表、政协委员，社会影响力较大。

表 3-2　种粮大户样本户主文化程度

	大专以上	高中	初中	小学	文盲	合计
人数/人	33	97	187	56	5	378
比例/%	8.7	25.7	49.5	14.8	1.3	100%

表 3-3　种粮大户样本户主年龄分布

	30~39岁	40~49岁	50~59岁	60岁以上	合计
人数/人	81	160	73	64	378
比例/%	21.4	42.3	19.4	16.9	100%

表 3-4　种粮大户样本户主从业经历

	返乡农民工	种田能手	农村经纪人	农技推广员	村干部	返乡大学生	其他	合计
人数/人	80	71	67	62	53	31	14	378
比例/%	21.2	18.8	17.7	16.4	14.0	8.2	3.7	100%

3.3.2　规模化粮食生产

农业是弱质产业，粮食产业更是脆弱，若把人力成本和土地机会成本算入其中，小农户分散经营很难盈利。但种粮大户却不同，由于有规模、技术和市场等优势，可以通过公开市场租赁土地扩大经营规模。但由于人力、土地和其他要素的成本约束及种粮大户的组织管理能力、风险防控能力的限制,种粮大户的经营规模不是越大越好,而应在自身可控的范围内(樊英,2014)。

从种粮大户的规模层次来看,最小经营规模为30亩,最大经营规模为20000亩;30～100亩的113户,占29.9%;101～500亩的203户,占53.7%;501～1000亩的36户,占9.5%;1001～5000亩的共24户,占6.3%;5001～10000亩的共1户,占0.3%;10000亩以上的共1户,占0.3%;种粮大户土地经营规模化主要集中在101～500亩的范围(表3-5)。

表3-5　种粮大户样本的规模层次分布　　　　　　　　　　(单位:户)

	0～100亩	101～500亩	501～1000亩	1001～5000亩	5001～10000亩	10000亩以上	合计
黑龙江肇东	5	19	3	3	1	1	32
山东滕州市	7	20	3	1	0	0	31
江西南昌县	16	17	1	2	0	0	36
河南永城市	1	19	7	9	0	0	36
湖北枣阳市	1	20	9	1	0	0	31
江苏姜堰区	2	23	5	0	0	0	30
新疆呼图壁县	1	31	0	5	0	0	37
浙江湖州市	6	20	3	1	0	0	30
甘肃甘州区	21	3	3	2	0	0	29
四川遂宁市	26	5	1	0	0	0	32
重庆垫江县	27	26	1	0	0	0	54
总数/户	113	203	36	24	1	1	378
比例/%	29.9	53.7	9.5	6.3	0.3	0.3	100

从南北地区的差异来看,尽管南北地区种粮大户的规模都主要集中在101～500亩范围,但南方地区种粮大户的规模总体上明显小于北方地区,其中南方地区种粮大户规模在0～100范围高出北方地区近十个百分点,但在1000亩以上这个范围则低于北方近10个百分点,且南方地区很少有像北方那种经营规模化超过5000亩的种粮大户(表3-6)。

表3-6　南北地区种粮大户种粮规模差异

	0～100亩	101～500亩	501～1000亩	1001～5000亩	5001～10000亩	10000亩以上	合计
北方地区/%	21.2	55.8	9.7	12.1	0.6	0.6	100
南方地区/%	32.1	53.5	11.9	2.5	0	0	100

注:按秦岭-淮河作为我国南北地区分界线,将黑龙江省肇东市、新疆呼图壁县、山东滕州市、河南永城市、甘肃甘州区样本归为北方,将四川遂宁市、重庆垫江县、湖北枣阳市、江西南昌县、江苏姜堰区、浙江湖州市样本归为南方。下同。

从粮食主产区与非主产区的比较来看,在500亩范围内,非主产区种粮大户与主产区种粮大户的种粮规模并无多大差异,但非主产区土地规模在500亩以上的种粮大户远少于主产区,主要原因是粮食非主产区的农业资源禀赋比粮食主产区要差一些,难以流转如此大规模的集中连片土地(表3-7)。

表 3-7 主产区与非主产区种粮大户规模差异

	0~100 亩	101~500 亩	501~1000 亩	1001~5000 亩	5001~10000 亩	10000 亩以上	合计
主产地区/%	24.9	52.9	13.7	7.7	0.4	0.4	100
非主产区/%	30.8	59.3	6.6	3.3	0	0	100

注：按国家对 13 个粮食主产区的划分，将黑龙江省肇东市、山东滕州市、河南永城市、江苏姜堰区、湖北枣阳市、江西南昌县、四川遂宁市的样本归为粮食主产区种粮大户，将新疆呼图壁县、甘肃甘州区、浙江湖州市、重庆市垫江县样本归为非粮食主产区种粮大户。下同。

从地质地貌差异来看，平原地区的种粮大户的经营规模 85%都超过了 100 亩，有的种粮规模甚至上万亩，而山丘地区的种粮大户的经营规模 60%以上在 100 亩以下，主要原因是山丘地区难以获取集中连片的土地，山丘地区以梯田梯土为主也难以采纳大型农机作业（表 3-8）。

表 3-8 平原地区与山丘地区种粮大户规模差异

	0~100 亩	101~500 亩	501~1000 亩	1001~5000 亩	5001~10000 亩	10000 亩以上	合计
平原地区/%	14.8	64.2	11.8	8.4	0.4	0.4	100
山丘地区/%	64.3	29.6	4.3	1.8	0	0	100

注：根据当地地貌特点，黑龙江省肇东市、新疆呼图壁县、山东滕州市、河南永城市、江苏姜堰区、湖北枣阳市、江西南昌县、浙江湖州市为平原地区，甘肃甘州区、四川遂宁市、重庆垫江县为山丘地区。下同。

3.3.3 集约化科学种田

种粮大户获得规模化的土地以后，就可以充分利用规模经济效应进行节约化科学种田，降低粮食生产边际成本，提高产品溢价能力。种粮大户种粮的机械化程度很高，较高的机械化水平提升了生产效率，使得大面积经营土地成为可能，也使得经营规模面积得到扩大（谢力，2016）。种粮大户机械化种粮赚钱以后，也更有动力参与农田基础设施建设，为农业机械化创造更好的条件。调查显示，对水稻、小麦和玉米的种植，种粮大户基本上都是耕、插、收、运、烘、储全程机械化，从而使过去人工劳动每年每公顷 100 个以上劳动力减少到如今的几个劳动用工，大幅度降低了劳动力成本。河南省永城市一户种粮大户说："规模化种粮，来不得半点马虎。出了力流了汗，不一定就赚钱。"前几年，他起早摸黑下田育秧，雇人插秧，雇人收割，年底一算却没有赚到钱，有些年份还略有亏损。主要原因是那时他全靠雇人种田，一名雇工一天只种半亩田，劳动效率低但支付的成本却高。而今，他家种地主要靠机械，以往是人工的水田育秧，现在是工厂化育秧，一台全自动插秧机一天能插秧 40 亩，大大节约了雇工成本，同时，有了烘干机，晒稻谷不再是问题。地还是那么多，实现机械化以后，他每年的种粮利润变得非常可观。种粮大户机械化种粮赚钱以后，也有资金投入农田基础设施改善，补充国家高标准农田建设财政资金投入的不足。调查发现，一些种粮大户在国家农机购置补贴、种粮大户补贴等政策资金支持下，围绕提高粮食综合生产能力，集中成片地加强以调整田型、培肥地力为重点的耕地质量建设和水网建设，开展土地治理和中低产田改造，改善了田间运输和作业条件，田成方、路联网、渠配套，从而进一步为农业机械作业创造了条件。

种粮大户普遍采用良种、良法，根据市场需求及时更新品种，良种覆盖率达 100%。绝大多数优良新品种在一个地方的推广往往都是从种粮大户开始的。黑龙江肇东市一户种粮大户还高薪聘请了一位高级农艺研究员，对水稻品种、田间管理模式、施肥施药等进行试验，当地的各种水稻优良品种都先拿到他家田里小试，然后才大面积在当地推广。"近水楼台先得月"的缘故，他家总是率先尝到粮食优质高产高价的"甜头"，在市场竞争中拔得头筹。一些种粮大户还自建了工厂化育秧中心，除了自己种，还提供给周边农户。四川遂宁市一户种粮大户建立了工厂化育秧中心，还有智能温室育秧大棚，并配置了 10 多台插秧机，向周边农户提供秧苗和插秧服务，每亩稻田较传统人工插秧节约人力成本 60 多元。他还请了一位四川农业大学有 20 多年种植经验和研究经历的教授上门指导水稻直播技术，掌握了晚稻的塑盘旱育抛栽法后，直接将秧苗播撒在田地里，不必经过育秧、移栽的环节，一亩地能省去 200~300 元的人工费。甘肃甘州区一户种粮大户严格按照单株营养坨育苗、定向移栽，保证株距 15 厘米、行距 80 厘米，1 亩地种 3600~4000 株，'靖丰 8 号''遵玉 8 号''掖单 4 号'等 50 多个品种每 5 行交替间种。亩产玉米 600 公斤左右，而传统种植亩产顶多达到 250 公斤。

种粮大户通过轮作、间作、套种等方式显著提高了土地的利用率。湖北枣阳市一户种粮大户实行"水稻+小麦"轮作，选用'鄂早 6 号''鄂早 17 号'等优质高产良种，推行高产攻关栽培优质农技措施，显著提高粮食单产，每亩产值比全市平均水平高出 10%，同时，所产出的产品质量在全市处于上乘，市场畅销。除轮作水稻和小麦，凡是能利用的土地，他还种上蔬菜和绿肥，不让土地闲置。浙江湖州市一户种粮大户采用在水稻田里养鸭子的形式，使每亩水稻节支增收 200 元以上；利用冬天闲置的土地种植小麦和油菜，创造了"一年三熟"的新模式。江苏姜堰区一户种粮大户将上年的稻秆均匀地丢在田里进行肥田和松土；采用"稻-稻-油（菜）"的耕作方式，把 1 亩田当 3 亩田用，其中两季稻谷亩产超过 1000 公斤，成为名副其实的"吨粮田"；地里的小麦、玉米或蔬菜间种，所有能用的空间全被利用上了。

种粮大户对土地普遍采取保持性耕作，采用测土配方施肥技术，选用低毒、低残留农药或害虫诱杀灯等新技术防虫，秸秆还田和种养结合的循环农业模式，基本能达到以最小的投入产生最大的效益的要求。河南永城市一户种粮大户还总结出种好小麦的"种、耕、肥、水、防、收"六字经，即"选好良种、搞好深耕、施足底肥、浇好返青拔节两场水、防治好病虫害、确保颗粒归仓"。犁地时犁得深、大量施用农家肥、让秸秆全部还田、聘请农艺师指导生产，是他能夺高产的秘诀。为了保证农家肥的供应，他家还办起了养猪场，用猪场产的猪粪肥田，用田里的秸秆作饲草，实现养猪和种田良性循环，每亩田每年少施 100 多公斤化肥，粮食产量却提高了 10%。江苏姜堰区一种粮大户发现很多普通农户种懒庄稼，一年只种一季，导致土地撂荒长草，来年施除草剂又降低了肥力。他采取水旱轮作、种养结合技术，秸秆还田不施化肥，靠防虫网和杀虫灯防虫不用农药，对土壤、水分、空气、农资各个环节进行严格控制，既降低了生产投入，又减少了环境污染，生产出的粮食达到了有机标准，实实在在地保证了食品安全质量，每公斤粮食价格比市场上的普通粮食高出一大截。

3.3.4　产业化提升效益

农业是弱质产业,粮食生产更是弱质产业中的弱质行业。尤其在当前种粮成本不断升高、国家种粮补贴空间受 WTO 规则约束日益增强、国外低价粮食进口冲击国内市场的农业新形势下,单纯的规模化粮食生产已很难盈利。调查发现,一些先前通过规模化种粮赚到第一桶金的种粮大户开始主动作为,或调整产品结构,或延伸产业链,开始从农业产业化经营寻找效益。种粮大户的农业产业化经营,归纳起来主要有以下几种类型。

(1)**多种经营、提高产品品质和调整产品结构**。调查发现,部分种粮大户种植了少量经济作物。378 个种粮大户中有 40 户用少量土地种植了蔬菜,占比 10.6%;有 55 户种粮大户在土地上套种了油料作物,占比 14.6%;有 44 户种粮大户少量种植了瓜果,占比 11.6%;有个别种粮大户少量种植了花生、甘蔗、牧草、豆类和薯类等非主粮作物。超过 70%的种粮大户实现了种养结合,规模化养鸡、鸭、鱼、猪、牛、羊等畜禽。378 户种粮大户中,每年养鸡或鸭超过 1000 只的有 81 户,占比 21.4%;每年水产养殖水面超过 10 亩的有 32 户,占比 8.5%;年出栏生猪 100 头以上的有 25 户,占比 6.6%;年出栏牛或羊 50 头以上的共有 19 户,占比 5.1%。种养结合和粮改饲很好地契合了当前我国农业供给侧结构性改革的要求。比如山东滕州市一户种粮大户,2015 年种地 160 亩,年产出玉米 9 万多公斤,但因价格不好却出现了三四万元的亏损。2016 年将一半的土地改种两季青贮玉米卖给当地的奶牛场,一年净赚四十多万元。又如浙江湖州市的一位返乡大学生种粮大户,从自家 120 亩耕地中拿出 30 亩耕地进行有机种植,实施秸秆还田,用畜禽粪便无害化处理的沼液代替化肥,只靠防虫网和杀虫灯灭病虫,亩产尽管只有 100 多公斤,但在杭州每公斤却能卖到 130 元左右的高价,经济效益非常明显。

(2)**发展生产性社会化服务周边农户的兼业种粮**。"人多地少"的特殊国情决定了在相当长的时期内,兼业小农仍然是我国粮食生产的主体,他们因仅耕种自家那一亩三分地难以维持生计,所以往往会选择外出打工兼业,疏于对农业的精心照料,从而为种粮大户开展生产性社会化服务提供了绝好的机会。种粮大户不一定非得不断扩大流转土地规模才能盈利,通过为兼业小农提供机耕、代管、机收等粮食生产部分或全部作业,一样可以获得较高的收益,既充分利用了自己在技术、知识、资产方面的资源,又降低了大规模流转土地直接耕种的风险。调查显示,将近三分之一的种粮大户都或多或少地为周边农户有偿提供生产性社会化服务。湖北枣阳市一户种粮大户苦于当地流转土地困难,耕种规模一直在 100 亩左右徘徊。在当地农村信用合作社的贷款支持下,先后购买了旋耕机、插秧机、收割机等多台农机设备,但他发现这些农机直接耕种自己那 100 多亩土地根本"吃不饱",而当地兼业小户的土地则因主要劳动力外出务工经商疏于管理,耕种普遍粗放,部分土地处于闲置或半闲置状态。为了提高农机的利用率,他向周边的兼业小农户提供机耕、机收和机械插秧服务。由于价格实惠,他提供的农业生产性社会化服务在当地很受兼业农户欢迎。据一位接受了生产性社会化服务的农民讲,他在市里一家企业打工,自家一亩半地租给别人又舍不得,于是主动找到这位种粮大户给自己土地当"田保姆",购种、育秧、整田和插秧全由种粮大户代劳,每亩每季只收 300 元,他非常满意种粮大户给他提供的服务。

这户种粮大户在为周边农户提供生产性服务的过程中，也拓展了流转低价优质土地的来源。而今其流转的土地已由 100 亩扩大到 600 多亩，每年向周边兼业小农提供生产性服务收费 100 多万元，呈现出直接耕种与生产性服务相得益彰的良好发展态势。

(3) **发展订单农业提高产品价格和拓展市场销路。** 调查显示，在发展初期，大部分种粮大户的粮食通常卖给当地粮食仓库或等商贩上门收购。随着种粮大户社会网络的逐步扩大，他们开始向粮食加工企业销售，甚至采取订单模式以销定产，有的种粮大户甚至牵头成立粮食银行，联合其他种粮大户到农产品期货市场进行套期保值。比如黑龙江肇东市一户种粮大户向当地一家东北大米加工厂签订订单，按照大米加工厂的要求统一品种、统一农资、统一农机作业方式和农艺标准、统一原粮购销、统一核算，2015 年向大米加工厂订单销售粮食 400 多吨，每公斤粮食售价比市场保护价高 0.36 元，比直接销售到市场上多收入 15 万元。又如四川遂宁市一户种粮大户于 2002 年从乡粮站仓库管理员岗位下岗后成为种粮大户，并发动当地农户建立了粮食银行。种粮农户将收获的粮食交给粮食仓储企业保管，仓储企业按当地当时的粮价给种粮农户一定比例的预付款。而后粮食价格随着市场波动产生的价差由种粮农户与粮食仓储企业按一定比例共享盈亏。种粮农户缺少生产性流动资金时，可与粮食仓储企业签合同进行订单种植，并将在田粮食作物未来的粮食产出抵押给粮食仓储企业，粮食仓储企业以此向旗下设立的担保公司提供反担保措施，担保公司向银行担保为种粮农户提供土地流转、农资购买等生产性融资，种粮农户的粮食收割后出售给粮食仓储企业，扣除银行还贷后的销售收益归种粮农户。粮食银行还可解决粮食种粮收获季节卖粮难的问题，种粮农户把粮食存在粮食银行里可根据市场供求情况灵活选择卖粮时间，提高粮食销售价格。粮食交给粮食银行采用现代化手段晾晒还可减少 6%～8% 的粮食损失，由加工企业统一加工基本上可达到零损失效果，提高了粮食产量。此外，粮食银行将种粮农户闲散的粮食集中起来进行存储管理，再进行期货套期保值，进一步降低了种粮农户种粮的市场风险，使其摆脱了"谷贱伤农"的困境。浙江省一名返乡大学生种粮大户，他通过组建合作社把种粮农户的散粮收集起来拿到网上拍卖，把当年线下每吨不到 2000 元的粮食卖到了每吨 2100 多元，每吨粮食多创收 100 多元。

(4) **发展生产、加工、销售一体化农业全产业链。** 农产品附加值低，加上流通环节多，有限的附加值大部分被中间环节稀释了。为了留住附加值，一些种粮大户开始涉足农产品加工销售。河南永城一户种粮大户，轮作小麦和玉米 100 多亩，以粮食种植为基础和原料保障，现已初步形成了"种植—加工—销售"为一体的面条产业链。而玉米除了用作养猪的饲料以外，还用来酿造当地人爱喝的苞谷酒，酒糟则进一步用来养猪，总的算下来，1 亩地的产值比原来单一的种植翻了近两番。山东一户种粮大户种植的大豆全部用来榨油，种植的玉米除了外销以外，还用来养鸡鸭和生猪。他还将部分土地改种青贮玉米用来养牛，并间种了一些蔬菜、瓜果，还在市里大型社区开了两家专卖店，店里专卖自家出场的面粉、豆油、猪肉、牛肉、鸡鸭和时令蔬菜，产品质量全部可追溯，深受消费者的喜爱。另外，他还开了微店，利用微信公众号销售产品，委托美团、百度外卖进行同城配送，生意做得红红火火，2016 年年利润已超过了 100 万元。甘肃省甘州区一户种粮大户，一改普通老套的粮食种植模式，走起了绿色环保的现代农业发展之路。他引进了抗病性强、口感品质好的优质稻种以提高大米品质。他家的稻谷从"收割—运输—烘干—加工"全过程不沾土不沾泥，无污染无杂质。2015 年，他家的大米正式通过国家工商总局颁布注册，被农业农村部纳入中国名优新特农产品名录。他还在淘宝、京东上开了两家网店，把米卖到了全国各地。

(5)开展农事体验、乡村旅游等生态型观光农业。观光农业依托农村特有的农业景观、生活方式、自然环境和传统文化为城镇居民下乡提供观光、体验、度假等多项休闲娱乐方式，让城镇游客充分体验农村生产生活方式的同时提高了农民的经济收入。四川一户种粮大户，在田里种水稻的同时，在田埂边挖沟用于加高加宽田埂，在沟里养鱼，在稻田里养鸭，在田埂上种果树、花卉或蔬菜，市民下乡可到他家田埂上摘水果、采蔬菜、观花卉，在水沟里钓鱼，可以到他家稻田周围的机耕道上漫步或骑自行车，可以到他家办的农家乐里吃农家饭，离开时可以购买他家耕种的蔬菜、水果，购买他家加工袋装的大米、真空冰冻的老鸭等优质新鲜农产品。山东一户种粮大户办了一家现实版"开心农场"，亦即城乡互助农业模式。市民在他家农场里承租一小块农地，他为市民提供农具、种子、有机肥等物质投入和必要的技术指导。市民在周末等闲暇时间到农场里侍弄自己租种土地上的粮食作物、瓜果蔬菜，亲近土地和自然，精耕细作自家那一份租赁地，通过亲身参与耕种、除草、施肥、灌溉、收获等农耕体验，满足亲近自然、求知撷趣、健身娱乐等身心需求。江西一户种粮大户与当地政府和企业合作，办起了稻作创意文化园。整个园区以集中连片的稻田为主，配有粮食加工包装、农家乐餐饮住宿等功能设施，设有稻米脱粒屋供游客加工包装稻米，设有稻粥棚供游客熬南方养生粥。还有小动物园、小菜园供孩子们游乐，有真人 CS 和田野自行车赛供年轻人游乐，稻田里设置了鹊桥、风车、铜牛等文化景观供恋人们拍照。园区里定期举办插秧节、收割节、贡品大集、皇帝祭天、趣味运动会、亲子农耕游、二十四节气品粥等文化活动。市民到农家乐里可以品尝特色农家饭，尝到香喷喷的大米饭、香甜甜的米糖、香醇醇的米酒，体验柴火鸡、小鲜肉等原生态特色菜肴。这些观光农业模式较好地体现了经济效益、生态效益和社会效益的协同，也是我国农业供给侧结构性改革鼓励发展的重要方向。

3.3.5　企业化规范管理

根据百度百科的定义，企业是指以营利为目的，综合运用土地、资本、劳动力、技术和企业家才能等生产要素，向市场提供商品或服务，实行自主经营、自负盈亏、独立核算的法人或其他社会经济组织(李雪，2016)。种粮大户的企业化管理并不是要求种粮大户都去注册成为法人或其他经济组织，而是要求种粮大户以追求利润最大化为目标，对生产经营活动中涉及的人、财、物、产、供、销以现代企业为标杆进行组织管理。具体而言，种粮大户的企业化规范管理包括工商注册、田间管理、财务管理等几个主要方面。

(1)工商注册。进行工商注册有利于种粮大户按照现代产业组织的要求规范发展。据调查，378 户种粮大户中有 109 户种粮大户牵头周边农户一起注册了专业合作社，占比28.8%；其中按照合作社的惠顾原则真正运行的合作社有 34 户，占合作社总数的 31.2%。事实上，在种粮大户牵头组建的 109 个专业合作社中有 87 户种粮大户获得了各级农业部门、财政部门的补贴，占比 79.8%，其中最多的累计拿到财政资金 300 多万元，最少的 5000

元。有 93 户种粮大户到工商部门登记注册了家庭农场,占种粮大户总数的 24.6%;有 43 户家庭农场获得财政资金支持,占注册家庭农场种粮大户的 46.2%,其中最多的获得 10 万元财政补贴,最少的获得 3000 元财政补贴(表 3-9)。有 51 户种粮大户注册了有限责任公司,占种粮大户数的 13.5%,其中获得财政资金支持的有 14 户,占注册公司数的 27.5%,而最多的获得 10 万元财政补贴,最少的获得 2000 元财政补贴。另外,有部分种粮大户同时注册了几种组织形式,其中有 67 户种粮大户同时注册成立了合作社和家庭农场,占比17.7%;有 24 户种粮大户同时注册了合作社和企业,占比 6.3%;有 17 户种粮大户同时注册成立了家庭农场和企业,占比 4.5%;有 12 户种粮大户同时注册了专业合作社、家庭农场和企业,占比 3.2%。从表 3-9 可以看出,受经济发展水平和商业氛围差异的影响,到工商部门注册登记专业合作社、家庭农场和企业的种粮大户以东部发达地区比例最高、西部地区最低,呈现出东、中、西梯度递减的趋势。

表 3-9 种粮大户注册合作社、家庭农场和企业情况

注册类型		均未注册	只注册社	只注册场	只注册企	注册社场	注册社企	注册场企	全部注册	合计
东部	户数/户	17	11	9	11	25	9	7	2	91
	比例/%	18.7	12.1	9.9	12.1	27.5	9.9	7.7	2.2	100
中部	户数/户	40	19	14	9	30	9	8	6	135
	比例/%	29.6	14.1	10.4	6.7	22.2	6.7	5.9	4.4	100
西部	户数/户	93	18	16	2	11	6	2	4	152
	比例/%	61.2	11.8	10.5	1.3	7.2	3.9	1.3	2.6	100
全国	户数/户	150	52	34	22	67	24	17	12	378
	比例/%	39.7	13.8	9.0	5.8	17.7	6.3	4.5	3.2	100

注:"社"代表专业合作社,"场"代表家庭农场,"企"代表企业;按照国家对东中西部的划分,把浙江湖州市、江苏姜堰区、山东滕州市样本列为东部,把黑龙江肇东市、江西南昌县、河南永城市、湖北枣阳市样本列为中部,把新疆呼图壁县、甘肃甘州区、四川遂宁市、重庆市垫江县样本列为西部。

(2)**田间管理**。田间管理是从压垄到补苗、间苗、除草、施肥、灌溉等作物生长整个过程中的日常管理,为作物生长提供充足的水分、养分、肥料和光照,以及为作物生长采取相应的生长促进、病虫害防治措施(李翠芹和白娟,2016),确保作物的高产和优质。种粮大户耕种面积大,容易受天气、墒情等自然不可控因素及水、肥等人为可控因素影响,一旦田间管理不当,就会导致作物大面积减产,造成巨大经济损失,因此种粮大户必须高度重视田间管理。所以,很多种粮大户都雇用了人手协助自己进行田间管理。据统计,几乎所有的种粮大户都会雇用劳动力完成田间管理。其中 90% 的种粮大户有常年雇工,平均雇工 9 名,最多的超过 80 名,常年工的年工资平均为 65567 元;平均雇用季节工 73 人,平均每个季节工工作 65 天,人均日工资 180 元。但是,由于粮食生产是一个活的生命体,各个环节高度统一,不能像工业那样分段切割成容易监督检测的标准化,是个"良心活",田间管理得好不好只有等到收获以后才知道,因此田间管理的方法极其重要。为了提高田间管理质量,种粮大户们探索出了不少方法。四川一户种粮大户的种植规模超过 3000 亩,

他对雇工劳作实施分包责任制来保障田间管理到位，自己负责巡视监督，保障粮食产量的稳定，年稳定利润 200 多万元。黑龙江一户种粮大户实行员工收入与产量挂钩的方法，采用成本逆控的方式，每一项都限定严格的底线，节余自用，超支自负，每名员工的年收入也在 10～20 万元。江西一户种粮大户种粮规模达 2500 亩，高薪聘请了一名总管负责全面工作，还有三名副总管分别管着三个种田小组，70 多名田间管理人员或农工人员包吃包住。他每周主持召开一次田间管理会议，让管理员汇报一周的田间管理工作，再让三个小组交流一下各自的经验，每月对雇工进行一次绩效考核并发放绩效工资，每年农忙后还租两辆大巴车带着长期雇工外出旅游。

（3）**财务管理**。财务管理是种粮大户企业化发展的基石，它主要包括账务管理和成本管理两个方面。据调查显示，378 户种粮大户中有 213 户种粮大户对种粮过程中的收支情况有记录，占比 56.3%；有 186 户种粮大户把粮食生产经营性收支与家庭其他收支进行了区分，占比 49.2%；有 94 户种粮大户对全年的生产经营进行了简单的预算管理，对全年的收入和支出情况进行预估，制定全年的经营计划，占比 24.9%；有 57 户种粮大户有专门的财务人员进行账务处理，占比 14.3%；有 34 户种粮大户通过兼职或专职的形式聘请了具有会计上岗证的专业财务人员，占比 9.0%；有 4 户注册了有限责任公司，进行农业产业化经营的种粮大户还在组织内部专门设立了财务部，有专职会计定期编制财务报表，占比 1.1%。总体而言，种粮大户的账务管理规范还比较欠缺，但正沿着"分开家庭经营性收支与生活性收支→预算管理→业务计划管理→安排专门财务人员账务处理→聘请专业人员账务管理→设立财务部进行账务管理"的路径不断规范企业财务行为。由于种粮的比较效益低，成本管理对种粮大户是否盈利特别关键。当前，由于种粮成本上升，粮食价格下行，很多种粮大户都出现亏损，而四川一周姓种粮大户仍能赚钱的秘诀就是对每个生产环节每项成本都锱铢必较。比如请人翻一亩地要 50 元，他用机器替代人只花 17 元（包括人工费 5 元、农机和石油费用 12 元）；外面买种子要 50 元/公斤，他自己育种的成本只有 12 元/公斤；其他人满田撒肥平均要 80 公斤/亩，他测土配方施肥平均只需要 50 公斤/亩。他摸索出一套不用晾晒的收割方案，省去了烘干成本。另外，他依托在农村建立的长期信任关系能低价流转到别人花高价也流转不到的土地。他实施分包责任制保障田间管理到位，自己负责巡视监督，保障粮食产量稳定。据测算，他从育秧到最后收贮每亩投入只有 480 元，比一般的农户要节约 340 元。正是靠严苛的管理，他才能将稻谷的种植成本控制在每公斤 2 元钱，从而实现盈利。

3.4　新型种粮大户的常见类型

3.4.1　按户主身份分类

根据种粮大户户主在成为种粮大户之前的从业经历或职业身份，种粮大户可分为农民工返乡创业型、种田能手扩规模型、农村经纪人转业型、农技推广人员转业型、村委会干部兼业型、大学生返乡创业型和其他人员再创业型等几种类型。

（1）**农民工返乡创业型**。一些有文化、有渠道、懂管理、善经营的农民工，通过外出务工经商积累了一定资金、经验和人脉资源后，在国家惠农政策的引导下，返乡通过流转土地成为规模化种粮的种粮大户。问卷调查显示，返乡创业的农民工种粮大户达 20.7%，在种粮大户户主来源中占比最高，主要原因是他们见识广、有文化、有经验、有胆识，善于发现商机，又积累了一定的经济基础。农民工返乡租地规模化种粮已成为种粮大户发展的一种趋势。如江西一户种粮大户，过去在广东一家玩具厂打工，还当上了车间主任。2009年返乡租种了 1 万亩土地，成为全国种粮大户。他采用工厂化的管理方式将稻田分成十几个分区，采用全机械化作业，每个分区聘请种田能手管理。参与大田管理的种田能手每月可领到 5000～8000 元的基本工资，年底还可以根据自己超额完成的产量获得几万元甚至十几万的奖金。他还开展了农业生产性服务，为周边粮食种植的兼业小户提供购买种子、农药、化肥及机耕、机插、稻谷烘干等方面的托管服务。

(2) 种田能手扩规模型。调查显示，有 18.8%的种粮大户户主属于种粮能手。他们在长期务农的工作中掌握了一整套科学种田的方法。他们种粮的经验丰富，擅长田间管理和大田作业，能够实现粮食生产的低物耗投入、低病虫害发生率和高粮食单产，是我国粮食生产领域的技术型高级管理人才，是保障我国国家粮食安全的重要基础力量。如浙江一户种粮大户的户主是个农技经验丰富的种田能手，他发现随着农村青壮劳动力的大量非农转移，很多农户开始种"懒汉田"，只种单季晚稻，他就与农户们商量，让农户们把田暂借给他播种早稻，早稻收割以后把田返还给农户们继续种晚稻，作为补偿，他免费为农户们提供各种农技、农机服务，实现了土地近乎零成本的规模化种粮。由于选用优良品种，加上注重苗数、施肥、病虫害防治与植保等关键技术环节，他耕种的早稻年年丰收，亩均产量超过 450 公斤，而农户的晚稻在他的技术支持下也达到亩均 600 公斤的高产，两项加起来亩产超过 1 吨，经济效益非常明显。

(3) 农村经纪人转业型。农村经纪人又称涉农生意中间人，为农民达成涉农商品或服务交易提供中介服务并收取佣金。他们在为农民提供农资或农机销售、土地流转、农产品加工、储运和销售中介服务的过程中，逐渐发现了规模化种粮的商机，通过流转农民的土地成为种粮大户。调查显示，有 17.6%的种粮大户户主在成为种粮大户之前是农村经纪人，有的成为种粮大户后还继续在农闲时兼职做农村经纪人。农村经纪人转行成为种粮大户，在土地流转、农资和农机购买、农产品销售方面有明显的优势。如广东一户种粮大户在成为种粮大户之前是农村一名从事稻谷销售的经纪人，通过低价购买种粮散户的粮食再适当溢价转卖给粮食加工企业，从差价中获取佣金。但随着农村劳动力大量非农转移，散户种粮越来越少，大户种粮则往往主动联系渠道，因此在农村做粮食销售经纪业务越来越困难，于是他转行租了 150 亩地规模化种粮，成为一名种粮大户。由于有渠道优势，他种了粮食不愁销路，粮食出售价格比一般种粮大户的粮食销售价格每公斤高 0.2～0.4 元。

(4) 农技推广员转业型。调查中发现，有 16.7%的种粮大户户主有过基层农技推广工作经历。基层农技推广员的工作是向农民传授有关种植、养殖和加工等方面的技术，向农民提供各类农产品市场需求信息，便于农民及时调整种植结构，向农民推荐各种高质量、高效益的粮食作物或经济作物新品种。这些工作经历对他们成为种粮大户大有裨益。农技推广员转行成为种粮大户，在农业信息和技术方面有明显的优势。安徽一户种粮大户是一位来自基层农机推广战线的高级农艺师，他除了自己规模化套种水稻和冬小麦，还创办了"优质高效农业技术协会",动员周边农户加入协会并将会员分成技术培训、高产攻关、农产品加工销售运输等 13 个专业组,每个专业组选拔 1 名业务骨干当组长。协会充分发挥各专业组的服务功能,统一农田基本建设、统一耕作要求、统一优良品种、统一订单出售,大力推广优质高产良种、推广无公害种植技术、推广化学除草技术、推广病虫害防治新技术,粮食产量平均每亩增产 150 公斤,粮食品质好,比市场价高出 10%以上。作为安徽省农业科普战线的突出代表,他先后获得全国种粮大户和全国劳动模范称号。

(5)**村委会干部兼业型**。村委会干部主要包括村党支部委员、副书记、书记,村民委员会委员、副主任、主任及其内设的工作委员会主任。在农村大量知识青壮年非农转移的背景下,村委会干部往往是农村最优质的人力资源,由于工作的原因又十分了解中央和地方的各种惠农政策。村委会干部的工资性收入不高,但由于需要处理村委会日常事务,不能外出打工,所以很多村委会干部做起了种粮大户。调查显示,有 14.2%的种粮大户属于村委会干部兼业型。如福建一村委会主任承包了 170 亩地,成了当地小有名气的种粮大户。他家 5 口人中,只有老父亲还能种点地,他因要处理村委会的事经常往返于村与镇之间,较少参加生产劳动,妻子也只能在后勤方面打点杂,干不了重活。但得益于机械化的普及,他家打理这百十亩地也不算困难。他充分利用中央和地方的各种惠农政策,先后购置了插秧机、植保机、打田机、起垄机和拖拉机等农机具。同时,由于村委会主任这个特殊身份,他家"双抢"时雇工也不是太难。他家也善待这些雇工,生活伙食上酒肉管饱,妻子每两个小时还给大家送水、送面包,雇工们干活再累也不饿,工作积极性高,劳动质量有保证。

(6)**大学生回乡创业型**。在经济发达的沿海城市,考上大学就等于跳出农门的传统观念正在逐渐淡化。一些学农业、经济、管理且有一定创业激情的农村生源大学生,看到广阔农村大有作为,大有创业和就业的空间,摒弃"蜗居"城市甘当"蚁族"的旧观念,大学毕业后放弃桌上摆着电脑、房间有空调、里外出入鞋底不再沾泥土的大城市工作,主动选择"村来村去",利用自己所学的知识技能,投身农村以规模化种粮为业,成为地道的"土地 CEO"。大学生回乡创业型种粮大户在农业技术、经营管理方面有扎实的理论知识,在农业机械化、节约化和信息化方面有明显的优势。比如安徽大学一名大学生,大学毕业后回家承包了 580 亩土地,成为种植大户。他还联合 7 家农户成立了农机专业合作社,贷款购置农机为周边各类粮食生产主体提供育秧、插秧、病虫防治、施肥、收割、烘干的全程机械化。看到人工搬运稻谷的劳累,他还参与研制了每次可搬运 250 公斤稻谷的"田间农用搬运自主移动机器人",并获得国家发明专利。他把原来需要 5 人协同操作的稻谷烘干设备改装成一人即可完成操作的农机设备,大幅度降低了人工劳动强度。

(7)**其他人员再创业型**。加入种粮大户这支中国农业现代化队伍的还有工商企业家、专业军人、公务员、医生、教师等各方面力量。他们或有资金优势,或有资源优势,或有市场优势,或有管理优势,为我国农业注入了新鲜血液,成为保障我国国家粮食安全的重要力量。如上海一户种粮大户在成为全国种粮大户之前是一个房地产老板,办过皮具厂,搞过装潢、市政等,每家公司都经营得风生水起,身家数亿。近年来,随着国家对房地产业实施宏观调控,他感到事业需要转型,于是改行种地。他种粮的土地不是流转农民的属地,而是进行滩涂改造。他通过引入淡水对滩涂和盐碱地进行淡化,变身治理盐碱地"土专家"。他通过反复试验,成功探索出了全球许多国家和知名专家、教授都没有攻克的"互花米草"的去除方法,他自创的"农田高水位灌溉系统"和"盐碱滩涂综合快速治理技术"获得国家专利。目前他规模化、机械化、集约化、市场化、标准化、企业化、品牌化耕种的滩涂良田已超过 20 万亩。

3.4.2　按组织形态分类

(1)**家庭经营型**。由种粮农户在家庭承包生产经营的基础上,依靠自身经验和技术的积累,逐步流转其他农户的耕地,不断扩大生产规模和经营范围,从家庭承包户经营扩大成为种粮大户(林建华等,2013)。这种类型的种粮大户其户主通常是种田能手,种粮技术水平高,集约化生产确保减少物耗投入、增加单位产出。这种类型的种粮大户,往往量力而行,秉持"有多大的碗就盛多大量的饭",流转的土地规模不是很大,但经济效益不错,是国家大力提倡的发展类型。如四川的一户种粮大户,它是一家典型的"夫妻店",孩子们通过上大学进城工作了,父母已年迈不能劳动,夫妻俩承包了 70 亩地种粮,还年出栏100 多头生猪。得益于微耕机替代人,他们几乎不外请雇工,年纯收入超过 10 万元,一家生活非常殷实。

(2)**合作经营型**。家庭经营型种粮大户掌握了规模化粮食生产经营的经验以后,牵头组建农民专业合作社。与周边农户一道,以资金、农机、土地、劳动力等形式入股,注册成立粮食种植专业合作社,然后以合作社的名义承包或租赁土地统一经营、统一购销,收益按各社员入股比例分配。比如湖北一户种粮大户承包经营 800 多亩土地成为全国种粮大户以后,发动周边农户组建了农机专业合作社,整合当地一家一户分散的农业机械设备,聘请 4 名经验丰富的农技师、机械师、技术操作员,以及 5 名种田能手为生产队长,为当地粮食生产的各类农业经营主体提供农技、农机服务,经济效益和社会效益非常显著。

(3)**企业经营型**。种粮大户领办人到公司部门注册成立有限责任公司,以公司的名义租赁土地进行规模化粮食生产,按照现代企业制度进行自主经营和自负盈亏。也包括各种形式的工商资本下乡种地,如一些农业龙头企业或社会资本,看好中央和地方政府对种粮大户的扶持政策,进入农业领域承租农村土地,创办种粮大户分享政策红利。比如江苏一户种粮大户注册成立了有限责任公司,耕种土地规模超过 4000 亩,年产粮食 300 多万公斤、种子 100 多万公斤,年种粮利润 250 多万元;公司累计购买大型拖拉机、收割机、高速插秧机、植保机、播种机等各种农业机械 178 台(套),烘干机 4 台,向周边农户提供农机服务每年可获利 60 多万元。

3.4.3　按土地属性分类

(1)**按土地规模划分**。把种粮大户分为小型种粮大户、中型种粮大户和大型种粮大户。其中,小型种粮大户是指耕种土地的规模在 100 亩及以下的种粮大户,共 113 户,占 29.9%;中型种粮大户的土地耕种规模在 100~500 亩的种粮大户,共 203 户,占 53.7%;大型种粮大户的土地耕种规模在 500 亩以上,共 62 户,占 16.4%。

(2)**按流转年限划分**。土地流转期在 5 年及以下的,共 212 户,占 56.1%;流转期在 5年以上、10 年及以下的,共 71 户,占 18.8%;流转期在 10 年以上、30 年及以下的,共

53 户，占 14.0%；流转期在 30 年以上的，共 44 户，占 11.6%。

（3）**按土地来源划分**。378 户种粮大户共经营 65258 亩耕地，其中租种集体耕地 3697 亩，占 9.8%；租种的农户耕地有 54558 亩，占 83.6%；经县以上有关部门批准开垦的耕地、租种其他耕地 4307 亩，占 6.6%。

3.4.4　按产业结构分类

（1）**单纯种粮**。有些种粮大户，特别是户主为种粮能手的种粮大户，倾向于专心致志地搞好粮食生产，把精力只放到第一产业上，通过精细化大田作业和田间管理，减少粮食种植的物耗投入，追求优质高产，较少涉及二、三产业领域，生产出来的粮食主要靠经纪人上门收购或按国家公布的粮食收储价格交到中央或地方粮食仓库。

（2）**自产自销**。有些种粮大户，除了种植粮食，也主动参与粮食的销售工作，以获取粮食销售环节的利润，增加种粮大户的收入来源。与粮食加工企业签订订单或自办终端渠道进行多品种直销是自产自销型种粮大户主动销售粮食的主要渠道。自办终端渠道往往要求种粮大户对粮食有简单的加工包装，产品品类比较丰富，产品质量比较优良，否则难以成功。

（3）**一体化型**。有些经济实力强的种粮大户，主要是已经实现了产业化经营的企业型种粮大户，以第一产业的种植为基础，接二连三涉足农产品加工与销售，实现一、二、三产业融合发展，减少利润外流，最大限度地把农业附加值留给种粮农户。

（4）**观光农业**。有些种粮大户，以第一产业为基础，充分挖掘农业的多功能性，涉足第三产业的乡村旅游，搞起休闲农业、养老农业等观光农业，把农业做成了文化产品、旅游产品和精神食粮。

3.4.5　按经营模式分类

（1）**纯粮型**。在粮食的品种选择上，有些种粮大户只选择种植粮食作物。原因是种粮的技术要求低，不需要专门的技术；有国家的价格保护和刚性需求，粮食市场比较稳定，不需要专门开拓市场；粮食可以存储，对销售要求不高。纯粮型种粮大户在北方比较常见，因为北方地势平坦，可以集中连片进行机械化单一种植，实现统一机播、机收和植保，降低用工数量，提高种粮效益。当然，这种情况在南方的平原地区也常见。

（2）**粮经型**。有些种粮大户除了种植水稻、小麦、玉米等主要种粮作物，还轮作、间作、套作经济作物和绿肥，既最大化利用土地，又使种植经济效益最大化，还有利于生态修复，恢复地力。如在玉米行间种黄豆，在小麦行间种紫云英；在晚稻收获后播种紫云英或苕子，麦田套种草木樨。正所谓"种子掺一掺，产量翻一番"，种粮大户甚至还可以进行作物混种。当然，也有的种粮大户把土地分成两部分，一部分土地种粮食作物，一部分种植经济作物。

（3）**粮牧型**。有些种粮大户实行种养结合，一边发展粮食生产，一边进行生猪、牛羊或鸡鸭养殖，牧业为种粮提供优质肥料，种粮以部分产品为畜禽养殖提供饲料，既降低种粮成本，又提高粮食产量，增加经济收入。据调查，粮牧型种粮大户在南方地区比较普遍，主要原因是南方以山丘地区为主,除了有梯田,还有一些旱地,适合种养结合,使土地利用最大化、环境破坏最小化。

(4)**粮渔型**。有些种粮大户以粮食生产为主业,同时附带用稻田养鱼以及部分低洼田养殖水产,既保粮食丰收,又增经济收入(张柏齐,1995)。比如四川省一户种粮大户,在田里种水稻的同时,在田埂边挖沟用于加高加宽田埂,在沟里放养"四大家鱼",在田埂上种植黑麦草养鱼,鱼儿还可以游到稻田里觅食,立体的生态农业模式使他家一亩地的纯收入较过去单一的种植水稻高出 3 倍多。

(5)**综合型**。一些种粮大户因地制宜利用山丘地势发展林业经济和林下经济以及水产养殖,有的还结合畜牧业,把养猪场办到林果的山坡上(张柏齐,1995)。如浙江一户种粮大户种地 500 多亩,在稻田里套养鸭子,每亩稻田放养 13~15 只鸭,让鸭子吃掉田间害虫,也节省了喂鸭所需的粮食。他还在稻田旁的山丘上建了 200 多亩的农庄,农庄里有一个生猪养殖场和一个稻米加工厂,空闲的土地上还种植了苗木和花卉,一派欣欣向荣的景象。

4 新型种粮大户的组织发展

种粮大户以规模化种粮为业的背后有其必然的行为逻辑。本章，我们将带着"显微镜"去观察种粮大户规模化种粮的创业决策过程，洞悉种粮大户规模化种粮的创业动机，分析种粮大户规模化种粮的种粮意愿，寻找种粮大户成长的驱动力量，发现种粮大户成长的生命周期规律，推演种粮大户在广阔农村的演化发展趋势，厘清种粮大户成长的微观机理。

4.1 种粮大户成长的创业决策模型

4.1.1 创业动机理论

"动机"一词源于拉丁文 motivus（"a moving cause"），意思是推动或引向行动，而在英文中则是 motivation 和 motive 这两词，前者表示受短期情境影响的动机状态，后者表示组织或个体行为及语言的稳定倾向。动机只是促进行为活动的内在因素，而非行为活动本身。作为活动的一种动力，动机具有激发功能、指向功能和维持功能，能激发人们对特定目标或对象产生某种活动，并调节活动的强度和持续时间来达到活动的目标。

经典的创业动机理论主要是创业解放理论（emancipation theory）、推动理论（push theory）和拉动理论（pull theory）。创业解放理论认为消除各种约束因素，打破现有的权威束缚，改变目前的社会地位，追求自主、自由和自我价值的实现是驱使个体创业的主要动力。创业解放理论把创业过程分为寻求自主、创作、做出声明三个核心要素。追求自主是解放的目标，许多创业者之所以选择创业，其原始动机就是要摆脱现有工作环境的束缚，当然，也不排除是为了创造更多的财富；创作是创业者以组织的持续经营为目标，参与组织结构、组织规范和管理规则的制定过程，是创业者整合组织内外资源，规范组织内部管理，协调组织外部环境；做出声明是创业者向社会公众阐述创业活动的意义，获得社会对该创业活动的理解，以及公众的消费支持、金融机构的资金支持和政府部门的政策支持。推动理论和拉动理论认为创业者创业活动的强度由当时创业的"拉动"力强度、"推动"力强度以及除这两个力以外的其他力强度共同作用。"拉动理论"认为创业者是被寻求独立、自我实现、财富及其他合理的诉求所吸引；"推动理论"认为创业者是受当时工作难找、找到的工作不理想、工资待遇低、非弹性工作制等外在的消极因素影响而被迫去创业的。

创业者早期的创业动机比较简单，一般是创业者通过发现或创造新的市场机会来实现自身生存条件的改善，主要目的是养家糊口和改善生活，属于生存型创业，具有个体社会性动机（顾桥等，2005）。随着企业的成长并盈利，创业者的经济条件得到逐步改善，创业动机开始多元化发展，除了经济性动机，创业者往往还会追求社会地位、权力和成就，追求创造更多就业机会、保护生态环境、保障国家粮食安全等社会性动机。由于创业活动十分复杂，除了创业动机本身的内在逻辑，还包括创业者的自身素质、发展环境和政策变量等多个因素及其相互作用。设 t 为时间变量，$M(t)$ 为创业动机函数，$C(t)$ 为创业者的生命周期函数，$Q(t)$ 为创办企业的生命周期函数，$S(t)$ 为创业者的综合素质，$H(t)$ 为创业环境控制变量，$Z(t)$ 为创业政策控制变量，于是可以构建基于企业生命周期的创业动机模型：

$$\begin{cases} M(t)=f\big(M(t),\ C(t),\ Q(t)\big) \\ \text{s.t.}\begin{cases} C(t+1)=h\big(C(t),\ Q(t),\ Z(t)\big) \\ Q(t+1)=g\big(Q(t),\ C(t),\ H(t)\big) \end{cases} \end{cases} \tag{4-1}$$

从大量的创业实践来看，创业者参与种粮大户的动机是循序渐进的，呈现出由生存创业、成长到价值创业的逐渐跃迁。因此可对种粮大户的创办动机进行适当简化。设 $E(t)$ 为创业者的经济性创业动机，$S(E,t)$ 为创业者建立在经济性动机之上的社会性创业动机。借鉴顾桥等（2005）的前期研究，创业者的创业动机函数可进一步简化为

$$M(t)=E(t)+S(E,t)=\begin{cases} E, & 0<t\leqslant t_1 \\ E+E^{\theta}, & t_1<t\leqslant t_2,\ 0<\theta\leqslant 1 \\ E+E^{\kappa}, & t_2<t, & 1<\kappa \end{cases} \tag{4-2}$$

式（4-2）中，$0<t\leqslant t_1$、$t_1<t\leqslant t_2$、$t_2<t$ 表示创业者或创办的组织分别处于生存期、成长期和价值创造期。由此可见，创业活动的背后是以经济性动机为初衷，并逐渐受社会性动机所驱使的。因此，创业行为可以理解为创业者为满足经济需要和社会需要而对经济和社会发展所做出的贡献（窦大海和罗瑾琏，2011）。

4.1.2　创业动机识别

从创业动机理论可以看出，创业者之所以选择创业，本质上就是要实现马斯洛需求层次从低级到高级的跃迁。马斯洛的需求层次理论告诉我们，人的需求从低到高分为生理需求、安全需求、爱的需求、尊重需求和自我实现（常敏，2016）（图4-1）。按照马斯洛的需求理论，结合调查的信息，种粮大户的创业动机可简要归纳为以下三个方面的需求满足：一是生存和发展。在现阶段，人们的温饱问题都基本解决了，在自己的资金、技术、能力许可的情况下扩大种粮经营规模，成为种粮大户的主要动机是让家人生活得更好、让子女接受更好的教育，以进一步提高生活水平和改善生存环境。二是获得归属感、赢得尊重。大多数在城市打工的农民的工作不稳定、不体面，经常遭遇就业歧视和工资待遇歧视，他们只有回到农村老家才会有强烈的归属感。他们利用自己打工经历中积累的资金与经验种粮致富，不仅可以赢得父老乡亲的尊重，甚至还可以获得一定社会声望和政治地位（周菁华，2012）。三是实现人生价值。正所谓"穷则独善其身，达则兼济天下"，一些有知识、有文化的农民通过创建种粮大户示范带动乡里乡亲一起种粮致富。

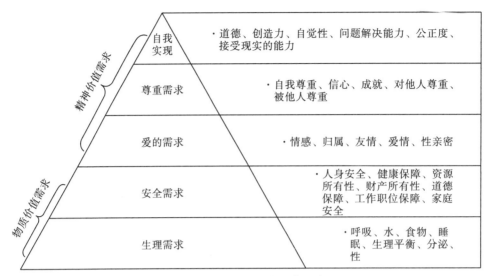

图 4-1 马斯洛的需求层次理论

在马斯洛需求层次理论的基础上，Kuratko 等(1997)构建了四维度创业动机，这四个维度分别是外在报酬、内在报酬、自我控制和家庭保障。外在报酬是指从外部获得更多的实物资产(产品)和金融资产(现金、股份)报酬来增加自己的财富；内在报酬是指个体通过创业活动展示和证明自己的能力和水平；自我控制是指个体通过创业活动实现自己雇佣、自我保障和自主自由；家庭保障是指个体通过创业活动为家庭成员提供就业、保障和事业传承的功能。根据四维动机模型可以识别出种粮大户的规模化种粮创业动机(表 4-1)。

表 4-1 种粮大户规模化种粮的创业动机识别

维度	外在报酬	内在报酬	自我控制	家庭保障
各项指标	不满现在收入；增加个人财富；增加个人收入；拥有自己产业	获得成就认可；成为成功人士；磨砺自己成长；实现创业想法；敢于迎接挑战；发挥自己专长	控制自己人生；自己方式工作；掌握自己命运；实现自己雇佣；实现自我保障；自主安排自己	增加家庭收入；增加家庭就业；增加家庭家业；提高家庭地位

4.1.3 创业商机发现

创业者光有主观上的动机是不够的，还要能发现创业机会，顺势而为，将创业动机转化为创业行动。学者何志聪(2004)指出，创业来自机会驱动、内部驱动和外部驱动三股力量。机会驱动是指创业者发现了一个可行的商业机会，然后利用这个机会进行创业；内部驱动是指创业者为了满足内心想成为老板的需要而主动寻找商业机会进行创业；外部驱动是指创业者为了摆脱当前所处的不利局面而主动寻找商机进行创业来改变现状。由此可见，创业者要进行创业活动，必须首先善于发现创业机会，较早觉察到未满足市场需求及未充分使用的资源。经济系统中创造性的变化或资源配置的优化往往存在着创业机会。那些较早察觉经济系统中创造性变化或资源配置的 Pareto 改进机会并开发这种创业机会的人，就会迅速颠覆现有的商业模式，实现创业梦想。创业机会存在于经济和社会变革过程中,那些拥有个人特质、社会资本、先前经验与知识的人往往最先发觉创业机会。个人特质指创新、坚韧与合作等影响创业者对创业机会识别的特质,具备这种特质的创业者一般都不会安于现状,非常乐于接受新事物,他们往往有当兵、打工等方面的丰富经历,文化水平普遍比一般农民高,具有产品、市场、资源、管理等方面的知识。当新的商机出现时能及时捕捉、勇于尝试;当遇到挫折时又能长期坚持,不轻易放弃;且能很好地与邻居、村民、生意合作伙伴相处,建立自己的生意网络。

当前,我国"三农"形势正在发生深刻变化,农业经济与农村社会处于不断地调整与变革之中,孕育着很多创业机会,为种粮农户发展成种粮大户带来了巨大的商机。概括起来主要包括以下五个方面:一是农民熟悉粮食生产,且选择规模化种粮的技术要求低、创业门槛低,所以选择规模化种粮创业成功概率大。二是近几年来从中央到地方各级政府十分重视粮食生产,中央一号文件连续多年聚焦"三农"问题,国家全面实施种粮直补政策,优惠政策一年比一年好,并向规模化种粮主体倾斜。三是随着工业化、城市化和信息化的加快推进,大量农民非农转移,愿意从事种粮的农民越来越少,农村闲置撂荒土地增多,流转土地的租金逐年下降,种粮主体容易低成本获得集中连片的大规模土地。四是近几年粮食价格稳中有升,粮食的刚性需求和国家保护价政策使得市场比较稳定(任晓娜,2015),种粮的经济效益逐渐显现,不需要专门开拓市场,粮食可以存储,如果有仓储条件,对销售要求不高。五是由于可以集中连片规模化、机械化、社会化种粮,机械化降低了种粮的劳动强度和生产管理成本,规模经济效益好,种植粮食除耕种、收获、喷药灌溉等季节性作业外,剩下的闲暇时间比较多(任晓娜,2015),农村的自然生态环境宜居。由此可见,培育规模化种粮大户是解决当前我国"谁来种粮"问题的一个重要突破口。创办种粮大户是广大渴望在农村从事农业创业者的重要商机。

4.1.4 创业投资决策

调查中发现,很多人都有创业动机,他们发现了当前我国大量支持种粮大户成长的创业机会,但最后真正成为规模化种粮的种粮大户甚少,原因是他们对粮食生产比较效益低、经营风险大、机会成本高有逐渐理性的认识。农户的投资行为通常是以利润最大化作为前提条件的,一旦农户认识到一个项目的投资成本可控,赚钱有较大把握,他们会毫不犹豫地成为最大利润的追求者(周菁华,2012)。种粮大户要规模化种粮,追求利润最大化的趋向更突出。普通小农户家庭经营,土地是自己承包经营的,劳动力是自己家庭的,种粮的小额资金投入用家里的积蓄就够了,生产的粮食大部分留存家庭食用,因此对激烈的市场竞争仿佛可以不管,即便发生一些自然灾害对家庭的损失也不大。不同于普通小农户,种粮大户规模化种粮,土地要支付流转费用,农机要花大钱购买,资金缺口要通过金融市场融资,劳动缺口要从外部雇工来填补,减灾增产需要学习先进技术,而一旦发生大面积的自然灾害或市场风险则可能给种粮大户带来灭顶之灾,所以农户在决心成为种粮大户之前往往会反复掂量自己的风险承受能力,权衡成本付出与经营收益,毕竟选择规模化种粮还是维持小农户状态或外出务工经商是关系到自己及家庭命运的一个重大选择,这种选择受到"看不见的手"的引导,具有追求收益最大化并尽力规避风险的"理性经济人"本质特征(周菁华和谢洲,2012b)。

种粮大户在形成规模化种粮收益理性预期的过程中，一项很重要的工作是估算种粮成本，包括显性的实际成本和隐性的机会成本。对显性成本，户主会根据市场行情和经验判断对成本构成加以估算，对隐性的机会成本则与自己如果不参与规模化种粮的收支情况进行比较和权衡。只有预期的净收益大于目前不参与规模化种粮的净收益，户主才有意愿参与规模化种粮。如图4-2所示，有三种情况会触发户主规模化种粮的创业投资行为：一是规模化种粮的预期收益和不参与规模化种粮的机会成本都很小，规模化种粮的预期收益大于其他门路赚钱的机会成本，这种情况属于农民的生存型创业；二是规模化种粮的预期收益和不参与规模化种粮的机会成本都很大（周菁华，2012），但规模化种粮的预期收益大于其他门路赚钱的机会成本，此种情况属于农民的机会型创业；三是规模化种粮的预期收益明显大于不参与规模化种粮的机会成本，规模化种粮是不参与规模化种粮的帕累托改进，农民规模化种粮的意愿强烈。如果种粮的损失风险大、机会成本高，作为具有经济理性的农民创业者是不会有规模化种粮的投资决策的，大量农民非农转移或维持小规模家庭经营就属于这种情况。

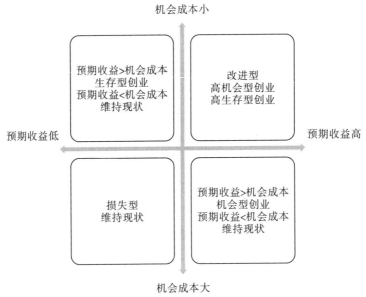

图 4-2　种粮大户的规模化种粮的创业投资决策

4.2　种粮大户成长的混合动力模型

4.2.1　理论分析

种粮农户有了创业动机、发现了创业机会，还需要一些驱动力量促使种粮大户成功。英国学者李（Everetts Lee）在研究人口流动与移民时，借鉴拉文斯坦（E.G.Ravenstein）的"迁移法则"，创立了著名的"推拉理论"（push and pull theory），把影响人口流动就业的因素分为"推力"（push factors）和"拉力"（pull factors）。而后很多学者将推拉理论运用于分析各种社会经济现象，用它来解释经济现象发生的状态、结构和环境变化的原因，并取得了较好的研究效果。Jenkins（1988）还依据企业家情境的反应对于环境类型的变化，在推拉理论的基础上，构建了创业者创业的拉力(pull)-推力(push)模型，把影响事物发展的正向激励因素归结为拉力，把倒逼事物发展的负面激励归结为推力。但研究中发现，推力-拉力模型中对力的分析主要是基于力的效果分类，分类标准难以把握，比如国家的惠农政策，一方面可激励种粮大户流转土地扩大种粮规模，但另一方面又会激励农民工返乡要回土地，所以力学划分标准不好把握。本研究把种粮大户的成长动力分为来自种粮大户自身的内力(命名为"组织内生性成长动力")和来自种粮大户外部环境的外力，并把外力进一步拆分为来自市场的力量(命名为"市场驱动型成长动力")和来自政府的力量(命名为"政府导向型成长动力")，从而构建起三力合成的混合动力模型来分析种粮大户的成长动力(表4-2)。

表 4-2　种粮大户成长的动力系统

动力类型	二级指标	三级指标
组织内生性成长动力(S)	户主的企业家才能(S_a)	户主年龄(S_{a1})
		户主学历(S_{a2})
		户主阅历(S_{a3})
	组织经营管理水平(S_b)	组织管理(S_{b1})
		收入水平(S_{b2})
		收入来源(S_{b3})
		劳动人数(S_{b4})
		社会资源(S_{b5})
市场驱动型成长动力(M)	种粮经济效益(M_a)	市场粮价(M_{a1})
		农资价格(M_{a2})
		劳资价格(M_{a3})
		土地价格(M_{a4})
		经营规模(M_{a5})
		自然风险(M_{a6})
	粮食经营环境(M_b)	土地流转市场(M_{b1})
		农业机械化水平(M_{b2})
		农业社会化服务(M_{b3})
		农村金融与保险(M_{b4})
		种粮大户成功样本(M_{b5})
政府导向型成长动力(G)	粮食价格保护(G_a)	最低收购价格(G_{a1})
		临时收储价格(G_{a2})
		目标价格补贴(G_{a3})
	种粮惠农补贴(G_b)	种粮直补(G_{b1})
		良种补贴(G_{b2})
		农资综合补贴(G_{b3})
		农机具购置补贴(G_{b4})
	金融保险支持(G_c)	保费补贴(G_{c1})
		贷款担保(G_{c2})
		贷款贴息(G_{c3})
	农业服务支持(G_d)	政府自办公益性农机推广(G_{d1})
		政府购买商业性农业服务(G_{d2})
		开展新型职业农民的培养(G_{d3})

组织内生性成长动力。农户内生性成长动力是指来自种粮大户自身内部的企业家才能，具体包括户主年龄、文化程度、工作阅历；种粮大户的组织结构、管理规范、经济实力、收入结构、劳动力构成、资源禀赋、社会关系等一系列可由种粮大户自身管理控制的要素。对这些要素的把控及调整，构成了种粮大户对外部环境的响应能力。种粮大户提高和加强这些能力有利于及时应对外部环境的变化，快速做出对策响应，保证种粮大户持续健康发展。尤其是户主的人力资本情况在其成长中起着最为关键的作用，户主的年龄、学历和工作经历都会显著影响种粮大户的技术认知和生产决策行为。管理学大师德鲁克曾说过"一个企业只能在企业家的思维空间之内成长，一个企业的成长被其经营者所能达到的思维空间所限制"（贾昌荣，2012），这句话对种粮大户同样适用。实践中，一些成功的种粮大户户主均有显著的禀赋优势，如返乡农民工等一些从事其他工作的种粮大户户主有良好的管理经营、市场营销和资金资本优势，长期务农的种田能手有丰富的种粮技术积累，农场干部有丰富的人脉资源，回乡大学生有良好的人力资本和电子商务能力。应当指出的是，种粮大户之所以蓬勃发展，得益于近年来国家对新型职业农民的培养。从经济学的角度看，新型职业农民是自身素质较高，有丰富的农业知识，懂管理、会经营的优秀农民群体，他们理解和懂得如何发展效益型现代农业。调查中发现，绝大多数种粮大户的户主都算得上是新型职业农民。当然，种粮大户家庭充裕的劳动力、经济实力和社会关系网络等资源禀赋为户主大展宏图提供了重要保障。

市场驱动型成长动力。市场驱动包括种粮效益、经营环境等因素。种粮大户的成长主要是奔着种粮效益去的。种粮大户要获得可观的种粮效益，要求市场粮食价格较高，种粮成本较低，种粮的自然风险小，要能实现规模经济。调查中发现种粮大户的种粮效益比普通农户高，原因在于其粮食产出量和农资采购量大，市场谈判地位高，农资采购成本低，粮食销售价格高，加上种粮规模大，农田水利设施和粮食烘干设备能够摊薄使用成本，降低自然风险，能够薄利多收，获得规模经济效益。随着工业化、城镇化、信息化的推进和国家对农村土地"三权分置"的改革，农村劳动力非农转移后的农业劳动力越来越少，种粮大户能够低成本获得稳定的大片土地，而机械化和农业社会化服务的发展又让种粮大户种粮更省心、省事，加之田园风光的生态文明让种粮大户更加留恋乡愁，交通条件的改善和电子商务的发展让种粮大户在农村也能享受到与城市生活一样的便利，这就使得种粮大户有动力在农村多种粮，弥补了农业剩余空间、推动农村土地有效配置，担当起"种田保姆"的角色。随着种粮大户作为准企业化的新型农业经营主体的地位在市场确立，金融机构对种粮大户的授信增多，种粮大户的融资环境得以显著改善。调查中还发现，受身边成功种粮大户的感召，种粮大户的发展还呈现出区域聚集现象，种粮大户成长的"羊群效应"非常明显。当身边涌现出几个种粮大户致富的成功典范后，拥有相似资源禀赋的农户便会模仿他们发展成种粮大户。由于借鉴了榜样的成功经验，后起之秀发展得也很好。

政府导向型成长动力。农业是弱质产业，粮食种植更是农业细分产业中的弱势产业，政府的扶持必不可少。政府重粮政策为种粮大户成长创造了良好的环境。近年来，种粮大户获得迅猛发展最主要的原因是国家惠农政策给力。从中央到地方，各级政府都十分重视粮食生产，实行政府行政首长负责制，为种田能人扩大经营规模制定了一系列激励政策。

近年来的中央一号文件、全国农村工作会议都频繁提起"种粮大户"这个词。国家每年对上百名全国优秀种粮大户进行"全国种粮大户命名"表彰。中共中央办公厅和国务院办公厅还联合印发了《关于引导农村土地经营权有序流转发展农业适度规模经营的意见》。财政部、农业部(现为:农业农村部)联合印发了《关于全面推开农业"三项补贴"改革工作的通知》。中国银监会(现为:银保监会)、农业部(现为:农业农村部)还联合印发了《关于金融支持农业规模化生产和集约化经营的指导意见》。在国家层面出台鼓励发展种粮大户的相关文件后,各省及地方也纷纷出台促进种粮大户发展的相应文件。概括起来,中央和地方各项惠农政策包括粮食最低收购价格、种粮补贴、农业保险、农村金融、农业技术推广和新型职业农民培养等方面。种粮大户产出的是商品粮,要到市场上销售,粮食价格水平及其预期会直接影响种粮大户的种粮积极性。粮食最低收购价格政策具有托市功能,能稳定农民种粮增收的心理预期,稳定粮食市场价格,增加种粮农户收入,给种粮大户吃上"定心丸",调动农民种粮积极性。以种粮直补、良种补贴、农资综合补贴、农机具购置补贴为主要内容的种粮补贴充分体现了政府对粮食生产的重视程度,加之国家的政策导向是向种粮大户进行补贴,种粮大户从中获得的补贴最多,因而种粮大户积极性比普通农户高。此外,各级政府还通过支付农业保险费、信贷担保或贴息等方式帮助种粮大户分担金融保险服务费用,通过发展公益性的农业社会化服务和政府购买商业性的农业社会化服务为种粮大户在农业技术推广、新型职业农民培养等方面提供支持,促进种粮大户加速成长。应当指出的是,政府导向下的种粮大户成长必然具有较为明确的社会目标。按照 Jed Emerson 提出的"融合的价值理念",种粮大户的成长价值不仅包括种粮大户自身经济收益的实现,还应包括农民就业、农村繁荣和国家粮食安全等社会目标,是社会目标、经济目标和环境目标的融合发展。

4.2.2 模型构建

根据问卷调查和理论分析,可以构建起表 4-2 所示的种粮大户成长动力系统。力在物理学中是一个矢量,它作用于物体可导致物体发生速度、方向或形状改变,多个力作用于物体上可通过矢量法则进行合成,当合成力不为零时则会改变物体运动状态。与此类似,影响种粮大户成长的各因素也可以看作一个个有方向和大小的力,它们作用在种粮大户上将影响种粮大户的成长,因此可以运用动力结构模型对各个动力因素进行合成,以便得到推动种粮大户成长有利的动力合力。设种粮大户成长的动力为 F,其余各力见表 4-2,各力构成的直接矩阵见表 4-3。于是可得组织内生性成长动力(S)、市场驱动型成长动力(M)、政府导向型成长动力(G)和种粮大户成长的动力(F)分别为

$$\vec{S} = \vec{S}\Big[S_a \big(S_{a1}, S_{a2}, S_{a3} \big), \quad S_b \big(S_{b1}, \cdots, S_{b5} \big) \Big] \tag{4-3}$$

$$\vec{M} = \vec{M}\Big[M_a \big(M_{a1}, \cdots, M_{a6} \big), \quad M_b \big(M_{b1}, \cdots, S_{b5} \big) \Big] \tag{4-4}$$

$$\vec{G} = \vec{G}\Big[G_a \big(G_{a1}, G_{a2}, G_{a3} \big), \quad G_b \big(G_{b1}, \cdots, G_{b4} \big), \quad G_c \big(G_{c1}, G_{c2}, G_{c3} \big), \quad G_d \big(G_{d1}, G_{d2}, G_{d3} \big) \Big] \tag{4-5}$$

$$\vec{F} = \vec{F}\big(S, M, G \big) = \vec{S} + \vec{M} + \vec{G} \tag{4-6}$$

表 4-3 直接影响矩阵 D

	S_a	S_b	M_a	M_b	G_a	G_b	G_c	G_d
S_a	0	3	3	0	0	0	0	0
S_b	0	0	3	0	0	0	0	0
M_a	1	2	0	2	1	1	0	0
M_b	2	3	2	0	0	0	0	1
G_a	0	1	3	1	0	0	0	0
G_b	0	1	3	1	2	0	2	1
G_c	0	1	2	3	0	1	0	1
G_d	2	2	2	2	0	1	0	0

　　为简化起见，假定 S、M 和 G 三力均在同一平面，三力在理想状态下大小相等，其中作为"看不见的手"的市场驱动型成长动力 M 与"看得见的手"的政府导向型成长动力 G 位于以组织内生性成长动力 S 为角平分线的两边。于是可以绘制如图 4-3 所示的三力合成示意图。但现实情况更多的是三力中有短板的情形，下面予以分类讨论。

　　(1)组织内生性成长动力(S)不足。这时，种粮大户的成长动力主要由政府导向型成长动力(G)和市场驱动型成长动力(M)合成(图 4-4)。这种情况很大程度上是由于种粮大户经营不善引起的，具体表现为种粮大户的生产管理粗放、农忙抢播抢收不力、市场开拓能力缺乏、种植结构不合理、节本降耗工作做得不够细，从而导致种粮大户播种或收割错过了时令和时机，粮田病虫害受灾严重，粮食亩产水平低，物耗和人工投入量大，粮食在市场上卖价不理想，甚至出现粮食滞销，导致种粮大户资金周转困难。出现这种情况时，需要种粮大户加强向成功的种粮大户学习，提高组织管理的计划性和精准性，及时调整品种结构，提高产品品质，发展市场适销对路的粮食品种，延伸产业链和价值链，发展效益农业。当然，政府也应加强对新型职业农民的培训，提高种粮大户户主的企业家才能。

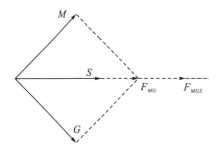

图 4-3 三力均衡状态

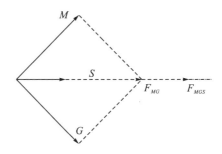

图 4-4 组织内生性动力不足

　　(2)政府导向型成长动力(G)不足。这时，种粮大户的成长动力主要由组织内生性成长动力(S)和市场驱动型成长动力(M)合成(图 4-5)。此种情况说明在种粮大户的成长过程中，政府没有发挥其应有的引导作用，我国 2003 年前后那些种粮大户的发展就属于这种情形。当时粮食价格低，很多农民选择外出务工经商，导致大量弃荒地出现，一些未非农转移出去的农民就把这些撂荒地拾起来耕种，成为种粮大户。后来，由于政府对"三农"

的支持，粮食价格大幅度上涨，一些在外面没有找到稳定工作的农民工又返乡向种粮大户要回土地，由于没有规模化的土地耕种，种粮大户就逐渐隐退了。该阶段的种粮大户成长完全是一种自生自灭的自发状态，"粮食价格下跌→大量弃耕荒地出现→种粮大户出现"与"政府政策支持→粮食价格上涨→农民工返乡要地→种粮大户退出"是该阶段种粮大户发展的一个基本规律。

（3）市场驱动型成长动力（M）不足。种粮大户的成长动力主要由组织内生性成长动力（S）和政府导向型成长动力（G）合成（图4-6）。这时主要表现为市场粮食价格低迷，种粮成本高，种粮的比较效益低，种粮大户的经营环境恶化，融资困难，土地流转价格高，农业社会化服务体系不健全或服务费用高，一些地方甚至出现种粮大户主动退地或跑路的现象。我国种粮大户当前遇到的情况就有点类似这种情形。在国外低价粮食进口的冲击下，国内粮食价格持续下降，而粮食生产的人工成本、土地成本、物质与服务费用又有增不减，种粮大户开始出现亏损，且种得多亏得多。这种情况已对种粮大户形成严峻的考验，需要充分发挥组织内生性成长动力和政府导向型成长动力的作用帮助种粮大户挺过难关。一方面，政府应通过财政转移支付抵补种粮大户的一些亏损。另一方面，种粮大户自身要进行供给侧改革，调整种植结构，改善粮食品质，实施一、二、三产业融合发展，延伸农业产业链，提升农产品品质，增加粮食生产的附加值。

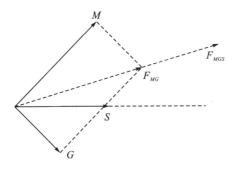

图 4-5　政府导向型动力不足

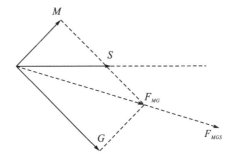

图 4-6　市场驱动型动力不足

4.2.3　数值计算

种粮大户的成长是一项系统工程，有赖于各方面力量协调配合和齐头并进。但不同的力量因素对种粮大户成长的推动作用不一样。为避免在种粮大户成长的培育中平均用力，需要对各方面力量在种粮大户成长中的重要性和影响力进行测算，以便对重要力量进行重点关注和保障。考虑到表4-4中的各方面力量无法做到像物理学那样的量化，很多变量只能定性描述，为此，本研究对各动力的测算采用 DEMATEL 模糊数学算法（fuzzy comprehensive evaluation，FCE）。为了解决现实世界中复杂困难的问题，DEMATEL 于1971年在日内瓦 Battelle 协会上被提出，其含义是决策试行与评价实验。该方法从系统工程的观点和思维出发，在不失数学严谨性和系统性的前提下，通过定性与定量结合的方法进行因素分析与识别。

通过专家访谈或调查问卷量化系统中 n 个因素两两之间的直接关系。在这种方法下，

因素 A 对因素 B 有直接影响，就将带箭头的连线由 A 指向 B，并根据影响的强度不同赋值 3、2、1、0，分别表示影响的强、中、弱和没有直接影响。本书中，由于三级指标有 32 个细分动力变量，计算量太大，同时本研究也只需要揭示各方面力量的主要关系，因此只选用 8 个动力变量的二级指标进行测算，即取 $n=8$。至于 32 个细分动力变量的更精确测算，方法与 8 个动力变量的测算方法类似。

(1) 构建直接影响矩阵 $\boldsymbol{D}=\left(d_{ij}\right)_{n\times n}=\left(d_{ij}\right)_{8\times 8}$，矩阵中的元素 d_{ij} 为动力变量 i 对动力变量 j 直接影响的强弱值（表 4-3）。

(2) 构建综合影响矩阵 $\boldsymbol{T}$。首先对直接影响矩阵 $\boldsymbol{D}$ 正规化处理为 $\boldsymbol{X}$（表 4-4），具体做法是：分别求出矩阵 $\boldsymbol{D}$ 各行的元素之和 $d_i=\sum_{j=1}^{n}d_{ij}=\sum_{j=1}^{8}d_{ij},(i=1,2,\cdots;n=8)$，并求出最大值 $d=\max\left(d_1,d_2,\cdots,d_{n=8}\right)$；然后用求得的最大值 d 去与 $\boldsymbol{D}$ 矩阵中各元素相除，其值即为正规化矩阵 $\boldsymbol{X}$ 相应的元素，即 $x_{ij}=\dfrac{d_{ij}}{d},(i,j=1,2,\cdots;n=8)$；再按 $\boldsymbol{T}=\boldsymbol{X}\left(\boldsymbol{I}-\boldsymbol{X}\right)^{-1}$ 计算得到综合影响矩阵 $\boldsymbol{T}=\left(t_{ij}\right)_{n\times n}=\left(t_{ij}\right)_{8\times 8}$（表 4-5），其中 $\boldsymbol{I}$ 为单位矩阵。

表 4-4　正规化矩阵 $\boldsymbol{X}$

	S_a	S_b	M_a	M_b	G_a	G_b	G_c	G_d
S_a	0	0.3	0.3	0	0	0	0	0
S_b	0	0	0.3	0	0	0	0	0
M_a	0.1	0.2	0	0.2	0.1	0.1	0	0
M_b	0.2	0.3	0.2	0	0	0	0	0.1
G_a	0	0.1	0.3	0.1	0	0	0	0
G_b	0	0.1	0.3	0.1	0.2	0	0.2	0.1
G_c	0	0.1	0.2	0.3	0	0.1	0	0.1
G_d	0.2	0.2	0.2	0.2	0	0.1	0	0

表 4-5　综合影响矩阵 $\boldsymbol{T}=\boldsymbol{X}(\boldsymbol{I}-\boldsymbol{X})^{-1}$

	S_a	S_b	M_a	M_b	G_a	G_b	G_c	G_d
S_a	1.1085	0.9510	1.0511	0.2484	0.1273	0.1112	0.0222	0.0382
S_b	0.8527	0.5008	0.8086	0.1911	0.0980	0.0855	0.0171	0.0294
M_a	0.9446	0.8133	0.7492	0.4133	0.2119	0.1850	0.0370	0.0635
M_b	1.4075	1.0909	1.1212	0.2875	0.1379	0.1291	0.0258	0.1442
G_a	1.0787	0.7599	1.0015	0.3389	0.1215	0.1070	0.0214	0.0467
G_b	1.7383	1.2389	1.5799	0.5888	0.3985	0.2024	0.2405	0.2032
G_c	1.4114	1.0517	1.2436	0.6448	0.1741	0.2488	0.0498	0.1943
G_d	1.6160	1.1663	1.2932	0.5317	0.1778	0.2424	0.0485	0.0823

(3) 根据综合影响矩阵 $\boldsymbol{T}$ 测算各动力影响指数 $T_r(i)$、$T_c(i)$、$R(i)$ 和 $M(i)$。$T_r(i)$ 为 i 因素对其他因素的影响强度，$T_c(i)$ 为其他因素对因素 i 的影响强度；$R(i)$ 为因素 i 与其

因素的因果逻辑；$M(i)$为因素i在整个动力系统中的重要程度，通过计算可得各动力影响指数测算结果（表 4-6）。各动力影响指数算法如下：

$$T_r(i)=\sum_{j=1}^{n}t_{ij}=\sum_{j=1}^{8}t_{ij}, \quad i=1,2,\cdots;n=8 \tag{4-7}$$

$$T_c(i)=\sum_{j=1}^{n}t_{ji}=\sum_{j=1}^{8}t_{ji}, \quad i=1,2,\cdots;n=8 \tag{4-8}$$

$$R(i)=T_r(i)-T_c(i), \quad i=1,2,\cdots;n=8 \tag{4-9}$$

$$M(i)=T_r(i)+T_c(i), \quad i=1,2,\cdots;n=8 \tag{4-10}$$

表 4-6　动力影响指数测算结果

	S_a	S_b	M_a	M_b	G_a	G_b	G_c	G_d
$T_r(i)$	3.6579	2.5830	3.4178	4.3443	3.4757	6.1903	5.0184	5.1580
$T_c(i)$	10.1575	7.5727	8.8483	3.2445	1.4471	1.3112	0.4622	0.8018
$R(i)$	-6.4997	-4.9897	-5.4304	1.0997	2.0286	4.8791	4.5561	4.3562
$M(i)$	13.8154	10.1557	12.2661	7.5888	4.9228	7.5015	5.4806	5.9598

4.2.4　政策启示

通过比较表 4-6 中各动力影响度 $M(i)$ 值，得出对种粮大户成长驱动作用由强到弱分别是"户主的企业家才能""种粮经济效益""组织管理水平""种粮经营环境""种粮惠农补贴""农业生产服务支持""金融保险支持"和"粮食价格保护"，可见组织内生性成长动力才是种粮大户成长的核心动力，正所谓外因通过内因起作用，而市场利益驱动和政府政策导向则分别是第二、第三动力，这与市场上一般工商企业成长的驱动力类似，从而很好地诠释了种粮大户是企业化的粮食生产组织的特征。尤其是户主的企业家才能排位第一，可见"关键在人"这个因素在种粮大户的成长中的确很关键。就容易受到其他动力因子影响的 $T_c(i)$ 而言，"户主的企业家才能"的发挥最容易受到其他因子的影响，其次是"种粮经济效益"和"组织管理水平"，因为种粮大户作为企业化的粮食生产经济组织，这些因子对其他因子的刺激最敏感。就对其他动力因子的影响 $T_r(i)$ 而言，来源于政府政策导向型力量的"种粮惠农补贴""农业服务支持"和"金融保险支持"对种粮大户成长动力系统其他动力因子的影响居前三位。同时三项动力因子也是影响种粮大户成长的重要原因[$R(i)$为正]，而"户主的企业家才能""种粮经济效益""组织管理水平"则为种粮大户成长的结果表现[$R(i)$为负]。可见政府的政策扶持在种粮大户的成长中具有十分重要的作用，尤其在种粮大户成长的初期，政府的政策引导更为重要。调查情况也证实了这一点，近几年全国各地出现了很多种粮大户，他们大多数都是冲着领取政府补贴来的。一些种粮大户明确表示，种粮完全靠自由市场买卖根本不赚钱，只有吃上了政府补贴的"定心丸"，才会"撸起袖子加油干"。通过对种粮大户成长的混合动力分析和测算可以看出，市场驱动型成长动力为种粮大户提供了商业机会，组织内生性成长动力为种粮大户的成长提供了创业动机和捕捉商业机会的能力，政府导向型成长动力则促进了商业机会与创业动机的结合与实现，种粮大户的成长正是这三股力量共同作用的结果。

4.3　种粮大户成长的生命周期模型

4.3.1　理论分析

作为企业化的农业生产组织，种粮大户的成长遵循企业生命周期的规律。企业生命周期的概念最早可以追溯到十九世纪阿尔弗雷德·马歇尔（Marshall A.）、科斯（Ronald H.Coase）、拉苗·格雷纳（Greiner Larry E.）等著名经济学家、管理学家对企业生命有机体的产生、成长及衰亡过程的研究。而企业生命周期理论正式诞生的标志则是美国学者伊查克·爱迪思博士（Ichak Adizes）1889年发表的《企业生命周期》，他把企业组织生命周期划分为产生、成长、成熟、衰退和死亡等五个阶段，促使企业家和学者们从不同视角对企业成长的生命规律进行探索，并逐步形成了企业进化论、生命周期阶段论、生命周期归因论、生命周期对策论等流派。企业进化论以温特（Winter）为代表，强调遗传性、多样性、自然选择性是企业进化成长的核心机制，其中组织、创新和路径依赖等方面的进化对企业成长的影响尤为重要。企业生命周期阶段论以爱迪思的"三阶段十时段"最为经典（图4-7）。企业生命周期归因论以高哈特（Gouillart）和凯利（Kelly）的"企业蜕变"理论和汉布瑞克（Hambrick）和福克托玛（Fukutomi）的五阶段模型为代表，他们认为企业生命周期是受技术生命周期制约的产品生命周期的延伸。企业生命周期对策论以阿里·德赫斯为代表，他通过对大量成功企业的案例研究得出企业长寿的原因是能始终保持宽容和保守财务、有凝聚力和认同感，能及时对周围复杂敏感的环境做出反应。后来，美国学者霍兰（Holland）对生命周期对策论进行拓展，提出了复杂适应系统（complex adaptive system，CAS）理论，CAS理论认为企业是一个具有适应性的主体（adaptive agent），它能够在与环境以及其他

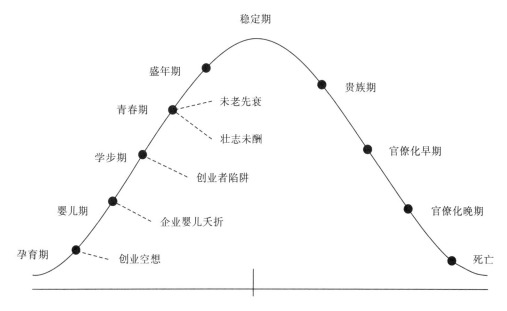

图4-7　爱迪思的企业生命周期阶段理论

主体进行持续的交互作用中，不断地"学习"或"积累经验"，并且根据学到的经验改变自身的结构和行为方式(杨小磊和李保英，2017)。国内学者乔龙宝从系统动力学的角度进一步研究指出，企业整体系统能力是制约或推动企业演化发展的主要动力，企业在生命周期不同阶段与外部环境之间进行物质、能量和信息交换的系统能力往往各不相同，从而使企业在生命周期不同阶段表现出不同的特征和规律，因此企业在生命周期不同阶段应建立各自相应的整体系统能力，保持企业自我动态调节和修复能力，促使企业可持续成长。这些理论成果对本书分析研究种粮大户成长的生命周期规律有重要启示。

作为企业化的农业生产组织，种粮大户的成长遵循企业可持续成长的规律。企业本质上是一个有多方面资源、核心技术、不同技能有机组合的体系，正是这些"独特能力"决定了企业的战略活动领域，产生企业特有的生命线。企业知识理论的代表德姆塞茨(Demsetz)强调了知识对资源配置的重要作用，认为不同企业对相似市场机会的把握不同缘于不同企业的知识结构及与之相关的认知能力不同。企业竞争战略理论的代表迈克尔·波特强调战略在企业成长中的重要作用，指出竞争优势是推动企业成长的主导力量，而企业的竞争优势取决于在位竞争者、潜在竞争者、替代品、供应商和购买者等五种竞争力量的整合(汤学俊，2006)。制度变迁理论代表钱德勒(Alfred D.Chandler Jr，1992)认为企业成长的一个重要方面是所有权与经营权的分离及企业内部组织结构的变革。随着企业规模扩大，内部管理工作增加并日益复杂化，企业往往会横向增设管理部分、纵向增加管理层级。不过，随着互联网思维及技术的深刻运用，企业内部组织结构有去中心化、层级化的扁平化变革趋势。现代管理学派代表安蒂思·潘罗斯(Edit T. Penrose)认为企业的成长是基于"企业资源-企业能力-企业成长"的内生成长，企业拥有的资源状况决定企业能力，企业能力的关键是管理能力，管理能力影响企业资源利用水平，进而影响企业成长速度。不同企业对土地、资本和劳动力的获取能力不同；资源禀赋相同而能力不同的企业成长表现也不相同，产生所谓的"潘罗斯效应"。由此可见，种粮大户的成长是种粮农户在一定环境中不断壮大的动态演化过程，是种粮外延扩大土地经营规模与内涵落实农业供给侧结构性改革提质增效的统一。

4.3.2 模型构建

作为企业化的种粮组织，种粮大户遵循企业的生命周期和持续成长规律。但种粮大户又是以家庭经营为基础成长起来的规模化种粮主体。他们在市场上的地位比起传统的小农户虽然有明显改善，但由于农业生产的特殊规律性决定了种粮大户发展的规模始终有限，数量众多的种粮大户生产几乎无差别的同质性粮食决定了粮食生产这个领域不会出现工商领域那样的垄断性组织。同时，由于农业与工商业还有很大的不同，农业是一个永续的朝阳产业，因此作为种粮大户这个群体组织不会存在"死亡"期这一说法，原因是为人类生存提供口粮的种粮大户将永远存在，且随着技术进步、农业基础设施条件的逐步改善，种粮大户还将缓慢地扩大组织规模，这可以从美国农场发展的历史变迁中获得佐证。因此，本书中把种粮大户成长的生命周期简单划分为初创期、成长期和稳定期(图4-8)。

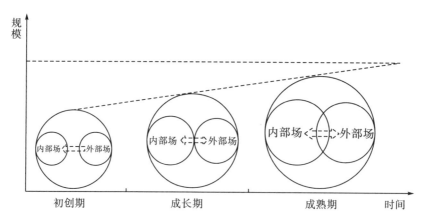

图 4-8　种粮大户成长的生命周期规律

从种粮大户成长的混合动力模型中可以看出，种粮大户的成长往往会受到"组织内生性成长动力"、"市场驱动型成长动力"和"政府导向型成长动力"等多股力量的推动，其中"市场驱动型成长动力"和"政府导向型成长动力"可以合并为外部环境的推力。这样，可把种粮大户成长的动力简单归结为组织自身的内力和外部环境的推力。从场论的角度讲，可将组织自身的内力和外部环境的推力分别定义为种粮大户成长的"内部成长场"和"外部成长场"。正是这两种场在种粮大户成长过程中的不断变化和相互作用，推动了种粮大户的成长，形成了种粮大户成长的生命周期。在初创期，种粮大户规模小、生存空间小，营运能力和管理水平差，整体实力和市场竞争力弱，成长的动力主要来源于外部政策的刺激作用，自身对外部政策和市场环境影响弱且利用不充分，这使得种粮大户成长场通常只表现为外部场单向作用于内部场。随着种粮大户企业能力的增强和资源的不断积累，种粮大户进入快速成长期，种粮大户对外部政策和市场环境的影响增强，对外部环境有利条件的利用日渐充分。

种粮大户成长除了依靠外部政策的刺激，还依靠种粮大户自身的企业能力进行发展，种粮大户这时的成长场表现为内部场与外部场日益增强的交叉互动，种粮大户成长场的规模和范围日益扩大。进入稳定发展期，种粮大户自身的企业能力进一步壮大，对种粮大户成长的推动超过了外部环境的作用，种粮大户的成长以内涵式增长为主，种粮大户对外部环境的影响力显著增强，内部场和外部场间的交互作用和影响越来越大。

从种粮大户成长的生命周期来看，成长能力在种粮大户的成长中起着关键作用，尽管外部环境也很重要，但外因也是需要通过内因起作用的。依照产业组织持续成长的基本规律，结合种粮大户的实际情况，构建种粮大户成长的七维成长能力模型。模型的七个维度分别是规模化维度、机械化维度、集约化维度、产业化维度、市场化维度、企业化维度和社会化维度（图 4-9、表 4-7）。种粮大户的持续成长，本质上主要就是这七个维度的扩张和演化的自组织运动过程。于是，根据前述七维度结构模型，可建立种粮大户成长的自组织演化方程

$$\frac{\mathrm{d}E_n}{\mathrm{d}t} = -\phi_0 E_n + \theta_0\left(G_m, J_x, J_y, C_y, S_c, Q_y, S_h\right) + R \tag{4-11}$$

$$\frac{\mathrm{d}G_m}{\mathrm{d}t} = -\phi_1 G_m + \theta_1\left(G_m, J_x, J_y, C_y, S_c, Q_y, S_h\right) \tag{4-12}$$

$$\frac{\mathrm{d}J_x}{\mathrm{d}t} = -\phi_2 J_x + \theta_2\left(G_m, J_x, J_y, C_y, S_c, Q_y, S_h\right) \tag{4-13}$$

$$\frac{\mathrm{d}J_y}{\mathrm{d}t} = -\phi_3 J_y + \theta_3\left(G_m, J_x, J_y, C_y, S_c, Q_y, S_h\right) \tag{4-14}$$

$$\frac{\mathrm{d}C_y}{\mathrm{d}t} = -\phi_4 C_y + \theta_4\left(G_m, J_x, J_y, C_y, S_c, Q_y, S_h\right) \tag{4-15}$$

$$\frac{\mathrm{d}S_c}{\mathrm{d}t} = -\phi_5 S_c + \theta_5\left(G_m, J_x, J_y, C_y, S_c, Q_y, S_h\right) \tag{4-16}$$

$$\frac{\mathrm{d}Q_y}{\mathrm{d}t} = -\phi_6 Q_y + \theta_6\left(G_m, J_x, J_y, C_y, S_c, Q_y, S_h\right) \tag{4-17}$$

$$\frac{\mathrm{d}S_h}{\mathrm{d}t} = -\phi_7 S_h + \theta_7\left(G_m, J_x, J_y, C_y, S_c, Q_y, S_h\right) \tag{4-18}$$

上述微分方程中，E_n 为种粮大户的成长能力，G_m、J_x、J_y、C_y、S_c、Q_y、S_h 分别为规模化、机械化、集约化、产业化、市场化、企业化和社会化维度，R 为外部环境变化对种粮大户成长能力的影响，$\phi_i (i=0,1,2,3,4,5,6,7)$ 分别表示 E_n、G_m、J_x、J_y、C_y、S_c、Q_y、S_h 的变化率与各自原有状态之间的关系，$\theta_i (i=0,1,2,3,4,5,6,7)$ 分别表示外部环境的变化对 E_n 和 G_m、J_x、J_y、C_y、S_c、Q_y、S_h 之间协同作用的影响所导致的 E_n 和 G_m、J_x、J_y、C_y、S_c、Q_y、S_h 变化，t 表示时间。式(4-11)描述种粮大户成长能力随时间变化的演化规律，式(4-12)～式(4-18)分别描述种粮大户成长的规模化、机械化、集约化、产业化、市场化、企业化和社会化七个维度随时间变化的演化规律。

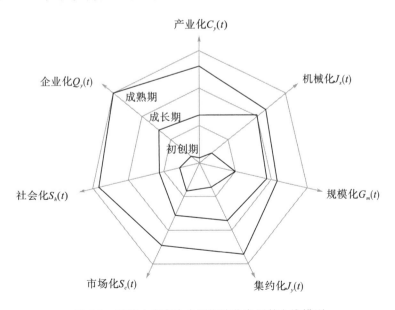

图 4-9　种粮大户在生命周期演化发展的七维模型

表 4-7　种粮大户成长能力模型维度内涵及评价指标

序号	维度	基本内涵	评价指标
1	规模化	强调种粮大户要实现规模经济。在边际收益递减和边际成本递增的情况下，种粮大户要发展到边际收益等于边际成本的规模。规模包括外延式规模和内涵式规模，外延式规模是指种粮大户通过向离农农户流转土地直接从事粮食生产的规模，这个规模受制于离农农户非农转移的程度；内涵式规模是指种粮大户通过农机、农技和土地托管方式示范带动周边小农户科学种粮的农业社会化服务规模。通常情况下，种粮大户在早期以外延式规模扩张为主，然后逐渐开始内涵式规模扩展	扩大耕种规模 提供生产服务
2	机械化	指粮食生产过程中(育苗、播种、移栽、施肥、除草、喷药、收割、晾晒、装卸)全流程的机器替代人工，以及粮食的加工、包装、运输全部采用动力机械。初期主要是一些适合小农户或丘陵山地农户的微耕机，而后随着经营规模扩大会逐渐购入大中型农业机械	机械播种收割 机械加工包装
3	集约化	指种粮大户及时根据市场需求调整粮食种植结构，提高粮食产品质量和单产水平，降低粮食生产成本，通过发展生态农业、循环农业和效益农业，实现粮食高产、质量优良、资源节约、环境友好的协同发展	粮食单产水平 产品质量水平 环境保护水平 资源节约水平
4	产业化	指种粮大户秉持"用专业的人做专业的事情"，将主要资源集中投入到自己最擅长(收益最大化与风险最小化)的粮食生产及加工、销售或社会化服务领域，推行单品的规模经营和土地的四季轮作，做到每个环节的专业化，对自己经营管理或风险控制难以驾驭或成本高、风险大的业务环节尽量采取 BPO 服务外包的形式寻求与外部资源的合作，减少自己有限资源的发散使用和消耗	一、二、三产融合发挥比较优势 全产业链分工
5	市场化	指种粮大户的资源配置、生产要素组合、农资购买和粮食出售均通过市场进行，正确处理和协调好自己与粮食全产业链上利益相关者之间的关系，最大限度地争取获得粮食全产业链其他利益相关者的合作和支持。种粮大户成长的市场化主要包括农业生产资料(土地、资本、劳动、技术、人才、资金)靠市场机制配置，粮食生产过程中肥料、农药等生产资料和机播机收、病虫害防治等社会化服务靠市场机制来配置，粮食靠市场渠道进行销售，粮食价格由市场需求和生产供给决定，重视产品品牌的塑造	市场购入要素 市场销售产品 市场购买服务 重视产品品牌
6	企业化	指种粮大户按照企业或准企业的方式进行生产经营管理，借鉴工业企业管理的经验，以市场为导向安排生产经营计划，按规范化和标准化的要求实施生产经营计划，加强组织管理、计划管理、生产管理、质量管理、销售管理和财务管理，加强经济核算和成本核算，培育种粮大户核心竞争力，实现种粮大户的利润最大化	组织盈利能力 内部管理水平 财务管理规范
7	社会化	指按照规模经济和专业分工的要求，本着专业的人做专业的事情，农业经营主体生产经营过程中的部分业务环节通过服务外包的形式打包给专业化的服务机构，实现成本的节约和服务的专业化。种粮大户在成长的早期通常是接受外部提供的服务，而后逐渐发展成为外部提供生产性服务	接受外部服务 对外提供服务

式(4-12)～式(4-18)从理论上揭示了种粮大户规模化、机械化、集约化、产业化、市场化、企业化和社会化成长过程，但要量化求解是相当麻烦的。考虑到种粮大户在这七个维度并不平均使力，因而呈现出强弱有别的特征，因此可在生命周期同一阶段通过专家打分对这七个维度的发展水平进行强制排序，然后将坐标轴相邻的两个维度只用线段连接起来，构成一个七边形，得出种粮大户在该阶段的七维状态图，用同样的方法就可以绘制出种粮大户在初创期、成长期和成熟期三个主要生命周期各阶段的七维状态图，这样就可以大致得出种粮大户在整个生命周期随时间推移形成的规模化、机械化、集约化、产业化、市场化、企业化和社会化成长的螺旋式上升与波浪式前进的演化发展轨迹(图4-9)。

4.3.3　案例分析

1. 样本选择

本案的目的是探究种粮大户从小户成长为大户的成长历程,因此所选择的种粮大户就必须具有良好的可持续发展能力、适应我国"三农"新态势、代表我国新型农业主体演化发展方向并且具有农业组织结构创新的典型性和代表性。因此在具体的样本选择过程中主要遵循以下选择标准:①种粮大户是在农户家庭经营基础上发展起来的;②种粮大户近3年一直处于盈利状态;③种粮大户近3年年度收益50%以上来源于直接的粮食生产或对外提供粮食生产性服务;④种粮大户必须有一定经营规模,南方大户每户不少于50亩,北方大户每户不少于100亩;⑤种粮大户收支与家庭消费分开,实现收支两条线独立核算。标准①是为了确保所选择的种粮大户内生于农户群体,而不是工商资本下乡圈地;标准②是确保选择的种粮大户是经受了较长时期的商业可持续性考验的;标准③是确保种粮大户确实是在规模化发展粮食生产;标准④把种粮大户与一般小户区分开来;标准⑤是确保所选择的种粮大户是植入了现代企业管理的新型种粮大户,而不是传统种粮大户。有研究曾指出,单案例有利于揭示组织发生的系列性变革,案例的选择只需要典型即可,随机样本并不可取。基于此,根据上述5项标准,我们从黑龙江、吉林、山东、河南、湖北、湖南、江西、安徽、浙江、福建、江苏、上海、广西、广东、四川、重庆、贵州等地收集到的种粮大户案例中选择了一户比较典型的种粮大户进行分析。

2. 典型案例

本案种粮大户周某来自我国粮食主产区四川省成都平原,已连续3次被评为"全国种粮大户"。现年56岁的周某是一个地道的农民,从小开始下田地干活,喜欢种地,在种地方面可谓行家里手。但在20世纪90年代兴起的打工潮中,他还是理性的选择外出打工经商,因为"当时种粮没搞头——每亩产量只有350公斤左右,加上种子钱、肥料钱、租牛耕地的钱,如果再把自己的劳力算在里面,不但赚不了钱,每亩还可能亏几十元"。作为经历过20世纪60年代饥荒的人,周某对当时饥荒的场景刻骨铭心。他说:"当时村里大多数群众没粮食吃,田地上的野菜、河里的水草、树上的树叶、树皮都被吃光。能吃上红薯干、玉米面馍都算是奢侈了。"因此,周某比一般的农民更懂得粮食的金贵,每年打工回来他都要去农田转转,每当看见那些因户主外出打工而撂荒的田就心疼。他说:"这么好的水田,就这样荒着真是好可惜。"但是,由于市场上粮食价格低迷,以一亩地不算劳动力成本为例,按小麦亩产300公斤算,1.3元0.5公斤,每亩也才接近800元的产值;水稻按亩产600公斤,稻谷1.5元0.5公斤计算,也才1000多元产值。两者加起来,一亩地一年种两季收入不到两千元,比不上外出打工一个月的工资,如果计算劳动力成本,就亏得更惨。所以,周某对那些撂荒的农田只能"看在眼里,疼在心里"。每年过了年,他还是选择外出务工经商,在上海先后干过泥水工、小包工头,卖过蔬菜、建材,跑过运输。

2005年,周某当选为村委主任,不能再出去打工经商了,但还得找点活增加家庭收入。作为全国种粮大县,当地能选择的产业也主要是农业。周某的妻子建议家里种大棚蔬菜,因为蔬菜等经济农作物的价值远远高于粮食。周某当上村委会主任后,有更多机会了解国家的"三农"政策。作为在上海有过多年打工经商经历的他,敏锐地察觉到了国家对粮食安全的高度重视。在周某看来,"只要有人吃饭,就要有人种田。种粮是为国家做大贡献!"粮食需求和价格最稳定,"国家有粮食最低收购价,市政府还支持种粮大户买粮食保险,再怎么也不至于血本无归",粮食本身也可以长期储存,不怕卖不出去,所以种粮的风险低。周某对农民种粮情况做了进一步分析,他认为农民独家独户种田只能糊口,要赚钱必须实现规模化种粮,一亩地即便可赚 300 元,小农户一家一亩三分地全年也赚不了多少钱,如果种上几百上千亩,那收益就相当可观了。周某和妻子最终商定,选择规模化种粮作为家庭二次创业项目。

2006 年,周某在村里承包了 60 亩田种粮。由于初次种这么多田,加之农村劳动力人手少,结果有 20 亩田插秧晚了,错过了最好的耕种季节。正应了那句古训"错过农时就是灾。"那 20 多亩水稻长势一直较差,草荒严重,到秋天一看,稻田地里明显形成上下两层苗,高的是杂草,足有手指肚般粗,矮的才是稻子,却不见稻穗。这一年起早摸黑下田育秧,雇人插秧,雇人收割,秋收后算账,亏了 3 万多元。2007 年,周某在农忙季节提前多雇用了一些人手,避免了第一年出现的错过耕种时令的问题,但却因技术人员的疏忽,错把一平方 0.05 毫克的药剂用成 5 毫克,增加 100 倍的药量导致 10 亩水稻受药害严重而产量大幅下降,好在当年其余 50 亩地收成较好,第二年收支平衡,给周某夫妇规模化种粮增添了不少信心。总以为面积大了就会提高效益,不服输的他 2008 年又流转了 80 亩地,使得耕种规模达到了 140 亩,可是当年收益仍在盈亏平衡线上徘徊。其原因主要出在生产成本上,那时他全靠雇人种田,一名雇工一天只种半亩田,劳动力效率低但支付的成本却高。于是,周某夫妇开始减少劳动人手,逐步购买一些农业社会化服务。经测算,专业公司提供全程社会化服务每亩需支付 540 元,而财政补贴就有 280 元,自己仅需支付 260 元,而如果自己雇用人手来做则至少要支付 400 元,100 多亩地每年可以节省上万元。但是,当时由于社会上提供农业社会化服务的组织较少,而需求较大,农业社会化服务组织在农忙抢种抢收那十几天忙不过来。2009 年,周某的 20 多亩粮食差点就因社会化服务组织忙不过来而烂在田里。周某感觉全依靠社会化服务组织为自己这么大规模的农田提供社会化服务有些不靠谱,于是开始自己投资并利用财政补贴购买了一些农机,除了自己种粮使用,同时也对外开展一些服务增加收益,从而使农机得到充分利用。

截止到 2010 年,周某已先后投入 120 万元并申请了国家农机购置补贴,购买了数十台微耕机、打谷机、育秧机、插秧机、拖拉机、旋耕机、喷雾机、收割机、烘干机,从翻耕土地到育秧、收割,实现了全程机械化。自己耕种了 500 多亩土地,对外开展 2000 多亩地的社会化服务。周某逐渐认识到,种粮要赚钱,除了规模化和机械化,还需要集约化,通过良种、良法、良田和现代科技提高粮食单产。为此,周某成了镇农技服务中心的常客,经常外出考察汲取其他地区先进经验,还请了一位四川农业大学长期从事水稻种植技术研究的专家上门指导,及时把最新的种粮技术拿到稻田先行先试,他的稻田把当今大多数较先进的种粮技术都用上了。育秧是地膜旱育秧,移栽时能减少对秧苗根部的损害,稻谷成熟期提前,能较有效地避过灾害天气,为再生稻的高产打下基础;而"稻-稻-油(菜)"的耕作方式,把 1 亩田当 3 亩田用,其中两季稻谷亩产超过 1000 公斤,是名副其实的"吨粮田"；地里小麦、玉米或蔬菜间种，所有能用的空间全被利用上了。周某自己摸索出来了一套水稻直播的方法，即直接将水稻播撒在田地里，不经过育秧、移栽的环节，这种植方法只需要增加一点种子量，不用地膜，对土壤无污染，土地利用率高，一亩地还能节省200～300 元的人工费。周某发现，普通的农户不管种什么，都只种一季，接下来就是摞荒、长草，来年施除草剂，又降低了肥力，加上完全使用化肥导致土壤板结，还降低了土地的产出量。周某的稻田全部采用农田保持性耕作，将上年的稻秆均匀地丢在田里。秸秆的肥力本身就很强，还能疏松土壤，每亩使用的化肥量逐年减少，自从使用了秸秆增肥后化肥使用量已降到每亩 15 公斤。这些科学方法的运用，不仅减少了种粮成本，还将粮食单产提高了10%以上。为了充分利用好土地，周某还与周边的农户商量，农户仍然种水稻，秋天水稻收割以后由周某轮作土豆、油菜、蔬菜，他免费向农户提供水稻播种和收割的农机服务作为补偿。正如周某所言："两季轮作管理得好，收益非常可观。对种植大户而言，下半年的那季蔬菜才是利润。"这种以提供社会化服务换冬闲田经营权的模式，使农户每亩节省了 160 元的生产成本，而周某获得的收益更大。

当前，与全国其他种粮大户和种粮农户一样，周某也面临着经济新常态下种粮比较效益低的问题，面对国外优质、低价粮食对国内高成本、低品质粮食生产的冲击，周某强烈地意识到过去那种靠规模、靠单产、薄利多产的种粮模式已经难以为继，需要加快农业供给侧结构性改革，调整产品结构，提升产品质量，降低生产成本。在周某看来，"种粮本来就应该是一项绿色环保的事业"，要想自己种粮的路走得更远，必须走绿色、有机、生态、环保的现代农业发展之路。为此，周某通过去到浙江、湖北等地学习借鉴先进经验，成功移植了浙江"一田三用"的种养新路，在田里种水稻的同时，在田埂边挖沟，挖起的土用来加高加宽田埂，这样沟里放养"四大家鱼"，田埂上养土鸡、养黑猪、种蔬菜、玉米、黑麦草(养鱼)并间错种植一些观赏性花卉苗木，田里除了种稻子，还养了一些鸭，冬季把部分田里的水放干以后间种油菜或冬小麦，部分田继续蓄水养鸭。到了插秧季节，每亩稻田里套养 12～15 只鸭子，让鸭子吃掉田间害虫，同时也节省了养鸭的粮食，放养的鸭子虽然生长期长，但口感好，很受当地消费者喜欢。随着经营规模的扩大，周某也日益感觉到农业经营的风险，认为农业是高投入、高风险、低效益的产业，必须拉长产业链，从种植到加工、销售一条龙。为此，周某又先后投入了 100 多万元购置了一些粮食加工设备，开办了粮食加工厂。为了提高大米品质，他引进了抗病性强、口感品质好的优质稻种。种植过程不施加农药，杀虫采用太阳能杀虫灯物理杀虫，杀菌防病采用当地大蒜榨汁加水喷洒。为打造自己的大米品牌，他种植的水稻从"收割—运输—烘干—加工"全过程不沾土不沾泥，无污染无杂质，全部进行抛光色选和免淘洗米加工，并注册了品牌进行小包装。玉米则主要用于喂养黑猪、鸡鸭，秸秆用于黑猪圈舍的垫料，猪出栏后发酵再还田，黑猪和鸡鸭的粪便发酵后也可还田。周某还在集中连片的稻田边办起了"农家乐"，方便那些下乡参观田园风光、四季花海的市民吃住，并购买他种植的有机大米、生态鱼、黑猪肉、土鸡蛋、有机菜、菜籽油等优质农产品。随着产品结构的调整，周某的种粮规模日趋稳定，自种耕地连续 3 年维持在 800 亩左右，反倒是对外提供种粮生产性服务的规模平均每年有100 多亩的增加。周某已把通过提供生产性服务示范带动周边农户种粮作为今后扩大经营规模的主要方向。毕竟，作为仍有 7 亿农村人口的农业大国，即便今后我国实行了工业化、城镇化和信息化，仍将有大量人口留在农村，加上"土地"的社保功能和农民的恋土思想仍很重，在相当长的时间里，小农户仍然是我国粮食生产的主体。通过为小农户提供土地直接承包、土地托管承包、土地返聘承包、土地入股、农机耕作及维修服务、抗旱排涝服务、植保服务等系列"套餐"式的生产性服务，既降低了农户的种粮成本，便于农户兼业增加收入来源，也有利于自己增加服务性收入，这是一个双赢的市场行为。为此，周某还牵头动员周边农户组建了专业合作社，推行"一增施"（增施有机肥）、"二示范"（优良品种示范和高产栽培示范）、"三改革"（改盲目施肥为配方施肥、改粗放耕作为精细耕作、改靠天种地为旱涝保收）、"四推广"（推广优质高产良种、推广无公害种植技术、推广化学除草技术、推广病虫害防治新技术）、"十统一"（统一农田基本建设、统一耕作要求、统一优良品种、统一订单出售等）。以合作社为纽带，把过去分散经营、盲目种田的农户组织起来科学种田。与此同时，周某的自产产品销售渠道也开始发生变化，由最初等商贩上门收购，过渡到后来主动找粮食加工企业签订单生产，而今又借助中国邮政"邮乐购"和微店两个电商平台建立了线上线下O2O的自有渠道，目前还在成都两个大型高档社区建立了农场直供专卖店，市民既可以网购宅配，也可以到店自采，其生产的高品质系列产品在成都、重庆等地都很畅销，网上也十分走俏，年经营利润连续三年超过了百万元。

随着经营规模日益扩大，周某的经营管理日益规范化。最开始流转土地种地的时候，由于人手少，周某的种粮收支与家庭日常收支没有分开，以至于核算不了种粮的收益与成本，到算账才隐约地感觉当年种粮亏了，但又不知道亏在哪里。后来，他开始把种粮收支与家庭日常收支分开，并对种粮收支进行记账，通过核算才知道人工开支太高（占总成本的70%以上），导致种粮不赚钱，这为他日后逐渐通过购买农机替代人工提供了重要的决策依据。2009年，他注册了公司，还请了兼职会计代账，会计每个月都要做一次账，使周某对自己规模化种粮的收支结构有了清晰的了解。而今公司越做越大，周某聘请了专职会计和出纳，财务管理更加规范，会计每月还向周某提供专业的财务分析报告，让周某对公司种粮收支、加工收支、销售收支、生产性服务收支能及时掌握并采取措施增加收入来源和降本增效，公司财务管理日益正规化。在计划管理方面，逐渐由"遇到哪儿黑就到哪儿歇"的传统农户的无计划生产模式过渡到有计划管理模式，并从2012年起每年年末还要制定年度业务计划，以目标为导向，以终为始倒排来年的生产经营工作、资金使用安排、计划采购行为以及相应的人、财、物配置，让企业做到忙而不乱。在田间管理方面，起初由于夫妇两人太忙，便请来家族中的长辈代替进行田间管理，可一段时间以后他们发现这些管理者都是心没少操、劲没少费、平常不见闲时候，可农田的管理标准却不高，地里草荒，产量上不去。对职工的管理，他采用了定岗付酬的形式，每人的劳务分配，都由管理者统筹。然而，只是管理者"一头热"，员工的积极性却调动不起来。见此情况，周某从外部高薪聘请了1名总管负责全面工作、3名片区经理分管3个片区（每个片区规模为200亩左右），并配备生产管理人员6人，长期雇工达20人，所有员工包吃住。从整地、播种到田间管理，都严格按照质量标准进行标准化作业。总管每个星期召集大家开一次小会，3名片区经理汇报一周的工作。周某每个月召集全体人员开一次大会，并根据上级领导对下级员工的工作绩效评价下发当月工作和绩效，年终根据全年经营业绩发年终奖，最多的时候一年发年终奖50万元。而今，为了进一步调动员工的积极性，周某对他流转的土地还采取了类似于"反租倒包"的形式，把流转的土地承包给员工经营，周某依据土地规模向承包者提供农资和农家服务，实行员工收入与产量挂钩的方法，采用成本逆控的方式，每一项都限定严格的底线，节余自用，超支自负。与此同时，企业文化建设也开始导入，公司会在过年过节或员工家庭有红白喜事时给员工发慰问金。每年农闲的时候还组织员工到外地学习考察或旅游。

3. 案例分析

通过对上述典型案例的讨论和综合收集到的其他一些案例的情况，总结出了种粮大户成长的生命周期基本特征(表 4-8)。

表 4-8　种粮大户成长的生命周期特征

特　征	初创期(1~3 年)	成长期(3~5 年)	成熟期(5 年以上)
规模化	流转土地通常只有几十亩，相当于一个家庭农场的规模，且两三年内规模相对稳定，以家庭劳动力为主进行规模化种粮的经验探索，较少雇用劳动力	逐年扩大土地流转规模，土地自种规模通常会超过 100 亩，雇佣劳动力增加，开始探索为周边农户提供生产性服务，以充分利用已有劳动力和农机设备	流转土地直接种粮的规模通常维持在 1000 亩左右，对外提供生产性的土地托管规模开始超过自家流转直接种粮的土地且呈逐年增加趋势
机械化	以人工和畜力为主，有少量微耕机、打谷机等机械设备	农机购置数量和种类逐年增加，购置育秧机、插秧机、拖拉机、喷雾机等中型农机，从翻耕土地到育秧、收割，基本上实现了全程机械化	开始购入旋耕机、收割机、烘干机等大型农机以及粮食加工、包装类设备，种类齐备，种粮大户会根据对外提供生产性服务规模扩张情况增加农机数量
集约化	采用大宗粮食种子，单一品种的规模化种植，轮作、套种少，农业基础设施条件需要投入改造以利于机械化作业	基本上做到了良种、良法、良田，复种指数增加，探索出一些成功的轮作、套种方法，基本上做到了秸秆还田	普遍推行良种、良法、良田，复种指数高，全面开展畜禽养殖粪污的资源化循环生态利用，推行粮食的有机种植
产业化	购买农资、流转土地，种粮出售，产业环节单一	通过轮作、套种等方式增加复种指数，延伸产业链	一、二、三产业融合，涉及加工销售和乡村旅游产业
市场化	生产的粮食通过贩子上门收购，送货上门，出售单一的 B 端渠道	除了卖给贩子，还与粮食加工企业提前签订订单，粮食价格比卖给贩子高	除了卖给贩子和加工企业，还自建品牌和渠道，把加工后的粮食卖到 C 端
企业化	种粮收支与家庭收支未分开，财务管理欠缺，计划管理和生产管理较粗放	种粮收支与家庭收支分开，财务管理、计划管理和生产管理日渐规范	精细化财务管理、计划管理和生产管理，重视企业文化建设和对员工的激励
社会化	种粮大户自己从外部购买或接受政府公益性(包括政府购买服务)的粮食生产性社会化服务	开展一些不能及时从外部获得的生产性服务，既满足自身种粮的需要，又对周边农户提供有偿服务	成为社会化服务的提供者对外开展大规模生产性服务，牵头组建合作社示范带动更多农户科学种粮

(1)规模化维度。种粮大户在初创期通常不会流转大量土地，而是采取"摸着石头过河"的方式，先流转几十亩地采取家庭农场的经营模式，以家庭劳动力为主，少量雇用家庭以外的劳动力，摸索规模化种粮的成本、收益、技术、市场等数据，为日后扩大经营规模提供基础性数据。当经过 1~3 年的经验摸索，种粮大户进入快速成长期，这时候每年都会流转一定规模的土地，使种粮规模扩张到 100 亩以上。经过 3~5 年的扩张，种粮大户进入定型发展的成熟期。这时，种粮大户流转土地直接种粮的外延式规模扩张基本停止，而对外提供生产性服务的土地托管的内涵式规模扩张还会继续进行并从规模上超过种粮大户流转土地直接种粮的规模。

(2)机械化维度。种粮大户初创期的农机数量不多，即便有一些，也主要是原来小户经营的微耕机、打谷机等小型农机，适合家庭经营使用。进入成长期后，种粮大户会根据规模扩张的速度同步增加一些中型农机，基本上可以实现从种到收的全程机械化。进入成熟期以后，种粮大户会购买部分昂贵的大型农机，并根据粮食加工项目相应购买一些粮食加工设备。调查中发现，种粮大户购置农机的种类和数量通常是与对外提供生产性服务的内容与规模相匹配的。种粮大户对外提供的生产性服务内容越多、规模越大，需要购置的农机种类和数量也会相应增加，而这过程中自己获得的土地流转信息也越多，种粮大户也会相应扩大转入土地直接种粮的规模，从而进一步扩大了对农机的需求。

(3)集约化维度。种粮大户的成长过程，本质上也是种粮大户由粗放经营走向集约化经营的过程。在初创阶段，由于实践经验缺乏，种粮大户经营相对比较粗放，对土地的利用并不充分有效。进入成长期以后，种粮大户通过自己摸索、农技推广、考察学习和专家咨询，并随着自身经济实力的增强加大了对农田基础设施的改造，粮食种植基本上做到了良种、良法与良田的有机结合，通过轮作、间作和套作提高复种指数，土地利用更加充分和有效，而秸秆还田还增加了土壤有机质。进入成熟期，种粮大户对良种、良法和良田的有机结合更加娴熟，会探索出更多经营模式和商业模式。

(4)产业化维度。初创期和成长期，种粮大户的工作重心都只在粮食生产环节，把生产出来的粮食通过 B 端直接卖掉，产业化程度很低。进入成熟期，种粮大户会开展一些粮食价格项目、循环农业种养结合项目、生态农业旅游观光项目，从而大大拉伸了农业产业链，实现一、二、三产业融合发展，把粮食产业链的附加值尽可能地留给自己。

(5)市场化维度。在初创期，种粮大户生产出来的粮食通常销售给粮贩，尽管议价能力比普通小户略高，但总体仍然较低。进入成长期以后，种粮大户会主动联系粮食加工企业开展订单生产，粮食价格比卖给粮贩有明显提高，但由于离粮食终端的消费者仍然较远，难以获得生产粮食优质优价的附加值。而进入稳定发展期以后，种粮大户的经济实力增强，可以开展一些粮食加工项目，自建品牌和渠道，可以直接把生态、有机和品牌化的粮食产品送达给消费者，获得更多附加值。并且，进入成熟期的种粮大户自身有大量的粮源，还可以通过合作社集合大量的粮源，规模化的粮源还有利于种粮大户直接进入农产品期货市场进行套期保值，降低粮食生产的市场风险。

(6)企业化维度。在初创期，种粮大户的企业化特征很弱，突出表现为家庭种粮收支与家庭日常消费收支未完全分开，财务管理欠缺，计划管理和生产管理较粗放，所以这阶段的种粮大户容易出现"双抢"不及时，出现不能及时播种或收割，或者用错种子打错药的情况，给种粮大户的成长带来灭顶之灾。进入成长期以后，种粮大户的种粮收支与家庭收支分开，财务管理、计划管理和生产管理日渐规范。步入成熟期，种粮大户已成长为一个现代企业，财务管理、计划管理、生产管理、合同管理更加精细和规范，企业文化建设也有所开展，非常重视对员工的激励，让员工在种粮大户组织中有归属感和事业成就感。

(7)社会化维度。在初创期，种粮大户主要通过病虫害防治、软盘育秧、机播机收等环节的 BPO 服务外包参与社会分工。进入成长期后，自己也逐渐积攒了一定实力对外提供粮食生产的社会化服务，如开展一些不能及时从外部获得的生产性服务，既满足种粮大户自己直接种粮的需要，又对周边农户提供有偿服务获得服务收益。而步入成熟期以后，通过组建合作社，示范带动周边农户科学种田，为周边农户提供生产性服务已是种粮大户一项重要的业务。并且，种粮大户还可以通过合作社集合大量的粮源，农户直接进入农产品期货市场进行套期保值，降低粮食生产的市场风险。

4.3.4 政策启示

明晰了种粮大户成长的生命周期规律，我们在培育的过程中就应该遵循规律，引导种粮大户持续、快速、健康发展，为我国农业供给侧结构性改革和国家粮食安全提供微观的市场组织保障。具体而言，种植大户成长的生命周期规律对制定政策鼓励种粮大户发展有以下一些政策启示。

(1) **对种粮大户的培育要富有历史耐心。** 总体来看，一个种粮大户从初创徘徊期步入稳定发展期需要 7~8 年的时间。所以对种粮大户的培育要循序渐进，而不可盲目冒进。建议将对种粮大户的培育纳入中小微企业支持体系，国家和地方政府支持中小微企业发展的所有政策要普惠到种粮大户。注册了企业的种粮大户由工商行政管理部门归口管理，没有注册公司的种粮大户认定其和由地方农业主管部门归口管理，两个主管部门的优惠政策，两类种粮大户都可以平等享受。

(2) **初创期的种粮大户是政策支持重点。** 万事开头难，初创期往往也是最困难的时期。这个阶段的种粮大户往往缺资金、缺技术、缺经验、缺管理。缺资金购买农机和改善农业基础设施，容易出现"双抢"不及时，出现不能及时播种或收割，或者用错种子打错药的情况，让种粮大户起初就出现歉收，或者雇用人员过多造成严重亏损，打击种粮大户的创业热情，甚至给种粮大户的成长带来灭顶之灾，让种粮大户"胎死腹中"。因此，一方面要倡导种粮大户"有多大的能力办多大的事"，量力而行，稳步发展；另一方面则要政府加大农田基础设施建设，加大农业技术推广，为种粮大户科学种田、健康成长创造良好的条件。

(3) **支持种粮大户开展集约化粮食生产。** 当前我国农业正面临生产成本高、结构不合理、产品品质差等突出问题，这些问题很大程度是我国农业以小农户为主碎片化产需脱节造成，出路在于培育新型农业经营主体，开展农业适度规模经营，而新型种粮大户正是时代发展所需的重要新型农业经营主体。种粮大户以"良种、良法、良田"进行套种、轮作和间作，提高复种指数，充分有效利用耕地资源，通过秸秆还田和种养结合发展循环农业、生态农业、有机农业和休闲农业，种粮大户集约化粮食生产正是我国农业供给侧结构性改革的有效实现形式。

(4) **农机购置补贴应当向种粮大户倾斜。** 与普通小农户购买农机仅用于自家一亩三分田的耕作不同，种粮大户购置的农机是耕作规模化的土地，一方面是耕作自己流转的土地直接进行粮食生产，另一方面是通过土地托管等形式为周边农户提供种粮生产性社会化服务。因此，农机在种粮大户手中将被利用得更加充分。事实上，我国特殊的国情决定了在相当长的时间里，兼业农户仍然是我国粮食生产的主体，他们一方面通过购买种粮大户提供的种粮生产性服务的土地托管继续享有土地承包经营权，另一方面则通过季节性的外出打工经商增加家庭收入，因此，他们并不怎么使用农机，真正使用农机的还是提供生产性社会化服务的种粮大户等新型农业经营主体。因此，在财政资金有限的情况下，农机购置补贴应优先给种粮大户。

　　(5) **重视培养种粮大户户主的管理能力。** 种粮大户作为企业化的新型农业经营主体，产业化、市场化的发展定位对种粮大户户主的经营管理能力有很高的要求，需要户主能深刻理解、善于整合和娴熟驾驭现代农业全产业链、价值链、生态链和供应链，能把握市场需求，精通粮食等农产品的市场营销，以及种粮大户组织内部的财务管理、投融管理、计划管理、生产管理、薪酬管理和企业文化建设。这就需要加强对种粮大户领头人的管理能力的培训，让他们真正成为"有文化、懂技术、会经营、善管理"的新型职业农民和富有开拓创新精神的农业企业家。

4.4　种粮大户发展的动态复制模型

4.4.1　理论分析

　　近年来，我国农村劳动力的大量非农化较多，工业化、城镇化、信息化和农业现代化大力推进，农村传统农户正在加速分化，一部分农户已通过非农转移找到稳定的务工经商门路，该类农户家庭主要的生产生活已离开农业成为离农农户，他们的土地要么已流转给种粮大户，要么处于弃耕撂荒状态；部分农户仍然留在农业领域，家庭收入的部分或全部来源于农业产出，我们称这部分农户为留农农户。而继续留在农业领域的留农农户也呈现两种分化趋势，大部分选择半非半农，即有完整的土地承包权，通过购买农业生产性服务进行农业作业的部分或全部业务服务外包，从而部分或全部留存了土地经营权，我们称这部分留农农户为兼业小农；少数富有商业头脑和创业动机的留农农户则通过流转周边农户的土地(主要是离农户的土地)，成为种粮大户，他们一方面通过流转一定规模的土地直接种粮，另一方面则通过提供农机、农技等形式把自身冗余的技术和知识外溢给兼业小农，实现资源的最大化利用，并通过收取农业生产性服务费用获得收益兑现(图 4-10)。

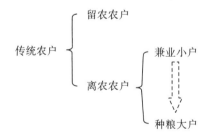

图 4-10　传统农户的分化轨迹

　　我国作为仍有 7 亿农村人口的农业大国，即便今后实行了工业化、城镇化和信息化，仍将有大量人口留在农村。特殊的国情决定了，在相当长的时期内，兼业小农仍然是我国粮食生产的主体。因此，种粮大户提供生产性服务的内涵式规模经营对我国农业现代化建设有重要意义。由图 4-10 可见，市场化条件下的留农农户，已不再是小农经济时代那种缺乏经济理性的传统农户，而是按照自身收益最大化原则活跃在我国粮食生产领域的市场微观主体。他们之间的分化往往是利益博弈的结果。为了抓住和分析主要问题，此处讨论的留农农户耕种的土地已剔除种粮大户和兼业小户耕种的属于自己家庭承包经营的那部分土地。设 W 为种粮大户耕种单位土地的毛利，T 为转入单位面积土地的租金，C 为种粮大户用于粮食生产的专用资产折旧。H 为兼业小户耕种单位土地的毛利，且有 $W-T>H$。留农农户有两种选择，即发展成为种粮大户或继续保持兼业小户。种粮大户流转到离农农户土地的收益为 $W-T-C$，流转不到土地则有 C 的专用性资产折旧损失。兼业小户通过亲属或近邻能无偿获得一些小规模土地的收益为 H（无需付费和签约），如果不能从外部获得土地，则既无损失也无收益。离农农户也有两种选择，把土地给种粮大户（流转）或赠予兼业小户，或者让其撂荒闲置。于是可得图 4-11 所示的留农农户、离农农户各种策略组合下博弈的收付矩阵。

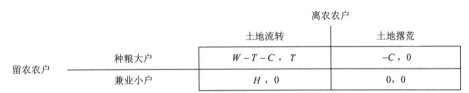

		离农农户	
		土地流转	土地撂荒
留农农户	种粮大户	$W-T-C$ ，T	$-C$ ，0
	兼业小户	H ，0	0 ，0

图 4-11　留农农户与离农农户各种策略的博弈收付

4.4.2　模型构建

根据图 4-11 的博弈收付矩阵，假定最初有 r $(1\geqslant r\geqslant 0)$ 比重的留农农户率先选择成为"种粮大户"，则有 $1-r$ 比重的留农农户将选择成为"兼业小户"。于是可求得留农农户在"种粮大户"和"兼业小户"策略下的期望收益分别为

$$U_1=r(W-T-C)-(1-r)C=r(W-T)-C \tag{4-19}$$

$$U_2=rH+(1-r)0=rH \tag{4-20}$$

由式(4-19)、式(4-20)得到留农农户的期望收益为

$$E(U)=xU_1+(1-x)U_2=\left[r(W-T-C)+(1-r)(H-C)\right] \tag{4-21}$$

演化博弈源于生物进化复制，因此选择博弈收益较低的留农农户会改变策略，模仿收益较高的留农农户的策略，从而导致留农农户群体内部采用某一特定策略的比例发生调整，这种达到稳定状态的调整过程就是留农农户间动态复制过程。大量研究发现，演化博弈群内成员调整过程中，群内成员采用某一特定策略比例的相对变化率与其收益超过期望收益的幅度成正比。于是在本案中则有留农农户采取"转入土地扩大规模"成为种粮大户的策略比例 x 的相对变化率与成为种粮大户的收益超过留农农户期望收益的幅度成正比，即：

$$\frac{\mathrm{d}r}{r}=\left[U_1-E(U)\right]\mathrm{d}t \tag{4-22}$$

将式(4-19)和式(4-21)代入式(4-22)并整理，得演化博弈的复制动态方程：

$$F(r)=\frac{\mathrm{d}r}{\mathrm{d}t}=r\left[U_1-E(U)\right]=r(1-r)(W-T-H)\left(r-\frac{C}{W-T-H}\right) \tag{4-23}$$

令 $F_*(r)=\dfrac{\mathrm{d}r}{\mathrm{d}t}=r(1-r)(W-T-H)\big[r-C/(W-T-H)\big]=0$ ，得该复制动态方程的不动点或稳定点 r^* 分别为 $r_1^*=0$ 、 $r_2^*=1$ 和 $r_3^*=C/(W-T-H)$ 。由于种粮大户具有规模效益，因此 $W-T-H>C$ ，即 $0<r_3^*<1$ 。不过，稳定点仅仅说明当留农农户发展成为"种粮大户"的比例达到该水平时不再发生变化，但并不意味着所有稳定点在复制动态博弈中都会实现，这要求进化稳定策略对微小扰动有抗干扰的能力，即 $F_*(r_-^*)=\mathrm{d}r/\mathrm{d}t|_{r=r^*}>0$ ，且 $F_*(r_+^*)=\mathrm{d}r/\mathrm{d}t|_{r=r^*}<0$ 。由式（4-23）得

$$F_*'(r^*)=\frac{\mathrm{d}F_*(r)}{\mathrm{d}r}=(W-T-H)(1-2r)\left(r-\frac{C}{W-T-H}\right) \tag{4-24}$$

由理论分析可知， $r_1^*=0$ 、 $r_2^*=1$ 并不切合实际，因此应重点考察 r_3^* ，将 $r_3^*=C/(W-T-H)$ 代入式（4-24）得 $F_*'(r_3^*)=C\big[1-C/(W-T-H)\big]>0$ ，表明本进化稳定策略具有抗干扰能力。

构建阻滞增长模型描述留农农户转化为种粮大户的动态复制过程。设现有兼业小户 h_0 户、种粮大户 H_0 户。假设平均每 n 个小户可合并培育出一个种粮大户。由于我国人多地少、农村人口基数大，工业化、城镇化、信息化对农村劳动力的转移有限，加之随着后现代农业对传统小农户生态农业的回归，依据有关专家测算，未来仍将有 $h_0/3$ 左右的小农户存续，即将有 $2h_0/3$ 左右的兼业小户消失，同时催生出 $2h_0/(3n)$ 户种粮大户，届时种粮大户的数量 H_m 将稳定在 $H_0+2h_0/(3n)$ 户的动态平衡水平。

记 t 时刻的种粮大户数为 $H(t)$ ，其是连续和可微函数。种粮大户年增长率为 r ，即单位时间内 $H(t)$ 的增量等于 $rH(t)$ 。于是得种粮大户从 t 到 $t+\Delta t$ 时段内的增加量为 $H(t+\Delta t)-H(t)=rH(t)\Delta t$ 。令 $\Delta t\to 0$ ，于是得微分方程

$$\frac{\mathrm{d}H}{\mathrm{d}t}=rH,\ H(0)=H_0 \tag{4-25}$$

依据事物演化发展的规律，种粮大户每年的增长率 $r(H)$ 往往会随着种粮大户数量的增加而递减，即 $\mathrm{d}r/\mathrm{d}H<0$ 。为简化起见，可假定 $r(H)$ 为线性函数

$$r(H)=r_0-sH \quad (r>0,s>0) \tag{4-26}$$

由于存在阻滞增长极限，所以 $r(H_m)=0$ ，由此得 $s=r_0/H$ 。于是式（4-26）转化为

$$r(H)=r_0\left(1-H/H_m\right) \tag{4-27}$$

将式（4-27）代入式（4-26）得

$$\mathrm{d}H/\mathrm{d}t=r_0H(1-H/H_m),H(0)=H_0 \tag{4-28}$$

对式（4-28）用分离变量法求得 t 时刻的种粮大户数 $H(t)$ 为

$$H(t)=\frac{H_m}{1+\left(H_m/H_0-1\right)\mathrm{e}^{-r_0t}} \tag{4-29}$$

设 t 时刻的兼业小户数为 $h(t)$ ，因 $\dfrac{\mathrm{d}H}{\mathrm{d}t}=-\dfrac{\mathrm{d}h}{n\mathrm{d}t}$ ，由式（4-18）和式（4-19）得

$$h(t)=h_0-n\left\{H_m\bigg/\left[1+\left(\frac{H_m}{H_0}-1\right)\mathrm{e}^{-r_0t}\right]-H_0\right\} \tag{4-30}$$

由式(4-29)和式(4-30)可绘制出种粮大户增长和兼业小户减少的演化过程曲线(图4-12)。

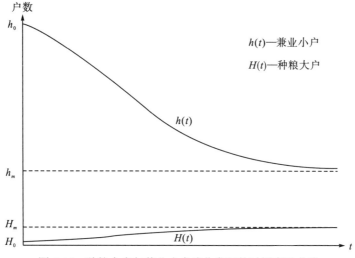

图 4-12 种粮大户与兼业小户演化发展的时间变动曲线

上述过程均未考虑种粮大户中途退出的情况,事实上,种粮大户、兼业小户和离农农户之间随着时间的推移是存在相互变动的。为反映这种情况,可构建马氏链模型分析三者之间相互转化和此消彼长的过程(图4-13)。

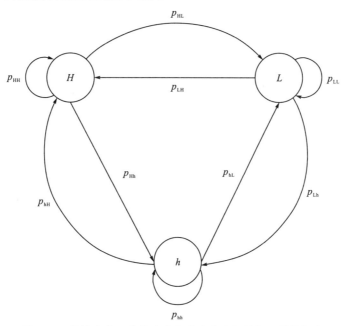

图 4-13 种粮大户、兼业小户和离农农户间的相互转化概率

设 p_{hH}、p_{hL} 分别为种兼业小户下一年度转化为种粮大户、离农农户的概率,则兼业小户下一年度继续为兼业小户的概率 $p_{hh}=1-\left(p_{hH}+p_{hL}\right)$。同理,设 p_{Hh}、p_{HL} 分别为种粮大户下一年度转化为兼业小户、离农农户的概率,则种粮大户下一年度继续为种粮大户的

概率 $p_{HH} = 1 - (p_{Hh} + p_{HL})$；设 p_{Lh}、p_{LH} 分别为离农农户下一年度返乡转化为兼业小户、种粮大户的概率，则离农农户下一年度继续离农的概率 $p_{LL} = 1 - (p_{Lh} + p_{LH})$。于是可得种粮大户、兼业小户和离农农户间的相互转化矩阵

$$\boldsymbol{p} = \begin{bmatrix} p_{HH} & p_{Hh} & p_{HL} \\ p_{hH} & p_{hh} & p_{hL} \\ p_{LH} & p_{Lh} & p_{LL} \end{bmatrix} \tag{4-31}$$

设初始年份种粮大户、兼业小户和离农农户的数量矩阵为 $\boldsymbol{A}(0) = [H(0), \ h(0), \ L(0)]$。在第 t 年度时，种粮大户、兼业小户和离农农户的数量矩阵 $\boldsymbol{A}(t) = [H(t), \ h(t), \ L(t)]$，则 $t+1$ 时刻种粮大户、兼业小户和离农农户的数量矩阵为

$$\boldsymbol{A}(t+1) = [H(t+1), \ h(t+1), \ L(t+1)] = [H(t), \ h(t), \ L(t)]\boldsymbol{p} \tag{4-32}$$

按照式（4-32）的递推关系，并将式（4-31）代入，可得种粮大户、兼业小户和离农农户任意年度 t 的数量矩阵

$$\boldsymbol{A}(t) = [H(t), \ h(t), \ L(t)] = [H(0), \ h(0), \ L(0)] \begin{bmatrix} p_{HH} & p_{Hh} & p_{HL} \\ p_{hH} & p_{hh} & p_{hL} \\ p_{LH} & p_{Lh} & p_{LL} \end{bmatrix}^{t} \tag{4-33}$$

4.4.3 案例分析

在我国粮食主产区湖北江汉平原上，某村有耕地 10000 余亩。20 世纪 80 年代末全村有农户 1000 余户，人口 6000 余人，其中青壮劳动力 3000 余人，户均耕地 10 余亩，家家户户都主要轮作水稻和小麦。随着改革开放和社会主义市场经济建设的全面展开，村里有部分青壮劳动力开始外出务工经商，有的人已在城市稳定就业，于是陆续有农户举家迁入城镇把承包地流转给村里喜欢多种地的人家，由此催生了一些种粮规模达 100 亩的种粮大户。该村劳动力大致有三种情况，即部分人常年在家种地、部分人长年在外打工、部分人季节性外出打工，他们依据各自的实际情况做出理性的选择。后面两种情况的农民，由于在城市没有完全稳定下来，回家种地又觉得不划算，常常将家里的承包地有偿转让给那些以种粮为事业的种粮大户耕种或由种粮大户托管，以便自己既能够安心在城市打工，又能通过土地流转或托管获得一定收益，这也导致该村的农户日益分化为种粮大户、兼业小户和离农农户三种基本类型。目前，该村的种粮大户 10 户、兼业小户 900 户、离农农户 90 户，并会进行相互间转换和动态调整。

根据该村近几年农户变动的情况，测算得到最初留农农户发展成为种粮大户的比例 $r_0 \approx 0.01$，该村当前三种农户的状态数据为 $\boldsymbol{A}(0) = [H(0), \ h(0), \ L(0)] = (10, 900, 90)$。预估该村未来的农户分化达到的稳定状态为 $(H_m, h_m, L_m) = (70, 300, 630)$。由式（4-25）和式（4-26）得该村留农农户转化为种粮大户的年增长曲线为 $r(H) = 0.01(1 - H/70)$，种粮大户、兼业小户数量变动曲线分别为 $H(t) = \dfrac{70}{1 + 6e^{-0.01t}}$ 和 $h(t) = 1000 - \dfrac{700}{1 + 6e^{-0.01t}}$。

通过进一步统计分析该村近几年种粮大户、兼业小户和离农农户相互间的转化情况，

反复地拟合分析估计出该村留农农户转化为种粮大户的转移矩阵 p 中三种状态相互转化的概率值为

$$p = \begin{bmatrix} p_{HH} & p_{Hh} & p_{HL} \\ p_{hH} & p_{hh} & p_{hL} \\ p_{LH} & p_{Lh} & p_{LL} \end{bmatrix} = \begin{bmatrix} 0.80 & 0.10 & 0.10 \\ 0.01 & 0.79 & 0.20 \\ 0.02 & 0.10 & 0.88 \end{bmatrix} \qquad (4\text{-}34)$$

结合种粮大户、兼业小户和离农农户在起始年份的状态数据 $A(0)=[H(0), h(0), L(0)]$ $=(10,900,90)$，将该状态数据代入式 (4-23)，可得未来 10 年这三类农户演化发展的变动趋势 (表4-9)。

表 4-9　某村种粮大户成长的动态复制过程　　　　　　　　　　(单位：户)

	$t=0$	$t=1$	$t=2$	$t=3$	$t=4$	$t=5$	$t=6$	$t=7$	$t=8$	$t=9$	$t=10$	…	∞
$H(t)$	10	19	28	36	43	49	54	58	62	65	67	…	H_m
$h(t)$	900	721	597	512	453	413	385	366	353	344	337	…	h_m
$L(t)$	90	260	375	452	504	538	561	576	586	591	595	…	L_m

4.4.4　政策启示

随着工业化、城镇化、信息化和农业现代化的同步推进，日益增多的农户通过打工、经商、求学融入城镇生产生活，他们把家庭承包经营的土地通过流转等形式让与愿意继续待在农村通过规模化种粮创业致富的农户，由此催生了种粮大户。与此同时，由于工业化和城镇化吸纳农村劳动力的有限性、农户人力资源禀赋的差异、中国农村人口基数大和农民"安土、重迁、恋土"思想重等原因，部分农户选择了半工半农的兼业模式，或农闲外出打工经商而农忙季节回家种地，或农业生产的部分业务外包给日益兴起的农业生产性社会化服务组织 (种粮大户便是其中一种主要的农业生产性服务组织)，从而进一步增加了我国农业小农化家庭经营延续空间和种粮大户规模化种粮的发展空间，他们交错分布，共同担负起"养活中国人"和"中国人的饭碗主要装中国粮"的光荣使命。

我国传统农户逐渐分化为种粮大户、兼业小户和离农农户，以及种粮大户成长的动态复制过程给我国的"三农"政策制定有以下重要启示。①传统农户选择成为兼业小户、种粮大户，或是离农农户，是他们经济理性觉醒的结果，所以我国"三农"政策的制定应当以经济手段为主，减少非经济手段的行政干预。②兼业小户和种粮大户是我国未来主要的种粮主体，其中兼业小户总体在数量上占绝对优势，是我国粮食生产的主体，种粮大户单体在规模上占绝对优势，是我国粮食生产的重要主体，所以我国"三农"政策的制定应当统筹兼顾，不能重视了种粮大户就轻视了兼业小户。③重视引导种粮大户为周边兼业小户提供生产性社会化服务的内涵式规模化经营的发展。种粮大户为周边兼业小户提供生产性服务有利于充分把自身良好的技术、知识和资产最大化并有效利用，与兼业小户实现互利共赢，种粮大户通过专业合作社示范带动周边一些兼业小户形成集约化粮食生产的组织形态，是推进我国农业现代化较为理想的一种组织形式，国家"三农"政策的制定应当加强在这方面的引导。

5 新型种粮大户的组织绩效

种粮大户的组织优势要通过规模化种粮实践的组织绩效来检验。为此，本章采用典型案例与实证分析相结合的方法测算种粮大户的组织绩效，既全面核算一个种粮大户一季粮食生产经营绩效，又比较分析一组种粮大户规模化粮食生产经营的绩效差异，从中找出影响种粮大户组织绩效的因素，为改善种粮大户规模化粮食生产的组织绩效提供决策依据。

5.1 一个种粮大户的 一季种粮实践

5.1.1 背景资料的介绍

为从微观上把握种粮大户的粮食生产经营情况，本研究跟踪调查了重庆市垫江县周嘉镇响水村一个种粮大户一季水稻生产的全部过程。响水村是 2004 年响应中央号召精简乡镇机构和财政供养人员时由原来的自力村、斜滩村、双龙村三个彼此相邻的行政村新设合并而成的，下辖 24 个村民小组，村域总面积 3000 多亩，高滩河自东向西穿村而过。有一条 5 米宽的乡村水泥路通往 10 公里外的周嘉镇和 40 公里外的垫江县城。由于交通不便，加之地形以丘陵旱土和梯田为主，缺少较大面积的开阔地势，所以这里几乎没有什么工商业。全村耕地面积 1800 多亩，多以旱地为主，梯田面积只有 700 余亩。2015 年全村在册人口有 3600 多人，人均耕地面积不足 0.5 亩，属于人多地少的村落。但由于村里绝大多数青壮劳动力都已外出务工经商，留守在村里种地的人基本上属于"五鬼"[①]的老弱妇孺，所以村里人地矛盾并不突出，反倒是一些坡地、旱地、土质差的水田由于灌溉条件差、耕作耗费劳力、种粮效益低等原因已被村民撂荒。村里的农田过去是"水稻+小麦"轮作，即春季收割完小麦就种植水稻、秋季水稻收割后种小麦。但在如今的市场化条件下，村民的农作行为越来越理性。在他们看来，水稻秋收后种植小麦需要较多的劳动力，生产成本高且比较辛苦(周菁华，2012)，加上村里大部分农户主要依靠输出劳动力在外务工经商作为家庭主要收入来源，种田只是为了保证口粮(段凤桂，2014)，所以绝大多数村民选择一年只种一季水稻，以保口粮。由于轮作"水稻+小麦"的农户越来越少，而不断增加的土地撂荒又为各种野生动物繁衍生息创造了条件，田野里各种野鸡、野鸭、野猪、野兔和飞鸟日渐增长，所以现在即使有农户想轮种小麦也没有条件了。不过，日益增多的耕地撂荒也为种粮大户的成长提供了土壤。

现年 51 岁的王贤东是垫江县周嘉镇响水村的种田能手，他父亲共有五个儿子，他是老大，上学时间相对少一些，只有初中文化，其余四个弟弟都成家立业外出务工经商了。

[①] "五鬼"是当地农民对留守农村人群的自我解嘲，其中"老鬼"指老年人、"女鬼"指妇女、"小鬼"指小孩、"懒鬼"和"赌鬼"指农村游手好闲的人群。

为了照看年迈的父母，他长期留守在家耕种近 8 亩的土地，有丰富的种田经验。他种的地肥料用得少、产出水平高，因而在当地小有名气。2015 年，作为重庆市粮仓的垫江县落实了"中国人的饭碗应主要装中国粮"的国家粮食安全新战略，其中响水村乡村公路沿线的农田被周嘉镇列为"水稻高产示范区"。但由于村里的主要青壮年都外出务工经商了，要说服村民在公路沿线按高产示范标准全部种上水稻不容易，更何况有相当一部农田已撂荒多年。对此，响水村党支部书记张贤伍显得很无助。万般无奈之下，村支书想到了学习其他"兄弟村"的做法，鼓励村民把农田流转出来(段凤桂，2014)给愿意规模化种粮的种粮大户。正是在这样的情况下，村支书动员王贤东扩大种粮规模。王贤东通过租种四个兄弟家的土地也尝到了规模化种粮的规模经济效应的甜头，加之国家惠农政策给力，王贤东也就这样在村支书的支持下成了种粮大户。

5.1.2 产前的要素配置

产前阶段的主要工作是为规模化粮食生产进行要素配置，包括土地的租赁、农资的购买及其相应的资金筹措。

(1)**土地流转**。王贤东打算把响水村乡村公路沿线的 124 亩农田全部租下，这些农田地势较平坦、集中连片，灌溉和运输条件较好，具有得天独厚的优势。但好、中、差搭配后细碎化分田到户，有的在耕种粮食、有的改作菜地、有的改成了鱼塘，有的已撂荒多年长满了野草，看上去有些荒凉，缺乏昔日"在希望的田野上"那种生机。王贤东与村支书和村民小组的组员们花了整整一个星期才把这些地块的户主逐一明确，但由于大多数农田的户主常年外出务工经商联系不上，村支书只有决定把土地流转工作放到春节期间进行，因为当地绝大多数农民工都有"有钱没钱，回家过年"的习惯。2016 年春节，这些农民工户主全都回乡过年了。村支书在腊月二十九召开了第一次土地流转协调会，但有的农户还想将自己的那块地继续留作口粮田，有的农户嫌土地租金太低不愿出租，所以第一次协调会未达成集体统一行动。村支书和村民小组组长通过会下做思想工作，而后又召开了两次协调会才最终与村民达成土地流转协议，但仍有 18 亩地的户主实在不愿意流转，只能将其作为"插花地"放在那里。最终，王贤东与村里 56 户农户达成了土地流转协议，一共流转 106 亩土地，土地租金以每年每亩 250 公斤稻谷折算为人民币在每年春耕前支付(以国家年前公布的粮食收购价为计价标准)，流转期限为 3 年，从 2016 年 3 月 1 日至 2019 年 2 月 28 日。流转协议还约定，村民愿意返乡种地时，王贤东需将土地返还给农户。2016 年 2 月 10 日在与村民签订完土地流转协议后，王贤东按 1.2 元/斤的国家水稻收购价格向村民支付了第一年的土地租金，总计 250 公斤/亩×2.4 元/公斤×106 亩=63600 元。土地流转到手以后，王贤东还组织人马对土地进行了简单整理，并修缮一些机耕道，又支出各种费用 12600 元。两项合计支出 76200 元。

(2)**农资购买**。作为一名种田能手，王贤东对响水村一带农田的土质情况比较了解。他根据近年来耕种自己四兄弟的 8 亩土地时每亩农田每季大致需要水稻专用肥 40 公斤、尿素 8 公斤进行肥料测算，自己耕种的 8 亩地连同租赁的 106 亩地共需水稻专用肥 4560 公斤、尿素 912 公斤。每亩稻田需要种子 1 公斤，合计需要种子 114 公斤。王贤东过去是到周嘉镇的一家农资店购买农资，水稻专用肥价格为 1.5 元/公斤、尿素为 2.4 元/公斤、种子为 80 元/公斤。而今规模扩大，通过与农资老板谈判，农资老板同意按水稻专用肥 1.4 元/公斤、尿素 2.2 元/公斤、种子 70 元/公斤的优惠价格卖给王贤东。但经营规模扩大以后，风险也相应增大，尤其害怕农资质量出问题，王贤东在外打工的弟弟建议哥哥直接与厂家联系，一方面保障质量(即使出了问题，厂家赔付能力也强一些)，另一方面可以获得更加优惠的价格。通过咨询周嘉镇农技站的技术人员，王贤东联系了重庆福源化工股份有限公司，得知王贤东是种粮大户，化肥需求量达 5 吨之多，厂家愿意按水稻专用肥 1.2 元/公斤、尿素 2.0 元/公斤给王贤东送货上门。同时，他联系重庆金穗种业公司直接免费将种子送货到家，品种为重庆市农作物品种审定委员会审定的'渝香 203 籼型三系杂交水稻'，价格为 60 元/公斤，种子公司还派专门技术人员进行水稻种植技术指导。这样算下来，王贤东种植一季水稻在化肥和种子上的支出为 14136 元，比直接到周嘉镇农资店购买节约 2234.4 元。

(3) **资金筹集**。与传统小农户耕种自家一亩三分地需要的流动资金完全可以自给自足不同，种粮大户扩大种粮规模后，种植过程中需要大量流动资金，而依靠自身的原始积蓄往往难以满足，需要及时从外部借入，否则错过时令就会耽搁一季的粮食生产。王贤东种植 114 亩水稻大约需要启动资金 12 万元，这对于长期在家耕地的纯农民家庭来说是一笔相当大的支出。据王贤东自己透露，他家的全部积蓄也就 6 万元，只够交齐一年的土地租金，后面简单的土地整理、购买化肥、农药、种子、地膜及雇佣劳工的费用加起来还需要六七万元。考虑到一些费用可以在水稻秋收粮食出售后延期支付，王贤东种植一季水稻的资金缺口为五万元左右。为弥补资金缺口，他先是到垫江县农村信用社和中国农业银行垫江县支行申请短期借款，得到的答复是县农村信用社和农业银行对他这种一般规模的种粮大户没有设立专门的"绿色通道"，需要按照常规的银行贷款业务要求向银行提供足额的抵押物，或找公务员、教师、医生等公职人员担保后可申请贷款额度为两三万元的农业小额信贷。但不管是提供抵押物还是找人担保，贷款资金在贷款申请手续完成后还需要两三个星期的时间才能到位。金融机构有效的资金供给和等不起的时间耗费让王贤东彻底放弃了银行贷款的正规融资渠道，转而求助于传统的民间借贷。好在王贤东有四个兄弟在外务工经商，其中两个兄弟同意各借款 1 万元，另外两个兄弟各自同意借款 5000 元，王贤东的妻子又向娘家一个姐姐和一个弟弟家分别借了 1 万元，这样就筹集了 5 万元。为了不影响亲戚关系，王贤东分别向这 6 位借款人打了欠条，同时还约定了还款期限为一年，并按当时银行一年期贷款利率 4.35%支付资金使用成本，这 5 万元资金一年的借款利息为 2175 元。

5.1.3　产中的生产经营

产中的生产经营活动根据农事安排的先后顺序可分为育秧、插秧、田间管理和稻谷收割四个主要环节，而田间管理还包括灌溉、施肥、除草、病虫害防治以及田间的日常管理等活动。

(1) **育秧**。育秧是一项比较复杂的系统工作，从惊蛰开始，气温逐渐回暖，王贤东即开始开展育秧工作。王贤东采取的是政府极力推广的集中育秧，而不是传统的分户育秧模式,这样可以减少每亩地育秧的种子和地膜使用量,节约育秧成本。整个育秧过程分为五个步骤:第一步是挑选谷种。王贤东选择的是重庆金穗种业公司提供的'渝香 203'稻种,每亩大田用种量 1 公斤左右,公司出厂价格为 60 元/公斤,一亩田的种子费用即为 60 元。第二步就是准备秧田。王贤东选择了自家居住地附近乡村公路沿线水源条件好、土壤肥沃、采光避风、管理方便的 12 亩连片田块进行集中育秧,并用犁田机对这 12 亩秧田进行平整。第三步是浸种催芽。王贤东采用的是"温室催芽"法,先将种子用清水浸泡 4~5 小时,而后捞起来用 50%的多菌灵可湿性粉剂 1000 倍液浸种 1 天,然后通过空调维持室内温度在 20~25℃,并适时通过清水喷雾维持种子的湿度,一整天后催芽成功。第四步就是播种。时间一般选在晴天进行,播种完成进行"踏谷盖膜"。最后一步是秧田管理,及时管理秧田的水,待秧苗有 5mm 高后开始清除苗中的杂草。2016 年王贤东一共培育了 12 亩秧田,地膜使用量 8000m²,地膜价格为 0.5 元/m²,地膜费用总计 4000 元,浸泡种子用药 400 元,加上购买种子的费用 6840 元,育秧总成本 11240 元,平均每亩地成本 98.6 元。

(2)**插秧**。稻种撒在秧田以后,调节和照料秧田里的秧苗只是王贤东工作的一小部分,他更重要的工作是翻地、耙地、平地和灌溉大田,为插秧做准备工作。为了节省劳动力,王贤东购买了一台价值 7400 元的小型拖拉机翻地,购机款使用政府的农机购置补贴 1900 元,自己只花了 5500 元,该机械可使用 5 年,一年分摊成本 1100 元。由于自己要负责引水灌溉,所以他请了一位农机手帮助平整大田,每天的工资 200 元,4 天共计 800 元。用拖拉机平整 114 亩稻田共用 0#柴油 320 升,0#柴油价格为 5.65 元/升,柴油费用总计 1808 元。因此,整个犁田费用总计为 3708 元。秧苗在秧田里生长一个月以后即可移栽到大田里。由于资金不足,同时考虑到响水村一带的田块不成方的居多,所以仍然采用传统的人工插秧,每人每天只能插 0.7 亩左右。为了不错过农时,王贤东从响水村内雇用了 14 位劳动力负责插秧,其中中年妇女 8 人、60 岁以上的老年人 3 人、中年男劳动力 3 人,连同自己夫妻 2 人共计 16 人,一天可插 11 亩左右。这 14 位外请劳动力的工资为 150 元/亩,全季共插秧 10 天,其中 14 名雇工共插秧 93 亩,这项费用支出约为 13950 元。连同秧田的平整费用,插秧阶段总成本支出 17658 元。

(3)**管水**。在秧苗从秧田移栽到大田后 85 天左右,根据水稻生产的生理特点,其在大田里先后要经历幼苗期、分蘖期、长穗期和结实期四个阶段,水稻在各个阶段的需水量存在很大的差异(表 5-1),水的深浅对水稻的生长都有影响,要做到水位恰到好处并不是一件容易的事,很考验田间管理者的技术水平。为节约成本,114 亩稻田的管水工作均由王贤东一人进行,他几乎每天从早到晚都要在这些大田里转悠,查看稻田的水情,或灌溉补水,或把多余的水引出稻田。

表 5-1 稻田管水技术操作规范

阶 段	时间范围	技术要领	管理措施
幼苗期	秧苗移栽到大田开始一直持续到秧苗返青的 10 天内。根据当地气候条件,通常为 4 月底到 5 月初	这期间秧苗对水的需求旺盛,水位需维持在 3cm 左右,水过深或过浅都会影响秧苗返青	每天去田边看"水情",发现水深时从田埂上的水渠放出适量的水,不足时则需要引流一些水进田
分蘖期	插秧后 10 天开始算,会持续 15 天左右。根据当地气候条件,通常为 5 月中下旬	初次灌水大致为 1.5cm,等稻田的水自然落干后再蓄同样深度的水,反复数次,以促进有效分蘖	这期间雨水较多,王贤东几乎每天都奔走在田间地头,以防止稻田蓄水过多,阻碍水稻分蘖

阶　段	时间范围	技术要领	管理措施
长穗期	插秧后 26 天开始算，持续 30 天左右。根据当地气候条件，通常为 6 月上旬到 7 月上旬	这是水稻生长中需水量最大的阶段，这期间的田间水位需要一直维持在 3cm 左右的深度	这期间雨水较少，通常是持续的大热天，稻田里的水消耗较快，经常需要从附近河流抽水补水
结实期	插秧后 56 天开始算，持续 30 天左右。根据当地气候条件，通常为 7 月中旬到 8 月中旬	这期间的水稻需水量开始减少，为了不影响水稻结实率，还得维持稻田干湿交替	这期间容易出现极端干旱天气，需要多次从河里抽水灌溉，电费和抽水机折旧摊销 3500 元左右

(4) **施肥**。"庄稼一枝花，全靠肥当家。"施肥是增加水稻产量的关键动作。施肥的方法因地区和气候差异而不同，需要因地制宜。由于稻田规模大，王贤东除了将上季秋收后的稻草粉碎还田以外，没有再施用有机农家肥，用的都是化肥，在水稻插秧前平整大田时给每亩田施用 30 公斤水稻专用肥作为基肥，在返青阶段(插秧 5 天左右)追施 8 公斤尿素用于促进水稻分蘖，在分蘖期(插秧后 15 天左右)每亩追施 10 公斤水稻专用肥作为最后一次分蘖肥。水稻总体上长势不错，但也有部分刚流转过来的稻田由于上季未实施稻草粉碎还田而长势稍差，于是王贤东又购买了 1700 元穗肥和粒肥对这部分稻田进行追施。全部施肥工序均由王贤东独自完成，施肥的显性成本为 1700 元+7296 元=8996 元。

(5) **除虫**。水稻病虫害的多少通常与气候因素有关，"不冷不热，五谷不结"，因为这样的天气正好适合病虫繁殖，作物容易遭受病虫害。由于当地气候四季分明、晴雨相间，算得上风调雨顺，王贤东当年种植的 114 亩水稻没有出现大规模的病虫害，第一次除虫是在水稻分蘖期，当时雨水较多，为了预防"纹枯病"，王贤东购买了"5%井冈霉素"，按每亩"100mL 药+50L 水"进行拌匀喷雾。第二次除虫是在水稻的长穗期(插秧 40 天左右)，按每亩 100mL"25%杀虫双水剂"与 100mL"BT 乳剂"用水稀释成 60L 混合溶液的方式进行常规喷雾，主要目的是防止水稻出现"二代二化螟"虫害。第三次除虫是在水稻结实期(插秧 70 天左右)，按每亩用"30%扑虱灵可湿性粉剂"0.25g 并兑水 80kg 进行喷洒，防治水稻出现稻飞虱害虫。由于结实期间的水稻已长到一定高度，人在稻田里走动起来比较费劲，喷药的效率较低，为了保证能及时防治稻飞虱病，王贤东从本村中雇用了一位中年男劳动力与自己一起喷药，价格为 12 元/亩，总计支出人工费为 12 元/亩×45 亩=540 元。三次除虫购买农药费用合计 9450 元。因此，大田除虫总费用 9990 元，亩均除虫成本 87.6 元。

(6) **除草**。由于很多大田是年初刚流转过来的，过去一直处于撂荒状态，因此杂草较多。为了节省人工成本，王贤东的稻田除草主要依靠喷洒除草剂。除草是在秧苗移栽后的 7～10 天里进行，王贤东选用的是"田草光"这种一次性的除草剂。为保证药效，在喷药前他先放掉稻田里的大部分水，把稻田里的水位只维持在 1cm 左右的深度，并在第二天把水位恢复到原来的深度。由于秧苗刚移栽不久，高度较低，除草剂喷洒起来工作难度不大，药剂用量也不大，114 亩大田的除草剂花费只有 720 元，亩均成本不到 7 元。

(7) **常管**。常管即大田的日常管理，旨在实时掌握水稻的生长情况和田间地头的一切动态，及时处理一些突发情况。由于田里的黄鳝、泥鳅会在田埂上打洞破坏田埂，所以检查农田是否有渗水、漏水的情况便成了王贤东田间日常管理的一项重要工作，一旦发现田埂有漏水就得及时用泥巴补好。此外，邻里关系也是日常管理的一项工作重点。王贤东种植的稻田大部分处在村民住家户旁边，家家户户都或多或少喂养了一些鸡、鸭、猪、牛、羊来"践踏"庄稼。甚至有个别素质较差的农户还会在秋收来临之前"顺手牵羊"将部分庄稼私下据为己有，进行收割。碰到这些情况，王贤东显得很无奈，既怕破坏邻里关系，但又不得不处理，因此只有加大"巡视"力度。

(8)**收割**。收割是水稻生产经营活动中最繁忙的环节，用王贤东的话说是像在打仗一样紧张。原因是水稻收割就两三天最佳农时，100多亩水稻同时熟透，必须在两三天内全部收割完毕，否则过熟的稻穗就会脱粒在田里，严重影响收成。此时，传统人工的稻谷收割方式在规模化稻田面前已经无能为力，加之这些稻田大多是不成方的小块梯田，联合收割机在这里无法施展手脚。好在每年这个时候从河南一带南下的五保天农机跨区作业队伍要来这里找活干，于是王贤东以每亩120元的价格全部包给他们收割，自己只负责管理和协助。收割队每天工作十一二个小时，一天可完成40亩地的稻谷收割，他这114亩稻谷仅需两天多的时间即可收割完毕。另外，收割机边收割边把稻草粉碎还田。在机器收割的同时，他还从本村雇用了5个青壮年劳动力"棒棒"及时把收割机收割的一袋一袋的谷粒运到乡村公路上装运，价格是每袋(装化肥用的蛇皮包装袋)3元，一袋湿谷45公斤左右，一亩稻田产出的湿谷大概可以装到15袋，一亩地的运力费用为45元。由于多数田不成方，一些边角的稻谷未被机械收割到，王贤东为此还请了2人手工收割这部分稻谷，工资是每人每天200元，共收割了3天，累计人工工资1200元。这三项费用加起来，收割这114亩稻谷共发生费用为120元/亩×114亩+45元/亩×114亩+200元/(人·天)×2人×3天=20010元。

5.1.4 产后的粮食销售

在之前包产到户的条件下，这一带的农户通常是在稻谷收割后挑回自家门前的平坝晾晒，去除水分和杂质，然后放到自家的仓库或柜子里面储存起来，一部分留作自家口粮，多余部分等到价格好的时候再出售，或者一点一点地脱壳成米和糠，每逢周嘉镇赶集时挑到镇上出售，糠用作自家养猪和鸡鸭的饲料。对于种粮规模小的传统农户而言，这种做法可以使他们待价而沽，获得更高的收益。由于种粮大户手中握的粮食更多，因此在粮食市场上有更大的话语权，如果也能待价而沽，将获得更可观的规模收益，但要同时把这几十吨粮食晾干和储存起来对他们来说却是一个很大的考验。因为当地属于丘陵地区，无法找到这么大的晾晒场，建设能储存几十吨粮食的仓库也是一笔不菲的投入。其实也找不到足够大的开阔空地来修建那么大的晾晒场，即使有，建好后只晒一季水稻的土地机会成本也高。如果遇到多雨天气，万一粮食发芽变坏了，那就会损失惨重。另外，大规模粮食存储还有很高的技术壁垒，稍有不慎就会导致粮食发霉变质，造成巨大损失。王贤东决定把大部分粮食从田里收割后直接以湿谷卖给大米加工厂，同时留一小部分粮食自己晾干和储存。

在稻谷收割前的两个星期，王贤东通过镇上农技推广部门先后联系了附近高峰镇的大米加工厂和澄溪镇的国有粮库，商量向他们出售50吨左右的湿谷。由于当地的种粮大户不多，大米加工厂和国有粮库都对王贤东这个种粮大户感兴趣。两家单位都立即派了工作人员来响水村与王贤东洽谈，但时间不同，王贤东也有意让他们彼此不知道，以避免他们两家单位串通压价。王贤东分别把他们带到了稻田边查看了水稻长势和稻谷成色。在查看完水稻的质量后，王贤东向两家单位的报价均是 2 元/公斤，并分别告诉他们还有其他单位来稻田看谷和报价了，希望他们的还价务实一点。两家单位的工作人员回去以后都分别向王贤东报了价，其中大米加工厂报价为 1.96 元/公斤，国有粮库报价 1.94 元/公斤。由于 50 公斤湿谷晒干后只有 37.5 公斤左右的干谷，王贤东算了一下，1.96 元/公斤的湿谷价相当于 2.6 元/公斤的干谷价，刚好是国家公布的最低粮食收购价格，但湿谷晒干还有人工费用，所以能以 1.96 元/公斤卖出去也是可以接受的。因此，王贤东决定把稻谷卖给大米加工厂，并经过与大米加工厂一番的讨价还价，最终以 1.98 元/公斤成交，大米厂自己找车到响水村乡村公路上来拉货，王贤东请人装车。被拒的国有粮库后来也开出与大米厂一样的价格和条件，要求购买一些王贤东的粮食。为了维护各方面渠道的关系，王贤东决定分别向两家单位售卖一部分湿谷。

在收割的第一天，高峰镇大米加工厂派来了 2 名工作人员和一辆大卡车在稻田附近的乡村公路上收货。王贤东则吩咐自己雇用的那 5 位"棒棒"直接把从稻田收割机装袋的湿谷背到车上。王贤东的妻子李海燕负责称秤和记重。为确保"磅秤"的精确性与公平性，李海燕先用自家的杆秤称一袋湿谷，然后用大米厂的磅秤称同一袋湿谷，确认两种称法的示重基本一致后，采用大米加工厂的磅秤进行湿谷过称。第一天机收稻谷 48 亩，累计 720 袋，总计 35.2 吨，全部卖给了高峰镇大米加工厂，销售收入 69696 元。第二天的工序与第一天类似，机收稻谷 43 亩，累计 645 袋，总计 31.5 吨，全部卖给了澄溪镇的国有粮库，销售收入 62370 元。第三天收割 23 亩水稻，王贤东雇来拖拉机将其全部运到附近小学的操场上，晾晒干以后堆放在自己屋里，一共收获干粮 13.5 吨。2017 年初，在水稻价格行情较好的时候，王贤东以 2760 元/吨的价格将 12 吨干粮卖给了当地的粮贩，销售收入 33120 元；自留 1.5 吨口粮，照此价格计算可实现 4140 元收入。两项收入合计 37260 元，扣除自己晾晒与存储产生的费用 900 元，实际收入 36360 元，比当时直接卖湿谷多收入 720 元。这样，王贤东种植 114 亩稻田一季水稻的销售收入总计为 69696 元 +62370 元+37260 元=169326 元。

5.1.5 种粮的效益核算

按照时间节点梳理了种粮大户种植水稻的业务流程后，便可以运用会计学的损益表进行种粮大户的种粮效益核算。毕竟种粮大户不同于传统的普通农户，它们已是企业化的微观经济组织。在收入方面，种粮大户除了售粮获得收入，还有国家的种粮补贴。2016 年，重庆市进行了"三项补贴"改革，将"粮食直补""农资综合补贴"和"农作物粮种补贴"新设合并为"农业支持保护补贴"，对种粮大户的补贴标准为 230 元/亩，这样，王贤东除了 169326 元的粮食销售收入，还可获得 230 元/亩×114 亩=26220 元的种粮补贴，从而使收入总额达到 195906 元(表 5-2)。在成本方面，为了准确反映出种粮大户的企业化组织绩效，需要把王贤东自家(含四兄弟免费给予的土地)共计 8 亩土地的机会成本(出租可获得租金)算入土地成本。事实上，王贤东也并非免费耕种四兄弟家的土地，因为他要帮其他四兄弟履行照看年迈父母的义务，这就是土地使用成本。此外，王贤东夫妇投入的劳动也应记入人工成本。考虑到王贤东从种到收几乎是全身心投入，所以给王贤东算 90 天的工作量，工资标准按 200 元/天计算，其妻子李海燕因更多的时间是处理家务活，因此只计算 20 个工作日，工资标准按 150 元/天计算（表 5-2）。

表 5-2　样本种粮大户种植一季水稻的损益表　　　　　　　　　（单位：元）

收支明细	金额	备注
收入总额	195 546	
粮食销售收入	169 326	含留存 1.5 吨自用口粮
种粮大户补贴	26 220	按 230 元/亩×114 亩计算
成本总额	166 821	
土地成本	68 400	
其中：转入土地	63 600	250 公斤/亩×2.4 元/公斤×106 亩
自有土地	4 800	250 公斤/亩×2.4 元/公斤×8 亩
人工成本	41 820	
其中：自投人工	21 000	王贤东按 200 元/天计算 90 个工作日；其妻李海燕按 150 元/天计算 20 个工作日
雇工费用	20 820	
其中：插秧	13 950	150 元/亩×93 亩（其余 21 亩为王夫妇自插）
除虫	540	12 元/亩×45 亩（其余 69 亩为王夫妇自己喷药）
收割	6 330	搬运：3 元/袋×15 袋/亩×114 亩，人工清收机收漏掉的水稻 200 元/（人·天）×2 人×3 天
物质和服务费用	56 601	
其中：土地整理	4 200	12 600 元在 3 年的租期内平分
融资成本	2 175	民间借贷利息
种子	6 840	60 元/公斤×1 公斤/亩×114 亩
化肥	10 196	水稻专用肥 1.2 元/公斤×40 公斤/亩×114 亩、尿素 2.0 元/公斤×8 公斤/亩×114 亩、后期追施的 1700 元穗肥和粒肥
农药	11 110	浸种药 400 元、除虫 9990 元、除草 720 元
地膜	4 000	0.5 元/m²×8000m²
灌溉	3 500	含水电费及农机折旧摊销
机收外包	13 680	120 元/亩×114 亩
晾晒及仓储	900	到小学操场晾晒后自家堆放，卖干粮
利润总额	28 725	收入总额-成本总额

　　从表 5-2 可以看出，王贤东领办的种粮大户作为企业化微观经济组织，一季水稻生产经营实现利润 28725 元，与粮食补贴 26220 元的金额大致相当，也就是说，如果没有种粮补贴，种粮大户种粮几乎无钱可赚，足见国家粮食补贴的必要性。但毕竟种粮大户是以家庭为单元开展经营活动。为了反映家庭经营的绩效，表 5-3 列出了种粮大户家庭的收入结构，除了种粮大户作为独资企业的全部利润 28725 元外，也应得到在种粮大户务工的 21000

元劳动报酬，还应获得纳入种粮大户经营的那 8 亩土地的租金 4800 元。这样算下来，王贤东一家通过规模化种一季水稻可获得 54525 元的家庭收入，并不比外出打工差。

表 5-3　样本种粮大户种植一季水稻的家庭收入

收入来源	金额/元	说明
种粮净利润	28725	将种粮大户作为独资企业进行会计核算的利润归种粮大户家庭
土地租金	4800	种粮大户种自家土地(四兄弟家庭不要土地租金)的机会成本
劳务收入	21000	种粮大户自己耕种投入劳动力的机会成本
收入合计	54525	用不到半年的时间赚 5 万多元比夫妻外出打工强

从王贤东这一季种粮实践来看，尽管当前种粮大户成长的环境不错，但也有一些突出问题制约着种粮大户规模化种粮。由于土地流转双方的信息不对称导致土地流转的教育成本仍然很高，村民可以随时将转出的土地要回而导致土地流转的稳定性不强，一些"插花地"也导致集中连片耕种困难。农业的弱质性决定了农业信贷风险高、收益低，导致追求利润最大化的地方金融机构嫌贫爱富，把本该带给农业的资金转移到房地产等收益高的非农金融领域，从而把种粮大户排斥在正规金融服务之外，这也是很多种粮农户不敢扩大种粮规模成为种粮大户的重要原因。因为融资困难，种粮大户农机数量不足，一些可以实行机械化的业务环节仍然使用手工劳动。而响水村大部分青壮年劳动力都在外务工经商，农村农业劳动力供给严重不足，尤其是在农忙的"双抢"时节，农村农业用工荒问题更加凸显。农村农业劳动力需求的旺盛和供给的不足造成了劳动力价格飙升，这也给王贤东规模化种粮造成了极大的困扰，一季水稻的雇工成本已占到整个生产成本的四分之一。事实上，在整个水稻生产过程中王贤东只有水稻收割采用了机械化作业，其余的生产环节都是人工完成，生产效率较低。可以在国家农机购置补贴的基础上增加银行借款，开展农机插秧、农机植保、湿谷烘干，实现水稻生产全程的机械化，不仅降低水稻种植成本，还能提供水稻销售收入。从王贤东的产后粮食销售来看，由于烘干设施缺失，他只保留了 23 亩稻谷进行烘干，结果多收入 720 元，照此计算，全部进行烘干出售则可以增收 3568 元。此外，由于农田水利设施缺失，王贤东需要从河里抽水来灌溉稻田，然后一级一级向梯田上游转水，抽水成本较高，导致这 114 亩稻田一季抽水的电费和机械折旧摊销就高达 3500 元。

5.2　种粮大户组织绩效的实证分析

5.2.1　种粮大户组织绩效的评价体系

本研究对新型种粮大户的概念界定为由新型职业农民领办、以家庭经营为基础、以收益最大化为目标的规模化、机械化、集约化、产业化、市场化、企业化、社会化(简称"七化")粮食生产经营单位。因此可将这"七化"作为新型种粮大户组织绩效的评价指标体系。结合第 4 章对"七化"内涵的界定，构建表 5-4 所示的种粮大户组织绩效评价指标体系。

表 5-4 种粮大户组织绩效评价指标体系

评价指标		具体评价指标
组织绩效	规模化	直接耕种粮食的土地规模(x_1)：（单位：亩）
		对外开展生产性服务面积(x_2)：（单位：亩）
		种粮与外出务工经商比较(x_3)：（打工强=0，差不多=1，种粮强=2）
	机械化	全生产流程机械化程度(x_4)：（25%以下=0，25%~50%范围=1，50%~75%范围=2，75%以上=3）
		亩均土地年粮食产出数量(x_5)：（单季 500 公斤以下=0，500~600 公斤=1，600 公斤以上=2）
	集约化	每吨粮食的化肥使用数量(x_6)：（50 公斤以上=0，50 公斤以下=1）
		是否采了取循环农业手段(x_7)：（否=0，有一点=1，普遍采用=2）
	产业化	是否沿上下游延伸产业链(x_8)：（否=0，有一点=1，接二连三=2）
	市场化	粮食销售渠道是否多元化(x_9)：（仅国库=0，联系商家=1，直销=2）
		是否建立了自有产品品牌(x_{10})：（否=0，是=1）
		是否进行了工商注册登记(x_{11})：[①]（否=0，注册 1 种=1，注册多种=2）
	企业化	财务管理行为的规范程度(x_{12})：（无=0，简单记账=1，有会计=2）
		业务计划管理的执行情况(x_{13})：（无=0，有腹稿=1，写在纸上=2）
	社会化	服务费用占生产成本比重(x_{14})：（10%以下=0，10%~30%范围=1，30%以上=2）
		与其他涉农组织合作情况(x_{15})：（无=0，偶尔合作=1，常态化=2）

5.2.2 种粮大户组织绩效的测算过程

1. 主成分分析

在处理多样本数据时，比较麻烦的问题就是观测的数据很多，需要通过技术处理，把大量关系错综复杂、信息相互交错的变量简化为少数几个不相关的综合因子(李继志，2014)，这正是主成分分析可以完成的事情。主成分分析是把原来多个指标化为少数几个互不相关的综合指标的一种统计方法，可达到简化数据、揭示变量间关系和进行统计解释的目的(于娜，2011)，为进一步进行总体分析提供一些重要信息。本书中，涉及的种粮大户样本多、样本数据维度大，要进行种粮大户的组织绩效评价需要先进行主成分分析，确立主成分，然后才能计算出种粮大户的组织绩效。

主成分分析中各因子相互独立，所有变量可表示成公因子的线性组合。假设有 n 个样本的 m 维随机变量 $\boldsymbol{X}=\left(X_1, X_2, \cdots, X_m\right)^{\mathrm{T}}$，需找公因子 $\boldsymbol{F}=\left(F_1, F_2, \cdots, F_s\right)$，满足

$$\boldsymbol{X}=\left(X_1, X_2, \cdots, X_m\right)^{\mathrm{T}}=\begin{bmatrix} a_{11} & a_{12} & \cdots & a_{1s} \\ a_{21} & a_{22} & \cdots & a_{2s} \\ \vdots & \vdots & & \vdots \\ a_{m1} & a_{m2} & \cdots & a_{ms} \end{bmatrix} \times \begin{bmatrix} F_1 \\ F_2 \\ \vdots \\ F_s \end{bmatrix} + \begin{bmatrix} \varepsilon_1 \\ \varepsilon_2 \\ \vdots \\ \varepsilon_s \end{bmatrix} \qquad (5\text{-}1)$$

在式(5-1)中，$\boldsymbol{A}=\left(a_{ij}\right)_{m \times s}$ 为因子载荷矩阵，是随机变量与公因子的相关系数。$\boldsymbol{\varepsilon}=\left(\varepsilon_1, \ \varepsilon_2, \ \cdots, \ \varepsilon_s\right)^{\mathrm{T}}$ 是除公因子以外影响变量取值的随机因子，实际分析中通常忽略不

---

① 种粮大户可以不到工商部门注册，也可以到农业管部门或工商行政部门注册成家庭农场、农民专业合作社或有限责任公司等一种或多种组织形式。

计。式(5-1)不受变量量纲的影响,其载荷因子也不是唯一的,可以通过因子轴的旋转得到意义更加明显的新载荷矩阵 $\boldsymbol{B}=\left(b_{ij}\right)_{m\times s}$,以便归纳出影响显著的影响因子(通常需要观察其特征并命名),并作出清晰的解释。可进一步运用回归方法求得因子得分系数矩阵 $\boldsymbol{C}=\left(c_{ij}\right)_{m\times s}$,同时将 $\boldsymbol{X}=\left(X_1,X_2,\cdots,X_m\right)^{\mathrm{T}}$ 运用 SPSS 统计软件进行标准化处理为 $\boldsymbol{NX}=\left(NX_1,NX_2,\cdots,NX_m\right)^{\mathrm{T}}$,于是可以构建因子的得分模型

$$\left(F_1,F_2,\cdots,F_s\right)^{\mathrm{T}}=\begin{bmatrix} c_{11} & c_{12} & \cdots & c_{1s} \\ c_{21} & c_{22} & \cdots & c_{2s} \\ \vdots & \vdots & & \vdots \\ c_{m1} & c_{m2} & \cdots & c_{ms} \end{bmatrix}^{\mathrm{T}} \left(NX_1,NX_2,\cdots,NX_m\right)^{\mathrm{T}} \tag{5-2}$$

设系数矩阵 $\boldsymbol{A}=\left(a_{ij}\right)_{m\times s}$ 中大于 1 的所有特征值为 $\lambda_j\left(j=1,2,\cdots,s\right)$,且满足 $\lambda_1>\lambda_2>\cdots>\lambda_s>1$。结合式(5-2),可求得合作社的组织绩效为

$$ZF=\frac{\lambda_1 F_1}{\lambda_1+\lambda_2+\cdots+\lambda_s}+\frac{\lambda_2 F_2}{\lambda_1+\lambda_2+\cdots+\lambda_s}+\cdots+\frac{\lambda_s F}{\lambda_1+\lambda_2+\cdots+\lambda_s}=\sum_{j=1}^{s}\lambda_j F_j\Big/\sum_{j=1}^{s}\lambda_j \tag{5-3}$$

主成分分析克服了层次分析法主观赋值带来的主观性,而对样本数量的要求也没有 DEA 数据包络和结构方程分析那么严格,因此在绩效评价中得到广泛运用。运用主成分分析,可以方便地找出影响种粮大户组织绩效的主要因素,以及各主要因素影响力的大小。

2. 数据的来源

选用本研究跟踪调查的 54 户种粮大户样本进行种粮大户组织绩效实证分析。运用 Cronbach α 检验可得样本的信度值 $\alpha=0.750$,一般认为 $\alpha>0.7$ 时的调查结果是可接受的,可见本书设计和调查的结果是可以接受的。计算样本数据的相关系数矩阵 $\boldsymbol{A}=\left(a_{ij}\right)$,并进行 KMO 检验与 Bartlett 球形检验,得 KMO 值为 0.882,大于 0.5 的最低门槛值,因此其分析结果是可接受的,而 Bartlett 球形检验值为 651.765,自由度为 105,达到 $P=0.05$ 的显著水平,表明相关矩阵间确实存在共同因子,可以通过主成分分析提取公因子。

3. 提取公因子

通过主成分提取公因子,得到表 5-5 所示的相关矩阵 $\boldsymbol{A}=\left(a_{ij}\right)$ 的特征值 $\lambda_j\left(j=1,2,\cdots,15\right)$ 及其各自的方差贡献率。表 5-5 还列出了旋转后特征值大于 1 的特征值,其累计贡献率已达到 70%,可认为已包含了全部指标的绝大多数信息,能够反映种粮大户的组织绩效。

表 5-5 相关系数矩阵 $A=\left(a_{ij}\right)$ 的特征值及其方差贡献率

成分	初始特征值			旋转平方载荷总和		
	合计	方差贡献率/%	累计贡献率/%	合计	方差贡献率/%	累计贡献率/%
1	7.967	53.111	53.111	7.967	53.111	53.111
2	1.379	9.196	62.307	1.379	9.196	62.307
3	1.226	8.176	70.483	1.226	8.176	70.483
4	0.993	6.620	77.103			

成分	初始特征值			旋转平方载荷总和		
	合计	方差贡献率/%	累计贡献率/%	合计	方差贡献率/%	累计贡献率/%
5	0.755	5.035	82.137			
6	0.532	3.549	85.687			
7	0.417	2.779	88.466			
8	0.377	2.513	90.979			
9	0.334	2.228	93.206			
10	0.290	1.937	95.143			
11	0.251	1.673	96.816			
12	0.199	1.323	98.139			
13	0.162	1.082	99.222			
14	0.102	0.680	99.902			
15	0.015	0.098	100.000			

4. 确立主成分

运用方差极大选择法得旋转后的因子载荷矩阵 $\boldsymbol{B}=\left(b_{ij}\right)_{15\times 3}$，见表 5-6。

表 5-6　旋转后的因子载荷矩阵 $\boldsymbol{B}=\left(b_{ij}\right)_{15\times 3}$ 值

	成分 1	成分 2	成分 3
直接耕种粮食的土地规模(x_1)	0.206	0.908	-0.022
对外开展生产性服务面积(x_2)	0.150	0.924	-0.018
种粮与外出务工经商比较(x_3)	0.795	0.158	-0.152
全生产流程机械化程度(x_4)	0.869	0.367	-0.016
亩均土地年粮食产出数量(x_5)	-0.465	-0.392	0.189
每吨粮食的化肥使用数量(x_6)	-0.529	-0.300	-0.481
是否采取了循环农业手段(x_7)	-0.884	-0.057	-0.011
是否沿上下游延伸产业链(x_8)	0.492	0.560	0.391
粮食销售渠道是否多元化(x_9)	0.671	0.449	0.236
是否建立了自有产品品牌(x_{10})	0.238	0.636	0.057
是否进行了工商注册登记(x_{11})	0.656	0.522	0.213
财务管理行为的规范程度(x_{12})	0.484	0.546	0.097
业务计划管理的执行情况(x_{13})	0.635	0.591	0.121
服务费用占生产成本比重(x_{14})	-0.128	-0.053	0.880
与其他涉农组织合作情况(x_{15})	0.705	0.489	0.048

注：提取方法为主成分法；旋转法为具有 Kaiser 标准化的正交旋转法，且旋转在 4 次迭代后收敛。

由表 5-6 可以看出，第一个公因子在全生产流程机械化程度、种粮与外出务工经商比较、与其他涉农组织合作情况、粮食销售渠道是否多元化等指标上有较高的载荷，这四个指标主要反映的是种粮大户的运营管理水平，可以命名为经验管理水平因子；第二个公因子在直接耕种粮食的土地规模、对外开展生产性服务面积上有较大的载荷，主要反映种粮大户外延式规模经营和内涵式规模经营，可命名为经营规模水平因子；第三个公因子在服务费用占生产成本比重上有较大的载荷，可以命名为产业分工水平因子。从三个公因子可以看出，当前影响种粮大户组织绩效的主要因素有种粮大户的经营管理水平、经营规模水平、产业分工水平等因素。其中，种粮大户的经营管理水平占 75.4%，说明种粮大户的经营管理水平越高，种粮的效益比外出打工越好、粮食的销售渠道越多、种粮大户与外部合作越密切、种粮大户的机械化水平越高。其次是经营规模水平，占 13.1%，即种粮大户经营规模水平越高，种粮大户直接耕种的土地就越多，向周边普通农户提供的生产性服务也越多。最后是产业分工水平，占 11.5%，即种粮大户的产业分工水平越高，种粮大户越是只愿意从事对自己有比较经济效益的某些环节，而将其他业务环节外包给各类生产性服务组织。

5. 计算绩效值

运用回归法求得因子得分系数矩阵 $C=\left(c_{ij}\right)_{15\times3}$，见表 5-7。

表 5-7　因子得分系数矩阵 $C=\left(c_{ij}\right)_{15\times3}$ 值

	成分 1	成分 2	成分 3
直接耕种粮食的土地规模(X_1)	-0.188	0.377	-0.096
对外开展生产性服务面积(X_2)	-0.215	0.401	-0.092
种粮与外出务工经商比较(X_3)	0.271	-0.149	-0.166
全生产流程机械化程度(X_4)	0.232	-0.081	-0.078
亩均土地年粮食产出数量(X_5)	-0.074	-0.065	0.200
每吨粮食的化肥使用数量(X_6)	-0.098	0.050	-0.336
是否采了取循环农业手段(X_7)	-0.329	0.237	0.032
是否沿上下游延伸产业链(X_8)	0.010	0.093	0.246
粮食销售渠道是否多元化(X_9)	0.120	-0.002	0.124
是否建立了自有产品品牌(X_{10})	-0.098	0.231	-0.014
是否进行了工商注册登记(X_{11})	0.093	0.039	0.101
财务管理行为的规范程度(X_{12})	0.023	0.111	0.014
业务计划管理的执行情况(X_{13})	0.068	0.086	0.024
服务费用占生产成本比重(X_{14})	-0.071	-0.056	0.707
与其他涉农组织合作情况(X_{15})	0.129	0.022	-0.030

将样本数据 $\boldsymbol{X}=\left(X_1, X_2, \cdots, X_m\right)^{\mathrm{T}}$ 标准化为 $\boldsymbol{NX}=\left(NX_1, NX_2, \cdots, NX_m\right)^{\mathrm{T}}$，并连同表 5-7 代入式(5-2)，得

$$\left(F_1, F_2, \cdots, F_s\right)^{\mathrm{T}} = \begin{bmatrix} c_{11} & c_{12} & \cdots & c_{1s} \\ c_{21} & c_{22} & \cdots & c_{2s} \\ \vdots & \vdots & & \vdots \\ c_{15.1} & c_{15.2} & \cdots & c_{15.s} \end{bmatrix}^{\mathrm{T}} \left(NX_1, NX_2, \cdots, NX_{15}\right)^{\mathrm{T}} \tag{5-4}$$

由式(5-3)和式(5-4)得种粮大户组织绩效的计算公式

$$ZF = \frac{7.967}{7.967+1.379+1.226} F_1 + \frac{1.379}{7.967+1.379+1.226} F_2 + \frac{1.226}{7.967+1.379+1.226} F_3 \tag{5-5}$$
$$= 0.754F_1 + 0.131F_2 + 0.115F_3$$

5.2.3 种粮大户组织绩效的结果分析

通过式(5-4)和式(5-5)可求得各种粮大户的组织绩效(表5-8)。

表 5-8 样本种粮大户的组织绩效

户 主	F_1	F_2	F_3	ZF
刘成明	-1.46337	0.04485	0.543348	-1.03393
刘仪成	-0.13385	-0.47044	-0.66354	-0.23918
王必成	-0.57804	-0.56188	-0.90849	-0.61425
舒德华	0.187926	-0.5556	-1.28945	-0.08039
龚正权	0.268534	-0.34681	-1.44383	-0.01031
罗显才	-0.00454	-0.72692	1.248247	0.046515
毕仲友	0.069258	-0.93862	-0.05918	-0.0771
雷相兵	-1.47265	-0.39873	1.452446	-0.99336
陈顺利	1.025001	-0.93501	-0.25345	0.621082
黄加银	0.322838	-0.42264	-0.39671	0.142155
王克强	-1.45574	-0.066	1.784249	-0.89873
张先国	-1.10138	-0.56118	-0.14013	-0.91944
黄树平	-0.64704	-0.89619	0.4591	-0.55126
朱荣平	-0.84326	-0.28706	-1.57365	-0.85541
朱世建	0.132301	-0.79119	-1.67468	-0.19771
李艳萍	1.409802	0.391667	-0.84684	1.015302
郝秋枫	0.347358	2.128548	0.762459	0.627832
张仲文	-1.58382	-0.07203	0.230322	-1.17624
游来周	-1.23341	-0.42216	-0.29768	-1.01908
王建华	-0.67273	-0.61601	-0.04028	-0.59199
邓 军	0.282075	-0.85935	0.861469	0.200379
汪 鹏	0.933623	0.654901	-0.61234	0.717987
汪有全	1.570932	-0.44875	0.160193	1.143888
郑 洋	1.502171	-0.18197	-1.37882	0.948394

户　主	F_1	F_2	F_3	ZF
罗　建	−1.37054	0.100175	−0.90852	−1.12512
黄正文	0.402567	−0.23789	0.915836	0.378549
杨月容	1.586461	−0.61505	−0.65784	1.039034
王堃隆	1.15542	0.439075	1.537145	1.106248
李淑芳	0.725826	−0.38845	0.445708	0.547997
彭友华	−0.60527	−0.39964	−1.43978	−0.67522
胡晓雨	0.596345	−0.41931	1.525873	0.571658
洪光权	−1.0786	−0.38986	−0.33555	−0.90259
雷中山	0.032021	−0.40628	1.675975	0.165493
王贤东	1.69809	−0.3813	1.189933	1.367927
凌家连	0.313617	−0.35357	−1.39775	0.028128
李云芳	0.683745	−0.55019	0.202392	0.466971
吴途文	−1.14299	−0.24894	−0.64777	−0.96894
程建雄	1.150267	−0.39932	1.435167	0.981179
董文碧	1.014192	0.688046	0.315625	0.890639
黄林国	1.095869	1.070178	−0.21422	0.940591
杨加林	1.02325	0.589082	−0.62879	0.775036
王远尾	1.051751	0.039164	−0.49235	0.740606
成序兰	−0.06506	2.787697	0.969836	0.427064
陈维发	0.534082	0.762769	1.260081	0.648103
胡小春	−0.63684	−0.21202	−0.05076	−0.51346
余　文	0.496034	0.902151	0.7016	0.572846
况青松	0.633735	0.003444	−0.24199	0.449966
李国翔	−1.09163	0.884039	1.954905	−0.48063
熊世国	−0.81008	5.146896	−1.51243	−0.11451
龚大春	−1.48391	−0.02762	−0.63567	−1.19559
田银碧	−1.30926	−0.36575	0.900387	−0.92994
张明文	−1.41516	−0.21645	−0.12022	−1.10863
肖焕兵	−1.23663	−0.07722	−0.927	−1.04949
周丙权	1.093235	−0.19024	−0.79249	0.707139

注：为体现数据真实性，在征得相关户主的同意后使用真实姓名。

从表5-8可以看出，在本书的绩效评价体系下54家合作社有28家绩效大于零，其余26家绩效小于零。其中，在周嘉镇响水村的种粮大户王贤东的组织绩效得分最高，为1.367927。在经营管理水平、产业分工水平上表现突出，但经营规模水平还有待提高。该种粮大户通过专注于规模化粮食生产，流转了本村靠近乡村公路及河流旁水源条件较好的106亩集中连片的稻田种植水稻，依靠自己多年摸索出来的种田技术，借助机械化和"双抢"时节适量雇佣当地劳动力，取得了比外出打工好的种粮经济效益。种粮大户龚大春的组织绩效在这 54 户种粮大户中是最差的，其经营管理水平、经营规模水平和产业分工水平均不好，尽管该种粮大户种粮经验丰富，但由于经营规模只有 60 亩且细碎化、分散，机耕道路和沟渠缺乏，只能主要采取成本高的人工劳作，导致种粮的效益不及外出打工。

5.2.4 种粮大户组织绩效的影响因子

1. 影响组织绩效的因素

新制度经济学认为组织绩效是由组织制度决定的，不同的制度安排有不同的组织绩效。影响种粮大户的组织绩效的外因是通过内因起作用的(李继志，2014)。一方面，由于农业(尤其是种粮)属于弱质性产业，种粮大户的成长极易受外部因素的干扰，外部环境的一些变化甚至会给种粮大户带来灭顶之灾。另一方面，由于不同的种粮大户其自身的组织制度安排不同，面对同样的外部环境其组织适应或应对能力往往存在很大的差异，因此表现出不同的组织绩效。归纳起来，影响种粮大户组织绩效的因素主要包括获得土地的难易、获得贷款的难易、雇用农工的难易、应对自然灾害的能力、粮食售卖的难易、农业基础设施建设的状况、获取农业生产性服务的难易、获得国家政策支持的难易、种粮大户自身的管理水平、种粮比较收益的高低等因素(表 5-9)。

表 5-9 影响种粮大户组织绩效的变量含义及描述性统计

变量名称	定义及赋值	预期影响	均值	标准差
被解释变量：				
种粮大户组织绩效(ZF)	组织绩效为正=1，组织绩效为负=0	+	0.52	0.504
解释变量：				
获得连片土地难易(Z_1)	容易=1，困难=0	+	0.35	0.482
获取外部资金难易(Z_2)	容易=1，困难=0	+	0.30	0.461
雇用农业劳工难易(Z_3)	容易=1，困难=0	+	0.59	0.496
应对自然灾害措施(Z_4)	有力=1，薄弱=0	+	0.28	0.452
粮食市场销售难易(Z_5)	容易=1，困难=0	+	0.61	0.492
对基础设施的评价(Z_6)	较好=1，薄弱=0	+	0.80	0.562
对生产性服务评价(Z_7)	发达=1，薄弱=0	+	0.43	0.500
自身管理水平评价(Z_8)	满意=1，欠缺=0	+	0.48	0.504
政策落实到位程度(Z_9)	到位=1，困难=0	+	0.19	0.392
种粮经济效益评价(Z_{10})	满意=1，悲观=0	+	0.63	0.487

2. 计量模型与变量选取

鉴于被解释变量为二元离散变量，本研究构建式(5-6)的 Probit 模型来分析各种因素对种粮大户组织绩效的影响。

$$ZF_i = a + bZ_i \tag{5-6}$$

式中，ZF_i 是服从正态分布的种粮大户 i 的组织绩效性质（组织绩效为正时取 1，为负时取 0），相应的概率值介于 0～1；Z_i 表示影响种粮大户组织绩效性质的各因素组合；a、b 为相应的估计系数。ε 为随机扰动项，对于给定的 Z_i，其相应的概率 P_i 满足

$$P_i = F(ZF_i) = \frac{1}{\sqrt{2\pi}} \int_{-\infty}^{ZF_i} e^{-\frac{t^2}{2}} dt + \varepsilon \tag{5-7}$$

3. 模型估计及结果分析

依据前文对影响种粮大户组织绩效的因素分析，得到本研究所选取变量的含义、赋值、预期影响及描述性统计结果，见表 5-9。式 (5-7) 估计结果见表 5-10。从模型估计的对数似然值来看，模型整体的拟合效果较好。现将影响种粮大户组织绩效的显著性影响因子归纳如下：

(1) 提升种粮大户组织绩效的因素主要有：雇用农业劳工较易、粮食市场销售较易、农田基础设施较好、种粮经济效益明显等。由于种粮大户普遍采取机械化耕作，导致农业劳动的人工需求不大，而农村大量留守的妇女和老人也可作为种粮大户"双抢"时节的补充农业劳动力，所以样本中有 32 户（占 59%）种粮大户反映雇用农业劳工容易。由于国家实施了最低收购政策（稻谷和小麦）和托市收购政策（玉米），所以种粮大户粮食出货比较容易，有 33 户（占 61%）种粮大户反映粮食销售较易。从 2010 年起国家每年加大了对土地整治的财政投入，一些靠近河流、公路的平原大坝农田的基础设施得到明显改善，这些农田往往被流转到种粮大户那里，所以 80% 的种粮大户对农田基础设施比较满意。尽管种粮的比较效益低，但薄利多销仍可取得可观经济效益，这也是为什么仍有那么多人选择成为种粮大户，所以样本中有 34 户（占 63%）种粮大户觉得规模化种粮比外出打工好。

(2) 影响种粮大户组织绩效的负面因素主要是获得连片土地较难、从外部获取资金困难、灾害损失风险较高、农业生产性服务缺乏、自身管理水平较低、惠农政策落实困难。成为种粮大户首要的条件是获得规模化的土地，其中南方地区要 50 亩以上，北方地区要 100 亩以上，54 户种粮大户中，有 35 户（占 64.8%）种粮大户反映获得规模化土地困难。土地流转困难的原因主要有：数量达不到自己想要耕种的规模；细碎化分散不便于机械化作业；土地流转价格高；流转不规范、不稳定。种粮大户规模化种粮对资金的需求量远远超过家庭的资金供给能力，因此不能从外部获得足够的资金显著影响种粮大户的经营绩效。从样本农户的情况来看，有 38 户（占 70.4%）种粮大户反映资金获取困难，而抵押物不足、财务制度不健全是银行等正规金融不愿意向种粮大户放贷的主要原因，银行贷款的交易成本高、贷款金额少、实效差是种粮大户放弃正规金融转而求助民间借贷的主要原因。尽管种粮大户耕种的土地农田基础设施有所改善，但在自然灾害面前仍然难以做到旱涝保收，而农业保险缺位导致种粮大户转移灾害风险的手段不足，所以有 39 户（占 72%）种粮大户感到应对自然灾害风险力不从心。农业生产性服务的缺乏导致 57% 的种粮大户事必躬亲，成本较高。种粮大户自身经营管理水平不高也是影响组织绩效的一个原因，有 52% 的种粮大户对自己的经营管理水平不满意。种粮大户反映最强烈的是惠农政策落实困难，有 44 户（占 81%）种粮大户对当地惠农政策落实情况不满意。部分种粮大户反映国家惠农政策好，但落实过程中的"跑冒滴漏"严重，真正落实到种粮大户身上的只有九牛一毛。

表 5-10 种粮大户组织绩效影响因子模型估计结果

变量	回归系数	标准误差	沃尔德值	自由度	显著性	发生比率
常数项(Z_0)	-5.349	2.045	6.842	1	0.009	0.005
获得连片土地难易(Z_1)	0.898	1.642	0.299	1	0.585	2.454
获取外部资金难易(Z_2)	2.063	1.520	1.843	1	0.175	7.872
雇佣农业劳工难易(Z_3)	0.264	1.049	0.063	1	0.801	1.302
应对自然灾害措施(Z_4)	0.293	1.005	0.085	1	0.771	1.341
粮食市场销售难易(Z_5)	1.244	1.178	1.115	1	0.291	3.468
对基础设施的评价(Z_6)	2.333	1.200	3.782	1	0.052	10.309
对生产性服务评价(Z_7)	2.811	1.532	3.366	1	0.067	16.634
自身管理水平评价(Z_8)	0.332	0.929	0.127	1	0.721	1.393
政策落实到位程度(Z_9)	-2.278	2.113	1.162	1	0.281	0.102
种粮经济效益评价(Z_{10})	0.967	1.017	0.904	1	0.342	2.631

5.3 种粮大户成长的主要制约因素

实践证明，种粮大户规模化种粮可以让农户获得与外出打工差不多的收益，同时还能合家团聚，守住家园，享受天伦之乐，是解决我国农业未来"谁来种地"问题的有效途径。但由于种粮的比较效益低、自然风险和市场风险大，种粮大户的健康成长还面临各种各样的困难，需要政府和社会协助种粮大户一起去解决。

5.3.1 钱难赚

(1) **成本高**。随着市场化、工业化、城镇化和城乡一体化发展，农业生产要素按照收益最大化的原则在城乡之间加快流动，种粮的成本开始逐年攀升(表 5-11)。①土地租金上涨。一些地方的土地租金已超过 1000 元，且年年上涨。在这样高的土地使用成本下，种粮大户种粮已没有多少利润。②人工费用增加。随着经营规模的扩大，种粮大户完全依靠自己家庭劳动力不可能完成任务，而实现机械化也因一次性投入太大而进展缓慢，所以农忙时节不得不从外面雇用一些临时工，有的种粮大户还常年雇用部分固定工。由于农村劳动力外出打工的工资也不低，所以种粮大户也必须开出较高的工资才能雇到农工。种粮大户普遍反映，翻地整地的人工花费最多，其次是插秧和收割时雇工。应当指出的是，尽管农业雇工成本越来越高，但劳动力的质量却越来越低，会经营、懂管理、有技术、能生产、通市场的粮食生产经营人才在农村即便开更高的工资也很难找到。③农资成本高涨。近年来，伴随着粮食价格上涨，化肥、农药、种子等农资价格也大幅上涨，导致农民并未从粮价上涨中获得实惠。2014 年国产尿素、二铵、复合肥每吨平均价格分别为 2340 元、4100元和 3600 元，比 2004 年分别上涨 250 元、280 元和 280 元。2014 年杂交水稻种子均价55.8 元/公斤，是 2008 年 21.5 元/公斤的 2.6 倍；玉米杂交种子均价 25.6 元/公斤，比 2004年的 13.9 元/公斤翻了将近一番。值得提出的是，农资的价格上涨了，但产品质量却并没有同步提高，一些种粮大户反映，"农药质量不好，打了好几遍，草还是下不去"，以及"农药质量不一，防治有时不彻底"。④物资及服务成本大幅度增加。2004 年全国亩均物资及服务费用只有 200 元，到 2014 年翻了一番多，达到 420 元。种粮规模不同，亩均物资及服务费用也不一样。据农业农村部种植业司 2014 年的一项调查统计，30 亩以下的种粮主体主要依靠外部提供的生产性服务，亩均服务费用在 100 元左右；30～100 亩直接的种粮主体主要采用微耕机和小型拖拉机等微机耕种，物资和服务费用只有 60 元左右；100 亩以上的种粮大户的物资和服务费用亩均在 120 元以上。

(2) **粮难卖**。从播种开始，种粮大户就开始对田地精心管理，害怕施肥、用药、储水等环节的一时疏忽影响粮食的收成。而粮食收割后又要操心粮食的晾晒和存储。种粮大户产出的粮食较多，天气不好、晒场不足等因素都会导致粮食不能完全晒干，加之仓储设施的简陋，在存放过程中就容易导致霉变、发芽，卖不出好价钱，甚至没有客户要货，造成重大经济损失。而粮食产量的丰收往往并不能带给种粮大户收入上的丰收。2014 年以前，由于国内粮价低于国外粮价，加之有最低收购价格和托市收购价格政策兜底敞开收购粮食，种粮大户们普遍反映粮食好卖，种粮有奔头。但是从 2014 年起，国内粮价高于国际市场价格，进口粮食对国内粮食冲击较大，国内大米等粮食需求降低，加工企业开工不足，国内粮食市场需求降低。尽管国家为保护农民种粮积极性，仍然坚持最低收购价格等惠农政策，但由于过去托市收购了太多的粮食未能出库，导致很多地方由于库存积压难以开仓收粮，农民卖粮难问题开始凸显。由于种粮大户多数为地地道道的种粮农民，社会关系网络缺乏，在寻找粮食销路方面没有多少门路，粮食收割后只能低价卖给当地粮贩。由于粮食价格普遍偏低，一些种粮大户感觉粮食贱卖很难赚回前期投入，因此存在惜售心理，希望等待价格上涨之后再卖，但粮食的仓储和保管却有较高的技术含量，稍有不慎就会导致粮食生霉、发芽，若是变了质，便很难再卖出去。正因为目前粮食行情不好，卖粮难让种粮大户左右为难，一些种粮大户准备把双季稻改为单季稻，一些种粮大户也在准备缩减种植面积，种粮大户规模化种粮的积极性受到很大的影响。

(3) **效益低**。粮难卖，种粮成本又高，最终反映出种粮大户种粮的经济效益差。种粮大户的收入主要来源于粮食销售收入和惠农补贴两部分，而大多数情况是种粮大户要把国家的种粮补贴、农资综合补贴、良种补贴等惠农补贴还给享有土地承包经营权的农户，这样一来，种粮大户的收入就只有粮食销售收入，一旦市场粮食需求疲软导致粮食价格看空，而种粮成本却刚性上扬，种粮大户规模化种粮的比较效益就会越来越低。表 5-2 反映的是只种一季水稻的情况，在粮食价格还比较坚挺的情况下，种粮大户的粮食销售收入才基本与种粮成本持平，而种粮大户赚钱赚的只是种粮补贴。但事实上，即便是轮作、套作多季，种粮大户的收益也不会好到哪里去。以山东滕州市为例。2014 年山东省通过以奖代补连同滕州市里的种粮奖励资金，种粮土地可获得约 300 元/亩的惠农补贴。当地种粮大户通常是(夏)玉米与(冬)小麦轮作，一年各种一季，其中冬小麦亩均产量 550 公斤、政府最低收购价格 2.56 元/公斤，夏玉米亩均产量 650 公斤、政府临时收储价格为 2.10 元/公斤，年土地租金约 1000 元/亩，则当地种粮大户全年亩均效益可通过表 5-11 反映出来。种粮利润 312 元/(亩·年)大致与中央和地方的惠农补贴 300 元/(亩·年)相当，表 5-11 与表 5-2 中的数据反映出的情况基本一致，种粮大户的种粮收益大致等于惠农补贴，如果没有种粮补贴，种粮大户种粮基本不赚钱。

表 5-11 山东滕州市种粮大户 2014 年全年亩均收益情况

收支明细	小麦/元	玉米/元	合计/元
收入总额	1558	1515	3073
粮食销售收入	1408	1365	2773
种粮大户补贴	150	150	300
成本总额	1450	1311	2761
土地租金	500	500	100
机耕	63	20	83
底肥	128	40	168
机播	30	30	60
种子	22	45	67
追肥	68	80	148
灌溉	93	30	123
农药	30	20	50
机收	70	100	170
人工	446	446	892
利润	108	204	312

注释：小麦销售收入为 550(公斤/亩)×2.56(元/公斤)=1408(元/亩)；
玉米销售收入为 650(公斤/亩)×2.10(元/公斤)=1365(元/亩)；
人工费用由于调查中未能获取到具体数据，用同年度的全国数据代替。

5.3.2 地难租

(1)土地供给不足。由于目前土地还承载着农民的部分社会保障功能，部分农民担心土地全部流转出去后生活没有着落，因此在思想上有顾虑(汪晓海，2011)，不愿让渡承包土地的使用权，担心土地流转出去后的收益难兑现，极少数的农户甚至还守着"土地就是命根子"的观念，存在着"金不调、银不换"的思想，认为"家中有地，心里不慌"。部分农民对国家的土地流转政策不了解，对土地的所有权、承包权和经营权"三权"的关系不清楚，害怕土地流转给合作社、企业、家庭农场等种粮大户以后会永久丧失承包权。有的农民担心流转土地的人是"挂羊头卖狗肉"骗取国家种粮补贴，或采用工业手段破坏土地肥力，或改作非农用途破坏土壤农业耕作层，而一旦经营失败就会偷偷"卷起铺盖走人"，土地收益和肥力维持无法得到保障，因而不敢大胆地把土地转出去。有些农民需要留守在家照顾孩子和老人，希望同时耕种土地，既保障就业充分，又有一点收成，所以不愿放弃土地。有些农民由于外出务工经商的资源禀赋不足，他们认为把土地转包出去不如自己种划算，所以选择继续耕种家里的承包地。有些农民已稳定地非农转移了，确实希望把家庭承包经营土地流转出去，但当地转入土地的需求者少或土地租金太少，也没能把土地流转出去。总体上讲，由于没有可靠而稳定的非农收入，务农收入在农民家庭收入中还占有较高的比重，农民怕土地流转出去以后会失去或减少耕种土地这部分收入保障。所以各个地方总会有或多或少的农民不愿意把土地流转出去，导致种粮大户流转到的土地往往存在"插花地"，难以连片集中，不利于开展农业规模化、机械化、集约化经营，给种粮大户正常的生产经营带来系列难题。调查中发现，一些种粮大户的土地被散户土地包围，拖拉机、插秧机、收割机等机械设备无法开进农田作业，也无法实施统一的施肥、打药等植保活动。种粮大户为了提高土地利用率，一年通常要种两三茬，但周边散户往往只种一季，生产周期是错开的，彼此间的产收不一致的情况时有发生，种粮大户无论是灌溉、施肥、喷洒农药还是机械化操作都会影响到其他散户，相互之间还往往产生一些矛盾。

(2) **流转期限偏短**。即便有部分农民愿意把土地流转给种粮大户，但流转期限普遍偏短。从本书调查的 378 户种粮大户样本来看，种粮大户转入土地在 5 年及以下的共 213 户，占比 56.3%；流转期在 5 年以上、10 年及以下的共 71 户，占比 18.8%；流转期在 10 年以上、30 年及以下的共 53 户，占比 13.9%；流转期在 30 年以上，共 44 户，占 11.7%。可见种粮大户转入土地的期限绝大多数在 5 年及以下，其中还有部分大户需要每年和农户变更一次合同，农户这样的选择主要是因为自己务工状况不稳定。但土地流转期限的长短是决定种粮大户土地投入的重要因素。没有稳定的土地经营权作保障，种粮大户不敢轻易扩大投资购买大型农业机械、修缮水利设施、扩大种植规模和农田保护性耕作(刘长喜，2017)，也不敢对自己的发展进行长远规划，从而限制了粮食生产的集约化、规模化发展。从对农田的保护性耕作来看，土地流转期短助长了转包大户掠夺性经营，造成土地肥力下降，仅有 52 户(占 13.8%)种粮大户种植了绿肥，仅有 82 户(占 21.7%)种粮大户施用了有机肥。土地流转期限短，长期收益不能为自己获得，使种粮大户普遍缺乏长期投入的积极性(陈洁和罗丹，2012)。土地流转期短也导致种粮大户缺少对水利设施的投入，天旱时依靠提灌站将河水抽到田地里用电成本较高。如果土地流转期限较长，95.7%的被调查大户愿意参与农田水利设施建设(邵培霖和衣世伟，2015)。

(3) **流转规范性差**。调查发现，当前农村土地流转基本无章可循，80%以上都是通过口头协议，没有形成具有法律效力的书面合同，即使有些土地流转行为签订了书面合同，也存在手续不规范、条款不完备等问题(刘远熙，2011)，给流转纠纷留下了隐患，也阻碍了土地流转在更大范围和更高层次上进行。重庆市垫江县对种粮大户的审查要求土地流转必须签订书面协议，明确土地流转双方的权利和义务。但在调查中发现，绝大部分种粮大户主要靠拣地种粮，没有也很难与土地流出户签订土地流转合同。其原因一方面是农村全家外出户较多，有的是多年未返乡，根本就无法签订合同；另一方面是农民害怕签订合同后，享受不到国家的优惠政策，宁愿把承包地撂荒，也不愿意把自己的承包地签成合同长期转包给别人耕种，最多是口头协议。调查中，该县种粮大户杨佳林反映，他实际种粮 161 亩，栽秧割谷的时候雇用农工七八十人，水稻收了四五十吨，但农户就是不跟他签订土地流转合同。由于没有正式土地流转合同，他也就没法申请 230 元/亩的大户补贴，每年直接经济损失近 4 万元，种粮积极性受到很大打击，打算退租不干了。同时，由于没有合同保障，种粮大户不愿对土地进行投入，种一季算一季，既不能最大限度地提高耕地产出率，也影响了大户的稳定性。

(4) **流转价格失当**。土地流转价格总体偏高，从表 5-11 可以看出，2004 年全国三种基本谷物的土地亩均成本只有 54.1 元，2014 年涨到 203.9 元，价格翻了近 4 倍。看似 2014 年土地亩均成本只有 203.9 元，其实种粮大户的土地使用成本远远不止这个数，因为只耕种承包地的农户没有土地使用成本，一些规模化的大户是拣地种或者从亲戚朋友邻居那里免费获得土地而使土地使用成本很低，正是这部分主体数量大、土地使用成本低的群体摊薄了土地使用成本。事实上，从抽样调查的情况看，绝大多数规模化种粮的种粮大户都是流转土地耕种，流转费达到了 1000 元/(亩·年)，一些成方连片、地段好的土地租金甚至达到 1200 元/(亩·年)，并呈逐年上涨趋势。

5.3.3　资难融

(1) **资金缺口大**。农业的特点是投资大、投入周期长、见效慢，经营初期一次性投入比较集中，资金需求较大(表 5-12)，实力不强的种粮大户自身很难应对资金需求压力，而种粮大户可向银行申请抵押贷款的固定资产不多，种粮大户的资金缺口大(曹庆穗，2014)。传统农户小规模家庭种粮，每亩地的投入成本只有一千多元，但是种粮大户耕种规模往往有几百上千亩，每年用于购买农资的资金投入动辄就是数十万元。如果把购买农机、修建沟渠、粮食晾晒及仓储设施这些固定资产算入，种粮大户的资金投入需求更大，而种粮大户一般本身积蓄并不多。通常情况下，种粮大户首先需要拿出近十万元的资金进行土地流转，然后在购买种子、化肥、农药等生产性开支时就有些捉襟见肘。调研中发现，种粮大户进行粮食种植时需要购买大量的种子、化肥、农药等生产资料，同时还需要支付雇工费用，部分种粮大户由于资金周转能力有限，便采用播种季节赊欠农资，收获粮食售出之后再偿还的方法，若是碰上自然灾害，粮食减产，便会陷入无力偿还的境地，因此，种粮大户往往都会减小种植规模与生产资料的投入，这无疑与规模生产的目的背道而驰。从对 378 户样本种粮大户的资金需求调查来看，资金缺口 5 万元以下的大户有 213 户，占比 56.4%，其资金主要是用于购买农资、农机等生产资料；资金缺口在 7 万～10 万元的种粮大户有 107 户，占比 28.3%，其资金除了用于购买生产资料，还要购买农机；资金缺口在 10 万～50 万元的种粮大户有 49 户，占比 13.0%，其资金除了用于购买农资、农机外，还要修建粮食晒场及仓库；资金缺口在 50 万元以上的种粮大户有 9 户，占比 2.4%，其资金除满足以上项目需求，还要马上进行粮食仓储加工及销售渠道建设。由于资金缺口大，种粮大户缺失资金投入农田基础设施、水利设施建设，反过来又影响了种粮收益(麻福芳等，2015)。

表 5-12　种粮规模大小对融资需求的影响

	30 亩以下	30 亩以上
设施投入	少量灌溉、收割设备	温室、大棚、节水灌溉、播种机、收割机
劳力投入	靠家庭内部劳动力为主，成本内化	靠外部劳动力为主，成本外化
资金来源	依靠自有资金和少量民间借贷	依靠外部信用为主、自有资金为辅
资金缺口	小	大

(2) **融资渠道窄**。种粮大户在融资活动时主要有正规金融机构贷款、政府财政补贴、

民间自筹等几种方式。由于政策限制，承包的土地不能作为抵押物被银行认可，而种粮大户的主要资产便是土地，无法作为抵押物，自然就无法从银行获得贷款(图 5-1)。一些种粮大户为了获得银行贷款，不得不把自家的房子、车子进行抵押。农村信用社贷款额度小，对于种粮大户的开支来说只是杯水车薪。政府在对种粮大户的政策扶持中，对种植规模、地域、类型和种粮大户的资格、素质等都有相关的要求，不是所有的种粮大户都可以获得政府资助，另外，即使满足条件也会因政府补贴难以落地而得不到相应的资金。多数种粮大户采取的是民间自筹的方法，包括向亲朋好友借款、民间高利贷等形式，这种方法手续简单。向亲朋好友借钱还可能不需要利息，也没有还款压力，有钱了再还的承诺也不在少数，但是亲戚朋友人数毕竟有限，可筹资金也可能不足，难以解决种粮大户资金周转的问题。

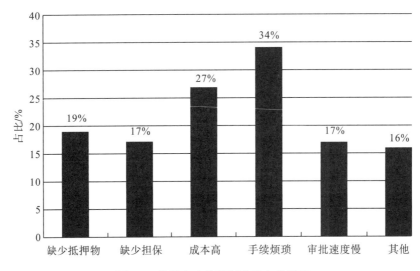

图 5-1　种粮大户从银行融资少的原因

资料来源：本书抽样调查数据。

在现行的经营理念下，银行"嫌贫爱富""挑肥拣瘦"，使种粮大户很难被一视同仁；银行现有小微信贷的金融产品和服务不足，无法及时有效地满足种粮大户"短、小、急、频"的融资需求(纪赛丽，2015)。调查显示(图 5-2)，35.9%的种粮大户的资金缺口依靠银行渠道(主要是信用社或农商行)，而 79.5%的种粮大户依靠自身资金的原始积累，5.6%的种粮大户依赖亲戚朋友或农资供应商、农机供应商。这些借贷主要用于粮食生产的流动资金、农机购买和农田基础设施，包括土地平整、水利维修、工人工资、地租、购买农机具、扩大规模经营等(任晓娜，2015)。按照测算，如果风调雨顺，包地种粮应该是有利润的。但要想收回最初打井、修渠、买农机的上百万元投入则要 10 年以上的时间(种昂，2013)。如果不能从外部获得低成本的融资，种粮大户正常的生产经营运转将十分困难。不过，调查中也发现，种粮时间长且由小规模到大规模逐步发展的种粮大户的资金问题能基本依靠自身力量解决(任晓娜，2015)。

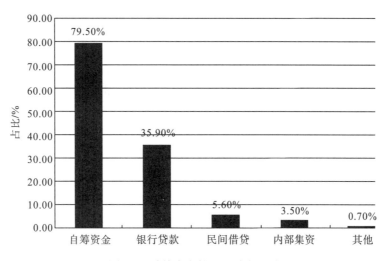

图 5-2 种粮大户的主要融资渠道

资料来源：本书抽样调查数据。

5.3.4 人难请

（1）**需求量大**。种粮大户进行粮食生产不仅需要土地规模、资金，还需要优秀的经营管理人员和大量的劳动力。不同于工业标准化生产可以完全实行机械化作业，粮食生产是一项难以标准化作业的劳动密集型产业。一方面，粮食生产的很多环节都无法标准化，因此需要手工劳动；另一方面，由于农业机械化的初始投入大，很多种粮大户资金不足，不敢大规模采购农机进行机械化作业，即便是机械化也需要人手来操作，一些机械无法触及的田边土角也需要进行手工劳动。由于种粮大户都是大规模种地，自家的劳动力远远不够，必须从外部雇用，尤其是农忙的抢播、抢收的用工高峰时节，雇工的需求量很大。一般来说种粮规模越大，需要的雇工就越多。通常情况下，大田除实现机耕机耙外，播种、施肥、灌溉、收割和晾晒都需要靠传统的人工劳作，特别是水稻育秧、除草环节需要投入大量的人力。除了普通劳动力，种粮大户还需要大量农作物栽培、植保方面的技术员。种粮大户遇到的技术问题多集中在如何提高单位产量和质量方面。种粮大户希望能有单产更高、抗旱耐病的品种出现。另外，种粮大户出于对市场的敏感和利润的追求，更希望种植一些味道更好、有机生态的粮食，这就要在品种、土地改良等有机种植方法上得到更多的技术指导，而现阶段解决的途径主要是种粮大户通过个人关系找农业技术人员指导（任晓娜，2015）。

（2）**供给不足**。目前，农村劳动力市场面临优质管理人员稀缺、劳动力成本高、来源不稳定等问题。目前，农村绝大部分地区留下的都是五六十岁的老人，他们要么体力不够，要么为外出务工的子女看家带小孩；而年轻人要么外出打工，要么根本就不会种粮。随着城乡一体化进程的加快，人们的就业观点也发生了变化，使得现阶段愿意从事农业生产的人员大大减少，青年人普遍认为从事农业劳动不体面，难以有所作为，对种粮大户的工作兴趣不高，愿意成为种粮大户的年轻人实际职业能力不强，勤勉敬业素质相对欠缺，实干精神也明显不如前辈（曹庆穗，2014），因此种粮大户想要雇到会经营、懂管理、能生产、通市场的人才则无异于海底捞针。不仅管理人才难寻，单纯的体力劳动者也变得越来越难请。由于从事农业劳动收益低，留在村里的适龄劳动力越来越少，部分地区甚至出现了青壮年集体外出务工，老弱病残留守农村进行农业生产的现象，劳动力的稀缺，使得种粮大户在农忙时节雇用人员的难度年年攀升。农忙来临之前，种粮大户们就不得不尽早想办法，或请亲戚朋友帮忙，或者到邻近的城市以较高的日工资聘请季节工。

(3) **工钱不低**。近年来，物价上涨和外来劳动力流动频繁使得劳动力工资逐年上涨(董宏林和王微，2015)。种粮大户能请到的农工基本上都是在 60 岁以上或照看孩子的妇女，体力不足，劳动效率偏低。另外，这些留在农村进行农业生产的老人、妇女都有自己的土地，若是想要雇用，种粮大户必须付出更高的成本。从调查的实际情况来看，目前农村雇用老人、妇女的日均工资在 100～200 元，而青壮男劳动力的日均工资则更高。当然，地区经济发展水平不一样，当地农村劳动力的稀缺程度不一样，种粮大户雇用农工的工资也有一些差异。正是这个原因，我国农业雇工成本从 2004 年的 141.3 元/(年·亩)涨到了 2014年的 446.8 元/(年·亩)，在亩均农业总成本中的占比从 2004 年的 35.7%涨到了 2014 年的41.8%。然而，一些种粮大户尽管提高了工资，但还是难以留住工人。

5.3.5　天难测

(1) **自然灾害多**。我国是一个自然灾害频发的国家，世界上所有灾害类型在我国几乎都出现过，其中以干旱和洪涝最为严重。农业耕种很大程度上要"靠天吃饭"，病虫害、自然灾害都会对农作物收成产生重创(种昂，2013)。其中对粮食生产有重大影响的灾害主要是干旱、洪涝、冰雪、霜冻、冰雹、泥石流等自然灾害、地质灾害和虫害等灾害。生物灾害能通过事先预防等措施进行规避，但在天灾面前，种粮大户还没有有效的办法应对。据调查，我国每年因干旱造成的粮食减产超过 1000 万吨，更为严重的是，随着人口膨胀、工业发展，水资源短缺的问题日益凸显，全国旱灾面积呈逐年上涨趋势。相较于普通农户，种粮大户由于其规模生产，投入的农机、人力、农资、土地等生产要素远远高于普通农户，天灾一旦发生，造成的损失自然也是成倍增加。一旦遭遇自然灾害造成粮食生产亏损，很可能使种粮大户倾家荡产(种昂，2013)。"多年致富一灾致贫"的现象在种粮大户中多有发生。调查中，重庆市垫江县种粮大户吴途文说出了他最大的担忧。他说："我当了几年的大户，越种胆子越小，从备耕到收获，经常睡不好觉，担心害怕受什么灾害，出了灾害，一年能让你赔个精光"(陈洁和罗丹，2010)。

(2) **人为风险大**。除了天害，种粮大户的粮食生产常常遇到"人祸"。最让种粮大户深恶痛绝的莫过于假劣种子、化肥、农药，尤其是假种子的危害巨大，而遭遇假种子之后的维权艰难对种粮大户更是致命的打击。对种粮大户而言，种子是最关键的一环，用了不好的种子，一年的收成就泡汤了，所以希望政府能加强对农资质量的监管，一方面要引导种粮大户到正规的种子公司去购买种子，另一方面种子公司在向种粮大户销售种子时能承诺若确实是种子质量出了问题，造成农户减产的，要依法赔偿。另外，种粮大户自身对农资的使用不当也会给粮食生产带来重大损失。调查中，一位湖北的种粮大户向我们反映，曾经由于自身操作的疏忽，错把一平方 0.05 毫克的药剂用成 5 毫克，导致 10 亩水稻受药害严重而产量大幅下降。考虑到种粮大户种粮规模大，来不得半点马虎，一些种粮大户不得不花钱聘请农技"保姆"，提高对假冒伪劣农资的辨别能力，并指导种粮大户科学施肥和用药。

(3) **农业保险缺**。一个种粮大户对于风险的抗打击能力是很微弱的，因此需要发展农业保险来帮助种粮大户转移和分散风险。对种粮大户而言，购买农业保险算是一件"花小钱、保大灾"的好事情。调查中，我们看到四川省遂宁市在西南财经大学的帮助下推出了一款水稻保险产品，农民每亩水稻只需缴纳 6 元保费，再加上财政补贴 9 元，就可以达到 300 元的保额，很受当地种粮大户喜欢。2014 年一场冰雹导致当地一种粮大户 30 亩水稻颗粒无收，保险公司向种粮大户赔付了 9000 元，大大减少了该种粮大户的经济损失。如今，气候变化波动较大，种粮大户更希望能买到农业保险。但目前我国农业保险的缺位以及保险赔付过低而且不及时，使种粮大户失去对农业保险的信任并最终失去保险屏障。保险公司由于追求商业利益的最大化进而"能少赔就少赔，能不赔则不赔"，让很多种粮大户感到农业保险同样靠不住(杨华，2012)。即使赔付，其赔付标准也很低。当赔付不足以弥补损失时，种粮大户参与农业农村部保险的积极性会明显受到不同程度的打击(杨华，2012)。调查显示，近 96% 的种粮大户需要农业保险。当问及农业保险需要在哪些方面完善时，73.2% 的种粮大户认为需要扩大农业保险补贴范围与幅度。

5.3.6 基础设施差

农业生产是一个自然再生产与社会再生产相结合的过程。没有良好的物质条件，农业就缺乏生产基础。尽管近年来国家加大了农业基础设施建设投入力度，但历史欠账太多(陈洁和罗丹，2010)，水利化程度较低、排灌体系不健全、耕道不畅通、沟渠淤塞严重、用电线路老化、机械设备年久失修、仓储条件差。①农田水利设施条件差。很多耕地"旱不能浇、涝不能排"。很多时候，种粮大户都要面对"要雨没雨、想浇没水，要井没井、缺水无电"的局面(杨华，2012)。我国农田水利绝大部分建于 20 世纪六七十年代，当时的建设标准不高，技术落后，设计使用年限不足，严重制约了粮食生产效益的提高。同时，由于近几年从事农业生产的人数减少，部分地区出现撂荒现象，农田水利长期不使用便出现淤积，水引不进田的情况时有发生。据水利部统计，与历史最高水平相比，全国各类蓄水工程总蓄水能力下降了 40%，渠道排灌效率衰减率在 50% 以上(陈洁和罗丹，2012)。由于土地是流转过来的，流转期限短，种粮大户没有投入建设农田水利设施的积极性，没有水利的保证，又会使农业生产显得异常脆弱(种昂，2013)。②电力供应不足。由于输电能力跟不上，有的地方有井没电。一些大型喷灌设备由于无电可用而摆在地里成了景观(邵培霖和衣世伟，2015)。③动力机械太贵。大型机械是规模化生产必不可少的设备，然而大型机械价格高，往往都在 20 万元以上(邵培霖和衣世伟，2015)，国家的补贴有限，种粮大户无力购买，不得不依靠人工作业，加重了种粮成本。在南方丘陵地区，种粮大户急需适宜丘陵地区作业的小型农用机械，特别是适宜山区的耕整机、插秧机、收割机(贺艺，2013)。④机耕道路欠缺。由于田间道路达不到要求，即便有农业机械，但道路不畅通，农机开不进田，便只能采取人力种植，相比机械化作业，这无疑增加了种粮成本，降低了效率，同时还有人员伤害风险。据统计，灌溉地的粮食产量是非灌溉地的 2～4 倍，农田用电线路不畅、老化失修会严重影响灌溉，从而影响粮食产量。⑤晾晒仓储困难。调查中发现，69.6%的种粮大户反映粮食储存设施不够用，被调查的种粮大户中，24.5%反映储存设施基本够用，仅有 5.9%反映储存设施充足。由于缺少烘干设备、缺少晒坪、缺少仓储，粮食收获之后便只能尽快销售，通常粮贩子会抓住种粮大户这种心理，压低粮价，造成出售价格不理想，有的粮食甚至遇阴雨天霉变受损。

5.3.7 生产服务缺

农业生产性服务包括农业产前的生产资料供应、产中的各种生产服务及技术提供和指导、产后的加工贮藏运输销售，以及农业信息、金融、保险等一系列与农业生产相配套的服务。随着专业化和市场化水平的提高，要保持农业可持续健康发展，增强农业的市场竞争力，提高农业的生产性服务水平是必然选择(陈洁和罗丹，2010)。虽然我国对发展农业生产性服务已提出多年，但目前仍然存在着公益性服务功能薄弱，经营性服务的质量参差不齐等突出问题，对种粮大户的农资采购、粮食收割干燥、储运和销售、信息获取、技术投入等诸多方面造成影响(房瑞景等，2016)。种粮大户普遍未经过系统的专业培训，对农业新技术掌握较少，科学种粮水平低。一个种粮大户从生产资料购买到农业机械的维修，从农作物的耕、种、收到粮食的晾晒、保存，从农产品的烘干、储藏到销售等，各个环节都要自己干。这种管理经营方式，不但出力大、成本高，而且有些环节是自己无法解决的(林建华等，2013)。因此，很多种粮大户都表现出对农业生产性服务的期盼，尤其在品种选择、病虫害防治、配方施肥、农机作业、田间管理及标准化生产等方面的帮扶(张江涛，2013)。调查中，一位种粮大户反映，由于国内大部分农机生产企业使用的是自己企业的标准，导致很多零部件都是非标产品，农机一旦出问题就必须请厂家上门服务，而厂家业务繁忙往往很难及时派人员来修，非常耽误农忙时节的抢种抢收，严重影响正常的农业生产。从 378 个样本户的调查数据来看，种粮大户获得的生产性服务主要为病虫害防治服务(占比 29%)，其次是农机作业服务(占比 25%)和技术培训(占比 23%)，再次是市场信息服务(占比 16%)，其余占 7%。种粮大户对生产性服务总体上不满意，不满意的强弱排序分别是品种选择、田间道路、灌溉设施、病虫害防治、耕地整理、配方施肥、市场信息、技术培训、排涝设施、农资供应和市场秩序。

5.3.8 管理水平低

种粮大户与普通农户相比，由于种粮规模大，在农业生产性服务还比较缺乏的当下，单家独户的种粮大户既要焦心于承包土地的稳定和忙于产前的准备工作，又要用心于产中的田间耕作和日常管理(邵培霖和衣世伟，2015)，更要担心和筹划产后的粮食晾晒、运输、仓储、加工和销售等复杂工作。种粮大户承包的土地由于比较分散，统一布局、集中管理、病虫害防治、机械化作业、排水灌溉往往需要种粮大户在不同的地块间来回奔波。由此可见，种粮大户的经营管理是既费力又费神的一项复杂的系统工程，没有较高的经营管理水平难以胜任。但从实际情况看，尽管大部分种粮大户有多年的粮食生产经营经验，能胜任规模化种粮的经营管理,但也有不少种粮大户种粮时间短、文化水平偏低、经营理念落后、管理经验缺乏,难以承担种粮大户规模化种粮的经营管理重任。一些种粮大户年龄偏低,接受新知识能力弱,产品意识和市场意识都不足,是种粮的能手和管理的新手,对市场缺乏一定的敏锐度,化解市场变动风险能力明显不足,经营决策往往表现出市场的滞后性和生产的盲目性。一些种粮大户不进行成本核算、效益分析、劳动定额等分析管理,造成很多不合理开支。一些种粮大户单纯追求种粮规模,却认识不到科学管理、集约经营的重要性。一些种粮大户经营手段单一、生产方式粗放,生产效益较低,不谋划如何与深加工环节相链接(董宏林和王微,2015)。如江西一种粮大户2015年由于未能统筹安排好各项事务,200亩水稻收获期推迟,没能播种下季作物小麦,两季田变一季田,生产效益降低。另一种粮大户因未能掌握机插秧技术,一千多亩水稻最后全部改用人工栽插,既耽误了农时又增加了种粮成本(谢力,2016)。发展现代农业的根本出路在科技,关键在人才,最基础的就是要培育有科技素质、职业技能、经营能力的新型职业农民。种粮大户作为新型职业农民的重要组成部分,是农业科技成果的承接者和使用主体,既关系到粮食数量的安全,又关系着粮食质量的安全,在我国的粮食生产中将起到越来越重要的作用。迫切需要各级地方政府按照培养农业企业家的要求对种粮大户进行职业技能培训,提升种粮大户的经营管理水平。

5.3.9 政策落实难

从近年来一系列有关农业问题的文件可以看出,农户小规模分散经营的土地向规模化经营的新型农业经营主体集中,形成一批集中连片、旱涝保收、稳定高产、生态友好的高标准农田便于种粮大户等新型农业经营主体规模化、集约化种粮,是解决未来我国农业"谁来种地"问题的主要路径。种粮大户领悟到国家政策意图,规模化、机械化、集约化、产业化、市场化、企业化、社会化发展粮食生产顺应了我国农业现代化发展趋势,代表了我国农业现代化发展的方向。但由于农业的弱质性,尤其是种粮比较效益日益收窄,导致种粮大户种粮赚钱困难,并面临地难租、人难融、人难请、天难测、基础设施差、生产服务缺、管理水平低、补贴资金难得到等诸多问题。尤其是种粮补贴发放不精准,严重打击了种粮大户的种粮积极性。调查中发现,一些地方在种粮补贴发放的过程中图简单省事,把本该按实际种粮面积发放的补贴按土地承包到户的计税面积来发放,农民不论多种、少种、种一季、二季,甚至不种,都统一按照承包土地面积享受粮食补贴,造成不种粮的承包户拿走了种粮补贴、实际种粮的农民却拿不到补贴(赵丁琪,2015)。国家惠农政策在"最后一公里"出现执行偏差,也跟相关部门政策宣传不到位有关。在一些农民看来,惠农政策是政府普惠性福利,而不是国家鼓励粮食生产的专项资金,觉得补贴款就应该有自己的一份。加上一些地方土地流转不规范,有的是口头协议,有的没签正式合同,转出土地的农民相对强势,如果不返还补贴,就要收回土地(李松,2016),破坏了种粮大户的发展。如重庆市垫江县一种粮大户反映,2016年他流转了103亩土地,按照每亩230元标准,能得到补贴2.3万多元,但实际能拿到手的也就1.6万元,其余的钱都要"返还"给那些强势的土地承包户(李松,2016),好在有关部门发现问题并及时纠偏,才使得这一问题得以缓解。从 2015 年开始，国家开始试点尝试实行"绿箱补贴"，比如病虫害防治、技术推广、农业基础设施建设、存储补贴等，其实就是补贴生产环节，这样实际种粮者就能得到补贴，从某种程度上可以保证让真正种粮的人得到补贴。从 2016 年起中央惠农资金将 80% 的农资综合补贴存量资金，以及种粮农民直接补贴和农作物良种补贴资金，用于耕地地力保护，直接向所有拥有耕地承包权的种地农民发放，确保耕地不撂荒，地力不降低；从农资综合补贴中调整 20% 的资金，加上种粮大户补贴试点资金和农业三项补贴增量资金，统筹用于支持粮食适度规模经营。但是，中国的"三农"问题是一项庞大的系统工程，期待更多的政策优化调整或执行到位，给种粮大户营造一个良好的成长环境。

6　新型种粮大户的生存管理

由于粮食生产比较效益低、经营风险大，种粮大户作为商品粮生产经营的市场微观主体必须首先学会生存管理，赔钱赚吆喝不利于种粮大户的可持续发展。为此，本章重点研究种粮大户的生产函数、收支结构、要素配置、基础管理和风险控制，为种粮大户优化收支结构和要素配置，提高经营管理水平和风险控制能力，增强生存发展的商业可持续性提供决策参考。

6.1　种粮大户的生产函数

6.1.1　函数类型选择

市场化条件下的种粮大户已是现代企业化的粮食生产经营微观经济组织，具有追求收益最大化的财务目标。但是，由于农业的弱质性、粮食生产经营的高风险性，使得种粮大户在生产经营决策时如履薄冰。因此，必须摸清楚粮食生产经营的投入-产出情况，构建生产函数作为生产经营的决策依据，首先实现自身的商业可持续性，然后才能追逐利润最大化的财务目标。生产函数表示在一定的生产周期内，生产过程中基于利润最大化的生产要素投入组合与产出之间的数量关系。线性生产函数、C-D 生产函数、GES 生产函数、VES 生产函数、超越对数生产函数是几种常见的生产函数，其中 C-D 生产函数在农业生产领域应用广泛，并且由于 C-D 生产函数模型可以采用调查统计的数据，对数据的异质性要求不高，因此本书构建种粮大户的生产函数选用 C-D 生产函数模型。

C-D 生产函数由美国数学家 Charles Cobb 和经济学家 Paul Dauglas 联合构建，模型的基本形式为 $Q=AK^{\alpha}L^{\beta}$。其中，Q 是产量；K 是资本投入；L 是劳动投入；A 是效率参数，表示那些影响产量但又不归因于劳动和资本的其他要素，统称为技术要素；α、β 分别为资本、劳动的投入-产出弹性。后来，人们把 C-D 生产函数运用于各行各业中时，结合各行各业的具体情况又对其进行了拓展，增加了投入组合的要素，甚至还可以用它对科技进步率进行测算，如运用索洛余值法测算科技进步贡献率。

6.1.2　生产函数构建

借鉴前人的研究成果，结合粮食生产实践，可将种粮大户生产函数构建为

$$Q=\mathrm{e}^{\delta t}K^{\alpha}L^{\beta}T^{\lambda} \tag{6-1}$$

式中，δ 为科技增长速度；t 为目标期与基期的时间长度；T 为土地投入量；λ 为土地的投入-产出弹性。设粮食的销售价格为 p，种粮补贴按照耕种面积发放的标准为 s、按照粮

食产量发放的标准为 b ，于是种粮大户种粮的收入 R 为

$$R(Q,T)=pQ+sQ+bT \tag{6-2}$$

设资本、劳动和土地的市场价格分别为 i 、 w 和 r ，于是得种粮的支出 C 为

$$C(K,L,T)=iK+wL+rT \tag{6-3}$$

由此得种粮大户的利润函数

$$\begin{cases} \text{Max} & \pi = R - C \\ \text{s.t.} & R=pQ+sQ+bT \\ & C=iK+wL+rT \\ & Q=\mathrm{e}^{\delta t}K^{\alpha}L^{\beta}T^{\lambda} \end{cases} \tag{6-4}$$

对式(6-4)求拉格朗日一阶化条件得

$$\begin{cases} \dfrac{\partial \pi}{\partial K}=\dfrac{\alpha(p+s)}{K}\mathrm{e}^{\delta t}K^{\alpha}L^{\beta}T^{\lambda}-i=0 \\ \dfrac{\partial \pi}{\partial L}=\dfrac{\beta(p+s)}{L}\mathrm{e}^{\delta t}K^{\alpha}L^{\beta}T^{\lambda}-w=0 \\ \dfrac{\partial \pi}{\partial T}=\dfrac{\lambda(p+\mathrm{s})}{T}\mathrm{e}^{\delta t}K^{\alpha}L^{\beta}T^{\lambda}+b-r=0 \end{cases} \tag{6-5}$$

由式(6-5)得种粮大户的资本和劳动配置为

$$\begin{cases} L=\dfrac{\beta(r-b)T}{\lambda w} \\ K=\dfrac{\alpha(r-b)T}{\lambda i} \end{cases} \tag{6-6}$$

将式(6-6)代入式(6-4)得

$$\pi=(p+s)\mathrm{e}^{\delta t}\left[\dfrac{\alpha(r-b)}{\lambda i}T\right]^{\alpha}\left[\dfrac{\beta(r-b)}{\lambda w}T\right]^{\beta}T^{\lambda}-\dfrac{(\alpha+\beta+\lambda)(r-b)}{\lambda}T \tag{6-7}$$

对式(6-7)求一阶化条件得

$$T^{*}={}^{(\alpha+\beta+\lambda-1)}\sqrt{\dfrac{i^{\alpha}w^{\beta}\lambda^{\alpha+\beta-1}}{\alpha^{\alpha}\beta^{\beta}(r-b)^{\alpha+\beta-1}(p+s)\mathrm{e}^{\delta t}}} \tag{6-8}$$

将式(6-8)代入式(6-6)得种粮大户追求利润最大化目标下的资本、劳动和土地等生产要素的配置为

$$\begin{cases} K=\dfrac{\alpha(r-b)}{\lambda i}T^{*} \\ L=\dfrac{\beta(r-b)}{\lambda w}T^{*} \\ T^{*}={}^{(\alpha+\beta+\lambda-1)}\sqrt{\dfrac{i^{\alpha}w^{\beta}\lambda^{\alpha+\beta-1}}{\alpha^{\alpha}\beta^{\beta}(r-b)^{\alpha+\beta-1}(p+s)\mathrm{e}^{\delta t}}} \end{cases} \tag{6-9}$$

6.1.3　产出弹性测算

对式(6-1)取对数得

$$\ln Q = \delta t + \alpha \ln K + \beta \ln L + \lambda \ln T \tag{6-10}$$

在式(6-10)两边对时间 t 求导，得

$$\frac{1}{Q}\frac{\mathrm{d}Q}{\mathrm{d}t} = \delta + \alpha \frac{1}{K}\frac{\mathrm{d}K}{\mathrm{d}t} + \beta \frac{1}{L}\frac{\mathrm{d}L}{\mathrm{d}t} + \lambda \frac{1}{T}\frac{\mathrm{d}T}{\mathrm{d}t} \tag{6-11}$$

在式(6-11)中令 $\mathrm{d}Q=\Delta Q$、$\mathrm{d}K=\Delta K$、$\mathrm{d}L=\Delta L$、$\mathrm{d}T=\Delta T$，并令 $\mathrm{d}t=1$，整理得

$$\frac{\Delta Q}{Q} = \delta + \alpha \frac{\Delta K}{K} + \beta \frac{\Delta L}{L} + \lambda \frac{\Delta T}{T} \tag{6-12}$$

收集种粮大户的粮食产量、播种面积、劳动和资本投入的时间序列数据代入式(6-12)，通过回归分析方法可得出生产函数(6-1)各要素的产出弹性。但由于本研究观测到种粮大户相关要素投入和粮食产出的时间序列太短，又无法从其他途径获取较长时间序列的种粮大户相关投入-产出数据，所以无法通过回归分析得出各要素的产出弹性，这里只把测算方式设计出来供种粮大户测算要素投入弹性，并为要素配置决策提供参考。不过，从全国的水平来看，根据农业农村部 1997 年下发的《关于规范农业科技进步贡献率的测算方法的通知》，农业资本投入、劳动投入、耕地投入的产出弹性和科技进步贡献率分别为 $\alpha=$ 0.55、$\beta=$ 0.2、$\lambda=$ 0.25、$\delta=$ 0.05。

6.2　种粮大户的要素配置

6.2.1　土地流转

(1)**规模适度**。土地是种粮大户从事粮食生产最重要的要素投入。在我国，由于种粮大户主要靠租地种粮，土地的使用成本较高，这就要求种粮大户必须慎重考虑租地的规模。按照规模经济的原理，作为微观生产单位的种粮大户应该有一个基于自身情况特定时期和市场行情的最佳规模 T^*，粮食生产的土地、资本、劳动、技术、管理等各方面的生产要素达到最佳组合与配比。若实际规模小于 T^* 就会存在土地要素的短板，导致资本、劳动、技术等非土地生产要素利用不充分，使得较低的粮食总产量不能摊薄平均生产成本；若实际规模大于 T^* 则会存在资本、劳动或管理等生产要素的投入不足，导致粮食单产下降，抬高了粮食生产的平均成本(图 6-1)。至于多大的土地规模算合适，鉴于我国农业是以家庭承包经营为基础，以家庭为单位的农业生产主体是我国粮食安全的主要依靠力量(刘敏等，2014)，学界普遍认为户均适宜规模 T^* 应为当地农户家庭承包面积的 10～15 倍。事实上，调查中发现种粮效益好的往往也是种地规模在几十上百亩之间的种粮大户。因为这既可以保证种粮大户家庭取得的种粮收益高于或等于外出打工的收入，同时也可避免种粮大户因投资过大难以承受旱涝等不可控因素导致的风险。所以中央《关于引导农村土地经营权有序流转发展农业适度规模经营的意见》明确指出国家重点扶持种粮规模相当于当地

户均承包地面积 10～15 倍、务农收入相当于当地二、三产业务工收入的种粮大户。

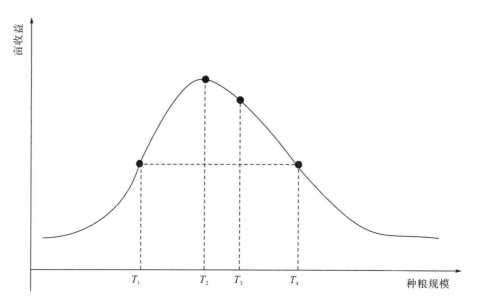

图 6-1　种粮大户亩均种粮收益与种粮规模的关系

　　按照中央对"适度规模"的界定，设当地普通农村的户均纯收入为 H，种粮大户亩均产值为 y、投入的成本为 c，则有 $T(y-c)>H$，$T>H/(y-c)$。兼顾留守农业劳动力的充分就业，设农场的成熟劳动力总量为 L，非农转移率为 μ，可供种粮大户流转的土地面积为 S，种粮大户户均人口为 f，则有 $T<Sf/L(1-\mu)$。综合考虑上述因素，种粮大户的种地规模应满足 $H/(y-c)<T<Sf/L(1-\mu)$，即 $T_1\leqslant H/(y-c)<T^*<Sf/L(1-\mu)\leqslant T_4$（图 6-1）。应当指出的是，由于我国地域广阔，各地自然经济社会条件千差万别，种粮大户间的资源禀赋差异也很大，种粮大户应当因地制宜，综合考虑地区自然经济条件、农业机械化水平、家庭劳动力情况等多个因素，确定自己的种地规模。如山东省滕州市一种粮大户，从 2000 年开始承包附近外出务工村民不愿经营的土地，面积逐年扩大，土地流转规模一度达到 670 亩，涉及 5 个自然村。但是由于家庭人手不足，不仅雇工成本高，而且管理不到位，导致小麦单产只有 350 公斤/亩，玉米单产 450 公斤/亩，显著低于当地平均水平，一年下来赚不到钱。而今，他把土地规模已经缩减到了 200 亩，主要依靠家庭劳动力和农机作业，种粮成本支出显著下降，粮食单产亩均增加了 100 多公斤，每亩盈利 300 多元，全年增收 10 多万元，适度规模种粮效益不比外出务工经商差。

　　(2) **租金合理**。土地流转的价格即土地租金。从现有土地流转的租金实现形式来看，土地租金主要有现金形式、实物形式、股权形式和其他形式(王会贤，2014)。现金形式是指种粮大户用现金向普通农户支付流转土地的租金，它是土地流转中最为常见的支付方式。实物形式是指种粮大户以产出的谷物等实物向普通农户支付流转土地的租金，它的应用范围和频率比现金形式稍低一些。股权形式是指种粮大户吸收普通农户的土地折价入股组建土地股份合作社或股份公司，盈利后按股分红向普通农户支付租金。在土地股份合作中，种粮大户以书面形式与普通农户签订承包经营土地入股合同，通过对土地承包经营权的评估、验资、确定股权后，以经营权等权能作为股权折价入股，依法登记设立为具有法人资格的土地股份合作社(或股份公司)，设立股东大会、董事会和监事会等组织机构，土地股份合作社以农户的土地承包经营权入股，由合作社统一经营土地，经营收益按股份向入社农户分红。土地股份合作是一种新兴的土地流转方式，在我国商业氛围较浓的东南沿海比较常见。其他形式主要包括实物现金混合形式和权益形式。其中，实物现金混合形式指以现金和实物的组合方式向普通农户支付租金，权益形式指以土地承包经营权的转移来换取土地抵押等特定权益的地租支付方式。还可以每年支付的租金额是否有变化为分类标准，将土地租金分为固定租金模式和动态租金模式，其中固定租金模式又细分为货币金额固定模式和实物数量固定模式两种(表6-1)。从这三种模式各自的优缺点来看，考虑到我国大部分地区绝大多数年景都是风调雨顺，实物数量固定模式优于动态调整租金模式，动态调整租金模式优于货币金额固定模式。

表 6-1　固定土地租金与浮动土地租金模式的比较

模式分类	货币金额固定模式	实物数量固定模式	动态调整租金模式
模式内涵	种粮大户在流转期内每年按照固定金额的现金向转出土地方支付土地租金	种粮大户在流转期内每年按照固定数量的稻谷、小麦等实物向转出土地方支付土地租金	种粮大户付给转出方的土地租金按照当年的市场价格和物价水平在设定的浮动空间内同步调整
优点缺点	不能规避农产品的价格风险，无论对于承租方还是出租方的收益都不好把握。不利于体现转入、转出方共同承担经营风险的原则	不能规避农产品的灾害风险，土地经营收益应随着粮食生产的自然环境而变化，土地租金要能反映出风调雨顺与灾害频发的差别	租金随着产品价格、物价水平和自然环境的变化而浮动。能体现出土地转入、转出双方共担风险、共享收益，但租金支付操作起来要麻烦一些
使用范围	适用于较短的流转期限	土地流转期限长短均可	适用于较长的流转期限

(3)**合规使用**。按照《中华人民共和国土地法》的规定，种粮大户流转土地应坚持依法、自愿、有偿的原则，尤其不能为了扩大自己的种地规模强迫农户转出土地。尽管我国的工业化、城镇化发展步伐很快，但由于人口基数大，农村人力资源禀赋低，在相当长的时间里我国仍有大量农村劳动力无法转移到城镇安居乐业，农业仍然是他们养家糊口的重要收入来源，农村仍然是他们繁衍生息的阡陌桃源，农业家庭经营仍然是我国农业经营主体中的"主体"，因此对这部分农民不能强迫他们转出土地成为失地农民或无业游民。在土地流转的方式上，种粮大户应当结合自身和土地转出的情况，合理选择转包、转让、互换、出租和土地股份合作等多种形式。流转土地时，要与土地转出方签订规范的土地流转书面合同，明确各自的权利和义务，减少土地流转纠纷对种粮大户正常生产经营活动的影响。要集约化利用土地，按照《中华人民共和国土地管理法》和《基本农田保护条例》相关规定，严格执行基本农田保护"五不准"[①]和"三禁止"[②]。

---

① "五不准"是指不准占用基本农田进行植树造林、发展林果业和搞林粮间作以及超标建设林网;不准以农业结构调整为名，在基本农田内挖塘养鱼、建设用于畜禽养殖的建筑物等严重破坏耕作层的生产经营活动;不准违法占用基本农田进行绿色通道和城市绿化隔离带建设;不准以退耕还林为名违反土地利用总体规划，将基本农田纳入退耕还林范围;除法律规定的国家重点建设项目以外，不准非农建设项目占用基本农田。

② "三禁止"是指禁止在基本农田内建窑、建房、建坟、挖沙、采石、采矿、取土、堆放固体废弃物或进行其他破坏基本农田的活动;禁止在基本农田发展林果业或挖塘养鱼;禁止闲置、荒芜基本农田。

6.2.2 资金融通

（1）**投资需求**。随着我国土地流转政策和确权落地加速农地流转，企业化适度规模种粮的大户快速崛起，推动了相应金融服务需求的提升。传统小农户家庭经营，耕种承包经营的土地不计成本，完全依靠家庭劳动力也没有雇工成本，因家庭农业劳动力冗余存在严重的"过密化"问题，没有动力花钱购买农机、改善农业基础设施等，即便是要购买一些种子、化肥、农药等生产资料，也因种地规模小、购买量少，完全可以依靠家庭自身的资本积累解决，因此传统小农户种地的资金需求很小。与传统小农户完全不同，种粮大户种地规模大，各方面都需要大额的资金投入（表 6-2），仅按三种粮食（玉米、水稻、小麦）的亩均成本 1000 元/亩计算，一个种地 100 亩的种粮大户一年需要的流动性投入为 10 万～20 万元，如果加上购买农机、修建路网和沟渠等农业基础设施、添置晾晒及仓储加工设施，种粮大户需要投入的资金量就更大，但由于种粮大户过去也只是一个小农户，家庭的原始资金积累并不雄厚，必须借助金融市场从外部融资。

表 6-2　种粮大户的金融服务需求

场景	生产场景											生活场景	
场景	产前阶段							产中阶段		产后阶段		生活场景	
场景	租地	设施	种子	肥料	农药	饲料	农机	种植	养殖	加工	销售	消费	理财
产品	借贷							期货/保险	借贷	支付		借贷	理财

根据调查统计，种粮大户的资金主要投入土地租金、投资投入（含流动资产和固定资产）和劳动力三个方面。土地租金占资金的 40%，土地流转费是种粮大户每年最大的一笔资金支出，在北方平原地区，一些种粮大户经营的土地规模上千亩，每年仅流转费就需要几十万元（张峰，2015）。资产投入方面，流动资产（化肥、种子、农药、水电、燃料、农膜等）占资金的 30%，固定资产（改善农业基础设施、晾晒仓储加工设施、购买或租用农机等）占资金的 20%（图 6-2）。统计显示，种粮大户在农田水利建设上的投入亩均成本在 500 元以上，购置一台烘干机或者大型联合收割机需要几十万元。种粮大户其余 10% 的资金主要用于常年雇工或"双抢"等农忙时节的临时雇工开支，现在农村青壮劳动力少，农业用工难、用工贵也是种粮大户头疼的问题。

（2）**融资渠道**。种粮大户的融资渠道有很多种，可简单分类为内源性融资和外源性融资（图 6-3）。内源性融资是指种粮大户以留存收益及机器折旧等融资方式不断将自己的资本储蓄转化为投资（董欣楠，2016）。种粮大户的资金需求增多，单纯依靠内源性融资很难获得满足，开始逐渐增加对外源性融资的需求。外源性融资是指种粮大户通过金融市场向商业银行、村镇银行、农村信用社、小额贷款公司、民间金融组织等金融机构筹集资金（董欣楠，2016）。按照开展金融服务的机构是否注册并接受央行的控制，融资渠道又可分为正规金融与非正规金融（民间金融）。正规金融是指商业银行等大型金融和村镇银行、农村信用社、小贷款公司等小微金融。非正规金融是指未注册或不受央行控制的民间借贷。

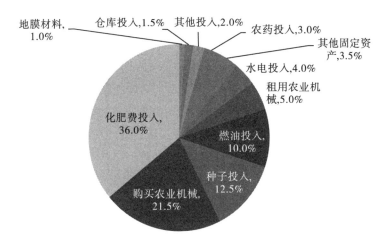

图 6-2 种粮大户的资产投资结构

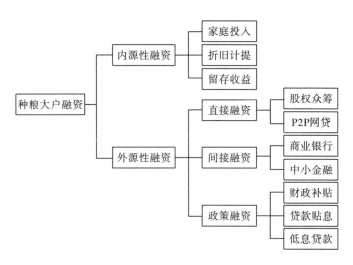

图 6-3 种粮大户的融资渠道

　　由于传统农村金融服务成本高、效率低、风险大,金融机构在农村通常采取"多吸存少放贷"策略。在农村现有的金融服务机构中,政策性银行主要负责为粮、棉、油收购提供资金支持,不直接面向农户(刘海二,2014);农村邮政储蓄机构仅能为农村居民提供储蓄服务,不开放贷款业务;农业银行和农村商业银行基本上都严格遵循商业化原则,严重的脱农化倾向,涉农服务比重下降,只吸存不放贷的现象比较普遍(刘海二,2014),所提供的农业贷款仅对农村基础设施建设项目或在农产品加工领域具有一定实力的企业进行服务,对广大农户的服务程度很低;广大农户或中小微企业可以在农村信用社申请贷款服务,但全国农村信用社仅有四万余家且商业银行化趋势明显;村镇银行完全由商业银行发起,其运营模式跟股份制银行差不多,对农村小额、分散的金融需求没有多大兴趣,所以很多村镇银行不在村镇而在城市;小额贷款公司和资金互助社有较强的跨界经营意图,经营风险较高,服务社员的融资需求也十分有限。

　　(3)**资本运作**。在现行的经营理念下,银行"嫌贫爱富""挑肥拣瘦",要求贷款对象有房产、汽车、设备、厂房等拥有完全产权的冗余资产进行抵押，而种粮大户的土地、农机、农房等固定资产和作物、畜禽等生物性资产不能用作抵押物，且贷款的审批程序烦琐、时效性差，使种粮大户很难享受"资金雨露"；银行现有小微信贷的金融产品和服务不足，无法及时有效地满足种粮大户"短、小、急、频"的融资需求，这就要求种粮大户提高自身的资本运作能力，最大化利用好自己有限的资源。如重庆市垫江县一户种粮大户把自己的农业机械、加工厂房和规模化牲畜"卖"给一家涉农融资租赁公司，通过售后回租融得大量发展资金，而当还清本息后资产又回到种粮大户手中，若种粮大户还需要资金则可以不断重复地进行售后回租即可。又如四川省遂宁市一户种粮大户通过联想集团的翼龙贷 P2P 平台为自己的规模化种粮引入资金(图 6-4)。

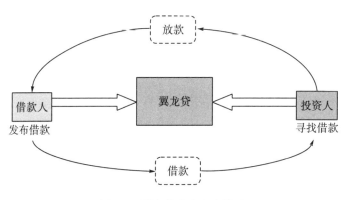

图 6-4　翼龙贷支农服务模式

　　浙江省湖州市一户种粮大户，参与阿里的聚土地项目，把自己循环、有机的农业项目拆分为一个一个的城市家庭菜园到网上进行众筹预售(图 6-5)，城市家庭既可以要求种粮大户把产品定期冷链配送到家，也可以按投资本金加固定收益把产品转给种粮大户代为处理，实现了产与销、融与投的完美融合。黑龙江肇东市一户种粮大户联合周边其他种粮大户和普通农户成立了粮食生产合作社，在合作社内以高于银行同期存款的利率吸收社员资金并以低于银行同期贷款的利率向社员放贷，并聚合一家小规模的粮食形成大单子到期货市场套期保值。应当指出的是，由于种粮利润薄，而金融市场的融资成本高，种粮大户向金融市场融资还应坚持审慎的原则，根据投入产出决定是否融资，能不融资的则尽量不融资。如江西省南昌县一户种大户，其一直靠种田为生，此前家境并不宽裕，而今种地 2700 多亩，但从来没贷过款，因为有国家的种粮补贴扶持。在他看来，国家对种粮大户每年每亩有一两百元的种粮补贴，再加上家庭原始积累，就可以维持正常的粮食生产经营了。他说："我们种田人就怕背着包袱做事，如果播种时就要借钱，就会感觉负担好重，心里特别发急，那样事情很可能就做不好。有了大户补贴，心里也就有底了，做事一点都不慌。"粮食是弱质产业，种粮比较效益低，若还要背负很高的借款成本，就有些不值了！

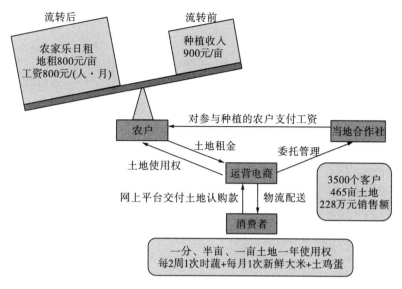

图 6-5 阿里聚土地种粮模式

6.2.3 劳动配置

（1）**优化配置劳动力**。种粮大户是代表我国农村先进生产力的一种粮食生产组织方式。种粮大户在现有土地规模上对劳动力配置的结构及数量，直接影响着劳动和粮食生产其他要素的替代效应大小和农业生产效率的高低。过去由于农村劳动力冗余而资本等其他粮食生产要素不足，粮食生产依靠劳动替代资本等其他生产要素，人海战术的精耕细作是粮食增产的法宝。而今随着工业化和城镇化的加快发展，农村劳动力大量非农转移，农村青壮劳动力越来越少，农业用工难、用工贵开始出现，这就需要种粮大户反过来用资本替代劳动力，减少劳动力投入，增加农机、农技投入，新修农田水利设施和机耕道路，用农业机械替代人工，缓解粮食生产的用工难、用工贵问题。以水稻为例，一亩田一季水稻通常也就500 公斤左右的产量，按照目前的 2.76 元/公斤的国家最低收购保护价计算也不到 1400 元/亩，而土地租金 600 元/亩，物质及服务费用 600 元/亩，一亩田的毛利空间不到 200 元，而农忙时节一个青壮劳动力的日薪就超过 200 元。可见种粮大户种粮赚不赚钱，关键在于是否控制用工量。如湖北省枣阳市一户种粮大户承包经营了 1500 亩地，起初以人工投入为主，常年雇工 20 余人，种粮不赚反亏，后来逐步添置农业机械，种粮收益逐年好转，而今常年雇工已减少到 2 人，年种粮利润在 20 万元以上。

（2）**有效利用劳动力**。机械替代人工，但不意味着就不需要人工，尤其是种粮规模较大的情况，常年雇工和农忙时的临时雇工都必不可少，这就涉及如何有效利用劳动力的问题。一方面，由于农业劳动很难标准化，如同医生看病、教师上课一样是"良心活"，劳动者尽不尽心效果大不一样，但对劳动过程的监督成本又太贵，因此需要对雇工进行科学管理，给予更多人文关怀，让雇工尽心尽力干好工作。如四川省遂宁市一户种粮大户，种植规模超过 3000 亩，他对雇工劳作实施分包责任制来保障田间管理到位，自己负责巡视监督，保障粮食产量的稳定，年稳定利润超过 200 万元。黑龙江肇东市一户种粮大户实行员工收入与产量挂钩的方法，采用成本逆控的方式，每一项都限定严格的底线，节余自用，超支自负，每名员工的年收入也在 10 万～20 万元不等。江西省南昌县的一户种粮大户，雇工在他家干活管伙食，中午还有一个小时休息时间，中途还有茶歇，下午天黑前一个小时就下班，当地雇工非常愿意给他家干活，工作也比较用心。另一方面，由于农业劳动有"农忙"和"农闲"之分，需要通过种植结构调整让常年雇工一年四季有活干，减少农忙时节的雇工数量。如重庆市垫江县一户种粮大户，他将过去只种一季玉米的 1000 亩旱地改种一季春玉米(甜糯玉米)、一季夏玉米(饲料玉米)、一季青贮冬小麦，甜糯玉米早市销售，玉米秸秆和青贮小麦全部加工成青贮饲料养牛羊，饲料玉米粒用来养鸡鸭，畜禽粪污无害化处理后用作粮食种植，几名常年雇工像在工厂上班一样天天都有活干。湖北省枣阳市一户种粮大户最初是进行早晚稻轮作的双稻组合，但由于七月份早稻收割和晚稻播种劳动需求量大，花高价也雇不来临时工，后来改为中稻与冬小麦轮作，避开了农忙时节的用工高峰期，用工数量和用工价格都降下来了，种粮收益得到了显著提高。

(3) **用工风险的防范**。一般情况下，具有一定规模的种粮大户都需要一定量的常年雇工和大量临时雇工，规模越大，雇工的数量越多，用工的风险也越大。我国农村实行的是家庭联产承包制，农业劳动主要依靠自身家庭成员，国家对家庭内的劳动关系不予干预。但随着种地规模的进一步扩大，种粮大户可能就需要从外面雇用农工，扩大雇用劳动力的过程就涉及了《劳动法》和《劳动合同法》的相关内容。为了避免用工风险，种粮大户必须要在雇工招聘上进行选择。农业生产的特点是经验占的比重比较大，因此，要选择有劳动经验的、年轻力壮、身体健康的劳动者(郭亚萍，2008)。当前不少农民拒绝签订书面劳动合同，也不愿意种粮大户为自己购买社会保险，他们认为保险对自己没用，宁愿到手的钱能多一点。有的种粮大户为了规避风险，与雇工签署"自愿不参保协议"，实际上这是违法的，是无效的，所以种粮大户想要健康发展，就必须对相关法律知识有所了解。此外，种粮大户还要加大对雇工的劳动保护，为农机操作手购买意外伤害保险，防止机械操作事故导致人员伤亡带来损失。尽量不用老弱病残劳动力，减少劳动过程中意外事件的发生。如重庆市垫江县一户种粮大户，他雇用了一位有高血压的老人来插秧，在插秧过程中，那位老人在田间突发高血压，幸亏老人提早察觉到身体的不适，及时吃降压药后并无大碍，若晕倒在田里，那后果不堪设想。

6.2.4　技术采纳

(1) **技术需求**。现代经济增长理论与实践证实，要素投入和技术进步是社会经济增长的主要动力，其中要素投入包括土地、劳动和资本，技术进步包括资源配置、规模经济和知识进步，即经济发展等于各要素与其贡献率成绩之和。并且，为提高全要素生产率，还要求土地、劳动力和资本等生产要素的投入比例与技术水平相适应，只有各生产要素间通过相互替代达到各要素的边际产出与价格之比均相等时，才能达到帕累托最优，实现总收益最大化。用 L、K、T、G、J 分别表示劳动、资本、土地、管理和技术，MP_L、MP_K、MP_T、MP_G、MP_J 为各自对应的边际产量，P_L、P_K、P_T、P_G、P_J 为各要素的价格，则最优的经

济发展 Y 为

$$\begin{cases} \text{Max } Y=LP_L+KP_K+TP_T+GP_G+JP_J \\ \text{s.t. } \dfrac{MP_L}{P_L}=\dfrac{MP_K}{P_K}=\dfrac{MP_T}{P_T}=\dfrac{MP_G}{P_G}=\dfrac{MP_J}{P_J} \end{cases} \quad (6\text{-}13)$$

长期以来，我国的粮食生产主要依靠土地、劳动、自然资源等物质生产要素的投入，技术进步对粮食增产的贡献很小(吴敬琏，2004)。但随着资源约束、环境约束和生态约束的强化，以往那种粮食增产靠化肥、治病靠农药、人耕天作的模式导致耕作层越来越薄，环境污染严重，化肥、农药的作用越来越有限，传统农作模式已难以为继(杨唯一，2015)，必须补齐科技的短板，更加重视发挥农业科技进步对粮食增产增收的作用。现阶段，先进科技对提高农业综合生产能力和整体竞争力的支撑作用越来越大，2014 年我国农业科技进步贡献率已达 56%(张红宇，2016)。由于绝大多数种粮大户户主是新型职业农民，他们对现代农业科技进步有深刻的认识，对示范带动周边农村采纳现代农业技术发挥了重要作用。调查显示，种粮大户之所以偏好现代农业科技，主要是为了提高粮食产量、提升产品质量、减少人工投入、降低种粮成本。相应地，种粮大户的农业技术需求主要为粮食高产优质栽培技术、农机替代人工作业技术、病虫害绿色防控技术、种养结合的循环农业技术、测土配方施肥技术、节水灌溉技术、秸秆还田保护地力技术、生态友好低碳减排技术等。其中需求最强烈的是粮食高产优质栽培技术和农机替代人工作业技术，对绿色、生态等增产增收技术需求较弱，表现出明显的短视现象。在如何提高粮食产量的问题上，几乎所有的种粮大户都不约而同地把眼光放在了新品种培育、农药和化肥的选用上，希望以较小的投入换来较大的产量收益(姚增福，2011)，这表明种粮大户的技术采纳是追求效益最大化的理性行为。

(2)获取渠道。调查显示，种粮大户引进新技术考虑的因素主要包括家庭的经济承受能力、技术投入成本、技术投入风险、对技术的了解和掌握程度等因素。种粮大户在采用新技术的态度上比较保守，绝大多数种粮大户都是在看别人采用新技术出现良好效果后再采用，较少有种粮大户主动采用新技术，也有种粮大户发现自己粮食生产经营中的问题后主动到农机推广部门寻求技术解决方案。种粮大户选择技术考虑的主要因素和态度也就决定了其技术渠道以示范观摩为主(占 45%)，其他的渠道为自己摸索(35%)、技术培训(28%)、农资销售(23%)、媒体广告(19%)、农技推广(11%)(图 6-6)。

(3)采纳过程。种粮大户的技术采纳过程可归结为技术认知、组织决策、技术试验、技术采纳、技术推广五个主要阶段。在技术认知阶段，种粮大户通过特定渠道了解新技术，与现有技术进行对比分析，评估技术的投入与产出，如新品种能够提高产量和质量、抗病虫害的能力等。在组织决策阶段，种粮大户经过综合分析，考虑技术的成本及种粮大户自身的资金实力等各种因素，最终决定是否采纳该项新技术。在技术试验阶段，种粮大户通过技术试验来检验技术的实际效果，只有当技术试验效果明显且符合预期效果或比预期结果更佳时，种粮大户才会有兴趣采纳新技术。在技术采纳阶段，种粮大户把该技术引入粮食生产经营实践中。在技术推广阶段，周边种粮农户前来学习种粮大户试验效果较好的新技术。

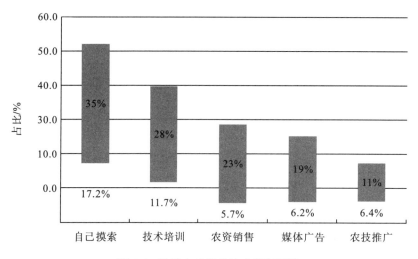

图 6-6 种粮大户其他技术获取渠道

6.3 种粮大户的收支结构

6.3.1 增加收入来源

（1）**粮食优质优价**。种粮大户的收入主要来源于粮食销售。粮食价格上涨对种粮大户收益的影响巨大，价格的微小变化都会引起种粮大户收益的大幅变化。小麦价格从 2013 年的 2.24 元/公斤上涨到 2014 年的 2.36 元/公斤，种粮大户平均亩收益增加 60 元，种植规模为 300 亩时净收益增加 18000 元。水稻（粳稻）价格从 2013 年的 3.00 元/公斤上涨到 2014 年的 3.10 元/公斤，种粮大户平均亩收益增加 55 元，种植规模为 300 亩时净收益增加 16500 元（表 6-2）。按照我国大多数地方实行的夏（水稻）+（冬）小麦轮作，种粮大户一年增收 34500 元。但 2015 年我国粮食出现国内外价格倒挂导致生产量、进口量、库存量"三量齐增"，我国粮食最低收购价格调整的空间已所剩不多，国家停止了对粮食最低收购价格的上调，这使得种粮大户依靠国家上调粮食价格增收的希望越来越小。但这并不意味着种粮大户不能再依靠价格实现增收。表面上看，国家对稻谷和小麦有最低收购价格，种粮大户是粮食价格的接受者。事实上，随着人们生活水平的提高，健康、环保、安全的好品质粮食很受消费者青睐，生态方法种植的种粮品质好，价格高，赚钱更有保障，种粮大户完全可以通过良种良法提高粮食品质进行品牌化溢价，实现销售增收。如江苏省姜堰区一户种大户的粮食种植采取的是秸秆还田的生态种植方法，种植的主打品种是在江苏省有很好口碑的'南粳 9108'水稻，种植的'南粳 9108'稻谷价格为 3.20 元/公斤，比普通稻谷高出 0.50 元/公斤，每亩多卖 300 多元。不仅如此，他还打起稻谷深加工的主意，把消费者青睐的'南粳 9108'稻谷全部拉到附近的米厂加工，按照 5 公斤、10 公斤两种规格进行真空包装，并且注册了"泗水明珠"商标，5 公斤装售价 68 元，畅销上海、苏州等地。如果仅卖稻谷，每亩也就 1958 元，而每百公斤稻谷可加工出 70 公斤大米，深加工后每亩卖 5460 多元，销售收入增长超过 1.7 倍。

表6-2　2004～2016年我国粮食最低收购价格变动情况　　（单位：元/公斤）

年份	白小麦	红小麦	混合麦	早籼稻	中晚籼稻	粳稻
2004	—	—	—	1.40	1.44	1.50
2005	—	—	—	1.40	1.44	1.50
2006	1.44	1.38	1.38	1.40	1.44	1.50
2007	1.44	1.38	1.38	1.40	1.44	1.50
2008	1.50/1.54	1.40/1.44	1.40/1.44	1.50/1.54	1.52/1.58	1.58/1.64
2009	1.74	1.66	1.66	1.80	1.84	1.90
2010	1.80	1.72	1.72	1.86	1.94	2.10
2011	1.90	1.86	1.86	2.04	2.14	2.56
2012	2.04	2.04	2.04	2.40	2.50	2.80
2013	2.24	2.24	2.24	2.64	2.70	3.00
2014	2.36	2.36	2.36	2.66	2.76	3.10
2015	2.36	2.36	2.36	2.66	2.76	3.10
2016	2.36	2.36	2.36	2.66	2.76	3.10

资料来源：根据国家发改委历年公布的执行预案整理。

说明：2008年在年初和新粮上市前进行了两次调价。

（2）**种粮大户补贴**。调查显示，种粮大户种粮收益的近三分之一来源于中央和地方财政补贴。2004～2016年，财政补贴占粮食亩均收益的比重约为13.4%，每亩粮食补贴额从9.5元提高到101.3元，年均增速30.0%，每公斤粮食补贴额从0.03元提高到0.65元，年均增速167.0%，农民人均补贴额由19.2元提高到613.1元，年均增速245.0%。种粮大户的种粮实践证明，在当前的粮食价格和粮食生产成本下，如果没有种粮补贴，农民种粮的粮食销售收益最多与种粮生产成本达到盈亏平衡，种粮大户种粮赚的钱也就是种粮补贴。如果没有种粮补贴，种粮大户种粮基本不赚钱。由此可见，财政补贴尽管对提高农民的收入只是杯水车薪，但对保护农民种粮积极性却有重要作用。因此，各级政府应在WTO《农业协定》框架"黄箱"政策和"绿箱"政策的操作空间内，尽可能地为种粮大户提供适宜的种粮补贴，保护种粮大户的种粮积极性，保障国家粮食安全。

表6-3　种粮大户可以争取的种粮补贴政策

类型	补贴名称	补贴方式	领取流程
收入类直接补贴	种粮直接补贴	按计税面积、计税常年产量或粮食种植面积补贴	农民向村委会申报、村委会核准并按户计算补贴金额、农民持"一折通"及本人身份证（户口簿）到当地农商行领取
	农资综合直补	弥补种粮农资价格增支，动态调整，只增不减	
生产投入类补贴	农业购置补贴	农业农村部公布全国农业发展需要和国家产业政策，确定全国每年农机具补贴范围，同一种类、同一档次农机在省域执行统一补贴标准	农民向县（乡）农机局提出购机申请，农机局审查后与农民签订购机补贴协议书，农民向补贴经销商交纳除扣除补贴金额外的农机价款，县（乡）农机局给农民办理农机入户手续
	保险补贴	保险责任为人力无法抗拒的暴雨、洪水、内涝、风雹、冻灾、旱灾、病虫草鼠害	农民投保时只需支付相应比例，其余部分由财政直接拨付

类型	补贴名称	补贴方式	领取流程
技术推广类补贴	培训补贴	培养病虫害专业防治员、肥料配方师、种子代销员、化肥农药经销员等	县财政部门或阳光工程办公室直接将实名制的培训券给农民到指定培训机构受训,培训机构凭培训券、收费凭证和受训农民考核合格证到当地财政领取补贴
	测土配方施肥补贴	由专业部门进行测土、配方,由化肥企业按配方进行生产并供给农民,由技术人员指定科学施肥	补贴对象为农业技术推广机构和依照配方加工配方肥的企业,农民只享受服务,无权再领取补贴
	良种推广补贴	对生产中使用农作物良种的农民进行补贴	由县财政局依据核准无误的村级公示的农户种植面积,通过财政涉农补贴资金"一本通"将补贴直接发放到农民手中
	提升土壤有机质补贴	秸秆还田补贴、绿肥种植补贴、增施商品有机肥补贴和土壤改良培肥补贴	中标的企业完成项目内容后到县级财政领取补贴资金
	关键技术良法补贴	水稻大棚育秧、玉米地膜旱作节水、小麦"一喷三防"和病虫害统防统治	实施关键技术良法的农户向上级主管部门申请获批后到财政部门领取补贴
公益类建设补贴	小农水利建设补贴	产粮区小型水源、渠道、机电排灌站等工程设施修建、新建、续建和改造	农户或项目实施单位先申请,获准后实施,然后让主管部门验收合格后,向当地财政部门领取
	六小工程补贴	节水灌溉、人畜饮水、农村沼气、农村水电、乡村道路和草场围栏	从最基层的农民到农业农村部、财政部由下到上逐级申请,然后由上到下逐级拨付资金
专项转移性支付	产粮大县奖励	以县为单位,5年平均联社产量大于2亿公斤,且粮食商品量大于500万公斤	财政部根据奖励入围条件确定产量大县名单,按粮食商品量(占50%)、粮食产量(占25%)和粮食播种面积(占25%)的权重和奖励系数,将奖金直接分配到产粮大县财政,用于当地的县乡基本支出、农村公共事业、化解乡村债务和农村基层设施建设
资源和生态补贴	退耕(牧)还林(草)政策	国家按核定的退耕还林、退牧还草实际面积,向土地承包经营权人提供粮食补助、种苗造林补助和生活补助	农户完成退耕还林(退牧还草)合同的造林(种草)任务,申请县级林业(农牧)部门验收,发放验收合格证或粮食供应证(含面积),农户持证到粮站或财政所领粮或现金补贴
间接性价格补贴	最低收购价	市场粮价低于最低收购价时,国家委托的粮食企业按最低价收购农民粮食	农民按不低于最低收购价格的粮食在市场上向各类粮食收购单位销售粮食(主要是稻谷和玉米)
	临时收储政策	市场价低于托市价时,受托企业以托市价收购规定数量的粮食,其余企业随行就市收购农民粮食	农民按托市收购价格把粮食(主要是玉米)卖给托市收购企业,或随行就市把粮食卖给其他粮食企业

　　(3)**适度规模经营**。规模经济效应是吸引种粮大户规模化种粮的主要原因。但土地规模不是越大越好,适度是关键。土地经营规模过大会影响土地产出率,不利于农业增产和农民增收;规模过小则不利于利用家庭劳动力充分就业,也不利于农机、农技投入的有效利用。如果管理和销售跟不上,规模大了反而会赔钱。统计发现,种粮大户的规模与单产呈"∩"形关系,即随着种粮规模的扩大,粮食单产水平会逐步提高,达到种粮大户最适宜的规模时,粮食单产水平最高,而后随着种粮规模的进一步扩大,粮食单产水平会逐步降低。根据农业农村部的调查统计,一年两熟地区适宜规模为50~60亩、一年一熟地区适宜规模为100~120亩,规模过大或过小都会影响种粮大户的经济效益。因此,种粮大户在进行种粮决策时,要充分考虑自然经济条件、生产费用成本、农业机械化水平等因素,综合确定流转土地规模。调查中,河南省永城市一户种粮大户告诉我们,他最初计划

流转 1000 亩进行大规模种粮，但经过深思熟虑后还是放慢了脚步，目前种粮规模还控制在 200 亩，一年两季，主要依靠自己家里人干活，很少从外面雇工。由于管理精细，种粮效益还不错。而同村另一户种粮大户，其种粮规模超过 2000 亩，由于雇工成本高，单产水平低，在目前粮价增长乏力的背景下经营压力很大，已多次有退租的念头。

(4) **调整产品结构**。种粮大户是以利润最大化为目标进行自主经营和自负盈亏的粮食生产微观经济主体，其生产决策需要以市场需求为导向及时调整产品结构，种植能够带来更多收益的粮食作物。如山东省滕州市一户种粮大户在面对粮食价格增长乏力时，结合当地畜禽养殖业发达的特点，积极探索"粮改饲"，将过去一般品质的玉米与小麦轮作改为青贮玉米与优质小麦的轮作。在当地，一亩地半年的租金是 600 元、种植玉米的人工和化肥费用是 100 元、种子 60 元、除草剂 40 元，亩均成本 800 元，亩均产量 450 公斤。如果将玉米烘干卖玉米粒，亩均收入不到 700 元，每亩亏损 100 多元。于是他与附近一家规模化牛羊养殖公司联系，为公司订单种植青贮玉米，玉米九成熟时由收割机把整株玉米连秆带穗"吞掉"后，瞬间加工成规则的颗粒，并从出料口进入运输车斗，直接运到收购点，无须晾晒和还田的环节。一亩地能收获青贮玉米 4000～5000 公斤，订单价为 0.24 元/公斤，亩均收益在 1000 元，除去 800 元的成本，每亩净赚 200 元。在种粮大户种粮普遍赔钱的大环境下，该种粮大户通过改种青贮玉米半年赚了近 40 万元。种优质品种，与龙头企业合作，是该种粮大户在长期种粮的实践中总结出来的盈利模式。除了与畜牧企业合作种青贮玉米，该种粮大户在青贮玉米收获之后把 2000 亩地全部改种优质小麦，并事先与当地一家面粉加工厂签订了合同，以高于市场价出售。由于该小麦抗倒伏，品质优良，面粉稳定性强，属优质强筋粉，因而很受欢迎。面粉厂也非常乐意促成此事，因为小麦只有集中连片种植，才能保证授粉的纯净，而来自散户"东一块田、西一块地"种出来的小麦往往品种混杂，根本无法保证质量。

(5) **提高复种指数**。由于种粮大户是租地种粮，且土地租金在种粮成本中的比重较高，往往占到种粮总成本的 20% 左右。为了充分利用土地，摊薄土地租金成本，种粮大户可以采取轮作、间作等方式提供复种指数，争取一年多种一两季粮。但是单纯地增加种植季数会削弱土地肥力，因此还需要采取种植绿肥、种养结合等循环农业方式。比如江西省南昌县一户种粮大户，其采用在水稻田里养鸭子的形式，使每亩水稻节支增收 200 元以上。浙江湖州市一户种粮大户，其利用冬天闲置的土地种植小麦和油菜，创造了"一年三熟"的新模式。江苏姜堰区一户种粮大户，其将上年的稻秆均匀地丢在田里肥田和松土；稻-稻-油(菜)的耕作方式，把 1 亩田当 3 亩田用，其中两季稻谷亩产超过 1000 公斤，成为名副其实的"吨粮田"；地里的小麦、玉米或蔬菜间种，所有能用的空间全被利用上了。

(6) **延伸产业链条**。从田间到饭桌是一条很长的产业链，粮食种植仅仅是这条产业链条上微小的一部分。按照范围经济的原理，种粮大户可以以粮食生产为基础，向产业链的上游和下游延伸，实现一、二、三产业融合发展，布局粮食产业链"微笑曲线"的两端，把产业链的价值尽可能多地留给自己。比如湖北枣阳市一户种粮大户利用自身的资源优势，积极为周边农户提供土地深松作业、秸秆还田、田间植保、粮食烘干等粮食生产性服务，每年为周边农户提供农机作业 7500 多亩，托管农户耕地 5000 多亩。河南永城一户种粮大户以玉米、小麦轮作为基础和原料保障，打造出"种植—加工—销售"的面条产业链，产出的玉米部分用作养猪饲料，部分酿造成当地人爱喝的苞谷酒，酒糟则进一步用来养猪，总的算下来，1亩地的产值比原来单一的种植翻了近两番。黑龙江肇东市一户种粮大户利用充足的玉米资源优势发展养牛业，牛的粪便经过发酵后制作成有机肥回施到农田里，他还种植了白糯玉米，把白糯玉米煮熟真空包装后进行品牌化销售，很受市场欢迎。江西省南昌县一种粮大户，以水稻规模化种植为基础，办起了稻作创意文化园，还嵌入农家乐、城乡互助农业，通过体验农业和乡村旅游获得收益。陕西一户种粮大户一改普通老套的粮食种植模式，走起了绿色环保的现代农业发展之路。他引进了抗病性强、口感好的优质稻种来提高大米品质。他家的稻谷"收割—运输—烘干—加工"全过程不沾土不沾泥，无污染、无杂质。2015年，他家的大米正式通过国家工商总局颁布注册，被农业农村部纳入中国名优新特农产品名录。他还在淘宝、京东上建了两家网店在网上卖米，把米卖到了全国各地。

（7）**发展多种经营**。粮食生产有较大的自然风险和市场风险。"鸡蛋"不能只放到一个篮子里。除了购买农业保险转移灾害风险，种粮大户还可以通过发展多种经营降低种粮的风险。比如重庆市垫江县一户种粮大户，他从流转的1000亩土地里拿出300亩种植栀子、200亩种植烟叶，剩下的500亩用来种植粮食。河南省永城市一户种粮大户为应对当前粮食价格增长乏力的局面，把流转的1500亩土地拿出500亩以套作形式种植了储备林，包括法桐、国槐、白蜡等品种，树苗10元/株，5年后大树可卖到60元/株，每亩70株，每亩效益可达7万元（郝凌峰，2017）；其中100亩种葱和蒜，种蒜和种葱的人工成本很高，价格无法预测，可能高得离谱，碰上"蒜你狠"时还可以大赚一笔。这是典型的多种经营分散风险。应当指出的是，种粮大户种粮是根本，在当前单纯种粮很难保证有较好收益的情况下，开展多种经营分散风险是必要的，但要围绕"种粮"主业展开，不可跑偏，否则风险更大。比如湖北省枣阳市一户种粮大户投资设施农业，修建了200亩蔬菜大棚，种植草莓、西瓜供市民下乡采摘，同时种植花卉苗木出售。不过，设施农业投入太大，一个2亩大的大棚成本15万元，每年还要换薄膜、配滴灌设备等，年成本要6000元左右。200亩大棚长期用工20多人，另外，每年临时用工在3000个左右，每个工至少150元，成本太高，市场风险比种粮还高。

6.3.2 降低生产成本

（1）**种粮大户的成本构成**。种粮大户的种粮成本主要包括物质及服务费用、土地成本和人工费用三项。物质及服务费用由物质性投入和生产性服务两部分构成，物质性投入费用包括种子费、化肥费、农药费、农膜费等，生产性服务费包括机耕费、机播费、机收费、秸秆还田费、测土配方肥、统防统治费、排灌费、烘干费、仓储费等。普通小农户的土地来源于自己承包经营的土地，因此没有显性的土地租金成本，亩均净收入比种粮大户略高，但由于种植面积小，不能产生规模经济效应，因此效益明显不足。成本分析就是利用成本核算及其他相关资料，分析、评价和总结产品成本的形成情况和变动趋势，揭示成本升降的原因和主客观因素，寻找降低成本的途径。在计算成本时常用亩均成本指标，即亩均成本=(物质性投入费用+生产性服务费用+人工成本+土地成本)/粮食种植面积。粮食作物的品类不同，种粮成本也不同，表6-4为本书调查重庆市垫江县54户样本种粮大户的三种基本谷物的亩均成本。水稻的亩均成本较高是因为稻田的亩均租金高且只种一季，而种植小麦和玉米的旱地租金成本低且可以进行"（夏）玉米+（冬）小麦"轮作，进一步降低了租金。

表6-4　样本种粮大户三种基本谷物亩均生产成本　（单位：元）

成本构成	水稻	小麦	玉米
1.土地租金	600	200	200
2.雇工成本	150	100	200
3.物质和服务费用			
种子	70	63	52
化肥	108	103	128
农药	35	30	27
地膜	10	5	8
灌溉	40	30	32
机收外包	100	115	87
晾晒及仓储	30	20	20
固定资产折旧	8	4	5
其他	7	3	6
亩均成本	1158	673	765

注：数据来源于重庆市垫江县54户种粮大户调查样本。

种植规模不同，亩均成本也不一样。由表6-5可以看出，50亩以下的亩均成本最低，100亩以上的次之，亩均成本最高的是50~100亩的规模。从成本构成看，随着规模的增大，种粮大户寻找流转的土地变得更困难，要租入更多的土地必须抬高地租；随着规模逐渐增大，在农村寻找合适的劳动力更困难，因此雇工成本也会有所增加；随着规模的扩大，种粮大户购买的农资和生产性服务的规模扩大，因此能以更低的价格购入农资和服务；随着规模的扩大，种粮大户需要添置的晾晒和仓储设施设备会增加，农机等固定资产折旧率也会有所增加。

表6-5　样本种粮大户种植玉米的亩均成本　（单位：元）

成本构成	50亩以下	50~100亩	100亩以上
1.土地租金	180	200	205
2.雇工成本	100	180	185
3.物质和服务费用			
种子	60	50	45
化肥	100	120	105
农药	20	25	23
地膜	10	8	5
灌溉	25	30	27

续表

成本构成	50 亩以下	50～100 亩	100 亩以上
机收外包	120	90	70
晾晒及仓储	10	20	30
固定资产折旧	5	8	10
其他	6	8	10
亩均成本	636	739	715

注：数据来源于重庆市垫江县 54 户种粮大户调查样本。

近年来，随着农村劳动力大量非农转移和物价的刚性上涨，种粮大户的亩均种粮成本总体上呈快速上涨趋势，其内部结构呈现出物质与服务费用的占比减少、土地租金成本占比稳定、人工成本逐年增加的态势（表 6-6）。

表 6-6　近年来全国稻谷、小麦和玉米亩均成本及构成变动

年份	亩均总成本	物质与服务费用		人工成本		土地承包	
	金额/元	金额/元	占比/%	金额/元	占比/%	金额/元	占比/%
2004	395.5	200.1	50.6	141.3	35.7	54.1	13.7
2005	425.0	211.6	49.8	151.4	35.6	62.0	14.6
2006	444.9	224.8	50.5	151.9	34.1	68.3	15.3
2007	481.1	239.9	49.9	159.6	33.2	81.6	17.0
2008	562.4	287.8	51.2	175.0	31.1	99.6	17.7
2009	600.4	297.4	49.5	188.4	31.4	114.6	19.1
2010	672.7	312.5	46.5	226.9	33.7	133.3	19.8
2011	791.2	358.4	45.3	283.1	35.8	149.8	18.9
2012	936.4	398.3	42.5	372.0	39.7	166.2	17.7
2013	1026.2	415.1	40.5	429.7	41.9	181.4	17.7
2014	1068.6	417.9	39.1	446.8	41.8	203.9	19.1

(2) **减少雇工，控制种粮成本**。在当前严峻的市场环境下，粮食价格上升的空间越来越小，而种粮成本则在快速飙升，尤其是人工成本上涨越来越快，这就要求种粮大户采取更简便、操作更快捷的生产方式，通过机械化提高种粮的物质装备水平，尽可能地用机械替代人工，用最少的投入或用工，实现高效益产出。种粮盈利有三要素：一靠投入，二靠风调雨顺，三靠农产品稳定的价格。但后两种要素是种粮大户无法控制的，种粮大户只能从投入上下功夫。种粮投入包括：农资投入、机械成本、租地成本及人工成本等，其中最不可控的是人工费用。种粮的劳动对象是一个活的生命体，与教师教书、医生看病一样是个"良心活"，雇工出工不出力、磨洋工，甚至不听指挥，不按技术规程，瞎干、乱干的情况时有发生，短期内要提升种粮雇工的"职业素养"还比较困难，唯一可行的是通过精打细算降低用工成本和用工风险，以此提高种粮效益。简约而不简单，种粮要做到简约，首先需要具备科技意识，及时把市场上那些可以推广应用的机械、品种、技术引进到粮食生产经营中，用机械替代人工。如广泛运用玉米机收籽粒技术、小麦免耕播种、种肥同播、

无人机植保、水肥一体化等农业实用技术。由于种粮规模大，光靠家庭劳动力是不行的，需要购置拖拉机、收割机、插秧机来提高工作效率。买农机也是为了获得更高的收益，如果处处都购买农机服务，花费将很大。由于我国农业的基础设施还很薄弱，一些农机无法开进地里作业，只能采取传统的手工作业，从而增加了种粮成本，因此种粮大户除了购置农机，还应在农业基础设施上做一些必要的投入。对于暂时还只能依靠人工作业的情况，则要运用现代用工管理制度，注意培养熟练工、"忠诚工"，避免频繁更换雇工，加强过程管理，防止自由散漫。如果从整地、播种、栽插，到除草、施肥、收割各个环节都找人干活，一年的雇工成本也不少。对于一些时令要求不是太高的农活，种粮大户要尽量利用家庭劳动力，可节省一笔可观支出。

(3) **精打细算，控制种粮成本。**减少雇工只是控制种粮成本的一个方面。事实上，种粮大户的种粮成本由多方面构成，任何一个地方的精打细算都会带来种粮成本的节约。调研中发现，一些种粮大户之所以赚钱，很大程度上在于其对成本的锱铢必较。如四川省邛崃市一户种粮大户，其种粮 3200 亩，2015 年盈利 100 多万元，加上政府种粮补贴 90 多万元，年盈利近 200 万元。该种粮大户盈利的秘诀是对每个生产环节层层分解后，每项成本都严格控制。比如流转土地，由于工商资本下乡对土地租金的哄抬，有的亩均流转费高达千元。高额的土地租金已让很多种粮大户种地无钱可赚。但该种粮大户流转农民的土地采用的是实物计租，每亩稻田年租金为 200 公斤稻谷，年初按上一年度国家公布的粮食最低收购价格，将 200 公斤稻谷折算为现金进行支付。土地租金按实物计价的最大好处在于租金随粮食价格联动，粮食市场行情好，粮食价格高，租金就相应上涨，粮食市场行情不好，粮食价格下跌，租金也会相应下跌，可避免货币计租每年刚性上涨给种粮大户带来租金支付压力。稻谷收割后，该种粮大户将秸秆全部还田，一亩稻麦秸秆相当于 4 包碳铵、2 包磷肥、24 公斤钾肥的营养，可节省肥料支出约 260 元，同时增加了土壤有机质，平衡了土壤酸碱度，稻谷抗病能力明显增强。他还采用太阳能杀虫灯和生物农药防病治虫，夏秋季晚上亮灯时，蛾子等飞虫从四面八方扑向高压灯丝后被击落。以前，稻麦两季亩植保费用约 160 元，安装太阳能杀虫灯后，每亩植保费不足 80 元，既节省了农药开支，还从源头控制了化学农药对环境的污染，提高了粮食品质和销售价格。

(4) **合作化降低交易成本。**种粮大户的"大"是相对于只经营一亩三分地的传统小农户而言的，即便种粮大户种地规模有成百上千亩，在大生产、大流通、大市场的背景下仍然势单力薄，在激烈的市场竞争中的讨价还价能力仍然很低，需要通过加入种粮合作社等组织形式聚合起来，增强参与市场的竞争力和话语权。近年来农资要素价格的涨幅迅猛，导致粮食种植利润严重缩水，挫伤了种粮大户的种粮积极性，影响了种粮大户继续扩大种粮规模的信心(王玉珏，2013)。但是由于合作社可以把各类大小规模的种粮主体聚合起来，进行农资的大批量团购和粮食大量销售，利用议价能力，以远低于市价的价格拿到种子、化肥、农药等农资，在油价走低时屯集柴油，降低农资成本，把粮食聚合起来发展农产品期货套期保值，可从增收和降本两个维度同时发力，提高种粮大户的种粮效益。调研中，山东省一户种粮大户告诉我们，参与合作社能够大幅度降低生产资料购买成本，质量有保障，还有配套服务(马朝霞和程鸿飞，2016)。除了合作社，种粮大户还可以主动加强与农业产业化龙头企业等其他新型农业经营主体进行技术合作、产销合作，实行订单种植，为龙头企业进行生产配套。

(5)**科学管理降种粮成本**。同样是种植粮食，管理不同产量差异也大。种粮大户不挣钱的另外一个原因是他们大多都是想获得补贴资金，但不懂怎么种地，整天坐在办公室里指挥工人干活，把自己当成了老板，结果补贴没得到，反而把自己给套着了。种地不能贪，贪多了就嚼不烂，一个种粮大户种植几十上百亩地，精耕细作一亩地纯利润三四百元，一年下来也是好几万的收益。很多种地大户赔钱，归根结底还是因为不懂种地，自己一亩三分地还没种好，就想搞大规模种植，结果产量上不去，粮价还便宜，人工费用越来越贵，再加上管理不善，种粮亏损就是必然的事情。

6.3.3　提升盈利能力

开源节流永远是市场经济组织实现商业可持续发展的保障。从种粮大户过去的阅历来看大致有三类：第一类是种田能手发展成种粮大户，规模一般在几十或几百亩，户主有丰富的种植经验，绝大多数都能赚钱；第二类是工商资本下乡种地，对粮食生产不熟悉，自己不参与劳动和管理，靠委托他人雇用农工进行生产经营，存在严重的代理冲突，不赚钱也很正常；第三类是那些志不在种粮的种粮大户，他们看中的是国家对种粮的补贴政策，这类种粮大户往往昙花一现，不可能有商业的可持续性。即便是种粮能手型种粮大户，也有一部分种粮不赚钱，原因是他们没经验，虽然种植面积扩大了，但小家经济的经营方式并没有变化。在家庭小规模种粮模式下，除了农资成本是显性成本外，其他成本都是隐性成本，种粮赚到的钱其实是自己的部分劳务费而已，如果按照财务制度严格核算，扣除农民自己的劳务费，种粮可能还是亏损的。当种粮面积扩大后，需要有成本支付雇工工资或购买农机，这时候小规模家庭种粮的那些隐性成本几乎全部变成了显性成本。除了规模上的区别，家庭小户与种粮大户最大的区别在于，家庭小户的农民只是生产者，挣的是"苦力钱"；种粮大户既是生产者，又是经营者，既要有劳动所得，更要有经营所得。种粮大户要适应从家庭小户到种粮大户的各种变化(表6-7)，加快角色转变，让自己尽快从一个自给自足的小农转变成一个进行商品粮食生产经营的企业化市场微观主体。

表 6-7　种粮农户从家庭小户到种粮大户的变化

主要变化	家庭小户	种粮大户
心态变化	靠省钱增收，生产资料购买贪图便宜	讲究规模经济，靠投入产出比增收
种植方式	以人工独揽种植过程各个环节	机械替代人，新技术应用，专业化分工
成本结构	只有生产资料购买是显性成本，土地、劳动等实际成本成为隐性成本	物质与服务、劳动和土地等绝大多数成本都是显性成本，隐性成本很少
经营方式	种粮食作物自给自足，种经济作物增收，种懒汉庄稼，向农资经销商购买生产资料，粮食产出后由粮贩上门低价收购	靠种植商品粮增收，通过轮作充分利用土地和劳动力，向农资生产企业购买农资及其全程配套的技术服务，粮食产出以后直销粮油加工企业或农超对接
利润来源	没有规模经济，利润来源于大量的隐性成本或机会成本	获得规模利润，靠上游生产资料成本低与下游粮食销售价格高增收

6.4　种粮大户的基础管理

6.4.1　业务计划管理

尽管部分种粮大户并未到工商部门登记为企业,但种粮大户本质上已经具有了诸多现代企业的特征,种粮规模较大,业务单元较多,管理复杂性增加,需要引入业务计划管理,年初通盘布局全年生产经营活动。所谓业务计划管理就是企业以产业价值链分析为基础,按照"以终为始、结果量化、过程细化、持续改进"原则编制企业年度行动方案,让企业提前明晰全年业务目标及目标达成路径、困难解决办法(王义昭和王千六,2014),推动企业由重结果轻过程向过程与结果并重的全程管理转变。

种粮大户编制年度业务计划首先要对粮食生产经营进行价值链分析(图6-7),把种粮大户粮食生产经营活动分解成若干相对独立而又彼此相连的业务环节,分析各个业务环节的资源配置情况,按照比较优势的原则确立哪些业务环节由种粮大户自己干、哪些业务环节需要寻求外部的生产性服务。

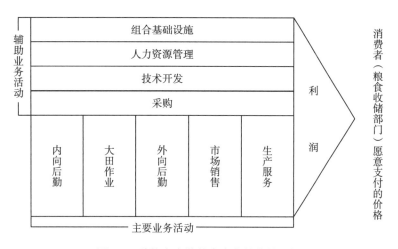

图 6-7　种粮大户的粮食生产价值链分析

业务计划被称为企业的施工图,主要由上年业务检讨、来年业务目标、达成来年目标需要开展的各项经营活动及其工作内容、质量要求、时间进度、人财物资源配置组成(图 6-8),厘清各项工作的欠缺条件和解决方案,提前谋划好各项工作的思路和措施。业务计划编好以后,种粮大户就应当按照业务计划的工作部署缜密安排全年的粮食生产经营活动,并对出现的新情况、新问题按照"计划、执行、检查、行动"循环进行、持续改进。

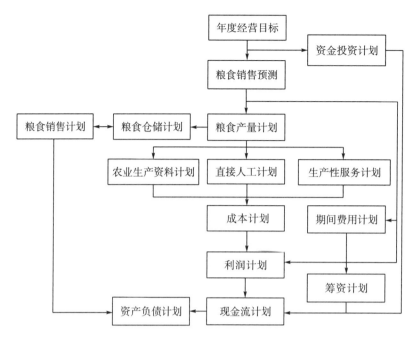

图 6-8　种粮大户年度经营目标分解

6.4.2　生产过程管理

在一些不了解农业的人看来，种地很简单。事实上，从种到收涉及播种、育苗、施肥、灌溉、防虫、收割、晾晒、仓储等诸多环节，持续 4～6 个月的时间，并且是在难以人为操控的自然环境下作业，一个细小环节的疏漏就可能导致粮食减产甚至颗粒无收。粮食生产并不简单，尤其是种粮大户规模化种地，需要种粮大户对整个生产活动进行缜密安排和精心管理。尽管作物品种不同，生产活动管理各异，但总体来讲，种粮大户在进行粮食生产活动中，都要以自然环境、资源条件，以及社会经济条件为依据，按照自然规律和经济规律开展生产活动，在符合当地经济发展需要和市场需求的前提下，遵循一些基本原则。

（1）**按照农时要求统筹安排经营活动**。粮食生产有较高的时令要求，过早或过迟都会影响粮食作物的生长。但由于种粮规模大，容易在农忙时节给种粮大户造成资源瓶颈，影响抢收、抢播，这就需要种粮大户统筹兼顾，提前做好相应的资源安排。如湖北省枣阳市一户种粮大户于 2012 年开始对 300 多亩地进行早晚稻轮作，春季撒播早稻时许多回乡过春节的农民工还未返城，农村的劳动力还比较充裕，因此对农忙时的用工难、用工贵问题没有引起重视。等到七月份早稻收割与晚稻播种对劳动力需求较大时，村里的农民工都进城了，加之早晚稻"双抢"时的劳动用工量本来就很大，他高价也没有雇到多少农工，导致当年 80 多亩地未能及时播种晚稻。

（2）**优化作物品种结构，提高经济效益**。作物生产有强烈的地域性和严格的季节性，生产布局要根据作物和品种特性及当地气候、土质、肥力、前季作物等条件，科学地进行安排。要发挥自然优势，必须根据自然环境、市场需求情况选择作物品种及农时安排，获取最佳的产量和品质效益。种粮大户对品种的选择还应考虑自身可动员资源的能力，尽量避开在高峰期与其他粮食生产主体同时雇工或购买生产性服务(瞿云明，2014)。

(3) **重视团队建设，提高大田管理水平。**由于种粮大户种地规模大，尤其是一些种粮大户种地规模高达成千上万亩，光靠一己之力或有限的家庭成员难以管理好这么大规模的大田作业，因此需要按照现代企业的要求进行人力资源管理，借鉴现代企业解决代理冲突的一些做法，打造高产种粮团队。加强对雇工的培训，让他们既懂科学种田技术，又懂大田作业管理。还可考虑对雇工实行基本工资加奖金，超产给以分成，激励雇工尽心尽力工作(杨树立，1993)。

6.4.3　市场活动管理

(1) **农资购买。**农资是种粮大户粮食生产最重要的生产资料，其价格、质量和服务是种粮大户最看重的东西。最让种粮大户深恶痛绝的莫过于假劣种子、化肥、农药，尤其是假种子的危害很大，而遭遇假种子之后的维权艰难对种粮大户更是致命的打击。对种粮大户而言，种子是最关键的一环，用了不好的种子，一年的收成就泡汤了。由于是规模化批量购买，因而种粮大户购买种子的价格比普通农户更低，倘若加入种粮合作社以合作社聚合更大批量的订单购买，还可进一步获得更低的价格。如山东省滕州市一些种粮大户在购买农资时很少操心，基本上都是依靠合作社，合作社统一买种子和肥料，不仅价格便宜，而且质量有保障；合作社统一买农药，除了价格便宜，还有专业技术人员上门手把手进行技术指导。

(2) **粮食销售。**粮食销售收入是种粮大户的主要收入来源，也是种粮大户规模化种粮收益的实现。种粮大户虽然在粮食生产方面有丰富的经验，但在粮食销售中往往还处于独立分散的状态，组织化程度低，卖粮难问题仍比较突出(姚增福，2011)。因此，种粮大户不仅要会种粮，而且还要会卖粮，以较高的价格和多元化的渠道把产出的粮食及时卖出去。调查中发现，卖给粮食经纪人或送当地粮库是种粮大户卖粮的主要渠道，由于经纪人要赚差价，导致给种粮大户开价较低，而粮库只能按国家最低收购价格收购并通过有意调低收购粮食的等级获利，因此这两种渠道让种粮大户利益受损不少。也有少部分种粮大户通过种粮合作社统一销售、粮食加工企业订单销售、自己加工品牌化销售等渠道把粮食卖出了好价钱。以此为鉴，江苏省姜堰区一户种粮大户采用秸秆还田的生态种植方法进行标准化种粮，不滥施农药和化肥，除虫也采取生物方法，生产出来的粮食获得绿色食品和有机绿色认证，他把加工出来的大米真空包装成 5 公斤、10 公斤两种规格在上海、苏州等地品牌化销售，亩均收益比生产大宗粮食售卖给当地粮库翻了一番。

(3) **对外合作。**面对大市场和大流通，种粮大户的竞争力还是显得有些不足，想要在竞争激烈的粮食市场上获得一定话语权，还必须加强对外合作，与合作伙伴一道通过群体的方式展示自己的力量。种粮大户的对外合作主要有"种粮大户+合作社""种粮大户+龙头企业""种粮大户+合作社+龙头企业"等方式。最常见的是种粮大户与周边其他种粮主体一道组建粮食生产合作社，合作社通过市场信息资源共享，农技、农机统一安排使用，在农产品的产、加、销各个阶段为社员提供包括资金、技术、生产资料、销售渠道等在内的社会化服务(张滢，2015)，使种粮大户能够在合作社的统购统销和统一服务中获得质优价低的农资和农业生产性服务，能够以更高的价格把粮食及时销售出去。种粮大户与粮食加工企业或连锁商场签订粮食供货订单，然后按照订单组织粮食生产与供货是"种粮大户+龙头企业"的主要形式。"种粮大户+合作社+龙头企业"模式则主要适用于专业合作社较弱、缺乏加工能力的条件，将种粮大户有效组织起来，以群体的形式与龙头企业合作，降低龙头企业与单个种粮大户直接合作的交易成本，构建"产加销"一体化的产业组织体系，实现多方共赢。

6.5　种粮大户的风险管理

6.5.1　风险识别

按照种粮大户粮食生产过程不同阶段的风险来源，可将种粮大户面临的风险分为产前要素投入风险，产中的自然风险、生产风险和管理风险，产后市场销售风险，以及贯穿整个经营过程的政策环境风险。

(1) **产前要素投入风险**。在粮食生产的前期准备阶段，如何获取土地、资本、拉动和技术等生产要素及组合、配置是种粮大户面临的主要问题。若拥有的要素不能形成有效组合，就会造成要素组合短板，以及专用性资产套牢形成沉没成本，导致经营结果与预期财务目标有较大差距。①在土地投入方面，目前种粮大户面临的主要风险是土地使用权获取的不确定性，以及土地使用权和处置权的限制。一方面，相当多的农民仍然视土地为命根子，导致种粮大户很难以较为合理的价格流转到规模化集中连片的土地。另一方面，国家对土地非粮化、非农化有比较严苛的要求，导致种粮大户规模化经营必要的农业设施难以满足，进而影响了种粮大户正常的生产经营活动。②在资本投入方面，种粮大户面临的主要风险是筹资难、筹资贵和专用性资产套牢。种粮大户的资金投入主要来源于家庭积蓄和借款。由于农业比较效益低，种粮大户有限的家庭储蓄难以满足规模化种粮的大额资金投入，需要从外部借入资金。但由于银行等正规金融程序烦琐、放款速度慢、贷款金额小且还需要固定资产抵押或公务人员担保，所以种粮大户的借款需求在很大程度上依赖于放款速度快、借款条件宽的民间金融，但民间金融较高的利息给种粮大户的后期经营带来较大压力和风险。此外，由于土地经营使用权不稳定，种粮大户投入的农机和农田技术设施等专用性资产被套牢，成为种粮大户的沉没成本。③劳动用工风险主要表现为种粮雇工难、雇工贵，用工合同和用工意外事件发生引起纠纷。随着农村大量青壮年劳动力非农转移，农业劳动力开始出现用工荒。一些种粮大户反映雇工困难，特别是农忙时尤为突出，同时用工成本不断飙升，有的种粮大户因提供的待遇条件不好而难以雇用到合适的农民，也存在着雇工不稳定、员工流失的现象。④技术风险主要表现为技术自身和技术推广的不确定性。技术自身的不确定性表现为技术容易受到适用性、可靠性和先进性的影响。技术推广的不确定性表现为技术应用过程中人为因素影响技术效益的发挥，甚至导致失败(周菁华，2012)。

(2) **产中的自然风险、生产风险和管理风险**。规模化粮食生产经营过程中的每一个环节都可能受到各种主客观因素的影响，给种粮大户造成经济损失(周菁华，2012)，这些风险主要是自然风险、生产风险和管理风险。①自然风险。粮食生产以土地为基本生产要素，以具有生命的作物为主要劳动对象，融经济再生产与自然再生产于一体，产品从种到收都是在人类难以控制的自然环境中进行，对自然条件的依赖程度很高（张燕林，2010），产量容易受到气温、洪涝、干旱和风力等自然条件的影响，导致粮食生产的劳动数量和质量增加而粮食产出反而有所降低，即社会生产率的增长补偿不了自然生产率的降低，使得粮食生产者常常要面临毁灭性的、大规模的和不可抗拒的灾害损失。尽管随着科技进步，人类抵御自然灾害的能力有了很大的提高，但靠天吃饭的局面依然没有改变，粮食面临的自然风险仍然很大。此外，粮食生产要素中的土地对其他要素的吸纳程度和范围基本固定不变或很难改变，在其他产业得益于生产要素投入和科技进步而快速发展的情况下，粮食生产往往相形见绌，难以与其他产业平等竞争，需要政策支持保护（王雅鹏，2000）。②生产风险。粮食生产风险主要有三个方面，一是生产过程的操作失误导致粮食减产甚至绝收，二是假冒伪劣农资给种粮大户带来的灾难性后果，三是病虫害传播导致作物受灾。如四川省遂宁市一户种粮大户，因技术人员的疏忽，错把一平方米 0.05 毫克的药剂用成 5 毫克，导致 10 亩水稻受药害严重而产量大幅下降。③管理风险。粮食产中风险主要是田间管理过程中出现的疏忽，导致粮食作物没能获得充裕的水分、养分、肥料和光照。种粮大户耕种面积大，容易受天气、墒情等自然不可控因素及水、肥等人为可控因素影响，一旦田间管理不当，就会导致作物大面积减产，造成巨大的经济损失，因此种粮大户必须高度重视田间管理的风险（李翠芹和白娟，2016）。

（3）**产后市场销售风险**。粮食的市场销售风险主要包括价格风险、需求风险和流通风险。①价格风险。粮食是人类赖以生存的基本生活必需品，人们不会因为粮食价格高而少买或粮食价低而多买。而粮食又是一种生物产品，具有特定的生命周期、生长环境和产量形成规律，在漫长的产品供给形成期，市场的需求往往会发生变化，但已经开展的生产还得继续进行，等产品大量上市后出现"谷贱伤农"，于是缺乏组织化的种粮主体在下期生产决策时普遍缩减生产规模，导致隔一段时间后市场又供不应求，继而又会带来价格上涨，产生无法自动平衡的周期性循环波动（王雅鹏，2000）。粮食销售的价格风险主要表现为价格大起大落，价格高涨时种粮大户等粮食生产主体因歉收而无粮可卖，价格下跌时则因粮食丰收而谷贱伤农。因此无论粮食价格是上涨还是下跌，受伤的都是粮食生产者。②需求风险。粮食的市场需求规模受到消费偏好、产品价格、需求弹性、当期收入、预期收入等多种因素的影响（周菁华，2012）。随着人们收入水平和生活水平的不断提高，消费者对粮食的需求呈现出多样化、个性化和高品质特征，如果种粮大户对市场需求变化不了解，盲目生产出来的产品与市场需求脱节，往往会造成产品滞销，从而带来经济损失。③流通风险。粮食生产的季节性强，产品保质期短，粮食储藏和运输成本高，中途的"跑冒滴漏"和变质损失较大。此外，绝大部分种粮大户的粮食是依靠各级渠道中间商才与消费者见面，还常常面临着中间渠道商压价、拖欠货款等契约风险。

（4）**全程政策环境风险**。粮食生产经营的弱质性决定了它必须依靠政策的支持保护才能健康发展，因此政府政策环境的微小变化都会通过传导机制影响种粮大户的生产经营决策。从宏观上讲，目前国家的各项惠农政策总体上是有利于保护种粮大户的种粮积极性的，但在微观上，却可能因政策重心调整、支农结构调整或政策执行不到位等原因对种粮大户的种粮积极性产生直接或间接的负面影响。当前，对种粮大户影响最大的莫过于种粮补贴政策、价格保护政策、土地流转政策。种粮大户对粮食种植规模、作物品种选择在很大程度上受到各种惠农政策的诱导，但由于有关政策的不连续、配套政策的不完善等原因，粮食生产出来后可能遭遇一系列问题，要么不能再享受相关优惠政策，要么产品的下游渠道建设没有跟上致使产品销售无门等（周菁华，2012）。当前国家强调加大农业供给侧结构性改革，鼓励种粮大户开展"粮改饲"、土地休耕，一些种粮大户之所以持观望的态度，主要是种粮大户对这些政策的连续性不放心以及相关政策配套不到位。

6.5.2 损失估算

（1）**损失估算方法**。尽管种粮大户从种到收诸多环节都会面临很多风险，但最主要的风险还是自然风险和市场风险。其中市场风险是由粮食的需求小而供给弹性大引起的，而粮食的供给弹性大是由粮食的产出不稳定引起的。粮食供给不稳定，一方面是由价格大起大落，导致农民减种和扩种及产出时滞销；另一方面是由自然灾害导致部分年份粮食减产，出现供给缺口，导致粮食市场价格大起大落。因此，综合起来看，粮食的市场风险归根结底还是由自然风险引起的。当自然风险得到转移、分散和规避时，市场粮食供给稳定，供给与需求就会处于准静态平衡，粮食价格趋于稳定，稳定的粮食价格就不会对农民扩种或减种进行诱导，粮食生产的市场风险就会减少。"擒贼先擒王"，从这个意义上讲，种粮大户种粮风险的根源在于自然风险。

近年来，随着气象灾害、病虫害、土壤退化、环境污染对农业生产约束的日益增强，国内粮食供需逐渐平衡趋紧，粮食生产的自然风险引起学者们的广泛关注，相关研究文献日益增多。学者们从不同的角度多层次地研究了自然灾害的现状、成因和影响，自然灾害的应急管理、救助体系、减灾对策，以及自然灾害的风险分散与规避，但作为防灾农业、减灾基础性工作的自然灾害风险估值（value at risk，VAR）模型的研究却并不多见。VAR指在给定的置信水平和持有期内预期的最大损失，是一种统计技术度量因利率、汇率等因素变化而引起的资产变化的风险，广泛应用于金融领域，正逐渐向其他行业扩展。在研究方法上，已有研究普遍采用线性方程、指数平滑法和自回归移动平均模型，应用回归分析、方差分析、主成分分析方法，较少考虑农业自然灾害发生的随机性、极端性问题。针对粮食生产灾害损失的低频高损、数据稀少这一特点，采用极值理论中的阈值尖峰（peaks over threshold，POT）模型对历史观测值超过某一阈值的数据进行建模，并运用广义帕累托分布（generalized Pareto distribution，GPD）对粮食生产自然大灾损失进行拟合，模拟计算自然灾害 VAR 值，为自然灾害预警和粮食安全储备提供科学依据。

（2）**灾害统计建模**。设 X_1，X_2，…，X_n 为该记载的农业自然灾害造成的粮食损失（减产），并假定它们属于独立同分布，其分布函数为 $F(x)$。定义自然灾害造成的粮食损失大于 μ 时的农业自然灾害为大灾。设损失超过 μ 的样本数为 N（$N << n$），对应的损失分别记为 $X_{\mu 1}$，$X_{\mu 2}$，…，$X_{\mu N}$。记 $Y_i = X_{\mu i} - \mu$（$i = 1,2,\cdots,N$），则损失的条件分布函数 $F_\mu(y)$ 为

$$F_\mu(y) = P(X - \mu \leqslant y | X > \mu) = \frac{F(y + \mu) - F(\mu)}{1 - F(u)} \quad (6\text{-}14)$$

于是，有

$$F(x) = \left[1 - F(\mu)\right] \cdot F_\mu(y) + F(\mu) \qquad (x > \mu, y \geqslant 0) \tag{6-15}$$

$F(\mu)$ 用 $1 - \dfrac{N}{n}$ 进行估计，于是 $F(x)$ 转化为

$$F(x) = \frac{N}{n} \cdot F_\mu(y) + 1 - \frac{N}{n} \tag{6-16}$$

农业大灾属于极端自然灾害，损失分布 $F_\mu(y)$ 通常具有不对称、定义域非负、尾部较厚的特点，适合使用 GPD 模型进行损失分布拟合。定义 GPD 模型的分布函数 $F_{\zeta,\lambda}(y)$ 为

$$F_{\zeta,\lambda}(y) = 1 - \left(1 + \frac{\zeta}{\lambda} y\right)^{-1/\zeta} = F_\mu(y) \qquad (\zeta > 0) \tag{6-17}$$

用矩估计法估计参数 ζ、λ。若 W 为服从标准指数分布的随机变量，则定义变量 $Y = -\dfrac{\lambda}{\zeta}\left[1 - \exp(\zeta W)\right]$ 服从 GPD 分布。假设 Y 为来自 GPD 分布的随机变量，由 $Y = -\dfrac{\lambda}{\zeta}\left[1 - \exp(\zeta W)\right]$ 得

$$E\left(1 + \zeta \cdot \frac{Y}{\lambda}\right)^r = Ee^{r\zeta W} = \int_0^{+\infty} e^{-(1-r\zeta)W} dW = \frac{1}{1 - r\zeta} \qquad \left(r \in \{1,2,3,\cdots\}\right) \tag{6-18}$$

由于 $\displaystyle\int_0^{+\infty} e^{-(1-r\zeta)W} dW > 0$，所以只有 $\zeta < 1/r$ 时 $E\left(1 + \zeta \dfrac{Y}{\lambda}\right)^r$ 的矩估计才存在。取 $r = 1$ 和 $r = 2$ 得 Y 的一、二阶矩：

$$\begin{cases} E\left(1 + \zeta \dfrac{Y}{\lambda}\right) = 1 + \dfrac{\zeta}{\lambda} E_Y = \dfrac{1}{1 - \zeta} \\[2mm] E\left(1 + \zeta \dfrac{Y}{\lambda}\right)^2 = 1 + 2\dfrac{\zeta}{\lambda} E_Y + \left(\dfrac{\zeta}{\lambda}\right)^2 E_Y^{\,2} = \dfrac{1}{1 - 2\zeta} \end{cases} \tag{6-19}$$

设 $\bar{y}$、s^2 为样本的均值和方差，并分别代替总体的均值 E_Y 和方差 D_Y，于是得 GPD 参数 λ 和 ζ 的估计为

$$\begin{cases} \hat{\zeta} = \dfrac{1}{2}\left(1 - \dfrac{\bar{y}^2}{s^2}\right) \\[3mm] \hat{\lambda} = \dfrac{1}{2}\bar{y}\left(\dfrac{\bar{y}^2}{s^2} + 1\right) \end{cases} \tag{6-20}$$

由于 $\hat{\zeta} < 1/2$，故上述矩估计是可行的。将 $\hat{\zeta}$、$\hat{\lambda}$ 代入式 (6-17) 即得 $F_\mu(y)$ 的分布函数估计，并将其代入式 (6-16) 得

$$F(x) = 1 - \frac{N}{n}\left[1 + \frac{\hat{\zeta}}{\hat{\lambda}}(x - \mu)\right]^{-1/\hat{\zeta}} \qquad (x > \mu) \tag{6-21}$$

设 P（一般要求 $P \geqslant 95\%$）为显著水平；F^{-1} 为分位函数，是损失分布 $F(x)$ 的逆函数。

于是对于给定显著水平 P 可能损失值 VAR_P 就是损失分布的 $P\text{-}th$ 分位数，即：

$$\mathrm{VAR}_P = F^{-1}(P) = \mu + \frac{\hat{\lambda}}{\hat{\zeta}}\left[\left(\frac{n}{N}(1-P)\right)^{-\hat{\zeta}} - 1\right] \qquad (6\text{-}22)$$

（3）**损失拟合分布**。表 6-10 记录了某地区 1949～2016 年自然灾害造成该地区粮食可比损失超过万吨的数据。由于时间跨度较长，在这期间农业技术水平在逐年提高。为消除农业科技进步对粮食产出的影响，使历史记录能够用于拟合现在或将来的损失分布，所以选用了技术因子来调整损失记录的数据，使其具有可比性。其计算式为：技术因子=当年该地区未遭受自然灾害区域的平均每亩粮食产量／2016 年该地区未遭受自然灾害区域的平均每亩粮食产量；粮食可比减产量=当年该地区遭受自然灾害每亩粮食实际减产量／技术因子。由于篇幅有限，表中删除了粮食可比减产额低于万吨的数据。把粮食可比减产量超过万吨的农业自然灾害作为农业大灾，因而最终保留了 30 条数据记录。

表 6-10　某地 1949～2016 年农业大灾造成的粮食减产损失

编号	当年减产量/万吨	年度	技术因子	可比减产量/万吨	编号	当年减产量/万吨	年度	技术因子	可比减产量/万吨
1	0.2778	1954	0.263	1.0562	16	6.0847	1988	0.782	7.7809
2	1.0478	1983	0.724	1.4472	17	4.0924	1958	0.450	9.0942
3	1.4200	2002	0.925	1.5351	18	7.9684	1987	0.772	10.3217
4	0.3934	1950	0.214	1.8383	19	7.0498	1963	0.570	12.3680
5	1.4177	1982	0.745	1.9030	20	10.3140	1985	0.736	14.0136
6	0.9742	1956	0.385	2.5304	21	16.9163	1997	0.881	19.2013
7	2.8675	2008	0.958	2.9112	22	17.6617	1999	0.890	19.8446
8	1.6640	1969	0.552	3.0146	23	14.9588	1977	0.658	22.7338
9	3.0725	2001	0.911	3.3727	24	32.9511	2016	1.000	32.9511
10	3.3823	2006	0.944	4.0596	25	30.4875	1994	0.723	42.1680
11	3.5156	1995	0.849	4.1409	26	50.4855	2003	0.938	51.3586
12	3.7845	1989	0.790	4.7905	27	52.7767	2013	0.967	54.5778
13	2.2871	1959	0.463	4.9397	28	68.4845	1998	0.886	75.0389
14	4.1975	1991	0.798	5.2600	29	63.2361	1980	0.732	86.3881
15	4.0651	1972	0.644	6.3123	30	51.5230	1961	0.335	153.8000

根据表 6-10 的粮食减产可比损失数据绘制直方图（图 6-9），由图 6-9 可看出该地区粮食减产量的损失分布具有明显的非正态性。为了证实损失分布是否具有厚尾性，用指数 QQ 图进行检验（图 6-10）。

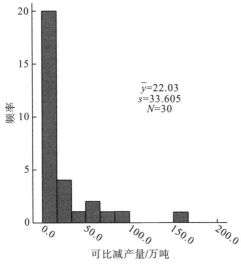

图 6-9　可比损失直方图　　　　　　　图 6-10　可比损失指数 QQ 图

一般地，一个凹面的偏离 QQ 图直线水平被认为是存在一个厚尾分布的特性；一个凸面的偏离 QQ 图直线水平被认为是存在一个短尾分布的特性。由图 6-10 可见，该地区农业大灾粮食减产的损失分布具有明显的厚尾性。

由图 6-9 可知 $\bar{y}=22.03$、$s=33.605$，代入式(6-20)得 $\hat{\zeta}=0.2852$、$\hat{\lambda}=15.7443$，将 $n=60$、$N=30$、$\mu=1$ 代入式(6-21)得该地区粮食减产量损失累计分布函数(图6-11)。

$$F(x)=1-\frac{1}{2}\left[1+0.0181(x-1)\right]^{-3.5063}\qquad(x>1)\qquad(6-23)$$

对式(6-23)求导得该地区粮食减产量损失分布的概率密度函数：

$$f(x)=0.0317\left[1+0.0181(x-1)\right]^{-4.5063}\qquad(x>1)\qquad(6-24)$$

给定显著水平 P 可求得该地区粮食减产量的风险价值：

$$\text{VaR}_P=1+55.2044\left\{\left[2(1-P)\right]^{-0.2852}-1\right\}\qquad(6-25)$$

用 MATLAB 产生该地区随机发生 100 次农业大灾可能的粮食减产数据，随机数的产生分三步：第 1 步，运用命令 R=unifrnd$(0,1,[10,10])$ 产生来自区间$(0,1)$的均匀分布的10×10随机矩阵 R；第 2 步，令 $W=-\ln(1-R)$ 产生以标准指数分布的随机矩阵 W；第 3 步，把式(6-25)的值代入 $Y=-\hat{\lambda}\left[1-\exp(\zeta W)\right]/\hat{\zeta}$，按 $Y=55.2044\left[1-\exp(0.2852W)\right]$、$X=Y+1$ 得到随机矩阵 X，X 各元素升序排列便是该地区随机发生 100 次大的农业灾害可能造成的粮食减产数据(表 6-11)。

表 6-11　某地区农业大灾粮食减产模拟数据　　　　　　　　(单位：万吨)

序号	X	序号	X	序号	X	序号	X
1	1.3081	4	2.0305	7	2.7654	10	3.0083
2	1.7112	5	2.4844	8	2.8355	11	3.3246
3	1.8857	6	2.5524	9	2.8718	12	3.3731

序号	X	序号	X	序号	X	序号	X
13	3.5842	35	9.2761	57	14.6874	79	29.8236
14	3.5385	36	9.3430	58	14.5189	80	33.6361
15	3.6755	37	9.3800	59	14.6520	81	34.1714
16	3.9188	38	9.4417	60	16.3762	82	35.1978
17	4.3678	39	9.6750	61	16.5601	83	35.4916
18	4.4150	40	9.7469	62	16.6534	84	38.4496
19	4.5181	41	10.2838	63	18.7131	85	39.5006
20	4.5760	42	10.4619	64	19.7178	86	41.7084
21	4.9145	43	10.7432	65	19.3558	87	44.4949
22	4.9711	44	10.8629	66	19.8214	88	46.0497
23	5.4955	45	10.8661	67	21.3016	89	48.2377
24	5.9323	46	11.0636	68	21.3124	90	50.0317
25	5.9929	47	12.1382	69	21.7863	91	51.1964
26	6.1201	48	12.3329	70	22.1064	92	54.8220
27	7.2817	49	12.7068	71	22.4063	93	59.0993
28	7.2931	50	12.7132	72	23.0018	94	62.9763
29	7.5247	51	13.4494	73	23.5679	95	67.8730
30	7.6101	52	13.6718	74	24.8738	96	75.5759
31	8.0556	53	13.7694	75	25.1389	97	83.5934
32	8.3686	54	13.8864	76	25.5659	98	119.9824
33	8.5509	55	14.0873	77	27.2327	99	143.8996
34	8.8772	56	14.2403	78	28.8100	100	175.7010

将随机模拟数据与累计分布函数进行拟合(图6-11),二者拟合效果较好,可见用式(6-24)计算该地区发生大的农业自然灾害可能带来的粮食减产具有较高的信度(表6-12)。

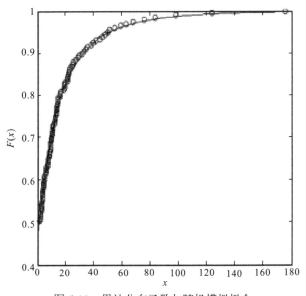

图6-11　累计分布函数与随机模拟拟合

表 6-12   不同置信水平下 VAR 的拟合分布值与随机模拟值比较

置信水平 P	VAR 拟合分布值	VAR 随机模拟值	相对误差
90%	33.1566	33.6361	1.45%
95%	52.2518	50.0371	4.24%
99%	114.2629	119.9824	5.01%

6.5.3 风险控制

风险是一种与机遇并存的不确定性因素。如果种粮大户对风险一味消极回避，就可能与机遇失之交臂。在当前种粮大户风险承受能力普遍较低的情况下，主动管理种粮大户在粮食生产经营过程中可能发生的各种风险（周菁华，2012），对种粮大户持续健康发展十分必要。种粮大户经营的风险管理可主要采用以下四项措施。

（1）**精细管理**。种粮大户粮食生产过程中的很多风险可以通过加强管理予以规避，尤其是一些人工操作风险。比如流转土地过程中的租金上涨过快的风险可采取固定谷物产量租金或浮动租金的租金支付形式，并尽量签订纸质的长期土地流转合同明确土地流转双方的权利和义务。在资本投入方面坚持量力而行，循序渐进发展，在经营规模上不能搞"大跃进"，管理好自己的现金流，把借款利率控制在粮食生产投资收益率范围内。在劳动投入方面，力所能及地用农业机械代替雇工降低生产成本，对必须使用手工劳动或使用手工劳动力的成本更低的情况，也应以自己家庭劳动力为主，减少外部雇工，对外雇用长期农工要按照《劳动法》的要求减少用工风险，对所有雇工要注意防范意外伤害事件，注意劳动安全。在技术采纳方面，尽量采用试验成功的成熟技术，减少技术操作风险。对农资的购买要坚持优质优价，不可为了节省成本，贪图便宜购买假冒伪劣农资，尽量购买信誉高的品牌农资。

（2）**农业保险**。自然灾害风险和产品价格风险可通过购买农业保险的方式进行风险转移。目前，国家对水稻、小麦和玉米等基本谷物推出了灾害损失保险，中央和地方正常负担大部分保费，农民只是象征性地交一点保费，却可以免受自然灾害的损失，让种粮大户规模化粮食生产经营不至于遇到自然灾害而血本无归。比如调查中了解到四川遂宁市政府为种粮大户设立了一款水稻保险产品，农民每亩水稻只需缴纳 6 元保费，再加上财政补贴 9 元，就可以达到每亩 300 元的保额。2014 年一场冰雹导致当地一种粮大户 30 亩水稻颗粒无收，保险公司向种粮大户赔付了 9000 元，大大减少了该种粮大户的经济损失。此外，种粮大户还可以通过购买产品价格保险规避粮食价格下跌的风险。价格保险与我国目前正在试点的农产品目标价格类似，保险公司通常以投保产品近几年的市场价格均值为目标价格，当目前市场粮食价格低于目标价格时，其差额部分将由保险公司对投保种粮大户进行赔付，确保种粮大户的种粮收益稳定地维持在目标价格水平。

（3）**投资组合**。粮食生产有较大的自然风险和市场风险。面对粮食价格的大起大落，种粮大户还可以通过拉伸产业链、提高复种指数、发展多种经营来降低粮食产品的价格风险。设种粮大户耕种 j（$j=1,2,\cdots,m$）品种单一粮食作物的亩均预期收益为 R_j，R_{ji} 为该品

种第 i 种 $(i=1,2,\cdots,n)$ 可能的收益，P_{ji} 是收益率 R_{ji} 发生的概率，则预期收益率 R_j 的风险（用标准差 δ_j 表示）为

$$\delta_j=\sqrt{\sum_{i=1}^{n}\left(R_{ji}-R_j\right)P_{ji}} \qquad (j=1,2,\cdots,m) \qquad (6\text{-}26)$$

设种粮大户同时经营 m 种作物，各种作物的亩均预期收益和占总面积的比重分别为 R_j 和 X_j $(j=1,2,\cdots,m)$，于是可得种粮大户耕种 m 种作物的亩均收益 $\overline{R_p}$ 为

$$\overline{R_p}=\sum_{j=1}^{m}X_jR_j \qquad (6\text{-}27)$$

设各种作物亩均收益的方差分别为 δ_j^2 $(j=1,2,\cdots,m)$，协方差为 δ_{jk} $(k=1,2,\cdots,m)$；当 $k=j$ 时，$\delta_{jk}=\delta_{jj}=\delta_j^2$。则多种经营的组合风险（用标准差 δ_p 表示）为

$$\delta_P=\sqrt[m]{\sum_{j=1}^{m}\sum_{k=1}^{m}X_jX_k\delta_{jk}} \qquad (6\text{-}28)$$

由于通常情况下不会出现 $\delta_{jk}=1$，根据投资组合理论，则

$$\begin{cases} \min\{R_1,R_2,\cdots,R_m\}\leq R_j\leq\max\{R_1,R_2,\cdots,R_m\} \\ \delta_P=\sqrt[m]{\sum_{j=1}^{m}\sum_{k=1}^{m}X_jX_k\delta_{jk}}<\delta_j,\ j=1,2,\cdots,m \end{cases} \qquad (6\text{-}29)$$

由此可见，通过多种经营分散风险，种粮大户的种粮收益更加稳定，而风险则得到降低。比如重庆市垫江县一户种粮大户，他从流转的 1000 亩土地里拿出 300 亩种植栀子、200 多亩种植烟叶，剩下的 500 亩种植粮食，每年的种粮收益稳定地维持在 20 万元左右。河南省永城市一户种粮大户为应对当前粮食价格增长乏力的情况，把流转的 1500 亩土地拿出 500 亩以套作形式种植了储备林，包括法桐、国槐、白蜡等品种，树苗 10 元/株，5 年后可达 60 元/株，每亩 70 株，每亩效益可达 7 万元；100 多亩种葱和蒜，种蒜、种葱的人工成本很高，价格无法预测，可能高得离谱，碰上"蒜你狠"还可以狠赚一笔，是典型的多种经营分散风险模式。

（4）**套期保值**。为了规避粮食价格的市场风险，种粮大户还可以把产出的粮食拿到期货市场进行套期保值。由于种粮大户手中的粮食规模偏小，自身缺乏期货知识和操作技能，因此往往不能直接进入期货市场套期保值，需要通过合作聚合粮食产出规模，依靠龙头企业"背书"。归纳起来，种粮大户参与期货交易主要有三种基本模式：一是较大种粮规模且熟悉期货操作的种粮大户直接参与期货交易；二是种粮大户通过种粮合作社参与期货交易；三是种粮大户通过龙头企业参与期货交易。种粮大户直接参与期货交易是指种粮大户在粮食生产前先以一定的市场价格卖空一批粮食，然后再去组织粮食生产；当粮食即将收割时又以此时的市场价格买入同等数量的期货合约对冲之前卖空的期货合约，此时在现货市场把自己收割的粮食卖出。如果卖空时现货市场粮食价格低，收割时在现货市场买粮是卖了高价的，种粮大户在现货市场盈利；在期货市场上，卖空时的卖出价低，收割时买入平仓的价格高，则期货市场是亏损的。但现货市场的盈利正好与期货市场的亏损相抵，从而实现了套期保值。种粮大户通过合作社参与期货交易的做法与

种粮大户直接参与期货交易类似。种粮大户通过龙头企业参与期货交易是指龙头企业先以一定价格卖空一批粮食期货，然后以略低的价格直接向种粮大户或通过合作社间接向种粮大户发起粮食生产订单，龙头企业在期货市场进行套期保值，种粮大户粮食收割后按订单价格卖给龙头企业，由龙头企业在现货市场销售。

7 新型种粮大户的商业模式

种粮大户规模化种粮不是做慈善，盈利才是存在的核心价值。鉴于粮食是同质化的大宗产品，在完全竞争的市场上盈利困难，本章围绕农业供给侧结构性改革要求设计了粮食产业化效益农业、种养型循环农业、合作化共享农业、预售制众筹农业、消费者体验农业、互联网智慧农业等商业模式，供种粮大户在追求规模经济的同时获得差异化竞争优势决策参考。

7.1 发展产业化效益农业

7.1.1 理论分析

粮食产业化经营涵盖粮食种植、加工、销售与服务等领域，具有劳动密集型的特点，是吸纳农村劳动力就地就近就业的重要载体。但部分种粮大户忽视农业的大尺度性和生态多样性，简单追求"一村一品"和规模化经营，结果是产业链短或链上项目协同度低，农忙时劳动力需求缺口大、农闲时劳动力闲置，劳动、土地、资本没有优化配置，种粮的比较效益低。为此需要以时间为轴线，探讨粮食产业链的纵向延伸和横向组合，提高粮食生产的经济效益。

7.1.2 产业设计

1. 粮食产业化系统构建

在粮食产业链上，往往有多个经营科目，这些科目之间在时间上可能是先后继起关系（接茬），或嵌套关系，或并行重叠关系（套作）。为了充分利用劳动等投入要素，应首先根据当地的生产经营条件和农产品市场需求情况，绘制备选经营科目网络图。绘制方法：若两个经营项目 i 与 j 接茬或套作，则将 i 和 j 之间用单向箭头线连接，即"$i \rightarrow j$"，i 项目提供的劳动工作机会（$\geqslant 0$，单位：天）t_{ij} 标在 i 和 j 之间连线的上方。由于农业生产经营通常以年为周期循环，年初开始的农业科目在年终时列在网络图终端，与年初开工科目形成一个闭环。

2. 粮食产业链纵向迂回

假定网络图上各科目的劳动边际产出相等，若一条产业链上项目提供的劳动工作机会总和最大，则认为该条产业链利用农业劳动力最有效。用大写英文字母 A、B、C、$\cdots$ 表示年初备选项目节点，相应的小写字母 a、b、c、$\cdots$ 表示年初备选项目在年终对应的节点。在网络图上从年初项目节点开始，沿着"→"方向依次探寻从年初项目节点到该项目年终节点的产业链，使该产业链提供的劳动工作机会最多。用 t_{Kk} 表示含年初项目 K（即 $K \to \cdots \to k$）的产业链提供的最大劳动机会。借鉴 Dijkstra 最短路算法，最大劳动机会产业链路径选择过程如下：

第一步，从年初项目 K 节点出发，找出与 K 直接相连的所有节点项目提供的劳动工作机会，假定项目 r 与年初项目 K 提供的劳动工作机会 t_{Kr} 最大，则将其标号为 $(K, t_{Kr})^*$，每个标号点的标号包含两部分：前者表明它的标号是从哪一个项目而来的，后者表示从起点项目到该项目之间链上项目提供的劳动机会总和。

第二步，从已标号项目（已解节点）出发，找出与已标号项目直接相连的所有未标号项目（未解节点），若 $t_{Kq} = \max\limits_{r,q}\left(t_{Kq} + t_{rq}\right)$，则将项目 q 标号，q 成为已解节点。

第三步，重复第二步，直到年初项目 K 在年终的节点 k 成为已解节点。

当 k 标号后，从 k 开始，逆着有"*"标记的项目就可以得到从年初项目 K 到其年终节点 k 之间所有项目提供的劳动机会最多的产业链。当网络中所有从年初备选项目出发、劳动机会最多的产业链均找到后，则整个网络图中劳动机会最多的产业链的劳动机会天数应满足：

$$t = \max\{t_{Aa}, \quad t_{Bb}, \quad t_{Cc}, \quad \cdots\} \tag{7-1}$$

相应地，劳动机会最多的产业链即可找到。剔除已选产业链的各项目节点（其他产业链可用的项目，其节点仍保留在网络图中），在新的网络图中重复运用上述方法，每进行一次就能得到一条劳动机会逐渐减少的产业链；如此反复进行，直到该产业链提供的劳动机会减少到一定程度或余下的项目节点不能构成网络图时，终止产业链的初选。

比较初选出来的各条产业链，剔除那些效益不高、劳动和土地资源消耗较大的产业链，保留经济效益较好的产业链。假设从初选出的产业链中保留了 m 条产业链，产业链上项目数为 n。估算链上各项目的投入产出情况，构造单链收益函数和多链收益函数：

$$\begin{cases} Y_k = g_k\left(L_k, \quad T_k\right), \\ Y = \sum\limits_{i=1}^{m} Y_k, \end{cases} \quad k = 1, 2, \cdots, m \tag{7-2}$$

式中，Y_k 表示第 k 条产业链的年收益（链上项目产出之和）；Y 表示参与横向组合经营产业链的年总收益；L_k 表示投入到第 k 条产业链上的劳动力；T_k 示投入到第 k 条产业链上的土地。

劳动力供给不足时要临时补充人手，供大于需时劳动力闲置有机会成本。因此，一条产业链到底投入多少人手合适也有考究。引入惩罚系数 $M (\gg 0)$，则 L_k 应满足式（7-3）的规划：

$$\begin{cases} \min \quad M\sum\limits_{i=1}^{n}\left|L_k - l_{ki}\right|, \\ \text{s.t.} \quad l_{ki}、L_k \geq 0，且为整数, \end{cases} \quad k = 1, 2, \cdots, m; \quad i = 1, 2, \cdots, n \tag{7-3}$$

式中，l_{ki} 表示第 k 条产业上第 i 个项目所需劳动力。其等价为式（7-4）的规划：

$$\begin{cases} \min \quad M\sum_{i=1}^{n}\left(L_k - l_{ki}\right)^2, \\ \text{s.t.} \quad l_{ki} 、 L_k \geq 0, 且为整数, \end{cases} \quad k=1,2,\cdots,m; \quad i=1,2,\cdots,n \qquad (7\text{-}4)$$

易证明第 k 条产业链最优投入劳力应满足

$$L_k = \left[\frac{1}{n}\sum_{i=1}^{n}L_{ki}\right], \quad L_{ki} \geq 0 \qquad (7\text{-}5)$$

产业链内各项目需要的土地规模可能不一样，土地可以闲置，但不足时不可借入，因此 T_k 应满足

$$T_k = \left[\max\left(T_{k1}, T_{k2}, \cdots, T_{kn}\right)\right], \quad T_{ki} \geq 0 \qquad (7\text{-}6)$$

T_{ki} 表示投入到第 k 条产业内的第 i 个项目所需的土地。式(7-5)、式(7-6)中[·]表示对·取整。

3. 农业产业链横向耦合

随着生产成本的提高，农业生产效益有继续下滑的趋势。即使今后农产品价格有所上涨，政府农业补贴有所增加，相对二、三产业，农业的比较效益仍然很低。假设农业生产要素只有劳动和土地。当前，我国农业投入以土地为主，单位产量占用较多的土地资源，土地资源投入的边际效益很低，甚至为零，出现农地撂荒现象。于是，可简化设置农业生产函数为

$$Y = g(L) \qquad (7\text{-}7)$$

式(7-7)具有性质：① $g(0)=0$；② $\mathrm{d}g(L)/\mathrm{d}L \geq 0$；③ $\mathrm{d}^2 g(L)/\mathrm{d}^2 L \leq 0$。假定农业劳动工资由农业的平均生产率决定，于是

$$w = g(L)/L \geq w_0 \qquad (7\text{-}8)$$

w 表示农业劳动工资、w_0 表示农业劳动力的最低生活水平。对式(7-8)求导：

$$\frac{\mathrm{d}w}{\mathrm{d}L} = \frac{g'\cdot L - g}{L^2} = \frac{g}{L^2}\left(g'\frac{L}{g}-1\right) = \frac{g}{L^2}(d-1) \qquad (7\text{-}9)$$

式中，d 表示农业的劳动产出弹性，$0 \leq d \leq 1$。于是 $\mathrm{d}w/\mathrm{d}L < 0$，表明农业劳动力减少，农业从业人员的工资将上升。所以，农民的就业增收不仅要延长其劳动工作日，还应尽量减少农业劳动力，转移更多的农业劳动力到二、三产业。为此，还应通过产业链的横向组合修匀和减少对农业劳动力的需求，即应满足式(7-10)的规划：

$$\begin{cases} \min \quad L = \sum_{k=1}^{m} L_k, \\ \text{s.t.} \quad L_k \geq 0, \end{cases} \quad k=1,2,\cdots,m \qquad (7\text{-}10)$$

4. 多目标优化模型求解

设 L 表示可供投入的劳动力总量。于是，以追求劳动机会的增加、劳动力数量的减少和农业经营效益的提高为目标的农业产业化路径应满足优化式(7-11)的模型：

$$\begin{cases} \max \quad Y = \sum_{k=1}^{m} g_k\left(L_k, \quad T_k\right), \\ \min \quad L = \sum_{k=1}^{m} L_k, \qquad\qquad k=1,2,\cdots,m \\ \text{s.t.} \quad \begin{cases} \sum_{k=1}^{m} T_k = T, \\ T_k、 L_k \geqslant 0, \text{且取整数}, \end{cases} \end{cases} \qquad (7\text{-}11)$$

模型(7-11)是一个非线性、多目标、整数规划模型，需要进行降维和简化处理。可先将其转化为一个单目标决策的二维资源分配模型：

$$\begin{cases} \max \quad \sum_{k=1}^{m} g_k\left(L_k, T_k\right), \\ \text{s.t.} \quad \begin{cases} \sum_{k=1}^{m} L_k = L, \\ \sum_{k=1}^{m} T_k = T, \qquad k=1,2,\cdots,m \\ L_k、 T_k \geqslant 0, \text{且为整数}, \end{cases} \end{cases} \qquad (7\text{-}12)$$

为了得到该二维资源分配模型的解或近似解，引入拉格朗日乘数 λ，将问题转化为模型：

$$\begin{cases} \max \quad \sum_{k=1}^{m} g_k\left(L_k, T_k\right) - \lambda \sum_{k=1}^{m} L_k, \\ \text{s.t.} \quad \begin{cases} \sum_{k=1}^{m} T_k = T, \qquad k=1,2,\cdots,m \\ T_k、 L_k \geqslant 0, \text{且为整数}, \end{cases} \end{cases} \qquad (7\text{-}13)$$

其中，λ 为一个固定的参数。令降维函数为

$$h_k\left(L_k\right) = h_k\left(L_k, \lambda\right) = \max_{L_k \geqslant 0}\left[g_k\left(L_k, T_k\right) - \lambda L_k\right] \qquad (7\text{-}14)$$

为使此式有意义，设 $\lim_{L_k \to \infty} \dfrac{g_k\left(L_k, T_k\right)}{L_k} = 0$。则

$$\frac{\mathrm{d}\left[h_k\left(L_k\right)\right]}{\mathrm{d}L_k} = \frac{\mathrm{d}\left[g_k\left(L_k, \quad T_k\right)\right]}{\mathrm{d}L_k} - \lambda = 0 \qquad (7\text{-}15)$$

于是，有

$$L_k = L_k\left(T_k, \quad \lambda\right) \qquad (7\text{-}16)$$

将式(7-16)代入式(7-14)，于是问题进一步转化为

$$\begin{cases} \max \quad \sum_{k=1}^{m} h_k\left[T_k\left(\lambda\right)\right], \\ \text{s.t.} \quad \begin{cases} \sum_{k=1}^{m} T_k\left(\lambda\right) = T, \qquad k=1,2,\cdots,m \\ T_k \geqslant 0 \text{且为整数}, \end{cases} \end{cases} \qquad (7\text{-}17)$$

设 S_k 是分配第 k 条至第 m 条农业产业链所需土地之和，得状态转移关系式：

$$S_{k+1} = S_k - T_k \qquad (7\text{-}18)$$

允许决策集合：

$$D_k(S_k) = \{T_k \mid 0 \leq T_k \leq S_k\} \quad (7\text{-}19)$$

令最优值函数 $f_k(S_k)$ 表示以 S_k 单位土地分配第 k 至第 m 条产业链所得最大总收益。其动态规划的递推关系式为

$$\begin{cases} f_k(S_k) = \max\limits_{0 \leq T_k \leq S_k} \{h_k(T_k) + f_{k+1}(S_k - T_k)\}, \\ f_m(S_m) = \max\limits_{T_m = S_m} h_k(T_k), \end{cases} \quad k = 1,2,\cdots,m \quad (7\text{-}20)$$

利用这个递推关系式逆推求解，进行 m 步迭代以后可求得 $f_1(T)$，即为全年各条农业产业链的最优总收益，即：

$$f_1(T) = \max \sum_{k=1}^{m} g_k(L_k, T_k) \quad (k=1,2,\cdots,m) \quad (7\text{-}21)$$

由于上述过程引入了固定参数 λ，因此，T_k、$f_1(T)$ 的最优解是 λ 的函数，即：

$$T_k = T_k(\lambda), \quad f_1(T) = f_1[T(\lambda)] \quad (k=1,2,\cdots,m) \quad (7\text{-}22)$$

于是，问题转化为求解 λ，使其满足式(7-23)所示的模型：

$$\begin{cases} \max\limits_{\lambda} \quad f_1[T(\lambda)], \\ \min\limits_{\lambda} \quad L = \sum\limits_{k=1}^{m} L_k(\lambda), \quad\quad k=1,2,\cdots,m \\ \text{s.t.} \quad L_k \geq 0\,\text{取整数且不同时为}0, \end{cases} \quad (7\text{-}23)$$

将此多目标决策模型转换为单目标优化问题，得式(7-24)所示的优化模型：

$$\begin{cases} \max\limits_{\lambda} \quad \dfrac{f_1[T(\lambda)]}{\sum\limits_{k=1}^{m} L_k(\lambda)}, \quad\quad k=1,2,\cdots,m \\ \text{s.t.} \quad L_k \geq 0\,\text{取整数且不同时取}0, \end{cases} \quad (7\text{-}24)$$

设 λ^* 是式(7-24)的最优解，于是式(7-11)得以求解：

$$\begin{cases} \max \quad \sum\limits_{k=1}^{m} g_k(L_k, T_k) = f_1[T(\lambda^*)], \quad\quad k=1,2,\cdots,m \\ \min \quad L = \sum\limits_{k=1}^{m} L_k(\lambda^*), \end{cases} \quad (7\text{-}25)$$

7.1.3 算例

某种粮大户种地 500 亩，过去一直种水稻，一年一季，亩产值不足 1000 元，年均收益仅 3 万余元，除去生产成本后，所剩无几。在当地，每年 3~4 月是水稻的抢栽期，8~9 月是水稻的抢收期。由于时令和天气的限制，这两段时间经营 500 亩农地一般需要 20 人左右。每年 4~8 月是水稻的生长期，500 亩地的大田管理和作业只需 5 人即可。每年的 10 月至次年的 3 月为农闲时间，500 亩农地的田间蓄水管理只需 1 人即可。近年来，由于农民进城务工收入不断上涨，加之农业生产资料价格不断上涨，农业的比较效益较低，大量青壮劳动力选择进城务工经商，导致该种粮大户在农忙时雇工难、雇工贵，而雇用到的农工也因农闲时农活少而收入低，因此也难以留住人。

根据当地的气候条件、地理位置、农业技术水平和农产品市场需求情况，500亩农地可以集中起来经营表7-1所示的农业项目。将表7-1所示的备选农业项目绘制成图7-1所示的项目网络图。根据图7-1进行产业链的初选，得链长 $t_1 = \max(t_{Aa},\ t_{Bb},\ t_{Cc},\ t_{Dd}) = t_{A1} + t_{1a} = 90 + 140 = 230$，其中 $t_{Aa} = t_{A1} + t_{1a}$、$t_{Bb} = t_{B2} + t_{24} + t_{4b}$、$t_{Cc} = t_{C3} + t_{35} + t_{5c}$、$t_{Dd} = t_{D3} + t_{35} + t_{5d}$ 通过最大劳动机会产业链路径选择获得。于是得到第一条产业链路径：$A \to 1 \to a$。剔除项目节点1（节点 A 和 a 其他产业链还能利用，仍然保留在网络图中），得图7-1所示的网络图。在图7-1所示的网络图中进行产业链的初选，得到链长 $t_2 = \max(t_{Aa},\ t_{Bb},\ t_{Cc},\ t_{Dd}) = t_{D3} + t_{35} + t_{5d} = 80 + 50 + 90 = 220$，其中 $t_{Aa} = t_{A2} + t_{24} + t_{4a}$、$t_{Bb} = t_{B2} + t_{24} + t_{4b}$、$t_{Cc} = t_{C3} + t_{35} + t_{5c}$、$t_{Dd} = t_{D3} + t_{35} + t_{5d}$ 通过最大劳动机会产业链路径选择获得。于是得到第二条产业链路径：$D \to 3 \to 5 \to d$。重复上述过程，可得：网络图7-3，第三条产业链长 $t_3 = 210$，其路径为 $C \to 3 \to 5 \to c$；网络图7-4，第四条产业链长 $t_4 = 200$，其路径为 $A \to 2 \to 4 \to a$；网络图7-5，第五条产业链长 $t_5 = 190$，其路径为 $C \to 3 \to 4 \to c$；网络图7-6，余下两条等长的产业链 $B \to 2 \to 4 \to b$、$C \to 2 \to 4 \to c$，链长 $t_6 = t_7 = 180$。综上所述，该农业大户500亩农地有七条备选农业产业链，如表7-2所示。

表7-1 备选农业项目

项目代码	项目名称	劳动机会/天	项目说明
$A(a)$	水稻种植	90	年初项目，加工、大米出售，糠为生猪饲料
$B(b)$	玉米种植	70	年初项目，与大豆立体套作、加工成生猪饲料
$C(c)$	黄花种植	70	年初项目，加工、保鲜及出售
$D(d)$	蔬菜种植	80	年初项目，大棚反季蔬菜与四季时令蔬菜种植
1	鳝鱼饲养	140	与水稻套作，鲜活出售
2	油菜种植	40	含加工，菜油出售、油渣为生猪饲料
3	牧草种植	50	生猪或肉兔食料
4	生猪养殖	70	肥猪出售
5	肉兔养殖	90	含加工出售和鲜活出售

注：年初项目按1单位（100亩）土地投入规模计算，其他项目以利用对应年初项目资源规模为前提。

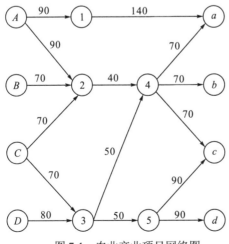

图7-1 农业产业项目网络图

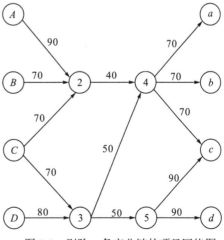

图7-2 剔除一条产业链的项目网络图

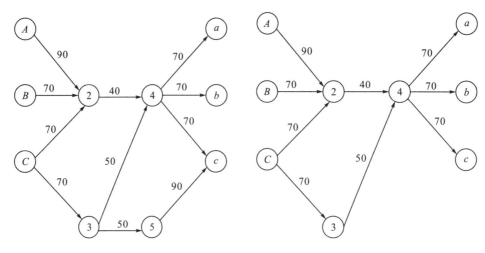

图 7-3 剔除两条产业链的项目网络图   图 7-4 剔除三条产业链的项目网络图

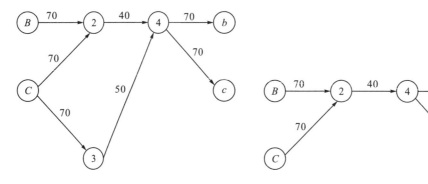

图 7-5 剔除四条产业链的项目网络图   图 7-6 剔除五条产业链的项目网络图

因第 4~7 条备选产业链提供的有效劳动机会不多,农业经济效益相对第 1~3 条产业链较低,最终以水稻鳝鱼立体养殖、蔬菜套种养兔牧草和黄花套种养兔牧草三条产业链进行产业链的横向组合。

表 7-2 备选农业产业链

序号	长度	路径	产业链含义
1	230	$A \rightarrow 1 \rightarrow a$	水稻鳝鱼立体养殖。鳝鱼捕捞后鲜活上市,稻谷收割后深加工成食品进入超市
2	220	$D \rightarrow 3 \rightarrow 5 \rightarrow d$	蔬菜套种养兔牧草。反季节及时令蔬菜与牧草套种,用牧草规模化肉兔养殖并加工
3	210	$C \rightarrow 3 \rightarrow 5 \rightarrow c$	黄花套种养兔牧草。黄花采摘后加工、包装成干黄花上市,牧草喂兔,肉兔规模化养殖和加工
4	200	$A \rightarrow 2 \rightarrow 4 \rightarrow a$	水稻与油菜轮作,稻谷和油菜深加工进入超市,副产品做生猪饲料养生猪
5	190	$C \rightarrow 3 \rightarrow 4 \rightarrow c$	黄花套种养猪蓄草。黄花采摘后加工、包装成干黄花上市,蓄草生猪饲养
6	180	$B \rightarrow 2 \rightarrow 4 \rightarrow b$	玉米与大豆套种、油菜轮作,玉米、大豆、油菜深加工进入超市,副产品做生猪饲料养猪
7	180	$C \rightarrow 2 \rightarrow 4 \rightarrow c$	黄花与油菜轮作,黄花和油菜深加工进入超市,副产品做生猪饲料养猪

通过对水稻鳝鱼立体养殖、蔬菜套种养兔牧草和黄花套种养兔牧草三条产业链各自投入-产出情况的估算，得第一条产业链(水稻鳝鱼立体养殖)生产函数 $g_1(L_1, T_1)=8L_1^{1/2}T_1^{1/4}$、第二条产业链(蔬菜套种牧草养兔)生产函数 $g_2(L_2, T_2)=2L_{21}^{1/2}T_2$、第三条产业链(黄花套种牧草养兔)生产函数 $g_3(L_3, T_3)=4L_3^{1/2}T_3^{1/2}$。收益函数中，$L$ 表示投入产业链中的劳动力(单位：人)、T 表示投入产业链中的土地量(1 单位=100 亩)。将三条产业链各自的生产函数代入式(7-13)~式(7-17)，运算结果如表 7-3 所示。将表 7-3 所示的结果代入模型计算过程的式(7-16)~式(7-20)进行逆推求解。

表 7-3　备选产业链生产函数、降维函数和投入土地

产业链 k	生产函数 $g_k(L_k, T_k)$	降维函数 $h_k(T_k)$	投入土地单位数 L_K
1	$8L_1^{1/2}T_1^{1/4}$	$16T_1^{1/2}/\lambda$	$16T_1^{1/2}/\lambda^2$
2	$2L_{21}^{1/2}T_2$	T_2^2/λ	T_2^2/λ^2
3	$4L_3^{1/2}T_3^{1/2}$	$4T_2/\lambda$	$4T_2/\lambda^2$

当 $k=3$ 时，设将 S_3 单位的土地 $(S_3=0,1,2,3,4,5)$ 全部分配给黄花套种养兔牧草产业链，则最大收益为：$f_3(S_3)=\max[h_3(T_3)]$，其中 $T_3=S_3=0,1,2,3,4,5$。因此时只有一条产业链，土地资源全部配置给这条产业链，故总收益值就是该条产业链的最大收益值。数值计算见表 7-4。

表 7-4　$k=3$ 时的数值计算

	$h_3(T_3)$						$f_3(S_3)$	T_3^*
	0	1	2	3	4	5		
0	0						0	0
1		$4/\lambda$					$4/\lambda$	1
2			$8/\lambda$				$8/\lambda$	2
3				$12/\lambda$			$12/\lambda$	3
4					$16/\lambda$		$16/\lambda$	4
5						$20/\lambda$	$20/\lambda$	5

当 $k=2$ 时，设将 S_2 单位的土地 $(S_2=0,1,2,3,4,5)$ 分配给蔬菜套种养兔牧草产业链和黄花套种养兔牧草产业链，其中 T_2 单位土地分配给蔬菜套种养兔牧草产业链，余下的 S_2-T_2 单位土地分配给黄花套种养兔牧草产业链。则 S_2 的每一个取值对应的最优分配方案为：$f_2(S_2)=\max[h_2(T_2)+f_3(S_2-T_2)]$，$T_2=0,1,2,3,4,5$。数值计算见表 7-5。

表 7-5　$k=2$ 时的数值计算

	$h_2(T_2)+f_3(S_2-T_2)$						$f_2(S_2)$	T_2^*
	0	1	2	3	4	5		
0	$0+0$						0	0
1	$0+\dfrac{4}{\lambda}$	$0+\dfrac{1}{\lambda}$					$\dfrac{4}{\lambda}$	0
2	$0+\dfrac{8}{\lambda}$	$\dfrac{4}{\lambda}+\dfrac{1}{\lambda}$	$0+\dfrac{4}{\lambda}$				$\dfrac{8}{\lambda}$	0
3	$0+\dfrac{12}{\lambda}$	$\dfrac{8}{\lambda}+\dfrac{1}{\lambda}$	$\dfrac{4}{\lambda}+\dfrac{4}{\lambda}$	$0+\dfrac{9}{\lambda}$			$\dfrac{12}{\lambda}$	0
4	$0+\dfrac{16}{\lambda}$	$\dfrac{12}{\lambda}+\dfrac{1}{\lambda}$	$\dfrac{8}{\lambda}+\dfrac{4}{\lambda}$	$\dfrac{4}{\lambda}+\dfrac{9}{\lambda}$	$0+\dfrac{16}{\lambda}$		$\dfrac{16}{\lambda}$	0, 4
5	$0+\dfrac{20}{\lambda}$	$\dfrac{16}{\lambda}+\dfrac{1}{\lambda}$	$\dfrac{12}{\lambda}+\dfrac{4}{\lambda}$	$\dfrac{8}{\lambda}+\dfrac{9}{\lambda}$	$\dfrac{4}{\lambda}+\dfrac{16}{\lambda}$	$0+\dfrac{25}{\lambda}$	$\dfrac{25}{\lambda}$	5

当 $k=1$ 时，设将 S_1 单位的土地 $(S_1=5)$ 全部分配给这三条产业链，其中 T_1 单位土地分配给水稻鳝鱼立体养殖产业链，余下的 S_1-T_1 单位土地分配给蔬菜套种养兔牧草产业链和黄花套种养兔牧草产业链。S_1 单位的土地 $(S_1=5)$ 全部配置给这三条产业链时总收益最大的分配方案为：$f_1(5)=\max\left[h_1(T_1)+f_2(5-T_1)\right]$，$T_1=0,1,2,3,4,5$。数值计算见表 7-6。

表 7-6　$k=1$ 时的数值计算

	$h_1(T_1)+f_2(5-T_1)$						$f_1(5)$	T_1^*
	0	1	2	3	4	5		
5	$\dfrac{25}{\lambda}+0$	$\dfrac{16}{\lambda}+\dfrac{16}{\lambda}$	$\dfrac{12}{\lambda}+\dfrac{16\sqrt{2}}{\lambda}$	$\dfrac{8}{\lambda}+\dfrac{16\sqrt{3}}{\lambda}$	$\dfrac{4}{\lambda}+\dfrac{32}{\lambda}$	$0+\dfrac{16\sqrt{5}}{\lambda}$	$\dfrac{36}{\lambda}$	4

根据表 7-6→表 7-5→表 7-4，可知最优方案为水稻鳝鱼立体养殖与黄花套种养兔牧草组合。这时，最优投入劳力为 $32/\lambda^2+4/\lambda^2=36/\lambda^2$，最大收益为 $36/\lambda$，代入式 (7-20)、式 (7-21) 计算，得最优解 $\lambda^*=2$。于是，最优组合经营方案：水稻鳝鱼立体养殖投入土地 4 个单位（400 亩）、劳力 8 人，黄花套种养兔牧草投入土地 1 个单位（100 亩）、劳力 1 人。即 500 亩农地仅需劳力 9 人，全年总产值 18 万元，人均农业劳动年产值 2 万元，实现了农业劳动力的有效利用和农业经济效益的提高等多重目标，促进了种粮大户的增收和农业的增产。由此可见，在既定的生产技术水平和农业气候条件下，农地和劳动的不同比例关系、数量规模、配置方向显著地影响着农业劳动力的就业增收，通过纵向延伸粮食产业链、横向优化组合农林牧渔副业和农副产品加工各业，实行农业产业组合经营，可以较大程度地避免农忙时农业劳动力缺口大、农闲时农业劳动力闲置等问题，实现农业要素投入的有效利用和种粮经济效益的显著提高。

7.2　发展种养加循环农业

7.2.1　理论分析

纯粹从产出的角度看，单位面积土地进行种植业养活的人口数量要远远高于从事畜牧业养活的人口数量，前者是后者的6~7倍。所以，只要具备发展种植业的基本条件，人们基本上都会全力发展种植业，试图获得最大产出，从而最大限度地满足人口增长所带来的粮食需求。但从长期发展的角度来看，实行种养结合反而更有利于农业的长远发展。种养结合的优势主要体现在以下几个方面。

(1) **有利于缓解劳动力稀缺问题**。农业劳动力可分为常年农业劳动力和农忙农业劳动力两类。常年农业劳动力主要从事农业生产的日常护理，是农业生产的长期性需求，农业生产对常年的农业劳动力需求量少。农忙农业劳动力是农业生产的暂时性劳动力需求，最为典型的是农作物收获季节的劳动，比如小麦收割时需要增加大量劳动力来进行收割、脱粒、晾晒和入库，否则拖延到雨季农作物就会遭到巨大损失。在这种情况下，农民会陷入两难的境地：如果不增加劳动人手，固然可以控制劳动投入成本，但农业产出可能降低，甚至还会面临无法完成农业劳动的风险；如果增加劳动人手，则意味着劳动投入成本巨大，投入产出无法预期。但是，如果采取种养结合的模式，农业劳动力分为从事种植业的常年劳动力和从事养殖业的常年劳动力，两者在农忙收获时节可以相互调剂，无须再临时聘用农忙劳动力，从而实现了在岗农业劳动力的充分就业。

(2) **有利于保护农地生态**。随着人口增长和土地资源的饱和，土地耕作会逐步由休耕、轮耕向永耕转变，从而导致土壤肥力下降。为了增加产出，人们往往会对土地进行深度开发，一方面通过精耕细作和增加劳动投入获得增长效应，另一方面通过增加农药、化肥等现代性农业技术提高单位面积土地产出率，导致垦殖过度，使农地基本生态遭到破坏。而通过种养结合，养殖业动物的粪便可作为土地的肥料，提高土壤肥力，减少对化学农业的过度依赖。

(3) **有利于优化产业结构**。种养结合改善了农村传统的单一种植产业，以较低的代价满足了人类温饱需求，优化了消费结构。养殖业的发展也需要种植业为其提供饲料，这使得种养结合的循环农业能够实现种植业与养殖业的有机结合，从而促进农业格局的合理化。

7.2.2　模式设计

以某种养结合的种粮大户为例，该种粮大户除了规模化种粮，还办起了一个存栏量达到1万头的规模化生猪养殖，1年产生粪便3600多吨、污水2400多吨。该种粮大户以养猪场为基础，以市场需求为导向，以农村劳动力的有效利用和产业生态循环为手段，按照投入产出物料平衡、物质代谢生态平衡和季节时令连续的要求整合产业链，通过农业废弃物的无害化与资源化利用，实现种植业、养殖业及农产品加工业之间的有效沟通与耦合，形成具有规模经济和生态效益的循环经济永续发展系统。

图 7-7　循坏农业的循环流图

（1）**产业项目的采集。**根据当地的土壤、气候、季节、产业基础和市场需求，结合当地农户提供、农业专家建议和文献资料查找等办法，收集了表 7-7 所示的产业项目。

表 7-7　当地适宜的种养项目

项目代码	项目名称	单位产值/元	持续时间及必要说明
（1），Ⅰ	马铃薯	3200	跨年度，10 月下旬至 11 月中旬催芽，生长期为 12 月初至次年 3 月
（2），Ⅱ	紫色马铃薯	3600	跨年度，10 月下旬至 11 月中旬催芽，生长期为 12 月初至次年 3 月
（3），Ⅲ	黑麦草	2100	跨年度，11 月上旬至次年 3 月底
（4），Ⅳ	榨菜	1800	跨年度，9 月上旬至 10 月中旬播种，次年 3 月下旬至 4 月中旬采收
（5），Ⅴ	季节性蔬菜	—	跨年度，根据土地闲置情况全年内机动安排
（6）	干玉米	2800	两季：4 月 6～15 日至 7 月 17～20 日；8 月 10～15 日至 11 月 27～30 日
（7）	青贮玉米	2400	两季：4 月 6～15 日至 7 月 10～15 日；8 月 10～15 日至 10 月 17～20 日
（8）	苜蓿	2000	春播时间为 3～4 月，夏播为 6～7 月，秋播为 8～9 月，尾茬在 10 月底
（9）	紫薯	3200	4 月 17～20 日至 10 月 20 日
（10）	青蒿	2800	3 月初至下旬播种，8 月中下旬收割
（11）	皇竹草	3000	3～10 月(有冻霜年份)；全年(无冻霜年份)
（12）	养牛	15000	全年，用于消纳种植的牧草
（13）	养蚯蚓	—	全年，用于消纳养牛的粪污
（14）	养鸡	4400	全年，用于消纳养殖的蚯蚓，采取林下天然放养形式
（15）	养鱼	4000	全年，用于消纳牧草和蚯蚓
（16）	养猪	—	全年，已经存在，它只为产业循环提供沼气生产原料

注：①种植业按亩计算产量，鸡、鱼按每亩水域或林地年均容纳的数量计算，牛按头计算产量；②价格按当地市场价计算，单位产值等于单位产量乘以价格(单位：元)；③"—"表示对该项目主要起循环作用，产值忽略不计；④跨年度项目年初用阿拉伯数值代码表示，年末用希腊字母代码表示。

（2）**产业项目的选择。**通过沼气系统将养殖产生的粪污转化为沼气(甚至发电)、沼液(制造高效液体肥)、沼渣(制造固体有机肥)，然后运用高效液体肥、固体有机肥进行有机种植，生产有机养殖所需的牧草、粗料和精料，有机养殖的粪污作为沼气系统热、电、肥一体化的原材料，从而使整个产业链处于一个封闭的系统，基本做到养殖不用外来的添加剂饲料、种植不用化肥，达到降低产业生产成本、提高农产品的品质、增加农业经营效益的目的(图 7-7)。由于养猪场在整个项目体系中只是为热、电、肥沼气系统提供粪污原材料，因此，项目的产业主线是种植养牛所需的有机牧草及精料，同时为沼气系统生产有机肥料，并通过轮作让耕地和农村劳动力一年四季得以充分利用，项目中也涉及一些经济作物种植，于是构建图 7-8 所示的网络图。

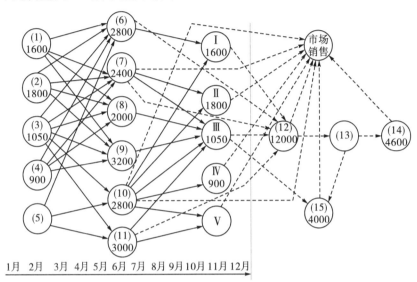

图 7-8 循环农业产业项目网络图

注：①项目在时间轴上按持续的时间先后顺序罗列，同一项目跨年度的分年前、年后在时间轴的起端和终端分别列出；②图中竖线左侧为种植项目，右侧为部分养殖项目；③圆圈内的数值序号为项目代码、数值为单位产值，跨年度的项目单位产值在年初、年终各计一半；④有向实线表示种植项目间的轮作关系，有向虚线表示项目间的食物链关系，有向点划线表示项目成果退出系统进入市场出售。

(3) **对种植项目进行产业链选择**。首先沿着有向实线箭头的方向，逐一列出年初和年末项目序号相同(前者为阿拉伯数值代码，后者为希腊字母代码)的产业链。然后按最大流算法进行产业链的选择，按照单位产值总和最大的要求进行排序，表 7-8 列出了位于前八位的产业链。由于青贮玉米、青蒿种植已有市场订单，且重庆市牛肉主要靠从外地进购，市场对牛肉的需求旺盛，所以必须发展肉牛养殖，而肉牛养殖的牧草靠种植黄竹草、黑麦草解决，肉牛养殖的精料靠种植干玉米、马铃薯解决。基于此，产业项目将选择(1)→(6)→Ⅰ、(2)→(7)→Ⅱ、(3)→(7)→Ⅲ、(3)→(11)→Ⅲ、(3)→(10)→Ⅲ等几条产业链进行系统耦合。

表 7-8 种植业项目产业链

序号	产业链	亩产值/元	序号	产业链	亩产值/元
1	(1)→(6)→Ⅰ	6000	5	(3)→(11)→Ⅲ	5100
2	(2)→(7)→Ⅱ	6000	6	(3)→(10)→Ⅲ	4900
3	(3)→(7)→Ⅲ	5500	7	(3)→(8)→Ⅲ	4100
4	(3)→(9)→Ⅲ	5300	8	(5)→(11)→Ⅴ	3000

（4）**产业生态的耦合**。在图 7-8 中删除其他未进入产业系统的项目，整理得图 7-9 所示的产业项目系统图。

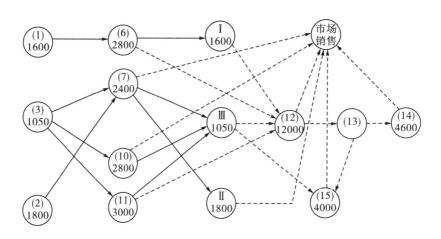

图 7-9　产业项目系统图

将农业废弃物资源化生态利用的热、电、肥沼气系统加入产业项目系统，得图 7-10 所示的产业循环流程图。由于产业链的生产函数不易确定，加上系统的约束条件太多，不宜采用产业链横向耦合法进行产业生态的耦合，所以采用线性规划的方法进行耦合。

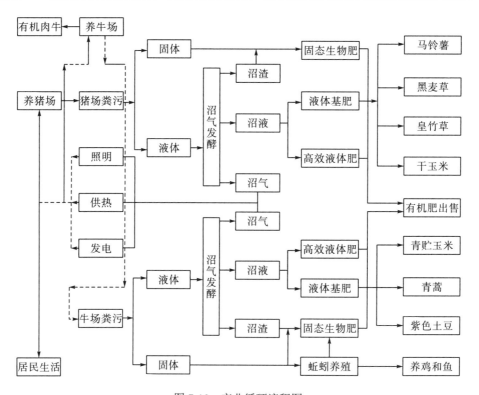

图 7-10　产业循环流程图

7.2.3 算例分析

(1) **目标函数**。目标函数应使利润最大化，为简化计算，这里用产值最大化替代。产业系统的主要产出是肉牛、肉鸡、鱼、青贮玉米、青蒿、紫色土豆，设肉牛的年出栏数为 x_1 头、林下养鸡 x_2 亩、鱼塘为 x_3 亩、产业链(2)→(7)→Ⅱ种植 x_4 亩、产业链(3)→(10)→Ⅲ种植 x_5 亩、产业链(3)→(7)→Ⅲ种植 x_6 亩、产业链(3)→(11)→Ⅲ种植 x_7 亩，于是紫色马铃薯种植面积为 x_4 亩、青蒿种植面积为 x_5 亩、皇竹草种植面积为 x_7 亩、干玉米和马铃薯种植面积为 x_8 亩、青贮玉米种植面积为 $x_4 + x_6$ 亩、黑麦草种植面积为 $x_5 + x_6 + x_7$ 亩。目标函数为

$$\max \ 12000x_1 + 4400x_2 + 4000x_3 + 3600x_4 + 2400(x_4 + x_5) + 2800x_5 \qquad (7\text{-}26)$$

(2) **物料约束**。由于肉牛养殖以黑麦草、皇竹草为牧草，以干玉米、马铃薯[①]为精料，根据牛从牛犊到出栏的生长发育需要，牧草和精料之间量的配比应低于 8∶1，于是有

$$[8x_7 + 5(x_5 + x_6 + x_7)] : (2x_8 \times 0.20 + 0.6x_8) \leqslant 8 : 1 \qquad (7\text{-}27)$$
$$(2x_8 \times 0.2 + 0.6x_8) \geqslant 2x_1 \qquad (7\text{-}28)$$

(3) **肥料约束**。存栏 1 万头生猪年产生粪便 1.2 万吨，可生产有机肥 5000 吨。设：种植 1 亩马铃薯需有机肥 0.5 吨；种植 1 亩玉米需有机肥 1 吨；种植 1 亩黑麦草需要有机肥 1 吨；种植 1 亩皇竹草需要有机肥 2.5 吨；种植 1 亩青贮玉米需要有机肥 0.65 吨；种植 1 亩青蒿需要有机肥 0.5 吨；种植 1 亩紫色土豆需要有机肥 0.5 吨；1 头牛年产粪可制成有机肥 4 吨。于是有

$$1 \times (x_5 + x_6 + x_7) + 2.5x_7 + (0.5 + 1.0)x_8 \leqslant 5000 \qquad (7\text{-}29)$$
$$0.65 \times (x_4 + x_6) + 0.5x_4 + 0.5x_5 \leqslant 4x_1 \qquad (7\text{-}30)$$

(4) **环境约束**。该村农业用地共计 4500 亩，其中适宜牧场种植的低洼田地 2500 亩，适宜玉米种植的丘陵坡地 1800 亩，适宜庭院鸡放养的林地 110 亩，适宜有机鱼养殖的水域面积 90 亩，所以有

$$x_2 + x_3 + x_4 + x_5 + x_6 + x_7 + x_8 \leqslant 4500 \qquad (7\text{-}31)$$
$$x_4 + x_8 \leqslant 2500 \qquad (7\text{-}32)$$
$$x_5 + x_6 + x_7 \leqslant 1800 \qquad (7\text{-}33)$$
$$x_2 \leqslant 110 \qquad (7\text{-}34)$$
$$x_3 \leqslant 90 \qquad (7\text{-}35)$$

(5) **激励约束**。综合式(7-26)~式(7-35)，整理得到目标约束函数：

[①] 皇竹草亩产按 8 吨计算、黑麦草亩产按 6 吨计算、土豆亩产按 2 吨计算、干玉米两季亩产按 0.6 吨计算，1 吨马铃薯的营养价值相当于 0.2 吨干玉米；1 头牛犊育到出栏需要 2 吨以上与干玉米等量的精饲料。

$$\begin{cases} \max: 12000x_1 + 4400x_2 + 4000x_3 + 6000x_4 + 2800x_5 + 2400x_6 \\ \text{s.t.}\begin{cases} 5x_5 + 5x_6 + 13x_7 - 8x_8 \leqslant 0 \\ 2x_1 - x_8 \leqslant 0 \\ x_5 + x_6 + x3.5x_7 + 1.5x_8 \leqslant 5000 \\ -4x_1 + 1.15x_4 + 0.5x_5 + 0.65x_6 \leqslant 0 \\ x_2 + x_3 + x_4 + x_5 + x_6 + x_7 + x_8 \leqslant 4500 \\ x_4 + x_8 \leqslant 2500 \\ x_5 + x_6 + x_7 \leqslant 1800 \\ x_2 \leqslant 110 \\ x_3 \leqslant 90 \\ x_1, x_2, x_3, x_4, x_5, x_6, x_7, x_8 \geqslant 0 \end{cases} \end{cases} \tag{7-36}$$

用 MATLAB 软件对式(7-36)进行最优化计算，得

$$\begin{cases} x_1 \approx 500 \\ x_2 = 110 \\ x_3 = 90 \\ x_4 \approx 800 \\ x_5 \approx 200 \\ x_6 \approx 1400 \\ x_7 \approx 200 \\ x_8 \approx 1700 \end{cases} \tag{7-37}$$

由此可知，整个项目按照 800 亩"紫色马铃薯-青贮玉米"、200 亩"黑麦草-青蒿"、1400 亩"黑麦草-青贮玉米"、200 亩"黑麦草-皇竹草"、1700 亩"马铃薯-干玉米"进行种植布局，时令安排见表 7-7。年养殖肉牛 500 头，林下养殖 110 亩，水产养殖 90 亩。具体经济指标见表 7-9。

表 7-9 项目运行的经济指标

项目名称	经营规模	年产量	年产值/万元	年纯收入/万元
肉牛养殖	500 头	400 吨	480	100
林下养鸡	110 亩	15 吨	45	10
鱼塘养鱼	90 亩	90 吨	90	20
紫马铃薯	800 亩	400 吨	400	70
青蒿种植	200 亩	50 吨	30	10
青贮玉米	2200 亩	6600 吨	400	80
干玉米	1700 亩	1020 吨	—	中间循环
马铃薯	1700 亩	3400 吨	—	中间循环
黑麦草	1800 亩	9000 吨	—	中间循环
皇竹草	200 亩	1600 吨	—	中间循环
沼气发电	—	300 万度	—	中间循环

项目名称	经营规模	年产量	年产值/万元	年纯收入/万元
液体肥	—	5000 吨	—	中间循环
生物肥	—	5000 吨	—	中间循环
花卉肥	—	1000 吨	200	50
合计	—	—	1625	340

7.3 发展城乡互助型农业

7.3.1 理论分析

城乡互助农业(community supported agriculture,CSA)亦称社区支持农业,指城市社区消费者跳过中间流通环节,深度参与并引导农业生产者按照"生产有标准、过程可监控、质量可追溯"的"生态、健康、营养、安全"要求绿色生产,从田间到厨房直接配送,它发源于 20 世纪 70 年代的瑞士,并很快在日本、欧洲和美国得到快速发展。近年来,CSA 开始在我国兴起,成为解决我国农产品质量安全问题的一条新路径。但从运行情况看,由于消费者碎片化高度分散导致交易成本高,消费者参与 CSA 后不满意而退出的居多,导致 CSA 只能小众化。CSA 本质是消费与生产的直销,核心是消费者预付定金支持农业,关键是生产者与消费者能否有效对接。我国现实情况是通过专业合作社等形式组织起来的农业生产者与碎片化分散的城市社区消费者对接困难,而最好的方式是组织与组织对接,既有利于消费者内部协调,又有利于消费者和生产者公平对话。

Farmigo 是 2013 年开始在美国兴起的一种连接农场和消费者的生鲜电商平台,农场利用它可以在线向消费者展示农产品绿色生产过程并进行产品预售,消费者利用它可直接向农场预购自己合意的产品。Farmigo 创造性地打造了"食物社区"的概念,将地理位置相近的消费者以食物社区为单位和当地农场连接起来,每个食物社区在 Farmigo 都有专门的购物网页,食物社区由带头人发起并邀请至少 20 个朋友或者邻居加入,带头人既是食物社区的消费者,也是食物社区的组织者,还是农场在食物社区的促销员(农场拿出食物社区销售额的 10%作为带头人的奖励),带头人定期将农场的产品链接到食物社区购物网页供消费者预购,农场在销定后规模化地整车直接配送到食物社区取货点让消费者自提,从而较好地解决了生鲜电商最大的问题——物流成本和仓储费用。Farmigo 的"食物社区"组织形式正好可以解决我国 CSA 的消费者组织化问题。

7.3.2 模型构建

1. 消费者通过食物社区聚合

设有 n 个消费者成为某食物社区的参与者,其中第 i 个消费者的购买量为 λ_i,E_i 为该消费者购买过程中的时间、精力、体力及货币投入品组合,对应成本为 C_i,并假定 $C_i = E_i^2$。设该消费者未与其他消费者聚合为食物社区之前单独购买行为获得的价值(含产品价值、

服务价值、形象价值等)为 $Z_i = \lambda_i E_i$，于是可得第 i 个消费者的顾客让渡价值为

$$U_i = Z_i - C_i = \lambda_i E_i - E_i^2 \qquad (i=1,2,\cdots,n) \qquad (7\text{-}38)$$

当消费者聚合到食物社区以后，一个消费者的消费体验通过信息共享成为其他消费者的共同知识，单个消费者时间维度的多样化波动需求通过众多消费者的参与聚合为批量化均匀需求，也便于生产者组织生产供应，从而让食物社区的所有消费者受益，因此单个消费者对食物社区的参与投入对其他参与者存在价值外溢，设 $\delta_i > 0$ 为第 i 个消费者受益于其他消费者消费投入的外溢系数，则此时该消费者的消费价值与顾客让渡价值分别为

$$Z_i^0 = \lambda_i \left[1 + \delta_i \left(\sum_{j=1}^{i-1} E_j + \sum_{j=i+1}^{n} E_j \right) \right] E_i \qquad (i=1,2,\cdots,n) \qquad (7\text{-}39)$$

$$U_i^0 = \lambda_i \left[1 + \sigma_i \left(\sum_{j=1}^{i-1} E_j + \sum_{j=i+1}^{n} E_j \right) \right] E_i - E_i^2 \qquad (i=1,2,\cdots,n) \qquad (7\text{-}40)$$

假定消费者是同质化的，不妨设 $\lambda_i = \lambda$、$\delta_i = \delta$，得食物社区所有消费者的顾客让渡价值为

$$U = \sum_{i=1}^{n} U_i^0 = \sum_{i=1}^{n} \left\{ \lambda \left[1 + \delta \left(\sum_{j=1}^{i-1} E_j + \sum_{j=i+1}^{n} E_j \right) \right] E_i - E_i^2 \right\} \qquad (7\text{-}41)$$

式(7-41)是由 E_i $(i=1,2,\cdots,n)$ 决定的多元连续函数，其 Hessian 矩阵为

$$\boldsymbol{H} = \begin{bmatrix} -2 & 2\delta\lambda & \cdots & 2\delta\lambda \\ 2\delta\lambda & -2 & \cdots & 2\delta\lambda \\ \vdots & \vdots & & \vdots \\ 2\delta\lambda & 2\delta\lambda & \cdots & -2 \end{bmatrix}_{n\times n}$$

计算得 $|\boldsymbol{H}| = (-2)^n (1+\delta\lambda)^{n-1} [1 - \delta\lambda(n-1)]$。由 $\lambda=1/n$、$0<\delta<1$ 知 $1-\delta\lambda(n-1)>0$，由此得 $\boldsymbol{H}$ 的所有奇数阶顺序主子式小于零、所有偶数阶顺序主子式大于零，可判断 $\boldsymbol{H}$ 为负定矩阵，式(7-41)存在极大值。对式(7-41)求一阶最优化条件，得极大值点 $(E_1,E_2,\cdots,E_n)$ 满足：

$$\begin{cases} \dfrac{\partial U}{\partial E_1} = \lambda \left[1 + 2\delta(E_2+E_3+\cdots+E_n) \right] - 2E_1 = 0 \\ \dfrac{\partial U}{\partial E_2} = \lambda \left[1 + 2\delta(E_1+E_3+\cdots+E_n) \right] - 2E_2 = 0 \\ \qquad\qquad\qquad \cdots \\ \dfrac{\partial U}{\partial E_n} = \lambda \left[1 + 2\delta(E_1+E_2+\cdots+E_{n-1}) \right] - 2E_n = 0 \end{cases} \qquad (7\text{-}42)$$

由式(7-42)得每个消费者最优购买需要的要素投入为

$$E_i^* = \lambda / [2 - 2\lambda\delta(n-1)] \qquad (i=1,2,\cdots,n) \qquad (7\text{-}43)$$

每个消费者此时获得的顾客让渡价值为

$$U_i^* = \lambda^2 / 4 [1 - \lambda\delta(n-1)] \qquad (i=1,2,\cdots,n) \qquad (7\text{-}44)$$

将式(7-43)代入式(7-38)，得消费者 i $(i=1,2,\cdots,n)$ 分散购买时的顾客让渡价值为

$$U_i = \lambda E_i - E_i^2 = \frac{2\lambda^2}{4\left[1 - \lambda\delta(n-1)\right]}\left(1 - \frac{1}{2\lambda\delta(n-1)}\right) \tag{7-45}$$

$$= 2U_i^*\left(1 - \frac{1}{2 - 2\lambda\delta(n-1)}\right) < 2U_i^*\left(1 - \frac{1}{2}\right) = U_i^*$$

即消费者在相同购买要素投入下，通过食物社区的协同消费，每个单独消费者都获得了更大的顾客让渡价值。

2. 种粮大户通过合作社联合

与消费者社群化聚合带来投入减少和产出增加类似，小农户通过合作社进行组织化聚合可实现土地共享、农机共享和农技共享，将小块碎片化土地聚合为连片规模化土地进行机械化和标准化生产以提高农业生产效率，让物尽其用以减少农机闲置浪费和购买投入，让种养殖能手的技术推广覆盖到更大范围的农业土地上。不仅如此，分散的小农户聚合到合作社，得以以集体力量进入市场，还可显著提升市场话语权和定价权，降低农资购买成本，提升农产品市场销售价格。

在农户缺乏组织化的情况下，分散农户只能与收购商(用 M 表示)一对一单独进行产品收购谈判。假设收购商与 t 户分散农户分割总额为 H 的生产者剩余。设农户 $r(r=1,2,\cdots,t)$ 与收购商 M 的谈判顺序为 r，用 x_r 表示农户 r 分得的剩余，用 $x_{\mathrm{M},r}$ 表示谈判顺序为 $r,r+1,\cdots,t$ 的农户与收购商分割的剩余总额。于是有

$$\begin{cases} x_{\mathrm{M},1} = H \\ x_{\mathrm{M},r+1} + x_r = x_{\mathrm{M},r}, r=1,2,\cdots,t-1 \end{cases} \tag{7-46}$$

定义 $F_r = \left\{(x_{\mathrm{M},r},x_r): x_{\mathrm{M},r+1} + x_r = x_{\mathrm{M},r}\right\}$ $(r=1,2,\cdots,t-1)$，并假定农户与收购商的广义纳什谈判(generalized Nash bargaining，GNB)的威胁点 $(d_1,d_2)=(0,0)$，于是得收购商与谈判顺序为 r 的农户讨价还价的模型为

$$\max_{(x_{\mathrm{M},r+1},x_r)\in F_r} x_{\mathrm{M},r+1}^\alpha x_r^\beta \quad (r=1,2,\cdots,t-1) \tag{7-47}$$

其中，α 和 β 分别表示农户和收购谈判能力，且有 $\alpha+\beta=1$，由于农户在市场谈判中是价格接受者，有 $0<\alpha\leq 1/2\leq\beta<1$。设 x_M 为收购商在与谈判顺序为 t 的农户谈判中分到的剩余利益，于是收购商与该农户的 GNB 讨价还价模型为

$$\max_{(x_\mathrm{M},x_r)\in F_r} x_\mathrm{M}^\alpha x_t^\beta \tag{7-48}$$

对式(7-47)、式(7-48)分别关于 x_r、x_M 进行优化，并联立求解，得

$$\begin{cases} x_r = \alpha^{r-1}\beta H, r=1,2,\cdots,t \\ x_\mathrm{M} = \alpha^t H \end{cases} \tag{7-49}$$

由式(7-49)可以看出，农户所得剩余与谈判顺序相关，顺序越靠后分得剩余越少，顺序最后的农户仅得剩余利益 $\alpha^{t-1}\beta H$。在此情况下，必然发生分散农户私下"行贿"收购商，以获得靠前的谈判顺序，竞争的结果是各农户最终实际分得的剩余降为 $\alpha^{t-1}\beta H$，收购商得到 $(1-t\alpha^{t-1}\beta)H$ 的剩余，即

$$\begin{cases} x_r = \alpha^{t-1}\beta H, r=1,2,\cdots,t \\ x_M = \left(1-t\alpha^{t-1}\beta\right)H \end{cases} \quad (7\text{-}50)$$

现假定 t 户同质农户结成联合体(用F表示),参与消费者通过互联网聚合而成的众筹预购团体(用B表示)的订单供货,设F与B共同分享总额为 H 的生产者剩余,设他们各自实际所分剩余分别为 x_F 和 x_B ,x_t 为一户农户所得剩余,仍假设F与B谈判威胁点 $\left(d_1,d_2\right)=\left(0,0\right)$,于是有下列目标约束函数:

$$\begin{cases} \max \left(x_F^*\right)^{\alpha_*} \left(x_B^*\right)^{\beta_*} \\ \text{s.t.} \begin{cases} x_F^* + x_B^* = H \\ \alpha_* + \beta_* = 1 \\ x_r^* = \dfrac{x_F^*}{t}, r=1,2,\cdots,t \end{cases} \end{cases} \quad (7\text{-}51)$$

其中,α_* 和 β_* 分别为F与B的谈判能力,解得B和农户 r 所得剩余分别为

$$\begin{cases} x_B^* = \beta_* H \\ x_r^* = \dfrac{\alpha_*}{t}H, r=1,2,\cdots,t \end{cases} \quad (7\text{-}52)$$

由于F与B的谈判地位相当,简便起见,设 $\alpha_* = \beta_* = 1/2$,于是式(7-52)转化为

$$\begin{cases} x_B^* = \dfrac{1}{2}H \\ x_r^* = \dfrac{1}{2t}H, r=1,2,\cdots,t \end{cases} \quad (7\text{-}53)$$

由式(7-51)和式(7-53)联立,得

$$x_r^* - x_r = \left(\frac{1}{2t} - \alpha^{t-1}\beta\right)H > 0 \qquad (r=1,2,\cdots,t) \quad (7\text{-}54)$$

由此可见,由于市场谈判能力的提升,生产者联合将为生产者争取到更多剩余利益。

3. 产消一体化促进供应链信息对称

传统农产品通常需要经过农村"最初一公里"集货、产地批发、多环节中转、销地批发、农贸市场、生鲜超市和城市"最后一公里"等诸多环节才能最终与消费者见面,形成连续多重委托代理链。设农产品传统供应链共有 m 个交易主体,从而形成 $m-1$ 个连续的委托代理关(图7-11)。

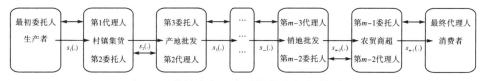

图7-11 传统农产品流通的多重连续委托代理

在传统农产品供应链模式中,设 π 为可观测的委托代理目的,是供应链上各交易主体的共同知识;$s_j(\cdot)$ 是第 j 个交易主体根据自身的冯·诺依曼-摩根斯坦效用函数制定的制约

条件[15]，用$s_j[s_{j-1}(\cdot)]$表示第j个交易主体对第$j+1$个交易主体的制约，其建立在第$j-1$个交易主体对自己的制约基础之上，于是有$s_j[s_{j-1}(\cdot)]$ $(j=2,3,\cdots,m-1)$；$s_1(\pi),j=1$。定义不确定条件下的效用函数u_j $(j=1,2,\cdots,m)$服从边际效用递减规律，$u_j'>0$，$u_j''\leqslant0$，即供应链上的各交易主体都是风险中性或风险规避者，$\overline{u_j}$为其保留效用；交易成本函数c_j $(j=1,2,\cdots,m)$满足$c_j'>0$、$c_j''>0$的边际递增；第j个交易主体的努力水平为a_j $(j=1,2,\cdots,m)$，$0\leqslant a_j\leqslant1$；密度函数及其对a_j的偏导数分别为$f(\pi;a_2,a_3,\cdots,a_m)$和$f_{a_j}(\pi;a_2,a_3,\cdots,a_m)$。传统农产品供应链信息不对称，供应链上一个交易主体的努力程度降低，致使供应链上其他交易主体的努力程度不变，整条供应链运行效率降低。为了深入研究，先假定供应链上各交易主体间信息完全对称，于是整条供应链的委托代理关系可表述为

$$
\begin{cases}
\max\limits_{s_1(\pi)}\int u_1\big[\pi-s_1(\pi)\big]\cdot f(\pi;a_2,a_3,\cdots,a_m)\mathrm{d}\pi \\
\text{s.t.}\begin{cases}
(\text{IC})\int u_j\big[s_{j-1}(s_{j-2})\big]\cdot f(\pi;a_2,a_3,\cdots,a_m)\mathrm{d}\pi-c_j(a_j)\geqslant\overline{u_j},j=m \\
\int u_j\big[s_{j-1}(s_{j-2})-s_j(s_{j-1})\big]\cdot f(\pi;a_2,a_3,\cdots,a_m)\mathrm{d}\pi-c_j(a_j)\geqslant\overline{u_j},j=2,3,\cdots,m-1 \\
(\text{IR})\int u_j\big[s_{j-1}(s_{j-2})\big]\cdot f_{a_j}(\pi;a_j,a_{j+1},\cdots,a_m)\mathrm{d}\pi=c_j'(a_j),j=m \\
\int u_j\big[s_{j-1}(s_{j-2})-s_j(s_{j-1})\big]\cdot f_{a_j}(\pi;a_j,a_{j+1},\cdots,a_m)\mathrm{d}\pi=c_j'(a_j),j=2,3,\cdots,m-1
\end{cases}
\end{cases}
\tag{7-55}
$$

将式(7-55)分解为最初委托代理、中间委托代理和最终委托代理三个部分，即

$$
\begin{cases}
\max\limits_{s_1(\pi)}\int u_1\big[\pi-s_1(\pi)\big]\cdot f(\pi;a_2,a_3,\cdots,a_m)\mathrm{d}\pi \\
\text{s.t.}\quad(\text{IC})\int u_2\big[s_1(\pi)-s_2(s_1)\big]\cdot f(\pi;a_1,a_2,\cdots,a_m)\mathrm{d}\pi-c_2(a_2)\geqslant\overline{u_2} \\
\qquad(\text{IR})\int u_2\big[s_1(\pi)-s_2(s_1)\big]\cdot f_{a_2}(\pi;a_1,a_2,\cdots,a_m)\mathrm{d}\pi=c_2'(a_2)
\end{cases}
\tag{7-56}
$$

$$
\begin{cases}
\max\limits_{s_j(s_{j-1})}\int u_j\big[s_{j-1}(s_{j-2})-s_j(s_{j-1})\big]\cdot f(\pi;a_2,a_3,\cdots,a_m)\mathrm{d}\pi \\
\text{s.t.}\quad(\text{IC})\int u_{j+1}\big[s_{j-1}(s_{j-2})-s_j(s_{j-1})\big]\cdot f(\pi;a_2,\cdots,a_m)\mathrm{d}\pi-c_{j+1}(a_{j+1})\geqslant\overline{u_{j+1}} \\
\qquad(\text{IR})\int u_{j+1}\big[s_{j-1}(s_{j-2})-s_j(s_{j-1})\big]\cdot f_{a_{j+1}}(\pi;a_2,\cdots,a_m)\mathrm{d}\pi=c_{j+1}'(a_{j+1})
\end{cases}
\tag{7-57}
$$

$$
\begin{cases}
\max\limits_{s_m(s_{m-1})}\int u_m\big[s_{m-1}(s_{m-2})-s_m(s_{m-1})\big]\cdot f(\pi;a_2,a_3,\cdots,a_m)\mathrm{d}\pi \\
\text{s.t.}\quad(\text{IC})\int u_m\big[s_{m-1}(s_{m-2})\big]\cdot f(\pi;a_2,\cdots,a_m)\mathrm{d}\pi-c_m(a_m)\geqslant\overline{u_m} \\
\qquad(\text{IR})\int u_m\big[s_{m-1}(s_{m-2})\big]\cdot f(\pi;a_2,\cdots,a_m)\mathrm{d}\pi=c_m'(a_m)
\end{cases}
\tag{7-58}
$$

由于假定信息完全对称，所有代理人的努力程度a_j $(j=2,3,\cdots,m)$都可以被所有委托人直接观察到，所有交易主体都没有私人信息，上述三段委托代理可独立地实现帕累托最优，每位代理人只有做出最有利于自己委托人的业绩才最有利于自己，因此式(7-56)~式(7-58)可解除激励兼容约束条件，得

$$\begin{cases} \max_{s_1(\pi)} \int u_1 \big[\pi - s_1(\pi) \big] \cdot f(\pi; a_2, a_3, \cdots, a_m) \mathrm{d}\pi \\ \text{s.t.(IC)} \int u_2 \big[s_1(\pi) - s_2(s_1) \big] \cdot f(\pi; a_1, a_2, \cdots, a_m) \mathrm{d}\pi - c_2(a_2) \geqslant \overline{u_2} \end{cases} \quad (7\text{-}59)$$

$$\begin{cases} \max_{s_j(s_{j-1})} \int u_j \big[s_{j-1}(s_{j-2}) - s_j(s_{j-1}) \big] \cdot f(\pi; a_2, a_3, \cdots, a_m) \mathrm{d}\pi \\ \text{s.t.(IC)} \int u_{j+1} \big[s_{j-1}(s_{j-2}) - s_j(s_{j-1}) \big] \cdot f(\pi; a_2, \cdots, a_m) \mathrm{d}\pi - c_{j+1}(a_{j+1}) \geqslant \overline{u_{j+1}} \end{cases} \quad (7\text{-}60)$$

$$\begin{cases} \max_{s_m(s_{m-1})} \int u_m \big[s_{m-1}(s_{m-2}) - s_m(s_{m-1}) \big] \cdot f(\pi; a_2, a_3, \cdots, a_m) \mathrm{d}\pi \\ \text{s.t.(IC)} \int u_m \big[s_{m-1}(s_{m-2}) \big] \cdot f(\pi; a_2, \cdots, a_m) \mathrm{d}\pi - c_m(a_m) \geqslant \overline{u_m} \end{cases} \quad (7\text{-}61)$$

对式(7-59)运用拉格朗日函数求最优化一阶条件, 即

$$\max L(s_1) = \int u_1 \big[\pi - s_1(\pi) \big] . f(\pi; a_2, a_3, \cdots, a_m) \mathrm{d}\pi$$
$$+ \lambda_1 \big\{ \int u_2 \big[s_1(\pi) - s_2(s_1) \big] . f(\pi; a_1, a_2, \cdots, a_m) \mathrm{d}\pi - c_2(a_2) - \overline{u_2} \big\}$$

得

$$\lambda_1 = \frac{u_1'\big[\pi - s_1(\pi) \big]}{u_2'(s_1 - s_2)} = \frac{u_1'}{u_2'} \quad (7\text{-}62)$$

同理对式(7-60)、式(7-61)运用拉格朗日函数求最优化一阶条件, 得

$$\lambda_j = \frac{u_j'\big[s_{j-1} - s_j \big]}{u_{j+1}'\big[s_j - s_{j+1} \big]} = \frac{u_j'}{u_{j+1}'} \qquad (j = 2, 3, \cdots, m-1) \quad (7\text{-}63)$$

$$\lambda_m = \frac{u_{m-1}'\big[s_{m-2} - s_{m-1} \big]}{u_m'\big[s_{m-1} \big]} = \frac{u_{m-1}'}{u_m'} \quad (7\text{-}64)$$

将式(7-62)~式(7-64)合并, 得

$$\lambda_j = \frac{u_j'}{u_{j+1}'} \qquad (j = 1, 2, \cdots, m-1) \quad (7\text{-}65)$$

由式(7-65)可以看出, 当相邻交易主体的边际替代率相同时, 委托代理链达到帕累托最优。但现实情况是农产品供应链中间环节多, 信息不对称。但由式(7-65)递推, 可得

$$u_j' = \lambda_j \lambda_{j+1} \cdots \lambda_{j+k} u_{j+k+1}' = \prod_{l=0}^{k} \lambda_{j+l} u_{j+k+1}' \qquad (k = 1, 2, \cdots, m-j-1) \quad (7\text{-}66)$$

式(7-66)表明, 在信息完全对称的条件下多个彼此相邻的交易主体合并, 其委托代理链仍然是帕累托最优, 即当经济体与外界交易成本太高时可采取内部合并降低交易成本。因此, 尽管现实情况并不能保证各个交易主体信息完全对称, 但通过缩减中间环节, 乃至产销直接对接, 可减少供应链中的信息不对称, 而消费体验的植入则进一步促进信息对称与透明化。

4. 产销对接降低交易成本

生产者与消费者借助电商平台缩减中间环节并在供给侧植入消费体验, 这不仅可以促进供应链信息对称与透明化, 还可节省交易费用。先不考虑农产品在供应过程中的变质及损耗, 在图7-11的传统供应模式下, 设第 $s(s = 1, 2, \cdots, m-1)$ 环节经营者销售1单位农产品的售价为 $p_s^{(0)}$, 相应进货成本为 $p_{s-1}^{(0)}$(其中 $p_0^{(0)} = p_0$ 为农产品出场价)。为简化起见, 交易

环节的毛利率、增值税率和其他税率在不同的交易环节相同,分别为 θ、t_a 和 t_o,于是第 s 交易环节的会计等式为

$$p_{s-1}^{(0)} + \theta p_s^{(0)} + t_a\left(p_s^{(0)} - p_{s-1}^{(0)}\right) + t_o p_s^{(0)} = p_s^{(0)} \qquad (s = 1, 2, \cdots, m-1) \tag{7-67}$$

由式(7-67)得 $p_s^{(0)}$ 与 $p_{s-1}^{(0)}$ 的递推关系为

$$p_s^{(0)} = (1 - t_a) p_{s-1}^{(0)} \big/ (1 - \theta_s - t_a - t_o) \qquad (s = 1, 2, \cdots, m-1) \tag{7-68}$$

由式(7-68)得市场终端价为

$$p_{m-1}^{(0)} = p_0 \prod_{s=1}^{m-1}(1 - t_a) \bigg/ \prod_{s=1}^{m-1}(1 - \theta - t_a - t_o) \tag{7-69}$$

现将农产品在供应过程中的自然腐烂和拣拾转运损毁考虑进去,设第 s 交易环节损耗率为 $\phi \in (0,1)$,相应进货量 Q_{s-1} 与销售量 Q_s 满足以下关系:

$$Q_s = Q_{s-1}(1 - \phi) \qquad (s = 1, 2, \cdots, m-1) \tag{7-70}$$

在考虑损耗的情况下,设第 s 环节的农产品售价为 p_s、进货价为 p_{s-1}(其中 $p_0 = p_0^{(0)}$ 为农产品出场价),于是式(7-67)转化为

$$Q_{s-1}p_{s-1} + \theta_s Q_s p_s + t_a(Q_s p_s - Q_{s-1}p_{s-1}) + t_o Q_s p_s = Q_s p_s \qquad (s = 1, 2, \cdots, m-1) \tag{7-71}$$

将式(7-70)代入式(7-71),化简得

$$p_s = \frac{(1 - t_a) p_{s-1}}{(1 - \theta - t_a - t_o)(1 - \phi)} \qquad (s = 1, 2, \cdots, m-1) \tag{7-72}$$

由此得传统多环节供应链模式下消费者购买农产品的价格为

$$p_{m-1} = p_0 \left(\frac{1 - t_a}{(1 - \theta - t_a - t_0)(1 - \phi)} \right)^{m-1} \tag{7-73}$$

由于式(7-73)中 $\dfrac{1 - t_a}{(1 - \theta - t_a - t_0)(1 - \phi)} > 1$,因此交易环节越多,消费者购买产品的价格越高。若采取互联网农业分享经济模式($m = 2$),这时消费者购买农产品的价格降低到 $\dfrac{(1 - t_a) p_0}{(1 - \theta - t_a - t_0)(1 - \phi)}$,单位产品节省交易费用 $\left[\left(\dfrac{1 - t_a}{(1 - \theta - t_a - t_0)(1 - \phi)}\right)^{m-1} - \dfrac{(1 - t_a)}{(1 - \theta - t_a - t_0)(1 - \phi)}\right] p_0$。节省的交易费用通常不全归消费者,而是由生产者与消费者分享,根据式(7-73)可假定生产者与消费者采取五五分成。这时合作社农户的农产品出场价格 p_0^* 和食物社区消费者的购买价格 p^* 满足

$$\begin{cases} p_0^* = p_0 + \dfrac{1}{2}\left[\left(\dfrac{1 - t_a}{(1 - \theta - t_a - t_0)(1 - \phi)}\right)^{m-1} - \dfrac{(1 - t_a)}{(1 - \theta - t_a - t_0)(1 - \phi)}\right] p_0 > p_0 \\[4mm] p^* = p_{m-1} - \dfrac{1}{2}\left[\left(\dfrac{1 - t_a}{(1 - \theta - t_a - t_0)(1 - \phi)}\right)^{m-1} - \dfrac{(1 - t_a)}{(1 - \theta - t_a - t_0)(1 - \phi)}\right] p_0 < p_{m-1} \end{cases} \tag{7-74}$$

式(7-74)表明,现代农业分享经济模式让生产者与消费者均实现了 Pareto 改进。

7.3.3　模式分析

1. 植入 Farmigo 前的 CSA 消费者变动趋势

消费者出于对食品安全的需求而参与 CSA，但消费者分布碎片化，缺少组织，交易成本高或服务跟不上，有些消费者参与后会退出，社区居民户分为未曾参与、正在参与和参与后退出 CSA 三种群体，设该社区居民总数为 N 户，t 时各自在总体中的占比分别为 $x(t)$、$y(t)$ 和 $z(t)$，于是有

$$x(t) + y(t) + z(t) = 1 \tag{7-75}$$

通常情况下正在参与的消费者会带动未曾参与 CSA 的消费者加入，设单位时间内新增 δ 户居民户参与到 CSA 中，同时有 μ 户消费者因参与后觉得不满意而退出，于是得 t 时刻 CSA 净增消费者户数为

$$\frac{\mathrm{d}(Ny)}{\mathrm{d}t} = N\frac{\mathrm{d}y}{\mathrm{d}t} = \delta Nxy - \mu Ny \tag{7-76}$$

相应地，t 时刻退出 CSA 的居民户为

$$\frac{\mathrm{d}(Nz)}{\mathrm{d}t} = N\frac{\mathrm{d}z}{\mathrm{d}t} = \mu Ny \tag{7-77}$$

由式(7-75)～式(7-77)得未植入 Farmigo 时 t 时刻未参与 CSA 的消费者增长户数：

$$\frac{\mathrm{d}(Nx)}{\mathrm{d}t} = N\frac{\mathrm{d}x}{\mathrm{d}t} = N\frac{\mathrm{d}(1-y-z)}{\mathrm{d}t} = -\delta Nxy \tag{7-78}$$

由式(7-76)～式(7-78)联立，得方程组：

$$\begin{cases} \dfrac{\mathrm{d}x}{\mathrm{d}t} = -\delta xy, x(0) = x_0 \\[2mm] \dfrac{\mathrm{d}y}{\mathrm{d}t} = \delta xy - \mu y, y(0) = y_0 \\[2mm] \dfrac{\mathrm{d}z}{\mathrm{d}t} = \mu y, z(0) = z_0 \end{cases} \tag{7-79}$$

2. 植入 Farmigo 后的消费者变动趋势

植入 Farmigo 后，由于有带头人在生产者与消费者中间进行信息沟通，若有消费者暂时不满意当前服务，带头人会针对消费者的需求改进服务水平，于是该消费者又会回到 Farmigo 食物社区。因此，可将社区居民只分为未曾参与和已在参与 CSA 两类群体，设 t 时刻各自在总体中的占比分别为 $X(t)$ 和 $Y(t)$，于是有

$$X(t) + Y(t) = 1 \tag{7-80}$$

仍然假设单位时间内新增 δ 户消费者加入 CSA、有 μ 户参与后退出 CSA，于是得 t 时刻加入 CSA 的 Farmigo 食物社区净增消费者户数为

$$\frac{\mathrm{d}(NY)}{\mathrm{d}t} = N\frac{\mathrm{d}Y}{\mathrm{d}t} = \delta NXY - \mu NY \tag{7-81}$$

设初始时刻 $(t=0)$ 加入 CSA 的 Farmigo 食物社区的消费者占总体的比例为 Y_0，由

式(7-80)和式(7-81)得

$$\frac{dY}{dt} = \delta XY - \mu Y = \delta Y(1-Y) - \mu Y, Y(0) = Y_0 \tag{7-82}$$

解微分方程(7-82)，得

$$Y(t) = \frac{1 - \mu/\delta}{1 + \left[(1-\mu/\delta)/Y_0 - 1\right]e^{-(\delta-\mu)t}} \tag{7-83}$$

$$\lim_{x\to\infty} Y(t) = \lim_{x\to\infty} \frac{1-\mu/\delta}{1+\left[(1-\mu/\delta)/Y_0-1\right]e^{-(\delta-\mu)t}} = 1-\mu/\delta \tag{7-84}$$

3. 植入 Farmigo 前后消费者变动趋势比较

微分方程组(7-79)可用下面案例中的数据模拟计算。该社区有居民 2000 余户，加入 CSA 的 Farmigo 食物社区的消费者稳定地维持在 1500 余户，由式(7-84)可认为

$$Y(t\to\infty) = 1-\mu/\delta = 1500/2000 = 0.75、X(t\to\infty) = 1-Y(t\to\infty) = 0.25$$

取 $\delta=2$、$\mu=0.5$、$X(0)=x(0)=0.98$、$Y(0)=y(0)=0.02$，代入式(7-79)和式(7-84) 进行模拟计算，绘制居民参与 CSA 的变动趋势图 7-12、图 7-13。由图 7-12、图 7-13 可看出，CSA 植入 Farmigo 前，由于消费者缺乏组织性，他们自发的购买往往难以形成稳定的购买力量，消费者对 CSA 黏性不足，参与 CSA 后因交易成本高或服务质量差而退出的居多，CSA 难以为继。植入 Farmigo 后，消费者聚合成 Farmigo 食物社区，在领头人的贴心服务下产生了显著的羊群效应，消费者对 CSA 黏性增强，能形成具有一定规模稳定的 CSA 消费需求。

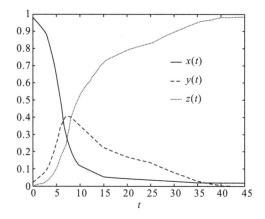 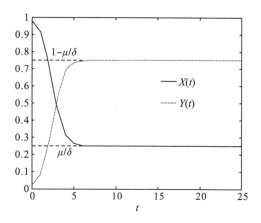

图 7-12 植入 Farmigo 前 $x(t)$、$y(t)$、$z(t)$ 的变动趋势　图 7-13 植入 Farmigo 后 $X(t)$、$Y(t)$ 的变动趋势

7.3.4 案例分析

某市 X 社区有居民 2000 余户，从 2008 年开始便有居民自发地将城乡互助农业与乡下农户产需对接，2010 年参与 CSA 的居民达到 300 余户，但因居民自己驱车到乡下自取生鲜农产品的成本不确定，或因农产品从农户到居民家的配送时间过长不能确保新鲜，或感觉网上购买与就近到商超和农贸市场购买的生鲜农产品并无多大差别且价格还高，社区

居民参与 CSA 的热情逐渐下降，2012 年底减至 30 多户。该市远郊山区 J 村出产的农产品属于有机绿色产品，正是 X 社区居民渴求的东西，但由于没有形成产需对接，J 村的生鲜农产品通常只能作为大众产品由小商贩以低廉的价格从农户那里零星收购后运到乡镇集贸市场批发，然后经过产地批发商、销地批发商、二级批发商、农贸市场（商超）与消费者见面（图 7-14）。X 社区一热心居民老家正好在 J 村，2012 年底他作为 Farmigo 领头人利用微信在 X 社区组建了食物社区，撮合 X 社区与 J 村构建起了植入 Farmigo 的城乡互助农业，J 村由一户种粮大户牵头成立了专业合作社，在淘宝上建有网店进行产品预售，并在生产基地安装了摄像头便于消费者在线实时了解 J 村农业工艺过程，Farmigo 领头人将 J 村产品定期通过微信向食物社区消费者举荐，每周根据产品生产组织周期提前集合社区消费者规模化的消费需求向 J 村预定，J 村专业合作社按照 X 社区消费者需求预售，以销定产，并按订单约定时间规模化地整车直接送达 X 社区由消费者到取货点自提。

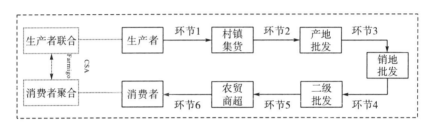

图 7-14　植入 Farmigo 的 CSA 对生鲜农产品传统流通模式流程再造

已知 J 村生鲜农产品未与 X 社区产需对接前出场价 $p_0 = 2.0$ 元/kg、流通环节 $s = 5$、各流通环节毛利率 $\theta_k = \theta = 24\%$、所得税率 $t_{ak} = t_a = 13\%$、其他税率 $t_{ok} = t_0 = 5\%$。根据 J 村与 X 社区植入 Farmigo 的 CSA 两年多的运行情况，取参数 $\eta = 0.6$、$\phi_k = \phi = 5\%$、$\zeta_k = \zeta = 30\%$，通过计算得 $p_s^{(1)} = 19.40$ 元/kg、$p_s^{(2)} = 3.68$ 元/kg、$p_{farmer} = 9.9$ 元/kg、$p_{consumer} = 11.54$ 元/kg。可见植入 Farmigo 的 CSA 模式中，X 社区消费者购买生鲜农产品均价由原来的 $p_s^{(1)} = 19.4$ 元/kg 下降为 $p_{consumer} = 11.54$ 元/kg，价格大幅度下降的同时产品质量安全更有保障；J 村产品售价由 $p_0 = 2.0$ 元/kg 增长为 $p_{farmer} = 9.9$ 元/kg 且销量大幅提升。目前 X 社区已有 1500 多户居民加入 Farmigo 食物社区，而 J 村过去分散经营的 1000 多户小农户也纷纷加入合作社，接受合作社统一安排参与分工生产与统一配送。X 社区与 J 村植入 Farmigo 的 CSA 呈现良性发展势头。实践证明，由于消费端有领头人在食物社区组织销售，生产端由种粮大户在合作社组织生产，产销点对点的批量对接，从而实现了生产者与消费者的 Pareto 改进，使过去一直被认为只能小众化的 CSA 得以大众化推广，既能解决农产品质量安全问题，又能带动农业组织化经营可持续发展。

7.4　发展预售制众筹农业

7.4.1　理论分析

农户单打独斗的小规模分散经营、经销商逐级批发的多环节流通、地理位置碎片化分散的消费需求，是我国生鲜农产品从田间到厨房的基本格局，也是我国农业经营效益低，农产品质量安全事件频发的主要根源。在生产环节，由于农户经营规模太小，出于生计压力或经济理性的觉醒，农户要么非农转移弃耕撂荒、农业兼业化给粮食安全造成重大隐患，要么追求更高产量违禁滥用投入品，给食品安全构成重大威胁。在流通环节，农产品从田间到厨房往往要经过很多环节，每增加一个环节就会相应增加物流费用、管理费用、损耗和税赋，农产品在终端市场与消费者见面不仅价格高，新鲜度和营养也大打折扣，一些商贩为了维持产品新鲜度和好的卖相而违禁使用保鲜剂、防腐剂，使农产品质量安全得不到保障。同时，由于产销脱节，农产品产量和价格大起大落，卖难买贵时有发生。民以食为天，食以安为先，如何通过有效的产销对接确保农产品有效供给和质量安全已成为全社会关注的焦点。

农产品生产流通及质量安全作为重大民生问题自然引起了广泛的研究关注并达成许多共识。由于我国人多地少，农业生产只能采取家庭经营为主最大化土地产出效率，但要克服小规模分散经营与市场产销脱节、生产的标准化水平低、农村"最初一公里"集货等问题，家庭经营还必须通过合作社等分享经济模式组织起来；农产品流通则需要通过冷链物流和本土化产销对接减少变质损耗，降低流通成本，通过全程质量追溯和全产业链运行降低产品质量安全风险。生鲜农产品电商发展缘于巨大的市场需求空间，但消费者碎片化分散的"最后一公里"配送难问题突出，须坚持本土化和O2O (online to offline)网购店自取发展方向。农产品质量事关身体健康，消费者介入生产流通环节进行消费体验有助于监督生产流通环节、提高产品质量安全水平，进而消费者和生产者不再只是单纯的买卖关系，而是共同捍卫食品安全的生产消费者(prosumer)，我国CSA的兴起正缘于此，但仍受制于消费者的碎片化分散。

互联网最大的优势在于去中心化和去层级化。在互联网思维深刻影响下催生的众筹(crowdfunding)预售(邵腾伟和吕秀梅，2016)、网络众包(crowdsourcing)、消费者C2B (consumer to business)聚合和Farmigo社群化集中等新型生产消费组织形式，可广泛运用于改造我国传统落后的生鲜农产品供应链。众筹预售是指生产者通过网络平台面向潜在消费者发起产品或服务预售项目，聚合碎片化的网络消费者，发起人根据消费者预购的订单组织生产，并按预售契约向消费者提供产品或服务。众筹预售最大的好处是以销定产，减少生产的盲目性。与普通预售相比，众筹预售借助互联网使得参与预售的消费者偏好更接近、来源更广泛，有利于生产者在细分市场上专业化量产。与普通产品的众筹预售不同，由于生鲜农产品保质保鲜期短，其众筹预售要求参与众筹的消费者与生产者之间的距离以同城为宜而不能太远，消费者之间以社区为单元相对集中而不能太分散。网络众包是指组织将自身不擅长或没有比较优势的业务环节通过网络集思广益交由最优化的外部组织来完成。网络众包通过互联网扩大了传统农业供应链上利益相关者的征集范围，让生鲜农产品消费团体有更大的选择空间，能找到更合意的农业生产者。C2B指分散且弱势的个体消费者通过互联网聚合成强势的社群化消费团体向生产者进行产品批量定制并讨价还价。Farmigo是近年在美国刚兴起的一种生鲜电商模式，它通过遴选消费意见将碎片化分散的城镇消费者按地理位置邻近原则聚合到食物社区与当地农场实现产销对接，是一种比较适合生鲜电商发展的商业模式。我国随着家庭农场和合作社等适度规模经营主体的广泛兴起和发展壮大，也具备了推广运用Farmigo的良好条件。

7.4.2 模式构建

1. 农产品电商 C2B2B2C 产消对接

发挥互联网的信息对称和互联互通优势，可将碎片化的小农户聚合为组织化的农民合作社（C2B），碎片化的消费者聚合为社群化的食物社区（business to consume，B2C），然后由农民合作社直接与食物社区产消对接（business to business，B2B），形成消费者向食物社区聚合订单、食物社区通过电商平台向农民合作社下订单、农民合作社将订单分解到有关农户组织生产的 C2B2B2C 基本框架（图 7-15）。在这种模式下，领头人既是食物社区的消费领袖，又是电商平台在食物社区的销售代表，电商平台根据领头人的销售业绩进行体验营销激励。生产基地接受电商平台的认证许可后方可参与食物社区预购订单的投标，中标生产基地按照该食物社区的预购订单组织生产和配送，产品由生产基地直接配送到食物社区提货点由消费者自提。为简便起见，本书把作为消费者意见领袖的领头人的销售行为内化到电商平台，将决策链条缩减为食物社区、电商平台和生产基地的三方决策，而把电商平台与领头人之间需要进一步探讨的决策过程及收益分配放到体验营销的机制设计中。另外，本书还假定一个食物社区同时只与一个生产基地对接，电商平台共发展 n 组同质化的食物社区与生产基地产销对接。

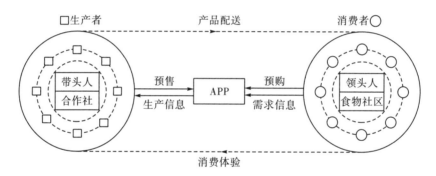

图 7-15　农业分享经济的基本框架

消费者购买生鲜农产品注重质量安全，其消费需求不仅与产品价格 p 负相关，还与消费者的消费体验水平 $t(\geqslant 0)$ 和生产基地对产品质量改进的努力程度 $m(\geqslant 0)$ 正相关。现实中，尽管 p 与 t 和 m 也正相关，但在不影响问题定性判断的前提下，不妨假设一个食物社区的生鲜农产品消费需求为线性函数 $D(p,t,m)=a_0-a_1p+a_2t+a_3m$，其中 a_0、a_1、a_2、a_3 均为正。考虑到消费体验会引起组织协调边际成本递增，设 $g(t)=\delta t^2/2\ (\delta>0)$ 为一个食物社区的消费体验引起的电商平台组织协调成本函数。由于质量改进会引起边际生产成本递增，设 $h(m)=\theta m^2/2\ (\theta>0)$ 为生产基地改进产品质量努力程度的成本函数。另设 ω 为电商平台付给对接生产基地的产品采购价格，c 为生产基地向对接食物社区配送产品的生产成本及物流费用。

2. 产消双重委托代理的分散决策

从供应链视角看，消费者通过领头人发起组建的食物社区向电商平台众筹预购产品，电商平台通过众包向生产基地分包订单采购产品，形成食物社区委托电商平台预购产品，电商平台委托生产基地定制产品的双重委托代理框架（图 7-16）。

图 7-16　农产品电商双重委托代理链

电商平台作为最初代理人，根据食物社区的消费需求，以消费者的产品采购价格 p 和消费体验水平 t 为约束变量，追求电商平台的利益最大化，于是得电商平台在某一食物社区与生产基地的对接中的期望收益为

$$\Pi_{(1)}^{E} = (p-\omega)(a_0 - a_1 p + a_2 t + a_3 m) - \frac{1}{2}\delta t^2 \qquad (7\text{-}85)$$

其 Hessian 矩阵为 $\boldsymbol{H}_{(1)}^{E} = \begin{bmatrix} -2a_1 & a_2 \\ a_2 & -\delta \end{bmatrix}$。在 $2a_1\delta - a_2^2 > 0$ 条件下，$\boldsymbol{H}_{(1)}^{E}$ 为负定矩阵。求解

$\dfrac{\partial \Pi_{(1)}^{E}}{\partial p} = \dfrac{\partial \Pi_{(1)}^{E}}{\partial t} = 0$，令 $\dfrac{\delta}{2a_1\delta - a_2^2} = A$，得

$$p = \omega + (a_0 + a_3 m - a_1\omega)A \qquad (7\text{-}86)$$

$$t = \frac{a_2 A}{\delta}(a_0 + a_3 m - a_1\omega) \qquad (7\text{-}87)$$

生产基地作为电商平台的代理人，在 p、t 和 c 外生变量约束下对 ω 和 t 进行决策，寻求自身利益最大化，得生产基地在某一食物社区与生产基地对接中的期望收益为

$$\pi_{(1)}^{M} = (\omega - c)(a_0 - a_1 p + a_2 t + a_3 m) - \frac{1}{2}\theta m^2 \qquad (7\text{-}88)$$

将式 (7-86) 和式 (7-87) 代入式 (7-88)，得

$$\pi_{(1)}^{M}(\omega, m) = a_1 A(\omega - c)(a_0 + a_3 m - a_1\omega) - \frac{1}{2}\theta m^2 \qquad (7\text{-}89)$$

其 Hessian 矩阵为 $\boldsymbol{H}_{(1)}^{M} = \begin{bmatrix} -2a_1^2 A & a_1 a_3 A \\ a_1 a_3 A & -\theta \end{bmatrix}$。在 $a_0 - a_1 c > 0$，$A > 0, a_0 + a_3 m - a_1\omega > 0$ 及

$2\theta - a_3^2 A > 0$ 条件下，$\boldsymbol{H}_{(1)}^{M}$ 为负定矩阵。由 $\dfrac{\partial \Pi_{(1)}^{M}}{\partial \omega} = \dfrac{\partial \Pi_{(1)}^{M}}{\partial m} = 0$ 得生鲜农产品的最优出场价格 $\omega_{(1)}^{*}$ 及生产基地质量改善水平 $m_{(1)}^{*}$ 分别为

$$\omega_{(1)}^{*} = c + \frac{\theta(a_0 - a_1 c)}{a_1(2\theta - a_3^2 A)} \qquad (7\text{-}90)$$

$$m_{(1)}^{*} = \frac{a_3 A(a_0 - a_1 c)}{2\theta - a_3^2 A} \qquad (7\text{-}91)$$

将式(7-90)和式(7-91)代入式(7-86)和式(7-87)，得电商对生鲜农产品的最优众筹预售定价 $p_{(1)}^*$ 和相应消费体验水平 $t_{(1)}^*$ 分别为

$$p_{(1)}^* = \omega_{(1)}^* + \frac{\theta A(a_0 - a_1 c)}{2\theta - a_3^2 A} \tag{7-92}$$

$$t_{(1)}^* = \frac{a_2 A\theta(a_0 - a_1 c)}{\delta(2\theta - a_3^2 A)} \tag{7-93}$$

将式(7-90)～式(7-93)代入式(7-85)、式(7-86)和式(7-87)，得生鲜电商供应链的消费需求 $D_{(1)}^*$、电商平台收益 $\Pi_{(1)}^{E^*}$、生产基地收益 $\Pi_{(1)}^{M^*}$ 和全链收益 $\Pi_{(1)}^*$ 分别为

$$D_{(1)}^* = \frac{a_1\theta A(a_0 - a_1 c)}{2\theta - a_3^2 A} \tag{7-94}$$

$$\Pi_{(1)}^{E^*} = \frac{A}{2}\left[\frac{\theta(a_0 - a_1 c)}{2\theta - a_3^2 A}\right]^2 \tag{7-95}$$

$$\Pi_{(1)}^{M^*} = \frac{A\theta(a_0 - a_1 c)^2}{2(2\theta - a_3^2 A)} \tag{7-96}$$

$$\Pi_{(1)}^* = \Pi_{(1)}^{E^*} + \Pi_{(1)}^{M^*} = \frac{1}{2}A\theta(3\theta - a_3^2 A)\left[\frac{a_0 - a_1 c}{2\theta - a_3^2 A}\right]^2 \tag{7-97}$$

3. 产消组织化对接的一体化联合决策

通过纵向一体化缩减产业链上的委托-代理环节可最大程度将外部信息不对称予以内部化克服，这时一对食物社区与生产基地通过电商平台对接形成的供应链总收益为

$$\Pi_{(2)}(p,t,m) = (p-c)(a_0 - a_1 p + a_2 t + a_3 m) - \frac{1}{2}\delta t^2 - \frac{1}{2}\theta m^2 \tag{7-98}$$

其 Hessian 矩阵为

$$\boldsymbol{H}_{(2)} = \begin{bmatrix} -2a_1 & a_2 & a_3 \\ a_2 & -\delta & 0 \\ a_3 & 0 & -\theta \end{bmatrix}$$

在 $\theta > a_3^2 A$ 条件下 $\boldsymbol{H}_{(2)}$ 为负定矩阵。由 $\frac{\partial \Pi_{(2)}}{\partial p} = \frac{\partial \Pi_{(2)}}{\partial t} = \frac{\partial \Pi_{(2)}}{\partial m} = 0$ 得生鲜农产品最优的众筹预购价格 $p_{(2)}^*$、消费体验水平 $t_{(2)}^*$ 及生产基地质量改进水平 $m_{(2)}^*$ 分别为

$$p_{(2)}^* = c + \frac{\theta A(a_0 - a_1 c)}{\theta - a_3^2 A} \tag{7-99}$$

$$t_{(2)}^* = \frac{a_2\theta A(a_0 - a_1 c)}{\delta(\theta - a_3^2 A)} \tag{7-100}$$

$$m_{(2)}^* = \frac{a_3 A(a_0 - a_1 c)}{\theta - a_3^2 A} \tag{7-101}$$

将式(7-99)～式(7-101)代入式(7-98)，得最优消费需求 $D_{(2)}^*$ 和全链收益 $\Pi_{(2)}^*$ 分别为

$$D_{(2)}^* = \frac{a_1\theta A(a_0 - a_1 c)}{\theta - a_3^2 A} \tag{7-102}$$

$$\Pi_{(2)}^{*} = \frac{\theta A (a_0 - a_1 c)^2}{2(\theta - a_3^2 A)} \tag{7-103}$$

4. 产消组织化对接联合决策的协同效应

由式（7-97）和式（7-103）联立，得 $\Pi_{(2)}^{*} - \Pi_{(1)}^{*} = \frac{1}{2} A\theta \frac{(a_0 - a_1 c)^2}{\theta - a_3^2 A} - \frac{1}{2} A\theta (3\theta - a_3^2 A)$

$\left[\frac{a_0 - a_1 c}{2\theta - a_3^2 A} \right]^2 = \frac{1}{2} A\theta^2 \frac{\theta + 8 a_3^2 A}{\theta - a_3^2} \left[\frac{a_0 - a_1 c}{2\theta - a_3^2 A} \right]^2 > 0$。

比较式（7-93）和式（7-100）、式（7-91）和式（7-101）、式（7-94）和式（7-102）得

$$\frac{a_2 \theta A (a_0 - a_1 c)}{\delta (2\theta - a_3^2 A)} = t_{(1)}^{*} < t_{(2)}^{*} = \frac{a_2 \theta A (a_0 - a_1 c)}{\delta (\theta - a_3^2 A)}$$

$$\frac{a_3 \theta A (a_0 - a_1 c)}{2\theta - a_3^2 A} = m_{(1)}^{*} < m_{(2)}^{*} = \frac{a_3 A (a_0 - a_1 c)}{\theta - a_3^2 A}$$

$$\frac{a_1 \theta A (a_0 - a_1 c)}{2\theta - a_3^2 A} = D_{(1)}^{*} < D_{(2)}^{*} = \frac{a_1 \theta A (a_0 - a_1 c)}{\theta - a_3^2 A}$$

由此可见，纵向一体化联合决策是分散决策的帕累托改进，伴随着食物社区消费者的消费体验增多，生产基地的产品质量得以改善，进而促进消费需求的增加和产业链收益的增长，众筹预售与众包生产联合决策的协同效应明显。不过，联合决策的协同效应并不会自觉发生，它还需要运用现代激励理论将电商平台、生产基地和食物社区结成利益共同体，尤其是要通过体验营销激励并调动领头人的积极性，实现生产基地的绿色生产与食物社区的体验消费良性互动。

7.4.3 机制设计

1. 绿色生产激励

为激发生产基地采取绿色生产措施，向消费者提供更高质量的绿色健康生鲜食品，设计电商平台对生产基地进行绿色生产的弹性激励机制。生产基地产品出场价格随着质量提升而不断增加，当产出达到联合决策的最优水平时，不仅产品售卖的累计收益可以达到分散决策最优状态的收益 $\Pi_{(1)}^{M^*}$，还可以与电商平台投资人和食物社区领头人共同分享联合决策较分散决策溢出的收益 $\Pi_{(2)}^{*} - \Pi_{(1)}^{*}$。

假定电商平台向生产基地的众包采购价，亦即生产基地的出场价 $\omega(m)$ 与生产基地的产品质量水平呈线性关系，并满足 $\omega'(m) > 0$，且 $\omega(0) = c$、$\omega(m_{(2)}^{*}) = \omega_{(2)}^{*}$，即

$\omega(m) = \frac{(\omega_{(2)}^{*} - c) m}{m_{(2)}^{*}} + c$，且 $0 \leqslant m \leqslant m_{(2)}^{*}$，其中 $\omega_{(2)}^{*}$ 满足 $(\omega_{(2)}^{*} - c) D_{(2)}^{*} - \frac{1}{2} \theta m_{(2)}^2 {}^* = \Pi_{(1)}^{M^*}$。

由于 $m_{(2)}^{*}$ 是联合决策最优产品质量水平，电商平台不会对超过 $m_{(2)}^{*}$ 的质量改进努力程度增加激励，于是得

$$\omega(m) = \begin{cases} c + \dfrac{(\Pi_{(1)}^{M^*} + \frac{1}{2}\theta m_{(2)}^{*2})m}{D_{(2)}^* m_{(2)}^*}, 0 \leqslant m < m_{(2)}^* \\ c + \dfrac{\Pi_{(1)}^{M^*} + \frac{1}{2}\theta m_{(2)}^{*2}}{D_{(2)}^*}, m \geqslant m_{(2)}^* \end{cases} \tag{7-104}$$

更高的质量水平意味着更高的成本支出，因此生产基地不会主动把产品质量提高到 $m_{(2)}^*$ 以上，其结果是产品质量水平只维持在联合决策的最优水平 $m_{(2)}^*$ 上。将式(7-104)代入式(7-99)得生产基地参与联合决策的初次收益 $R_{M-1} = \Pi_{(1)}^{M^*}$，这恰好为生产基地分散决策下的最大收益。与电商平台投资人和食物社区领头人共同分享联合决策较分散决策溢出收益 $\Pi_{(2)}^* - \Pi_{(1)}^*$ 的二次利益分配将在下面股权激励部分予以讨论。

2. 体验营销激励

电商平台的内部管理主要包括后台管理和市场营销，由于后台管理相比于领头人开展的市场营销在工作难度和运行费用方面都低得多，且后台管理在平台上每增加一对食物社区与生产基地对接的边际成本几乎为零，因此电商平台的收益应主要流向领头人，假定分散决策下食物社区领头人获得平台所有收益 $\Pi_{(1)}^{E^*}$，而平台投资人的投资回报及其后台管理费用则通过引导供应链朝着全链收益最大的联合决策带来的收益溢出获取。可考虑采取被市场营销实践证明行之有效的累进价格折扣弹性激励措施，即当食物社区众筹预购达到联合决策最优水平时，领头人不仅可以获得相当于分散决策时电商平台达到的最优收益 $\Pi_{(1)}^{E^*}$ 作为累进价格折扣，还可与电商平台和生产基地共享联合决策较分散决策溢出的收益 $\Pi_{(2)}^* - \Pi_{(1)}^*$，这溢出部分的收益也是电商平台的投资回报及后台管理费用来源。

假定食物社区消费者仍然按联合决策最优均衡点的价格水平 $p_{(2)}^*$ 预购，电商平台让利给领头人的价格折扣 η 是众筹预购量 D 的线性函数，满足 $1 = \eta(0) \geqslant \eta(D) \geqslant \eta_{(2)}^*$，即

$$\eta(D) = 1 - \frac{(1 - \eta_{(2)}^*)D}{D_{(2)}^*}, \ 0 \leqslant D \leqslant D_{(2)}^*$$

其中，$\eta_{(2)}^*$ 满 $(p_{(2)}^* - \eta_{(2)}^* p_{(2)}^*)D_{(2)}^* - \frac{1}{2}\delta t_{(2)}^{*2} = \Pi_{(1)}^{E^*}$。

由于 $D_{(2)}^*$ 是联合决策的最优预购量，电商平台不会对超过 $D_{(2)}^*$ 的消费需求增加激励，于是有

$$\eta(D) = \begin{cases} 1 - \dfrac{(\Pi_{(1)}^{E^*} + \frac{1}{2}\theta t_{(2)}^{*2})m}{p_{(2)}^* D_{(2)}^*}, 0 \leqslant D < D_{(2)}^* \\ 1 - \dfrac{\Pi_{(1)}^{E^*} + \frac{1}{2}\theta t_{(2)}^{*2}}{p_{(2)}^*}, D \geqslant D_{(2)}^* \end{cases} \tag{7-105}$$

累进价格折扣促使领头人努力将食物社区的众筹预购量"滚雪球"式地增加到 $D_{(2)}^*$。

这时 $\eta(D)=\eta_{(2)}^*$，领头人获得电商平台价格折扣让利的累计收益 $R_{S-1}=\Pi_{(1)}^{E^*}$ 恰好为电商平台在分散决策下的最大收益。除此之外，领头人还参与分享联合决策较分散决策溢出的收益 $\Pi_{(2)}^*-\Pi_{(1)}^*$，分配方式将在股权共享激励中讨论。应当指出的是，电商平台愿意给领头人这么多的利益回报是因为在领头人的努力下，电商平台可从联合决策更优水平溢出收益中弥补自己对领头人的利益让渡，并从平台上不断增加的食物社区与生产基地产销对接对子中获得规模报酬。现实生活中，很多企业重奖销售人员就是这个道理。

3. 股权分享激励

由于对投资人最有效的激励是股权收益，所以无须对电商平台进行收益保底。当生产基地的产品质量和实物社区的体验消费达到全链联合决策的最优状态时，生产基地和食物社区领头人的初次收益分别为 $\Pi_{(1)}^{M^*}$ 和 $\Pi_{(1)}^{E^*}$，全链有 $\Pi_{(2)}^*-\Pi_{(1)}^*=\Pi_{(2)}^*-(\Pi_{(1)}^{M^*}+\Pi_{(1)}^{E^*})>0$ 的剩余收益作为对生产基地和食物社区领头人的二次返利及电商平台的投资收益(包括后台运行费用)。设将电商平台投资量化为股份 T 股，电商平台投资人每股保留收益为 r_m，且满足 $n(\Pi_{(2)}^*-\Pi_{(1)}^*)>Tr_m$，电商平台按 $n(\Pi_{(2)}^*-\Pi_{(1)}^*)\geqslant(T+nM+nS)r_m$ 向每个生产基地和食物社区领头人分别配股 M 股和 S 股。

向生产基地配股的条件是产品质量水平常态化维持在 $m_{(2)}^*$ 及以上，且提供 $D_{(2)}^*$ 及以上产品满足消费需求。向食物社区领头人配股的条件是该食物社区众筹预购量常态化维持在 $D_{(2)}^*$ 及以上规模。于是电商平台投资回报 R_T、每个生产基地配股股利 R_{M-2} 和对接食物社区领头人配股股利 R_{S-2} 分别为

$$R_T=n(\Pi_{(2)}^*-\Pi_{(1)}^{M^*}-\Pi_{(1)}^{E^*})\frac{T}{T+nM+nS} \tag{7-106}$$

$$R_{M-2}=n(\Pi_{(2)}^*-\Pi_{(1)}^{M^*}-\Pi_{(1)}^{E^*})\frac{M}{T+nM+nS} \tag{7-107}$$

$$R_{S-2}=n(\Pi_{(2)}^*-\Pi_{(1)}^{M^*}-\Pi_{(1)}^{E^*})\frac{S}{T+nM+nS} \tag{7-108}$$

由此得每个生产基地及对接食物社区领头人和电商平台投资人全链总的收益分别为

$$R_M=R_{M-1}+R_{M-2}=\Pi_{(1)}^{M^*}+n(\Pi_{(2)}^*-\Pi_{(1)}^{M^*}-\Pi_{(1)}^{E^*})\frac{M}{T+nM+nS}>\Pi_{(1)}^{M^*} \tag{7-109}$$

$$R_S=R_{S-1}+R_{S-2}=\Pi_{(1)}^{E^*}+n(\Pi_{(2)}^*-\Pi_{(1)}^{M^*}-\Pi_{(1)}^{E^*})\frac{S}{T+nM+nS}>\Pi_{(1)}^{E^*} \tag{7-110}$$

$$R_T=n(\Pi_{(2)}^*-\Pi_{(1)}^{M^*}-\Pi_{(1)}^{E^*})\frac{T}{T+nM+nS}>0 \tag{7-111}$$

由式(7-109)~式(7-111)可以看出，在联合决策下生产基地及食物社区领头人和电商平台的收益较分散决策条件下均有增加，表明联合决策确实是分散决策的帕累托改进。

4. 合作表决机制

生产基地和对应食物社区领头人的配股数 M 和 S 的取决于它们与电商平台的谈判能力。由于单个生产基地或食物社区领头人所配股份远低于电商平台投资者所持股份，为避

免一股独大和独霸，考虑将生产基地和食物社区分别联合起来，运用 N 人合作模型的 Shapely 值计算各利益相关方谈判表决权，强化彼此的合作性质，确保各方利益诉求在联合决策中公平表达。

设 $K=T$、M_n、S_n，分别代表电商平台投资人、生产基地联合体和食物社区领头人联合体，相应的股份份额分别为 $r_T = \dfrac{T}{T+nM+nS}$、$r_{M_n} = \dfrac{nM}{T+nM+nS}$ 和 $r_{S_n} = \dfrac{nS}{T+nM+nS}$。设 Z 为 $\{T, M_n, S_n\}$ 的任一子集，$v(Z)$ 为 Shapely 特征函数，当 Z 中利益相关方组合股权比例超过 50% 时令 $v(Z)=1$，否则令 $v(Z)=0$，则三个主要利益相关方在全链联合决策中的表决权各自占的份额 $\psi_K(v)$ 为

$$\psi_K(v) = \omega(|Z|)[v(Z) - v(Z \setminus K)] \qquad (k=T, M_n, S_n) \tag{7-112}$$

其中，$\omega(|Z|)$ 为加权因子，满足 $\omega(|Z|) = (N-|Z|)!(|Z|-1)!/N!$，$N=3$，$|Z|$ 是子集 Z 中的利益相关者个数，$Z \setminus K$ 表示子集 Z 去掉 K 利益相关者的集合。这样，生产基地和对接食物社区领头人按 ψ_{M_n} 和 ψ_{S_n} 而不是 r_{M_n} 和 r_{S_n} 的权重与电商平台投资人谈判表决重要事项，确保全链联合决策公平。

7.4.4　案例分析

某种粮大户投资 500 万元建起一个生鲜农产品电子商务平台，并通过领头人努力发展起 10 个食物社区与 10 个生产基地结成的稳定的一对一产销对子（$n=10$）。对接食物社区每周众筹预购需求参数 $a_0=5000$，$a_1=2000$，$a_2=a_3=30$，生产基地生产成本及物流配送费用 $c=1$ 元/kg。取 $\delta=0.3$，$\theta=0.95$，计算得 $A=0.001$。根据式(7-91)计算得分散决策下生产基地的产品质量水平 $m_{(1)}^*=90$。由式(7-94)~式(7-97)得分散决策下生产基地与对接食物社区每周交易量 $D_{(1)}^*=5700\,\text{kg}$，食物社区领头人每周体验营销获得的总收益为 $\Pi_{(1)}^{E^*}=4061$ 元，生产基地每周获得的总收益为 $\Pi_{(1)}^{M^*}=4275$ 元，二者之和为分散决策下全链的总收益 $\Pi_{(1)}^*=8336$ 元。分散决策并不是电商平台所追求的，其追求的是从联合决策中获得规模报酬的股权收益，因此分散决策中未考虑电商平台的投资回报及后台运行费用。

由式(7-101)得联合决策下生产基地的产品质量水平 $m_{(2)}^*=1800$，是分散决策产品质量水平的 20 倍。由式(7-102)和式(7-103)得联合决策下每周交易量 $D_{(2)}^*=114000\,\text{kg}$，是分散决策下每周交易量的 20 倍；全链总收益 $\Pi_{(2)}^*=85500$ 元，是分散决策下每周收益的 10 多倍。由式(7-95)和式(7-96)得出生产基地和食物社区领头人初次收益分别为 $R_{M-1}=\Pi_{(1)}^{M^*}=4275$ 元，$R_{S-1}=\Pi_{(1)}^{E^*}=4061$ 元。假定电商平台投资按每股 1 万元折为 $T=500$ 股，每个生产基地配股 $M=25$ 股，每个食物社区领头人配股 $S=25$ 股，由式(7-107)和式(7-108)得股权激励对生产基地和食物社区领头人的二次返利分别为 $R_{M-2}=19166$ 元，$R_{S-2}=19166$ 元，这部分即为生产基地和领头人在联合决策下比分散决策下多获得的收益。由式(7-109)~式(7-111)得每个生产基地和食物社区领头人每周的总收益分别为 $R_M=23441$ 元，$R_S=23227$ 元，电商平台每周从某一食物社区与生产基地对子中获得收益 38332 元，从发展起的 10 组食物社区与生产

基地对子中获得总收益 R_T=383320 元，相比于分散决策下收益为零，电商平台通过联合决策让生产基地和领头人获得更好收益的同时自己获得了更大的规模报酬。此外，尽管电商平台股份份额 $r_T = 500/(500+250+250) = 50\%$，但由式（7-112）知电商平台与生产基地和食物社区领头人的表决权均为1/3（计算过程见表7-10、表7-11和表7-12），确保了联合决策参与者利益诉求公平表达。

表 7-10   生产基地在全链联合决策中的表决权重 $\Psi_M(\upsilon)$ 计算

Z	$\{M\}$	$\{M,\,S\}$	$\{M,\,T\}$	$\{M,\,S,\,T\}$
$\upsilon(Z)$	0	1	1	1
$\upsilon(Z\setminus M)$	0	0	0	1
$\upsilon(Z)-\upsilon(Z\setminus M)$	0	1	1	0
$\lvert Z\rvert$	1	2	2	3
$w(\lvert Z\rvert)$	1/3	1/6	1/6	1/3
$w(\lvert Z\rvert)[\upsilon(Z)-\upsilon(Z\setminus M)]$	0	1/6	1/6	0

表 7-11   食物社区领头人在全链联合决策中的表决权重 $\Psi_s(\upsilon)$ 计算

Z	$\{S\}$	$\{S,\,M\}$	$\{S,\,T\}$	$\{S,\,M,\,T\}$
$\upsilon(Z)$	0	1	1	1
$\upsilon(Z\setminus S)$	0	0	0	1
$\upsilon(Z)-\upsilon(Z\setminus S)$	0	1	1	0
$\lvert Z\rvert$	1	2	2	3
$w(\lvert Z\rvert)$	1/3	1/6	1/6	1/3
$w(\lvert Z\rvert)[\upsilon(Z)-\upsilon(Z\setminus S)]$	0	1/6	1/6	0

表 7-12   众筹平台投资人在全链联合决策中的表决权重 $\Psi_T(\upsilon)$ 计算

Z	$\{T\}$	$\{T,\,M\}$	$\{T,\,S\}$	$\{T,\,M,\,S\}$
$\upsilon(Z)$	0	1	1	1
$\upsilon(Z\setminus T)$	0	0	0	1
$\upsilon(Z)-\upsilon(Z\setminus T)$	0	1	1	0
$\lvert Z\rvert$	1	2	2	3
$w(\lvert Z\rvert)$	1/3	1/6	1/6	1/3
$w(\lvert Z\rvert)[\upsilon(Z)-\upsilon(Z\setminus T)]$	0	1/6	1/6	0

从本案例可以看出，与各决策参与主体从自身利益最大化出发的分散决策相比，生鲜农产品供应链采取众筹预售与众包生产进行产销衔接联合决策，并通过绿色生产激励机

制、体验营销激励机制、股权共享激励机制和合作博弈表决机制进行联合决策诱致，产品质量水平和产需规模显著提高，生产基地和食物社区领头人的收益大幅增长，电商平台优势的规模经济效应明显。而合作表决机制的引入，又确保了各决策参与主体利益诉求的公平表达，而不是简单地用股权占比衡量话语权。这是一个多方共赢的平台，消费者与生产者从产销对接的交易环节减少中获益，生产者的绿色生产与消费者的体验消费形成双向正反馈和正激励。由此可见，社群化消费者与组织化生产者通过电商平台进行生鲜农产品点对点的产销对接，对优化生鲜农产品供应链，化解长期困扰我国生鲜农产品供应链的产销不衔接、链条不透明、质量不安全等问题，提高供应链运行效率和质量，重拾消费者对我国生鲜农产品质量安全信心有重要管理启示。

7.5 发展消费者体验农业

7.5.1 理论分析

经过长期的不懈努力，我国农业取得了举世瞩目的成就，"但愿苍生俱饱暖"的历史夙愿终于在 21 世纪初实现，"中国人的饭碗主要装中国粮"的国家粮食安全防线更加牢靠。但同时也应清醒地看到，发端于我国改革开放时期的农业增长一直主要依靠增加投入，由此在供给侧积累了诸多矛盾和现实困难，突出表现为农产品供需错位、生产成本飙升、生态环境破坏和质量参差不齐，导致当前我国农产品出现生产量、进口量、库存量"三量齐增"的怪象，所以国家提出农业供给侧结构性改革，强调通过农产品结构调整和质量提升，发展农产品电商，开展农产品质量追溯，促进农产品供给品种、数量、质量和价格契合消费者需求。不过，供给侧结构性改革并不单是完善要素配置、生产出消费者需要的商品那么简单，还涉及消费者信心问题。因此，要重塑消费者对国内农产品质量安全的信心，还要在供给侧植入消费体验，促进消费者主权回归。事实上，随着人们生活水平的提高，单纯的产品本身已很难满足消费者的需求，人们越来越喜欢了解产品背后的故事，希望能与种出这种产品的人交流。除了质与量这些硬实力外，产品带给消费者的体验更能打动消费者。

所谓消费者主权(consumer sovereignty)是指消费者根据自己的意愿和偏好把需求信息通过市场传递给生产者，生产者根据来自消费者的需求信息安排生产，然后把产品或服务提供给消费者。消费者主权理论最早由亚当·斯密提出，后经马歇尔发展，已成为古典经济学不可动摇的原则。奥地利学派、剑桥学派以及哈耶克、费里德曼等更是把消费者主权看作是市场经济中最重要的原则。在古典经济学里，消费是生产的实现，消费者的效用函数是生产者的利润函数的激励约束。生产服从于消费，生产者服从于消费者，在生产者和消费者的博弈关系中，起主导作用的是消费者。但在互联网时代到来之前，古典经济学的设想一直没有实现，原因是生产者通常是处于垄断地位的机构，可动用规模性的力量对市场进行操作，对消费者进行控制，处于一盘散沙的消费者很难团结起来对生产者采取集体行动，生产者主权远大于消费者主权，是生产创造消费，而不是需求创造供给。但在互联网时代，农产品不仅可以通过电子商务缩减流动环节、节省交易费用，而且消费者可以通过社交网络联合起来结成强大的社群，以群体的方式展示自己的力量，生产者主权逐渐让位于消费者主权。消费者通过亲临现场的线下手段或物联网、移动互联网的线上手段，主动介入生产流通环节进行消费体验，了解农产品背后的故事、种养基地、丰收体验、物流体验、质量追溯和供应链可视化，以更多地了解供给侧农产品质量安全的实际情况。

　　所谓消费体验(experience consumption)是指消费者在使用产品或享受服务时体察到的感觉及认识。消费体验最早出自美国经济学家约瑟夫·派恩和詹姆斯·吉尔摩的《体验经济》一书，该书倡导生产者应创造条件让消费者融入供应链，让消费者乐意为产品之外的感受买单。消费体验不仅包括消费者购买产品时的感受，还包括消费者购买前的信息搜索和购买后的使用感受，凡是与消费者发生关系的所有环节都是消费体验的组成部分。管理思想家亚德里安·斯莱沃斯基曾把产品的性能分为物用层面和表达层面，并指出"富有魔力"的产品应在物用层面实现卓越的性能，在表达层面赋予产品无法割舍的情感共鸣。"好产品自己会说话"，卓越的性能、超出预期的体验，就会让产品形成独特的魅力品格。产品的本质是向人们提供一种愉悦，消费者选择和使用某种产品，其动机归根结底是取悦自己。产品好不好，不是产品做了什么，而是消费者体验到了什么。生产者最重要的事情是生产好产品来讨好消费者，打动消费者，获得消费者的信任和认同。消费者一旦对产品或服务产生信任和认同，就会重复购买，并通过朋友圈向亲朋好友推荐。生产者靠一己之力很难打开市场，只有让消费者驱动消费，才能形成病毒式传播，迅速建立壁垒。而消费者驱动消费的前提是产品或服务能在情感上打动消费者，在心理上满足消费者，让消费体验超出消费者的预期。这种"因为体验才导致消费"的好处在于农产品消费者在购前的体验过程中就能预先了解农产品生长环境、生产过程、产品品质和物流配送，减少信息不对称，对农产品质量放心。同时，也让消费者有机会释放亲近自然的天性。

　　农产品是人类赖以生存的必需品，消费者特别在意产品质量安全。一直以来，我国农产品产销信息不对称，加之近年又先后发生毒奶粉、毒大米、蜡苹果、牛肉膏、瘦肉精等性质极其恶劣的质量安全事件，让消费者越来越困惑，甚至对整个农产品质量安全状况产生了怀疑。基于此，在集成已有的碎片化研究的基础上，本研究将消费体验理论、消费者主权理念植入到生鲜农产品电商的供给侧，探索构建线上线下相结合、消费者广泛参与、供需双方互动互信的农产品透明供应链，以消除消费者对国内农产品质量的"不安全感"和"信任危机"。

7.5.2　模式设计

1. C2B2B2C 模型框架及假设

　　在消费者主权下，生鲜农产品的交易逻辑应当是消费者首先根据自己的意愿和偏好把需求信息通过市场传递给生产者(C2B)，种粮大户根据来自消费者的需求信息安排生产，然后把产品或服务提供给消费者(B2C)，从而形成 C2B2C 的模式。但现实生活中，尤其在我国，生鲜农产品真正的生产者和消费者都是碎片化的。如果碎片化的消费者与生产者直接点对点对接，交易成本极高。为降低交易成本，碎片化的消费者按居住地位置就近聚合为不同食物社区，碎片化的生产者(种粮大户)加入合作社形成规模化的生产基地，食物社区与生产基地实行组织与组织的对接，最终形成 C2B2B2C 的模式框架(图 7-15)。

　　消费者参与到生鲜电商的供给侧开展消费体验，设食物社区的需求函数为

$D(t)=d(t)\varepsilon$，t 为食物社区消费者参与消费的体验水平，$d(t)$ 为生鲜品需求函数，概率分布函数为 $\psi(\cdot)$，ε 为消费体验外的其他因素对需求的影响，$E[\varepsilon]=1$。$d'(t)>0$、$d''(t)<0$ 表示消费需求随消费体验增加而增加，但边际需求递减。$g(t)$ 为消费体验引起的成本，满足 $g(0)=0$，$g'(t)>0$、$g''(t)>0$ 表示体验成本随体验水平增加而增加，且边际成本递增。设食物社区每次向电商平台的众筹预购量为 Q、价格为 p_{III}，电商平台向生产基地的购买价格为 p_{II}，生产基地的单位生产成本为 p_{I}，未能通过电商平台预销出去的产品残值为 p_Θ，并假定 $p_\Theta < p_{\mathrm{I}} < p_{\mathrm{II}} < p_{\mathrm{III}}$。

2. 消费体验不足时的购买需求

在生产者主权大于消费者主权的传统模式下，供给侧的消费体验明显不足，即便通过电商平台交易，消费者也只能依据电商平台的供应信息进行有限消费体验，电商平台在揣摩消费者的消费体验诉求基础上进行产品供应决策，消费者与电商平台形成典型的 Stackelberg 动态博弈，电商平台的期望收益为

$$\Pi_e(Q,t)=(p_{\mathrm{II}}-p_{\mathrm{I}})Q-(p_{\mathrm{II}}-p_\Theta)d(t)\int_0^{Q/d(t)}\psi(t)\mathrm{d}t \tag{7-113}$$

对式（7-113）求 Q 的一阶偏导数，得 $\dfrac{\partial\Pi_e(Q,t)}{\partial Q}=(p_{\mathrm{II}}-p_{\mathrm{I}})-(p_{\mathrm{II}}-p_\Theta)\psi[Q/d(t)]$。因

$\dfrac{\partial^2\Pi_e(Q,t)}{\partial Q^2}=-\dfrac{p_{\mathrm{II}}-p_\Theta}{d(t)}\psi'\left(\dfrac{Q}{d(t)}\right)<0$，令 $\dfrac{\partial\Pi_e(Q,t)}{\partial Q}=0$，由式（7-113）得食物社区消费者的最大购买量为

$$Q^\#=d(t)\psi^{-1}\left(\frac{p_{\mathrm{II}}-p_{\mathrm{I}}}{p_{\mathrm{II}}-p_\Theta}\right) \tag{7-114}$$

食物社区的最优消费体验决策会考虑电商平台的供应决策 $Q^\#$，这时食物社区的期望收益为

$$\Pi_s(Q^\#,t)=(p_{\mathrm{III}}-p_{\mathrm{II}})d(t)\psi^{-1}\left(\frac{p_{\mathrm{II}}-p_{\mathrm{I}}}{p_{\mathrm{II}}-p_\Theta}\right)-(p_{\mathrm{III}}-p_{\mathrm{II}})d(t)\int_0^{\psi^{-1}\left(\frac{p_{\mathrm{II}}-p_{\mathrm{I}}}{p_{\mathrm{II}}-p_\Theta}\right)}\psi(t)\mathrm{d}t-g(t) \tag{7-115}$$

对式（7-115）求一阶导数，得

$$\frac{\partial\Pi_s(Q^\#,t)}{\partial t}=(p_{\mathrm{III}}-p_{\mathrm{II}})d'(t)\left[\psi^{-1}\left(\frac{p_{\mathrm{II}}-p_{\mathrm{I}}}{p_{\mathrm{II}}-p_\Theta}\right)-\int_0^{\psi^{-1}\left(\frac{p_{\mathrm{II}}-p_{\mathrm{I}}}{p_{\mathrm{II}}-p_\Theta}\right)}\psi(t)\mathrm{d}t\right]-g'(t) \tag{7-116}$$

因 $\dfrac{\partial^2\Pi_s(Q^\#,t)}{\partial t^2}=(p_{\mathrm{III}}-p_{\mathrm{II}})d''(t)\left[\psi^{-1}\left(\dfrac{p_{\mathrm{II}}-p_{\mathrm{I}}}{p_{\mathrm{II}}-p_\Theta}\right)-\int_0^{\psi^{-1}\left(\frac{p_{\mathrm{II}}-p_{\mathrm{I}}}{p_{\mathrm{II}}-p_\Theta}\right)}\psi(t)\mathrm{d}t\right]-g''(t)$，而

$\psi^{-1}\left(\dfrac{p_{\mathrm{II}}-p_{\mathrm{I}}}{p_{\mathrm{II}}-p_\Theta}\right)-\int_0^{\psi^{-1}\left(\frac{p_{\mathrm{II}}-p_{\mathrm{I}}}{p_{\mathrm{II}}-p_\Theta}\right)}\psi(t)\mathrm{d}t=\psi^{-1}\left(\dfrac{p_{\mathrm{II}}-p_{\mathrm{I}}}{p_{\mathrm{II}}-p_\Theta}\right)[1-\psi(\xi)]<0$，$0<\xi<\psi^{-1}\left(\dfrac{p_{\mathrm{II}}-p_{\mathrm{I}}}{p_{\mathrm{II}}-p_\Theta}\right)$，所

以 $\dfrac{\partial^2\Pi_s(Q^\#,t)}{\partial t^2}<0$ 成立，令 $\dfrac{\partial\Pi_s(Q^\#,t)}{\partial t}=0$，消费者最优消费体验水平 $t^\#$ 满足：

$$H(t^\#)=\frac{g'(t^\#)}{d'(t^\#)}=(p_{\mathrm{III}}-p_{\mathrm{II}})\left[\psi^{-1}\left(\frac{p_{\mathrm{II}}-p_{\mathrm{I}}}{p_{\mathrm{II}}-p_\Theta}\right)-\int_0^{\psi^{-1}\left(\frac{p_{\mathrm{II}}-p_{\mathrm{I}}}{p_{\mathrm{II}}-p_\Theta}\right)}\psi(t^\#)\mathrm{d}t^\#\right] \tag{7-117}$$

由式(7-113)和式(7-115)两式联立得消费体验缺失的供应链收益

$$\Pi_{es}\left(Q^{\#},t^{\#}\right)=\Pi_{e}\left(Q^{\#},t^{\#}\right)+\Pi_{s}\left(Q^{\#},t^{\#}\right)$$
$$=\left(p_{\mathrm{III}}-p_{\mathrm{I}}\right)d\left(t^{\#}\right)\left[\psi^{-1}\left(\frac{p_{\mathrm{II}}-p_{\mathrm{I}}}{p_{\mathrm{II}}-p_{\Theta}}\right)-\int_{0}^{\psi^{-1}\left(\frac{p_{\mathrm{II}}-p_{\mathrm{I}}}{p_{\mathrm{II}}-p_{\Theta}}\right)}\psi\left(t^{\#}\right)\mathrm{d}t^{\#}\right]-g\left(t^{\#}\right) \tag{7-118}$$

由式(7-114)、式(7-117)和式(7-118)联立得消费体验缺失的供应链最优决策为

$$\begin{cases} \max \Pi_{es}\left(Q^{\#},t^{\#}\right)=\left(p_{\mathrm{III}}-p_{\mathrm{I}}\right)Q^{\#}-\left(p_{\mathrm{III}}-p_{\Theta}\right)\mathrm{d}\left(t^{\#}\right)\int_{0}^{\psi^{-1}\left(\frac{p_{\mathrm{II}}-p_{\mathrm{I}}}{p_{\mathrm{II}}-p_{\Theta}}\right)}\psi\left(t^{\#}\right)\mathrm{d}t^{\#}-g\left(t^{\#}\right) \\ \text{s.t. } Q^{\#}=\mathrm{d}\left(t^{\#}\right)\psi^{-1}\left(\frac{p_{\mathrm{II}}-p_{\mathrm{I}}}{p_{\mathrm{II}}-p_{\Theta}}\right) \\ H\left(t^{\#}\right)=\left(p_{\mathrm{III}}-p_{\mathrm{II}}\right)\left[\psi^{-1}\left(\frac{p_{\mathrm{II}}-p_{\mathrm{I}}}{p_{\mathrm{II}}-p_{\Theta}}\right)-\int_{0}^{\psi^{-1}\left(\frac{p_{\mathrm{II}}-p_{\mathrm{I}}}{p_{\mathrm{II}}-p_{\Theta}}\right)}\psi\left(t^{\#}\right)\mathrm{d}t^{\#}\right] \end{cases} \tag{7-119}$$

3. 消费体验充分时的购买需求

随着消费者主权的回归,消费者介入生产流通环节进行消费体验有助于监督生产流通环节,提高产品质量安全水平,进而消费者和生产者不再只是单纯的买卖关系,而是共同捍卫食品安全的生产消费者(prosumer),这是生产者与消费者进行了一体化的高度融合,于是供应链的期望收益为

$$\Pi_{ps}\left(Q,t\right)=\left(p_{\mathrm{III}}-p_{\mathrm{I}}\right)Q-\left(p_{\mathrm{III}}-p_{\Theta}\right)d\left(t\right)\int_{0}^{Q/d(t)}\psi\left(t\right)\mathrm{d}t-g\left(t\right) \tag{7-120}$$

对式(7-120)求 Q 的一阶偏导数,得 $\dfrac{\partial \Pi_{ps}\left(Q,t\right)}{\partial Q}=\left(p_{\mathrm{III}}-p_{\mathrm{I}}\right)-\left(p_{\mathrm{III}}-p_{\Theta}\right)\psi\left[Q/d\left(t\right)\right]$。因

$\dfrac{\partial^{2}\Pi_{ps}\left(Q,t\right)}{\partial Q^{2}}=-\dfrac{p_{\mathrm{III}}-p_{\Theta}}{d\left(t\right)}\psi'\left(\dfrac{Q}{d\left(t\right)}\right)<0$,令 $\dfrac{\partial \Pi_{ps}\left(Q,t\right)}{\partial Q}=0$,得食物社区最优众筹量为

$$Q^{*}=d\left(t\right)\psi^{-1}\left(\frac{p_{\mathrm{III}}-p_{\mathrm{I}}}{p_{\mathrm{III}}-p_{\Theta}}\right) \tag{7-121}$$

对式(7-121)求 t 的一阶偏导数,得

$$\frac{\partial \Pi_{ps}\left(Q^{*},t\right)}{\partial t}=\left(p_{\mathrm{III}}-p_{\mathrm{I}}\right)d'\left(t\right)\left[\frac{Q^{*}}{d\left(t\right)}\psi\left(\frac{Q^{*}}{d\left(t\right)}\right)-\int_{0}^{Q^{*}/d(t)}\psi\left(t\right)\mathrm{d}t\right]-g'\left(t\right) \tag{7-122}$$

由式(7-122)得 $\dfrac{\partial^{2}\Pi_{ps}\left(Q^{*},t\right)}{\partial t^{2}}=\left(p_{\mathrm{III}}-p_{\mathrm{I}}\right)d''\left(t\right)\left[\dfrac{Q^{*}}{d\left(t\right)}\psi\left(\dfrac{Q^{*}}{d\left(t\right)}\right)-\int_{0}^{Q^{*}/d(t)}\psi\left(t\right)\mathrm{d}t\right]$

$-Q^{*2}\left(p_{\mathrm{III}}-p_{\mathrm{I}}\right)\psi'\left(\dfrac{Q^{*}}{d\left(t\right)}\right)\dfrac{\left[d'\left(t\right)\right]^{2}}{\left[d\left(t\right)\right]^{3}}$ $-g''\left(t\right)$, 由于 $\dfrac{Q^{*}}{d\left(t\right)}\psi\left(\dfrac{Q^{*}}{d\left(t\right)}\right)-\int_{0}^{Q^{*}/d(t)}\psi\left(t\right)\mathrm{d}t=\dfrac{Q^{*}}{d\left(t\right)}$

$\left[\psi\left(\dfrac{Q^{*}}{d\left(t\right)}\right)-\psi\left(\zeta\right)\right]>0$, 其 中 $0<\zeta<Q^{*}/d\left(t\right)$, 所 以 $\dfrac{\partial^{2}\Pi_{ps}\left(Q^{*},t\right)}{\partial t^{2}}<0$ 成 立 , 令

$\dfrac{\partial \Pi_{ps}\left(Q^{*},t\right)}{\partial t}=0$，得消费者参与最优消费体验水平 t^{*} 满足：

$$H\left(t^{*}\right)=\frac{g'\left(t^{*}\right)}{d'\left(t^{*}\right)}=\left(p_{\mathrm{III}}-p_{\Theta}\right)\left[\psi^{-1}\left(\frac{p_{\mathrm{III}}-p_{\mathrm{I}}}{p_{\mathrm{III}}-p_{\Theta}}\right)-\int_{0}^{\psi^{-1}\left(\frac{p_{\mathrm{III}}-p_{\mathrm{I}}}{p_{\mathrm{III}}-p_{\Theta}}\right)}\psi\left(t^{*}\right)\mathrm{d}t^{*}\right] \tag{7-123}$$

由式(7-120)~式(7-122)联立得供应链最优决策：

$$\begin{cases} \max\Pi_{ps}\left(Q^{*},t^{*}\right)=\left(p_{\mathrm{III}}-p_{\mathrm{I}}\right)Q^{*}-\left(p_{\mathrm{III}}-p_{\Theta}\right)\mathrm{d}\left(t^{*}\right)\int_{0}^{\psi^{-1}\left(\frac{p_{\mathrm{III}}-p_{\mathrm{I}}}{p_{\mathrm{III}}-p_{\Theta}}\right)}\psi\left(t^{*}\right)\mathrm{d}t^{*}-g\left(t^{*}\right) \\ \text{s.t. } Q^{*}=\mathrm{d}\left(t^{*}\right)\psi^{-1}\left(\frac{p_{\mathrm{III}}-p_{\mathrm{I}}}{p_{\mathrm{III}}-p_{\Theta}}\right) \\ H\left(t^{*}\right)=\left(p_{\mathrm{III}}-p_{\mathrm{I}}\right)\left[\psi^{-1}\left(\frac{p_{\mathrm{III}}-p_{\mathrm{I}}}{p_{\mathrm{III}}-p_{\Theta}}\right)-\int_{0}^{\psi^{-1}\left(\frac{p_{\mathrm{III}}-p_{\mathrm{I}}}{p_{\mathrm{III}}-p_{\Theta}}\right)}\psi\left(t^{*}\right)\mathrm{d}t^{*}\right] \end{cases} \tag{7-124}$$

4. 消费体验不足与充分的对比分析

因 $p_{\mathrm{III}}>p_{\mathrm{II}}>p_{\mathrm{I}}>p_{\Theta}$，得 $\dfrac{p_{\mathrm{III}}-p_{\mathrm{I}}}{p_{\mathrm{III}}-p_{\Theta}}>\dfrac{p_{\mathrm{II}}-p_{\mathrm{I}}}{p_{\mathrm{II}}-p_{\Theta}}$、$\psi^{-1}\left(\dfrac{p_{\mathrm{III}}-p_{\mathrm{I}}}{p_{\mathrm{III}}-p_{\Theta}}\right)>\psi^{-1}\left(\dfrac{p_{\mathrm{II}}-p_{\mathrm{I}}}{p_{\mathrm{II}}-p_{\Theta}}\right)$。令

$J(t)=t-\int_{0}^{t}\psi(t)\mathrm{d}t$，得 $J'(t)=1-\psi(t)>0$，有 $\psi^{-1}\left(\dfrac{p_{\mathrm{III}}-p_{\mathrm{I}}}{p_{\mathrm{III}}-p_{\Theta}}\right)-\int_{0}^{\psi^{-1}\left(\frac{p_{\mathrm{III}}-p_{\mathrm{I}}}{p_{\mathrm{III}}-p_{\Theta}}\right)}\psi(t)\mathrm{d}t>$

$\psi^{-1}\left(\dfrac{p_{\mathrm{II}}-p_{\mathrm{I}}}{p_{\mathrm{II}}-p_{\Theta}}\right)-\int_{0}^{\psi^{-1}\left(\frac{p_{\mathrm{II}}-p_{\mathrm{I}}}{p_{\mathrm{II}}-p_{\Theta}}\right)}\psi(t)\mathrm{d}t$，比较式(7-117)与式(7-123)，得 $H\left(t^{*}\right)>H\left(t^{\#}\right)$。因

$H'(t)=\left[\dfrac{g'(t)}{d'(t)}\right]'=\dfrac{g''(t)d'(t)-g'(t)d''(t)}{\left[d'(t)\right]^{2}}>0$，表明 $H(t)$ 单调递增，所以 $t^{*}>t^{\#}$，进而有

$d\left(t^{*}\right)>d\left(t^{\#}\right)$，比较式(7-117)与式(7-121)得 $Q^{*}>Q^{\#}$。可见在生鲜电商供给侧植入消费体验，通过O2O形式让消费者更广泛地参与消费体验，由于对产品质量有眼见为实的真实感受，使消费者对农产品的质量安全充满信心，从而会扩大对生鲜农产品的网购需求。

7.5.3 体验设置

与传统商业模式中客户只在发生交易后体验才开始有很大的不同，互联网时代下的消费体验从通过微博、微信关注生产者时就已经开始了，他们正是通过持续的体验，从关注到产生兴趣，然后成为使用者，再成为粉丝，到最后形成社群。凡是与产品和消费发生关系的所有过程都是消费体验，消费体验没有终点，如果有终点，那个终点就是消费者的一个"赞"或一次分享。因此，生鲜农产品电商的消费体验应当覆盖整个供给侧，包括农耕体验、质量追溯、物流配送、产品呈现、网购操作、售后服务等重要体验场景。

(1)**农耕生产体验场景**。人类最早要通过农业劳动才能维持生存，但随着工业化和城镇化发展，有一部分人可以不通过农业劳动也能生存。纵使千百年来的自然进化，但在人类的天性里，亲近自然仍然根深蒂固，尤其是久居喧嚣都市的人们渴望通过感受田园自然

风光，参与农业生产劳动来疏解平时繁重的工作压力，体味"采菊东篱下，悠然见南山"的韵味。农业生产者提供工具、种子、水、有机肥等物质投入和必要的技术指导，消费者亲自参与或观看农业生产者翻耕、播种、浇水、除草等农业生产过程，"知道食品从何而来，谁种植了这些蔬菜，有机会参与种植、了解种植知识"，让消费者与生产者一道改进产品质量，增强对我国农产品质量安全的信心。据此可以推断：农耕体验的广度（次数）和深度（观看、动手操作）将会正向影响消费者的体验，而由此给生产者或消费者带来的成本增加则会负向影响消费者的体验。

（2）**质量追溯体验场景**。消费者对生鲜农产品的购买从传统线下渠道转移到线上，很大程度上缘于他们对传统线下渠道产品质量的担忧，而一些无人知晓的优质农产品则借助互联网打开了销路，尤其是那些通过二维码、在线视频进行全程质量追溯的生鲜产品深受城市消费者喜爱，消费者通过手机扫描二维码、打开在线视频就可查证产品是在哪里耕种、何时采摘、谁来采摘、保质日期多久以及产品成分等重要信息。据此可以推断：线上提供信息化的质量追溯查询，线下提供现场质量保障展示，将会使消费者获得好的体验，提高消费者对生鲜电商的满意度。

（3）**物流配送体验场景**。生鲜农产品的物流配送涉及装卸、转运和配送，是保障生鲜农产品质量的重要环节，也是生鲜农产品电商发展的主要障碍，尤其农村"最初一公里"的集货难和城市"最后一公里"的配送难问题。易腐易损、保质保鲜期短是生鲜农产品最显著的特征，配送时间过长产品会腐烂变质，这就要求生鲜农产品在包装时就要采取一些必要的保鲜措施，采取全程冷链配送快速送达消费者。据此可以推断：保鲜措施给力、采取全程冷链配送、产品送达时间短、只有开箱验货合格后消费者才收货将会使消费者获得好的体验，提高消费者对生鲜电商的满意度。

（4）**产品呈现体验场景**。由于消费者一日三餐的需求具有量小、样多的典型特征，因此生鲜品的品类丰富程度和价格是影响消费体验的重要因素。消费者比较倾向于一站式购买，讨厌一餐食材需要到多家网站下单，甚至还要到线下农贸市场或超市补货。很多消费者在网上购物是冲着价格便宜去的，因此商家的产品定价要合理，要设置一些阶梯价格折扣和团购价格，薄利多销，搞一些限时抢购活动进行网络促销，增加消费者参与感。另外，包装不结实，产品就会发蔫变质失去好的品相。据此可以推断：产品丰富、货源充足、包装结实、价格适中、促销花样多将有助于消费者获得好的体验，提高消费者对生鲜电商的满意度。

（5）**网购操作体验场景**。由于消费者的产品选购和资金结算主要在网上进行，这就要求生鲜电商的购物网页、手机 App 和微信公众号设置富有特色，界面友好，浏览翻阅方便，购物流程简单，结算支付便捷，产品介绍图文并茂富有美感，让网上购买生鲜农产品成为一种时尚、一种享受。同时，网站还可以依据消费者的历史购买记录进行大数据分析，刻画出不同消费者的食物和口味偏好，以便进行产品信息的精准推送。据此可以推断：开通 PC 端和移动端接口、网页图文并茂、浏览翻阅方便、购物流程简单、结算支付便捷、信息推送精准将有助于增进消费者的体验，提高消费者对生鲜电商的满意度。

（6）**售后服务体验场景**。生鲜农产品作为生活必需品，加之保质保鲜期短，消费者只能小批量频繁购买。因此，生鲜电商不能只做一锤子买卖，必须通过良好的售后服务体验让消费者不断地购买。比如，在网页醒目处设置在线客服，告知消费者售后服务联系电话和邮箱，尽量满足消费者的退换货要求，在无法退换货时给消费者优惠券进行补偿。又如，给生鲜产品搭配相应食谱、食疗或有新意的烹饪方法，增加一些形象的烹饪教学视频，便于消费者学习。据此推断：在购物网页醒目处设置客服信息、实时与消费者进行信息沟通、热情对待消费者的退换货要求、对问题订单有及时补救措施、向消费者提供食谱及烹饪方法将有助于增进消费者的消费体验，提高消费者对生鲜农产品电商的满意度评价。

7.5.4 实证分析

1. 计量模型与变量选取

上述消费体验的设置是否真实反映消费者的消费体验诉求，可通过消费者对生鲜电商平台服务的满意度来检验。由于消费者对电商的满意度评价为二元离散选择变量，消费体验越好，消费者对电商服务的满意度就越高。为此本书建立式(7-125)的 Probit 模型来分析消费体验对电商满意度的影响。

$$y_i = c + \beta X_i \tag{7-125}$$

式中，y_i 服从正态分布；相应的概率值介于 0 和 1 之间；X 表示生鲜电商供给侧各种形式的消费体验；β 为相应的估计系数。ε 为随机扰动项，对于给定的 X_i，其相应的概率 p_i 满足

$$p_i = F(y_i) = \frac{1}{\sqrt{2\pi}} \int_{-\infty}^{y_i} e^{-\frac{t^2}{2}} dt + \varepsilon \tag{7-126}$$

2. 数据来源与样本概况

通过在线问卷调查平台征集了北京、上海、广州、深圳、杭州等全国一线城市共计 350 名生鲜产品网络消费者的亲身体验、实时记录与测评，并最终获得了 304 份有效问卷。依据前面对变量的选取，本书所选取变量的含义、赋值、预期影响及描述性统计结果见表 7-13。

表 7-13 变量含义及描述性统计

变量名称	定义及赋值	预期影响	均值	标准差
因变量				
对生鲜电商的总体评价是否满意	是=1，否=0	+	0.782	0.401
农耕生产体验				
是否提供农耕生产体验	是=1，否=0	+	0.254	0.469
生产体验成本是否可接受	是=1，否=0	+	0.544	0.413
质量追溯体验				
有无全程质量追溯系统	有=1，无=0	+	0.601	1.753
是否让消费者参与过程监督	有=1，无=0	+	0.221	0.275
包装配送体验				
产品配送有无保鲜措施	有=1，无=0	+	0.145	0.425
产品配送是否全程冷链	是=1，否=0	+	0.257	1.086

续表

变量名称	定义及赋值	预期影响	均值	标准差
产品是否当天送达	是=1，否=0	+	0.168	0.654
产品送达是否当场开箱验货	是=1，否=0	+	0.468	0.145
产品呈现体验				
产品包装是否恰当	是=1，否=0	+	0.891	0.864
产品是否丰富	是=1，否=0	+	0.657	0.543
备货是否充足	是=1，否=0	+	0.235	0.265
价格是否合理	是=1，否=0	+	0.264	0.301
促销是否给力	是=1，否=0	+	0.745	0.123
网购操作体验				
是否同时开通 PC 和移动端口	是=1，否=0	+	0.841	0.821
页面设计是否友好富有特色	是=1，否=0	+	0.354	0.546
网上购物流程是否顺畅	是=1，否=0	+	0.658	0.857
网上交易是否安全方便	是=1，否=0	+	0.331	0.226
网站促销信息推送是否精准	是=1，否=0	+	0.528	0.362
售后服务体验				
是否有专门客服通道	是=1，否=0	+	0.598	0.403
与客服沟通是否及时	是=1，否=0	+	0.474	0.281
客服的态度是否热诚	是=1，否=0	+	0.741	0.401
退换货条件是否苛刻	否=1，是=0	+	0.601	0.425
对问题订单有无补偿	有=1，否=0	+	0.457	0.301
是否提供食谱或烹饪方法	是=1，否=0	+	0.102	0.781

3. 模型估计及结果分析

模型估计结果见表 7-14。从模型估计的对数似然值来看，模型整体的拟合效果较好。现将影响电商发展供给侧的显著性消费体验因子归纳如下。

（1）农耕生产体验的影响。农耕体验显著影响消费者对生鲜电商的满意度评价。相比于没有农耕体验，提供农耕体验的生鲜电商消费满意度要高出 21.4 个百分点。统计结果还显示，尽管全国性生鲜电商的知名度要高于同城生鲜电商，但同城生鲜电商的消费者满意度却高于全国性生鲜电商 13.5 个百分点，可能原因是同城电商的生产基地与消费者近一些，消费体验对生产基地和消费者的成本更低，因而双方的消费体验意愿强一些。

表 7-14 生鲜电商供给侧消费体验因子模型估计结果

自变量	估计系数	Z 统计量
是否提供农耕生产体验	0.230***	0.574
生产体验成本是否可接受	1.507***	3.213
有无全程质量追溯系统	0.917***	2.221
是否让消费者参与过程监督	0.374*	0.213
产品配送有无保鲜措施	1.439***	5.231
产品配送是否全程冷链	0.718**	1.689

自变量	估计系数	Z 统计量
产品是否当天送达	0.276***	0.254
产品送达是否当场开箱验货	1.691***	2.586
产品包装是否结实	0.229	1.586
产品是否丰富	0.912**	1.056
备货是否充足	0.14	0.258
产品出售价格是否合理	0.121**	0.458
网站价格促销是否有吸引力	1.11***	3.689
是否同时开通 PC 和移动端口	0.004**	0.035
页面设计是否友好富有特色	0.291	0.354
网上购物流程是否顺畅	0.31***	0.568
网上交易是否安全方便	1.078*	1.258
网站促销信息推送是否精准	0.083	0.369
是否有专门客服通道	0.563***	1.554
与客服沟通是否及时	1.043**	2.589
客服的态度是否热诚	0.438*	1.557
退换货条件是否苛刻	0.424***	1.058
对问题订单有无补偿	1.555	3.658
是否提供食谱或烹饪方法	0.038*	0.125
常数项	-8.772	-3.913

注：①McFadden R^2=0.301；

②***、**、*分别代表在 1%、5%、10%水平下显著。

(2)质量追溯体验的影响。电商力所能及地为消费者参与产品质量追踪提供途径可显著影响消费者对电商的满意度，与预先判断的一致，统计结果也佐证了这一点。产品包装上有二维码、购物网站上有在线视频的生鲜电商消费者满意度高于无产品质量可追溯体系的生鲜电商 9.7 个百分点。

(3)物流配送体验影响。保鲜措施到位、送达时间短，则品质新鲜、色泽饱满、品相完美，消费者的满意度高，与预期判定的一致。统计显示，有 85.6%的生鲜电商向消费者提供开箱验货后才收货的服务，但只有不到一半的消费者对产品送达时限满意，其中下单 12 小时以内的送达率只有 28.5%，24 小时以内的送达率为 48.3%，有超过 10%的生鲜在消费者收到货时已经部分或全部解冻。

(4)产品呈现体验的影响。产品的丰富性、充足性、价格及促销显著影响消费者的满意度，统计显示消费者对商品丰富和充足的电商的满意度高出商品单一或货源不足的电商 17.6 个百分点，75.8%的测评者表示生鲜产品的价格合理，但超过 5%的消费者明确表示电商的促销政策不合理。

(5)网购操作体验的影响。网页浏览体验也会显著影响消费体验，进而影响消费者对电商的满意度。统计显示，有 76.9%的消费者对电商的网络比较满意，认为网页简洁、浏览方便、使用流畅，但也有超过 10%的消费者抱怨电商网页层次不明，产品图片模糊，产品介绍粗略，购物流程不畅。

(6)售后服务体验影响。生鲜电商售后体验显著影响消费者的满意度。退换货及时、服务态度好，则消费者满意度高，尤其是那些向消费者提供食谱和烹饪方法的电商的消费者满意度更是高达95%。不过，也有7%消费者对电商售后服务不满意，主要意见是客服人员态度不好，售后电话或邮箱难以找到，或售后电话打通后无人接听。此外，统计数据还进一步显示，各类电商平台在农耕生产、产品呈现、网购操作方面的体验差距不大，消费者对电商平台的满意度差异更多地体现在质量追溯、物流配送和售后服务上。

围绕影响消费体验的各种因素，本书在生鲜电商的供给侧设置了农耕生产、质量追溯、物流配送、网购操作、产品呈现和售后服务等六大体验场景。实证表明，这些体验场景都会显著影响消费者对电商平台服务的满意度评价，因此，生鲜电商应围绕这些体验场景力所能及地向消费者提供丰富多彩的消费体验，提高消费者对电商平台的黏性。应当指出的是，随着电商平台间的农耕生产、产品呈现、网购操作方面的差距日益缩小，质量追溯、物流配送和售后服务正逐步成为生鲜电商的核心竞争力，因此，生鲜电商在全面提供供给侧消费体验的同时还应重点为消费者提供质量可追溯、物流配送和售后服务体验，增强消费者的产品质量安全信心。

7.6 发展互联网智慧农业

7.6.1 现代农业智能化演化发展的趋势

回顾国内外农业发展历程、推演现代农业发展趋势，我们可以大致把农业发展方式分为小农户农业、机械化农业、精确化农业和智能化农业四种发展方式，亦即四个发展阶段（图7-17）。小农户农业是指农业生产以家庭为单元，生产资料由农户掌握，农业劳动依靠家庭成员手工或畜力农具承担，农业产出以满足家庭自身消费为主。机械化农业是指农业生产普遍使用机械动力和电力，实现农业机械化，节省劳动力，减轻劳动强度，提高农业劳动生产率，增强克服自然灾害的能力。精准化农业是指农业种植、养殖过程中大量使用各种自动化、信息化、远程控制设备，农业生产模式逐渐从以人力为中心、依靠孤立机械向以信息和软件为中心的精确化生产转变。智能化农业是将互联网技术、人工智能、机器视觉等新技术植入到精准化农业中实现机器间自动"联网"和自动"对话"，并实现农产品生产、加工、流通和消费等全产业链各环节之间互联互通与信息对称。

我国农业目前总体上仍处在以小农户生产为主的阶段，并呈现出小农户生产、机械化生产、精准化生产并存与渐进演进态势。农业智能化生产是现代农业发展的主要趋势，相比于美国、日本等发达国家已大规模实施农业智能化生产，我国目前只出现少量机器人采摘、机器人挤奶等农业智能化生产雏形。但我国农业的现代化改造赶上了互联网时代，可以通过互联网的深刻运用转变传统农业发展方式。互联网深刻运用的农业发展方式转变就是将互联网思维及技术在农业生产和经营各个环节中充分运用，可通过云技术、大数据、感应技术与移动互联网络连接融合，实现人与自动化机械和智能化机械的连接、农业全产业链上利益相关者的互联互通与信息对称、农产品的全程可质量追溯和产销对接，加速我国农业由小农户生产阶段向机械化、精准化和智能化阶段演进。

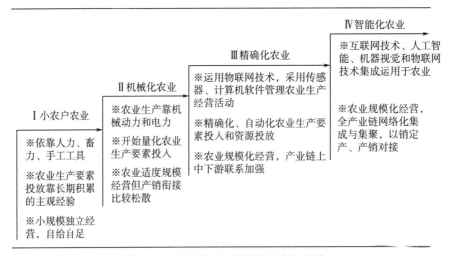

图 7-17　农业发展方式转变四阶段理论

7.6.2　"互联网+"的智慧农业主要场景

1. 智慧农业的全景图

互联网改造传统农业是系统性的，可使传统农业在生产方式、经营方式和管理方式上发生根本转变(余守武和顾佳妮，2015)，在农业产业链上衍生出许多新业态，汇集成农业供给侧结构调整的巨大合力(魏延安，2015)。拥有大数据分析能力的农技服务商可在客户提出服务要求前提前知道并按照客户服务需求派遣服务资源，通过大数据收集、挖掘与分析精准掌握市场行情并相机决策，动态监测并快速响应自然灾害、重大疫病和突发事件预警(宋江伦，2015)。传统农业生产在灌溉、施肥、饲喂和用药等方面全凭经验行事，农业投入品投放往往不少即多，既影响农业产量和资源利用率，也带来环境污染和生态破坏。互联网在农业生产中的运用可根据空间变异定位、定时、定量地实施一整套现代化农事操作和管理，实现精准化生产，提高资源利用率、劳动生产率、土地产出率，以及农产品质量和农耕生态文明水平(付云，2014)。传统农业在产供销各个环节表现出不同程度的不透明、不对称、不规范情形，导致农产品生产与流通业务环节多、交易成本高、质量风险不可控。运用互联网可以把产业链上中下游各利益相关者集成在互联互通的网络上形成产业集聚，进行网上直接交易匹配，并通过大数据建立征信体系，做到产业链信息对称和全程质量追溯，既降低交易成本又保障产品质量(张叶，2015)。传统农业各自为政的小生产与碎片化、多样化的市场需求往往产销脱节导致农产品价格大起大落和"谷贱伤农，谷贵伤民"。随着农业适度规模经营的兴起和小生产者间的网络化联合，运用大数据技术挖掘和聚合消费者的个性化需求，按照分类聚合的消费者需求去柔性化组织农产品的生产，形成C2B以销定产电商模式，让农产品产销对接在理论上可能、实践上可行。基于此，从农业产前、产中、产后全产业链视角，可以绘制出"互联网+农业"的美好全景(图7-18)。

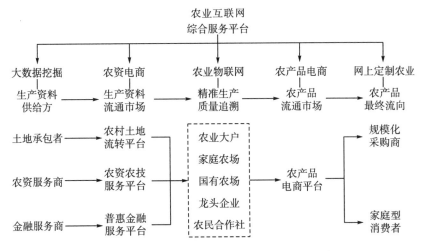

图 7-18   互联网转变农业发展方式的框架体系

2. "互联网+土地流转"场景

农户小生产是我国农业供给侧存在的主要问题，由于缺乏规模经济和范围经济，小农户没有动力采用集约化新技术、新工艺转变农业生产方式。十八大以后国家政策不断释放改革红利，以确权登记为基础引导农村土地有序流转和适度规模集中。但由于土地交易市场中介组织匮乏，土地供求信息行政化条块分割，导致一些举家外出务工经商或无农业劳动力的农户不知道把土地流转给谁，一些新型农业经营主体却不知道从哪里流转土地，即使已发生的流转也往往存在流转价格不合理、流转合同不规范等问题。农村土地流转中的这些问题，恰是互联网可以发挥作用的地方，通过搭建跨行政边界和地域分界的网络平台，撮合土地供需方规范化交易，可大幅降低土地流转成本，促进流转价格公平，规范农地流转程序，加快农村闲置分散或低效利用的土地向规模化农业经营主体集中。

中农信达网、土流网以及阿里的"聚土地"等是农地流转市场上较有影响力的网络平台。中农信达网以地级市为单元将农村和乡镇地区的海量土地信息汇总进入云端数据库，可实现农村土地流转各供需方在线规范化自动匹配交易。土流网一端连接有零散土地出租的农民，一端连接有土地需求的农业经营主体或土地投资者，线上进行土地流转信息发布与交易匹配，线下提供土地信息核实、陪同勘察、价值评估、法律咨询和项目策划，用户下载安装土流网 App 还可免费进行土地信息采集、发布、检索、测量、价格评估、合同模板、法律在线咨询等操作。"聚土地"是淘宝聚划算平台推出的"互联网私人定制农场"项目，农民将土地流转给电子商务公司，电子商务公司将土地委托给当地合作社组织生产管理，淘宝用户通过网络对土地使用权进行认购并获得农作物产出，从而把二元分割的城乡连接起来，市民足不出户就可获得绿色农产品和免费乡村生态旅游，农民除获得土地租金，还可在合作社劳动获得工资性收入。

3. "互联网+农业金融"场景

土地流转加速土地向新型农业经营主体集中，他们在农资采购、农机装备、信息化建设和新技术运用等方面的融资需求旺盛。但与工商企业相比，新型农业经营主体单体融资规模小、交易频繁导致交易成本高，加之农业自然风险和市场风险大，高门槛的传统金融不愿介入农村金融，而低门槛的民间借贷融资成本又高，导致新型农业经营主体融资困难。互联网金融解决了传统金融服务的信息不对称和交易成本高等问题，凸显长尾效应，尤其是基于农业产业化场景的在线供应链金融，能把产业链上中下游的客户紧密结合起来形成产业链闭环，通过引入核心企业、物流公司监管及资金流导引工具等新的风险控制变量，辅以线下实体服务体系的信息核实，开展产业链上不同节点封闭授信支持及结算、理财等金融服务，既降低了金融风险，又优化了产业链，还能带动更多金融资源流向农业发展普惠金融。

由于有完整的产业链、庞大的客户群优势，加上互联网金融正好是网络平台资源变现盈利的最好出口，所以诸如大北农、新希望、诺普信、康达尔等大型涉农企业都不约而同地开展了互联网农业金融，通过现有业务和线下服务体系的积累，以互联网线上即时服务工具为端口，以平台用户群的交易数据为基础建立农村征信系统，然后通过旗下的金融服务平台与金融机构合作为不同信用等级的农业经营主体提供信贷担保、保理业务、融资租赁、电商小贷、P2P 网贷、农业众筹、移动支付、网络理财等普惠金融，既提升企业传统业务销售效率与客户黏性，又通过通道提成、利差等多种形式增加收入来源，与产业链上的农业经营主体结成利益共同体获得更好发展。

随着经营规模和资金投入的扩大，农业经营主体的风险意识逐步增强，农业保险成为农业供给侧改革所必需的金融产品。我国再保险市场发展滞后，分保能力有限，农业自然灾害风险分散或转移不足。加上农业生产经营风险大、信息不对称、保险赔付率高，国内保险公司开展农业保险积极性低，农业保险产品供给严重不足。借助互联网信息技术监测和收集农业天气、土壤及作物大田表现和畜禽牧场表现、自然灾害、虫害疫病等大数据，通过大数据挖掘定制化设计保险方案，改善农业保险信息不对称、赔付率高等问题。美国 Climate 公司将保险业务平台与农业大数据形成有效协同，公司利用互联网保险业务平台每天从 250 万个采集点获取天气数据，并结合大量的天气模拟、海量的植物根部构造和土质分析等信息对意外天气风险做出综合判断，以此为依据向农场主提供农业保险。反观国内，和邦股份的种植业保险、新希望的畜禽养殖保险已经上线，国内互联网农业保险将迎来较快发展。

4. "互联网+农业电商"场景

传统模式下农资产品往往要经过多环节层层加价后高价到达农民手中，而农产品从田间到餐桌的整个链条之间也包含了多个断点，农产品到达消费者手中不仅价格高，产品质量安全风险也大。构建网络直销平台，缩减中间环节，可实现产销对接和产业链透明，降低农业经营主体与农资、农产品市场的信息不对称，保障农资和农产品质量，降低农资采购成本，扩大农产品销售半径，提高农业比较效益。随着农业规模化经营的发展，农资企业传统的"农资生产—经销商—农业经营主体"经营模式正在向"农资生产—农业经营主体"直销转变。农产品流通也将从传统农贸市场、批发市场向电子商务转型。

大北农、新希望、金正大、诺普信、辉丰股份等是国内较早涉足农资电商的大型涉农企业。它们通过搭建 B2B 的农资电商平台对接农资企业与种植、养殖主体，为农业经营主体提供品类丰富的优质农资。同时，鉴于我国农业劳动者的文化素质不高、农业技术水平较低、互联网应用技能缺乏，电商平台还普遍采取 O2O 模式为农业经营主体开展多种形式的社会化服务，线上为农业经营主体提供植保服务、动保服务、市场信息、经营管理、视频培训、专家咨询和金融服务，线下通过实体店网点为农业经营主体提供农资代购及配送、测土配方施肥、农业技术现场指导，增加农业经营主体对农资电商平台的黏性。由于农资电商根植于"三农"，它们在数据采集与挖掘方面有明显优势，还可开展我国粮食和重要农产品生产检测与产量预测、动植物疫病防控、农业生态资源环境、农村经营管理、农业科技、农机应用管理等农业大数据服务业务。

农产品电商平台通常采取 B2B、B2C、C2B 及 O2O 形式。链农、一亩田、大厨网和绿谷网采用 B2B 模式，它们通过互联网对接商超和机构食堂等规模化采购商。我卖网、本来生活、沱沱工社、多利农庄采用 B2C 模式，由于这类平台存在着消费者碎片化分散导致城市"最后一公里"配送难问题，所以通常还要与社区 O2O 模式结合，并呈现出 C2B 定制化特征，以网上下单与门店自提匹配送货时间，助力提升"最后一公里"效率。

5. "互联网+农业生产"场景

传统农业通过投入过量化肥、农药、灌溉和密集劳动获得高产量，但同时也带来自然环境恶化和土地资源匮乏，并随着农村劳动力短缺倒逼传统农业转型升级。运用互联网、物联网、农业机械和生物技术，可实现农业生产的精准化与智能化，是我国智慧农业发展的重要技术手段。智慧农业生产能根据田间因素变化，精准调整土壤和作物管理措施，最大限度优化农业生产要素投入，以获取最高产量和最大经济效益，同时保护农业生态环境和土地等农业自然资源。农业物联网把感应器嵌入农业机械、土壤、灌溉系统等各种物体中，然后将物与互联网整合起来，通过智能分析，实施实时的管理和控制。依托物联网技术可以对田间情况进行监测及高效作业(链接测绘、灌溉、施肥、收割等设备)以提高作物产量和品质，还可以对农作物运输和储备粮仓进行监控，打造全程透明的农业全产业链，消除农产品质量安全隐患，提升农产品品牌化溢价能力。

智慧农业生产具有便利化、实时化、感知化、物联化、智能化的特征。目前，我国基于"互联网+农业生产"的智慧农业已有初步发展，一些规模化农场开始逐渐告别传统的人力劳动场景，养殖场管理人员只要打开电脑就能控制牲畜的饲喂、挤奶、粪便收集处理等工作，农民打开手机就能知晓水、土、光、热等农作物生长的基本情况，工作人员轻点鼠标就能为远处的农作物调节温度、浇水施肥。如测土配送施肥技术在黑龙江等国内一些垦区已得到推广应用，基于智能设备的数据监测，可根据不同土壤条件、不同作物需求，制定有针对性的肥料配方，并在合理施用有机肥的基础上，提出氮、磷、钾及中、微量元素的配方含量。从实际运行效果看，农业病虫害发生率可降低 50%以上，减少人工 70%，亩均节水、节肥、节药、节能 60%，亩均节约成本 20%，表现出卓越的经济效益和生态效益。

6. "互联网+全产业链"场景

在互联网的颠覆性创新驱动下，"互联网+农业"以农业生产为中心，以互联网为媒介把农业产前、产中、产后各个环节集成在一张互联互通的网上，进而打造"互联网+农业"的全产业生态网。在这张"网"上，农业产前的育种、农药、肥料、农具、农机，产中的作物种植、林果种植、畜禽养殖、水产养殖以及捕捞、采摘和收割，产后的加工、销售和消费，以及贯穿整个过程的流通、交易、仓储、物流、金融、文化、旅游，它们相互融合的程度、速度和范畴将不断刷新人们对传统农业的认识，呈现出农业与工业、服务业融合渗透和交叉重组现象。目前，我国农业已经出现了一些一、二、三产业借助互联网进行"六次产业"融合的雏形。如新希望六合公司自己卖饲料的同时也把其他养殖投入品提供商和下游生猪采购商引到"福达计划"电商平台上，采取类似"滴滴打车"抢单模式和"大众点评"的评价模式为养殖户提供竞争性的产品购销及服务，通过"云养殖"做到生猪养殖全程可视可溯，并通过 O2O 模式拓宽优质肉品销售渠道。"去农庄网"把城市周边的农家乐、果园、菜园、花园、农场、民宿、游乐场等生态旅游和优质农产品资源整合上线，满足市民对休闲农业和吃住行、优质农产品的购买和消费。

7.6.3 "互联网+"的智慧农业实现路径

1. "互联网+"的智慧农业条件约束

农户小规模经营比重大。智慧农业发展需要规模化经营摊薄接入成本，但目前我国农业仍然以农户小规模经营为主，适度规模经营发展缓慢。土地供给方面，经济新常态下的农村劳动力转移和新型城镇化放缓，加之农民经济条件近年来通过外出务工经商有所改善，普遍对土地流转有较高的价格预期，结果使土地流转价格高且供给不足，新型农业经营主体难以流转到适量连片土地。土地需求方面，由于国外低价农产品进口压力始终存在，国内农产品价格已触及"天花板"，而农资、土地和人工成本仍在不断上升，农业生产面临着"天花板"和"地板"的双重挤压，农业经营主体流转土地开展规模化经营的意愿不强。

农业电子商务发展缓慢。农资电商发展受阻于农民对线下技术服务缺失的担忧。当前我国农业劳动力老龄化和妇女化趋势明显，他们普遍缺乏农事技能、电商技能和农资真假辨别能力，购买农资通常到信得过的渠道购买。相比于短期就可以搭建起农资电商平台，承担配合厂商精准式农化服务和网购店的线下实体网络的建设和巩固需要长期投入。农产品电商发展需要解决农村"最初一公里"货源组织难和城市"最后一公里"物流配送难的问题，前者有赖于适度规模经营的发展和农户组织化，后者有赖于城市冷链物流社区化覆盖，这两难问题的解决注定是个缓慢的过程。

智慧农业接入成本较高。与改变农资、农产品流通方式相比，运用互联网改变农业生产方式要难得多。因为智慧农业技术涉及移动互联网、物联网、云计算、大数据、传感器、人工智能等多学科技术集成，兼具系统性和整体性，任何一项技术瓶颈都将形成"短板效应"，影响智慧农业技术的集成配套和组合效力，而农业具有地域性、季节性和多样性，需要根据不同的土质、气候、水肥、管理条件进行操作调试、数据积累和磨合调整，智慧农业技术集成要求高且前期投入大，需要适度规模经营群体的壮大摊薄使用成本。

2. "互联网+"的智慧农业路径选择

由于我国农产品传统流通渠道环节多，大量利益被中间环节攫取，农业生产者购买力不强限制了互联网在农业中的广泛使用。与此同时，以阿里、京东和苏宁为代表的大量社会资本下乡叩开了农村电商大门。因此，运用互联网进行农业供给侧改革需要有"历史耐心"，循序渐进推进。优先发展农业电商，降低农资成本，跟进社会化服务，拓展产品销路，提升农业比较效益，带动适度规模经营，摊薄智慧农业接入成本，提速生产效率和经营效益，才能形成互联网持续优化农业供给侧结构的良性互动。

从产业 B2B 入手向全产业链延伸。实施"互联网+"的农业供给侧改革要优先发展农业电商。农业电商有很多模式，相比而言，B2B 模式因为采取规模化采购和出货，物流成本和交易成本低，最容易成功，然后才逐步向全产业链延伸。毕竟农业只有全程控制产品质量才能保障食品安全，而缩减中间流通环节，直接将原产地产品送到用户手中，既有利于提高原产地收入，又为消费者提供最新鲜的产品，平台自身还能通过产业链的有效管理提高收益，实现原产地、消费者和电商平台三方共赢。

从场景 O2O 入手布局一体化服务。在农业领域，互联网普及率相对较低。大部分农民对互联网认识不是很深入，仍然习惯于线下购买农资、线下将农产品贩卖给传统中间商贩，线上购买及线上发布供求信息的习惯有待培养，需要实施"互联网+"的服务商担负起中间的服务职能，在乡镇或村社等农村人口相对集中的交通要塞设置服务网点，由专职人员线下辅导农民使用手机购销或发布农业供求信息和呼叫农技服务，教会农民辨别网上信息的真伪，并为农村网上购销提供质检和质保服务，保障供应商和采购商的合法利益。

8 新型种粮大户的种粮激励

粮食安全是国家安全的重要组成部分，粮食生产具有明显的外部性和弱质性，凸显了公共政策对种粮大户商品粮生产行为支持保护的必要性。本章以现代激励理论为基础构建了种粮大户规模化种粮激励的政策框架，并专题分析了种粮补贴、粮食价格、土地流转、金融服务、生产服务等方面的政策优化问题，旨在为种粮大户的健康成长营造一个良好的外部环境。

8.1 种粮大户规模化种粮的组合激励

8.1.1 现代激励理论基础

激励理论是行为科学中关于满足人的需要、调动人的积极性的基本原则和系统方法。激励的目的在于激发人的行为动机，实现激励主体所要实现的预期目标，可以表示为 $M=V \times E$。其中，M 表示激发力量，用来衡量激励效应产生内在驱动力的大小；V 表示达成目标的效价，用来衡量行为者对具体激励的渴望与重视程度；E 表示行为的期望值，用来衡量特定行为的实施对目标达成的可能性(王玉珏，2013)。激励理论最早诞生于工业化的大生产。如"科学管理之父"泰罗、"管理过程之父"法约尔、"组织管理之父"韦伯等管理学大师很早就开始了激励理论的研究，并归纳总结出"经济人""社会人"和"自我实现人"三种目标激励方法。其中以满足"经济人"为目标的激励方法假定人都是以完全追求物质利益为目的的经济活动主体，人都希望以尽可能少的付出，获得最大限度的收益，并可能为此铤而走险；以满足"社会人"为目标的激励方法指出人与人之间的关系除了纯粹的经济利益之外，还有一种对组织、群体的归属感，人们的行为不仅具有追求经济利益的动机和需求，还需要得到友谊、安全和尊重，因此对人的激励就不能仅仅停留在纯粹的经济刺激之上，还需要注重他们的意识需求，如改善行为者的生活和工作条件，提高行为者的社会地位，不定期组织一些联谊活动，允许适度的非正式小团体存在，让行为者参与组织的管理与决策；以满足"自我实现人"为目标的激励方法指出人都有表现自己的才能的愿望，只有人的潜力充分发挥出来，人才会获得最大的满足(王恭博，2016)，才会更加积极地行动，因此对人的奖励除了满足行为者的经济需要之外，还包括尊重行为人的选择，为行为人提供富有挑战性的工作等。

随着社会的发展和科学技术的进步，人们的交流越来越便利，各种信息的共享达到了前所未有的发达程度，尤其是在组织的管理和激励方面更为突出，现代激励方法更加丰富和有效。但无论激励方法如何变化，物质生活仍是人的第一需要，离开了物质生活来源任何人都无法生存，所以物质激励仍然是一种十分有效的激励措施。与此同时，随着社会的进步和人们生活水平的提高，行为人对物质的渴求早已不如以前那样狂热，"衣食两般皆丰足，又想娇娥美容妻"，他们已逐渐开始追求精神的满足和享受，此时若单用物质激励并不能充分地调动行为人的积极性，必须辅之以精神方面的激励才能激发行为人的奉献精神，完成组织的目标。基于此，可将现代激励方法粗略划分为物质激励法和精神激励法两种基本方法。其中，物质激励法又包括提高报酬、实物奖励、利润分红、业绩提成、股权激励等方法；精神激励法包括公平激励、榜样激励、目标激励、荣誉激励、思想激励、行为激励等方法（表 8-1）。

表 8-1　现代激励方法

基本分类	二级分类	激励措施	适用条件
物质激励法	提高报酬	适当提高行为人的劳动报酬，有利于激发行为人的积极性，为消极者树立榜样，刺激所有行为人努力完成组织的目标	在物质条件比较匮乏时使用该激励方法效果较明显
	实物奖励	采取非货币化的实物（如向种粮大户奖励农机）形式对行为主体初步达成组织目标的行为进行认可	奖励实物要能够对行为主体生产生活有较高的利用价值
	利润分红	将把组织利润的一部分给予达成组织目标的团队成员，以激励团队成员再接再厉去实现组织更高的价值目标	可惠及组织全体成员，增强团队精神和组织凝聚力
	业绩提成	全额提成是按照销售总额的一定比例给予提成奖金；超额提成对超过基本业务量之外的业绩按事先约好的比例给予提成奖金	超额提成通常对行为主体有基本工资保底
	股权激励	给予经营者一定股份或股权，使经营者得到一定经济权利，能够以股东身份参与企业决策、分享利润和承担风险，促使他们全心全意地为公司的长期发展服务，减少短期行为	包括现股激励、期股激励和期权激励，把经营者利益与公司发展进行绑定
精神激励法	公平激励	对行为人的奖励要让其感知到分配的公平性，激发其积极工作，顺利达成组织目标	不患寡而患不均，能者居之，多劳多得
	榜样激励	只对先进典型标杆进行奖励，形成"先进更先进，后进赶先进"的良好氛围	榜样要有典型性，否则就是负激励
	目标激励	通过目标设置能够极大地调动员工的潜力，激发员工的工作热情和创造精神，而一旦阶段性目标得以实现又可以增加员工的信心，为实现组织的长远利益打下坚实的基础	在强化组织预期目标的同时，激发员工的潜在斗志，从而实现组织目标
	荣誉激励	对达成组织目标贡献突出者给予标兵之类的荣誉称号，满足员工精神上的需要，鞭策其继续努力，继续为组织发展做贡献	荣誉奖励通常与物质激励配合使用效果更佳
	思想激励	肯定某一种思想观念或者观点的正确性，进而与具有相同观念或者观点的员工站在同一立场上，并通过对这种观念或者观点的强化和发展达到激发员工工作积极性的目的	有利于组织思想更加统一，组织成员更加团结，激发全体员工的工作热情
	行为激励	领导者以自己的言行和思想准则来影响员工，为员工树立一个高大完美的形象，成为他们崇拜和追随的目标，从而激发他们的工作热情	领导在危难时刻挺身而出，率先垂范，可鼓舞士气，提高员工的奉献意识

8.1.2　种粮激励的必要性

粮食生产的重要性。农业是人类的衣食源泉，生存之本，是国民经济的基础，而粮食生产又是农业的基础，是民生之本，不仅关乎人们的"吃饭问题"，而且关乎着国家的政治及经济安全。在民生层面上，粮食生产为人类的繁衍生息提供基本口粮，具有无可替代的重要性，是人类可持续发展的物质基础；在政治层面上，国无粮不稳，粮食保障能力建设是一个国家的执政基础，关乎这个国家的国土安全和社会稳定，"手中有粮，心里不慌"；在经济层面上，粮食是主要的农产品，粮食生产是农业生产中最为重要的组成部分，是国民经济的基础，除了为人类生存提供口粮，粮食还是二、三产业发展的重要原材料，是实现国民经济发展的战略需要。保障农产品特别是粮食的有效供给，也是实现经济增长、避免高通货膨胀的前提条件(穆月英，2010)。

粮食生产的弱质性。尽管粮食生产很重要，但其自身却表现出极强的弱质性，面临着较高的自然风险和市场风险。粮食生产面临自然风险表现为粮食生产是典型的"靠天收"，受自然条件制约，粮食的耕种者不能对自然环境进行选择，只能接受并适应(吴乐，2016)，具有很大的不确定性。由于粮食生产者对于粮食价格的预测具有滞后性，导致粮食种植计划基本是根据过去的经验而定(王玉珏，2013)，容易产销脱节，价格大起大落，无法跳出"蛛网模型"的怪圈(图8-1)。粮食的生产周期长，不像其他产业那样生产者能够依据市场需求信息及时调整生产规模，对市场的信息反应迟钝(穆月英，2010)，一旦供不应求生产者就无法通过增加生产来及时供应，一旦供过于求必然引起市场价格的急剧下降。此外，随着经济社会发展和农业科技进步，粮食生产率和粮食产量不断提高，而人民生活水平的不断提高却导致反映粮食需求的恩格尔系数下降，消费者对粮食的刚性需求和粮食需求价格的弹性缩小，导致"谷贱伤农"的事情时有发生。

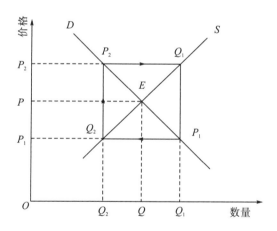

图 8-1 粮食价格大起大落的蛛网模型

粮食生产的外部性。外部性是指经济实践活动中，一个经济主体对另一个经济主体产生未能通过价格机制进行补偿的外部影响，包括正外部性和负外部性。粮食生产除了带来相应的经济效益，还会带来社会效益和生态效益(吴乐，2016)，因而具有正外部性。按照成本与收益对等的原则，种粮主体付出了种粮成本，就应该全部获得经济效益、政治效益和生态效益。但事实上，种粮主体生产和出售粮食却仅仅部分获得了种粮的经济效益，并没有获得相关的社会效益和生态效益。因此，虽然种粮为国家、为社会带来诸多好处，作为粮食生产主体，作为微观的经济生产单元却并没有直接受益，即便作为社会的一员也受到一定好处，但比起自己的成本付出却微不足道。换句话说，相对于其他产业而言，种粮主体的种粮成本和收益的内部化程度很低(吴乐，2016)。此外，粮食是社会安定和粮食安全的公共需要，这就使得粮食具备了公共产品的一些特性，需要政府采取激励措施干预粮食生产活动。因为强调粮食种植就会减少农民种植经济作物的效益，强调经济作物增收又会影响国家粮食安全。政府的激励措施在于缩小种粮收益与种植经济作物的收入差额，减弱种粮大户改种经济作物的转换动机。

种粮激励的必要性。在激励理论中，斯金纳认为如果激励对行为人是有利的，则该行为重复出现的可能性就更大。近年来，随着越来越多的农业劳动力转移到工业化和城镇化大潮中，传统农户小规模分散粮食生产的模式逐步被规模化、集约化、企业化的种粮大户所代替，种粮大户的发展壮大正日益成为保障国家粮食安全的重要力量。尽管粮食生产很重要，但由于粮食生产的外部性导致种粮大户的成本支出与种粮收益不等，而种粮的自然风险和市场风险高，"谷贱伤农"的事情时有发生，因此作为市场化、企业化的种粮大户的种粮积极性不高，需要通过财政转移支付等方式把种粮正外部性的价格扭曲矫正过来，通过自然灾害保险降低种粮的自然风险，通过惠农补贴降低种粮成本、提高种粮收益，鼓励种粮大户多种粮(图8-2)。在图8-2中，S_L为没有政府激励措施时种粮大户根据生产成本情况自发的粮食供给曲线，S_H为政府激励措施时种粮大户愿意的粮食供给曲线。在市场粮食需求 D 既定的情况下，由于政府给予种粮大户合理的财政补贴和支持来弥补波动的市场机制造成的粮食生产无利可图和种粮大户无法获得合理利润的困境(王玉珏，2013)，种粮大户把粮食产量由较低的(Q_1)市场自发水平增加到较高产出水平(Q_2)。

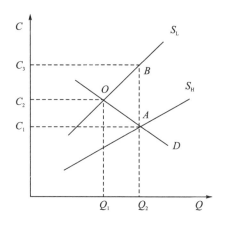

图8-2 种粮激励的增产效应

8.1.3 种粮大户激励实践

为了提高种粮的积极性，中央和地方都采取了一些激励措施鼓励种粮大户规模化种粮。按照表8-1的激励方法，归纳起来主要包括资金奖励、实物奖励、提供服务等物质激励方法和榜样激励、荣誉激励等精神激励方法。

(1)**资金奖励**。资金奖励主要是中央和地方的各种种粮补贴。由于种粮大户规模化种粮的主要目标是赚取更多的收入改善家庭生产生活状况，因此资金奖励一直是种粮激励最主要的激励方法。中央的惠农补贴主要包括种粮直接补贴、良种补贴、农资综合补贴和农机具购置补贴、玉米和稻谷最低收购价格、农机深松整地作业补助、测土配方施肥补助、粮食绿色增产模式攻关、耕地轮作休耕补助、化肥和农药零增长支持政策、耕地保护与质量提升补助、高标准农田建设支持政策、"粮改饲"补助、种植业结构调整、现代种业发展、农产品产地初加工、发展休闲农业与乡村旅游、培育新型农业经营主体、发展农业适度规模经营、培养新型职业农民、培养农村实用型人才、扶持农业产业化、扶持农村电子商务发展以及产量大县奖励政策等保护政策,其中种粮大户最容易直接获得的奖励资金主要是种粮直接补贴、农资综合补贴、良种补贴和农业机械购置补贴。从 2016 年起,全国将种粮直补、农资综合补贴、良种补贴合并为"农业支持保护补贴",用于支持耕地地力保护和粮食适度规模经营。其中耕地地力保护的奖励资金为 80%的农资综合补贴存量资金加上种粮农民直接补贴和农作物良种补贴资金,拥有耕地承包权的种地农民只要做到耕地不撂荒、地力不降低,就可享受到该项补贴;种粮大户规模化种粮还可获得 20%的农资综合补贴存量资金加上种粮大户补贴资金和农业"三项补贴"增量资金。2016 年全国农业支持保护补贴 1649.1 亿元,在 2015 年 1434 亿元的基础上增加了 215.1 亿元,增幅达 15%。中央财政的农业支持保护补贴到各省以后,各省结合自身的情况又采取了各自不同的分配标准,表 8-2 是课题组抽样调查的结果。总体来讲,各种补贴受益最大的是种粮大户这个新型的专业化种粮群体。为防止"谷贱伤农",2016 年国家还继续在粮食主产区实行小麦、稻谷最低收购价政策,其中小麦(三等)最低收购价格保持 2015 年水平的每 50 公斤 118 元,早籼稻(三等)为每 50 公斤 133 元(比 2015 年下调 2 元),中晚籼稻和粳稻最低收购价格分别维持 2015 年水平的每 50 公斤的 138 元和 155 元。

表 8-2　部分省市种粮大户 2016 年的补贴情况

省区市(样本地)	补贴标准
黑龙江(肇东市)	每亩 71.45 元,补贴给拥有耕地承包权的种地农民,土地流转合同对补贴归属有明确规定的按双方合同规定执行
山东省(滕州市)	经营土地面积 50 亩以上、200 亩以下的,每亩补贴 60 元;200 亩及以上的,每户限额补贴 1.2 万元
江西省(南昌县)	绿肥种植每亩 50 元、晒场每平方米 60 元、烘干设备 4500 元每吨批处理
河南省(永城市)	粮食直补标准 14.74 元/亩,农资综合补贴标准 66.72 元/亩。良种补贴分小麦、玉米两种,每亩标准 10 元
湖北省(枣阳市)	从全省 58 亿元的农业支持保护资金总额中拿出 8 亿元用于支持种地面积超过当地(县)平均种植面积 10 倍以上的种粮大户,主要支持农业信贷担保和贷款贴息,着重解决种粮大户贷款难、贷款贵等问题
江苏省(姜堰区)	每亩 108～120 元
新疆区(呼图壁)	种植小麦每亩补贴 100 元,种植青贮饲料每亩补贴 100 元,种植玉米每亩补贴 18 元
浙江省(湖州市)	稻麦种植 20 亩以上的,每亩补贴 30 元;油料种植 5 亩以上的,每亩补贴 20 元;早稻交省级储备每 50 公斤补贴 30 元
四川省(遂宁市)	成都平原 50 亩以上、非成都平原 30 亩以上认定为种粮大户,30～100 亩的每亩补贴 40 元,种植 100～500 亩的每亩补贴 60 元,500 亩以上的每亩补贴 100 元
重庆市(垫江县)	每亩补贴 230 元

(2)**实物奖励**。实物奖励主要指向种粮大户奖励农业机械、种子、化肥等粮食规模化种植的生产资料。其中,种子和化肥属于普惠性奖励,由地方农业主管部门通过财政资金

购买良种和有机肥料，免费发给种粮大户；农业机械奖励往往是对具有示范效应的典型种粮大户的表彰。开展实物奖励有两个主要目的：奖励农业机械是帮助种粮大户减少生产性投入；奖励种子或化肥则是地方农业主管部门为了推广农业生产性技术。比如地方农业主管部门通过提供化肥推广测土配方施肥或提高土壤有机质，通过发放良种推广优良新品种。比如在 2011 年"全国粮食生产表彰奖励大会"上，国务院首次对全国 300 名种粮大户每人奖励一台拖拉机，旨在调动农民种粮积极性，进一步推广大马力拖拉机的使用。又如 2013 年湖南祁阳县奖励种粮大户人手 1 台价值 5 万多元的高速插秧机；2014 年安徽省奖励种粮大户人手一台"耕王"牌拖拉机；2016 年河南省农业主管部门免费给种粮大户赠送 1 万多元的化肥。

（3）**提供服务**。提供服务主要指在公共财政的支持下相关部门为种粮大户提供融资、技术、保险、土地流转、粮食销售方面的无偿或低偿服务。2016 年中央财政安排专项资金 8 亿元推广应用秸秆还田、增施有机肥、种植绿肥等技术模式，安排 26 亿元资金用于农业科技示范基地建设、基层农技人员培训、科技示范户培育、农技人员推广服务补助。政府购通过买服务的形式向种粮大户提供公益性较强、覆盖面广、收益相对较低的统防统治、测土配方施肥、农机作业、粮食烘干、集中育秧、统一供种等普惠性服务。政府财政资金对中西部、东部的农业保险的补贴比例将由 40%、35%，逐步提高至 47.5%、42.5%。江苏省财政设立农村土地流转扶持资金，每年安排专项资金对具有稳定的土地流转关系、流转期限在 3 年以上、单宗土地流转面积在 1000 亩以上的新增土地流转项目，以每亩 100 元的标准对土地流出方给予一次性奖励。湖北省为种粮大户发布土地流转信息，协调解决土地流转纠纷，为种粮大户流转集中连片土地提供帮助。河南省建立土地流转网站为种粮大户流转土地提供信息服务（陈洁和罗丹，2010）。

（4）**精神奖励**。对种粮大户的精神奖励通常为荣誉激励和榜样激励。从中央层面，国务院每年通过农业部门在全国开展"全国种粮大户""全国粮食生产标兵""全国十佳农民"的评选活动和命名表彰，各省(区、市)、县也开展类似评选活动，有些年轻的种粮大户被评选为当地杰出青年，有些种粮大户被评选为当地劳动模范，有的还被推举为当地的村委会干部，选举为当地的政协委员、人大代表。如重庆市每年表彰市级种粮大户并授予种粮能手证书。河南省要求各市、县级农业部门每年开展一次种粮能手评选活动。山西省每年在全省农业工作会议上的一项重要议程就是要对全省 20～30 户种粮大户进行表彰和奖励。安徽省农业主管部门要求全省各级政府广泛开展种粮大户的表彰奖励活动，宣传种粮大户的先进事迹，评选劳动模范、致富带头人，并在农业项目申报上予以政策倾斜(陈洁和罗丹，2010)。

8.1.4 种粮大户组合激励

从全国各地对种粮激励的实践来看，单一的激励方法往往难以形成持续的动力去激发种粮大户规模化种粮的积极性，需要对各种激励方法进行组合，才能达到更好的激励效果。

（1）**物质激励与精神激励组合**。物质激励和精神激励作为相辅相成的两个方面是不可偏废的，因此需要将物质激励与精神激励进行组合运用，综合运用财政补贴、价格支持、政策性农业保险、农业金融信贷激励手段，同时发挥多种激励手段的功效，最大限度地调动种粮大户的行为动机。物质激励与精神激励的组合遵循激励理论的最小成本法则：

$$\frac{\text{MU}_{mi}}{P_{mi}} = \frac{\text{MU}_{sj}}{P_{sj}} \qquad (i=1,2,\cdots,5; j=1,2,\cdots,6) \qquad (8\text{-}1)$$

式中，MU_{mi} 和 MU_{sj} 分别表示物质激励方法 i、精神激励方法 j 获得的边际激励效用；P_{mi} 和 P_{sj} 分别表示物质激励方法 i 和精神激励方法 j 的成本支出(价格)；$i=1,2,\cdots,5$，分别表示提高报酬、实物奖励、利润分红、业绩提成、股权激励等 5 种物质激励方法；$j=1,2,\cdots,6$ 分别表示公平激励、榜样激励、目标激励、荣誉激励、思想激励、行为激励等 6 种精神激励方法。式(8-1)表明，当花费在每一种激励措施上的单位成本产生的边际激励效用相等时，即实现了既定成本的最大化激励效用或既定激励效用总量下的最小激励成本。

(2) **正面激励与负面激励组合。** 坚持正面激励与负面激励双管齐下，通过增加种粮收益提高种粮大户规模化种粮的积极性，通过负面清单管理遏制耕地非农化、非粮化，守住 18 亿亩耕地红线。造成我国粮食安全问题的根本原因是现行农村土地征收制度与耕地保护制度缺乏协调与完善。因此，需要按照"管住总量、严控增量、盘活存量"的原则，严格执行土地用途管理制度，禁止任何单位和个人擅自占用基本农田进行非农建设，不得以生态退耕为名搞非农开发建设。强化基本农田保护，引导各类农业经营主体合理调整土地利用结构和布局，不能削弱粮食生产能力，不能在基本农田上搞鱼塘、畜牧饲养场、农副产品加工设施及对土壤耕作层造成永久性破坏的生产经营活动(刘剑文，2003)。严格执行基本农田保护"五个不准"和"三个禁止"[①]。不准占用基本农田进行植树造林、发展林果业和搞林粮间作以及超标建设林网；不准以农业结构调整为名，在基本农田内挖塘养鱼、建设用于畜禽养殖的建筑物等严重破坏耕作层的生产经营活动；不准违法占用基本农田进行绿色通道和城市绿化隔离带建设；不准以退耕还林为名违反土地利用总体规划，将基本农田纳入退耕还林范围；除法律规定的国家重点建设项目以外，不准非农建设项目占用基本农田。严格执行基本农田保护"三禁止"。禁止在基本农田内建窑、建房、建坟、挖沙、采石、采矿、取土、堆放固体废弃物或进行其他破坏基本农田的活动；禁止在基本农田发展林果业或挖塘养鱼；禁止闲置、荒芜基本农田。按照《刑法》第 342 条规定："违反土地管理法规，非法占有耕地、林地等农用地，改变被占用土地用途，数量较大，造成耕地、林地等农用地大量毁坏的，处五年以下有期徒刑或拘役，并处或者单处罚金"，对破坏基本农田按"破坏耕地罪"处理。

(3) **中央激励与地方激励组合。** 粮食安全是一项系统工程，需要中央政府和地方政府的密切配合。粮食作物准公共产品，中央政府和地方政府应有各自分工和工作侧重。中央政府主要负责粮食的宏观调控，通过调整中央财政惠农政策，合理调控粮食播种面积，确保谷物数量和质量，引导粮食生产者按照东方人的膳食习惯调整粮食产品结构，发挥市场对粮食生产和种植结构调整的引导作用，合理利用国际国内两个市场提高国内粮食保障水平，合理确定粮食储备规模、轮换机制和储备布局，完善粮食储备体系，发挥粮食储备对粮食市场和价格的调控作用，促进粮食市场稳定。地方政府要落实粮食省长负责制，抓好

---

① 摘自《中华人民共和国土地管理法》和《基本农田保护条例》。

粮食生产，落实粮食储备任务，粮食主产区要为全国提供稳定的商品粮来源，非粮食主产区要千方百计增加本地区粮食自给水平，加大财力投入，保护好本地区的耕地和水资源，加强本地区农业基础设施建设，巩固和提高本地区粮食生产能力。

(4) **激励强度与激励实效组合**。种粮激励的目的是充分调动起种粮大户的种粮积极性，因此必须合理确定种粮激励的强度。比如到底是采用按实际种粮面积予以补贴还是按照计税面积予以补贴，是需要对种粮大户进行补贴还是对拥有土地承包经营权的农户进行补贴，都需要政策的执行者做出充分的考虑。要在充分考虑农资价格上涨的情况下调整补贴标准，确保农业补贴政策对大户具有足够的激励强度(王玉珏，2013)。只有让种粮大户真正感觉种粮有利可图时，才能保证种粮大户的种粮权益，进而确保国家粮食安全。同时，由于农资要素价格的上涨，市场粮食价格增长乏力，种粮比较收益偏低，农民外出就业机会增多，种粮大户的种粮积极性受到抑制，因此种粮激励也要与时俱进行动态调整，才能保护好种粮大户的种粮积极性。一旦错过最后的激励时间，要恢复和提振种粮大户的种粮积极性就比较困难。历史上，我国曾有过这方面类似的教训。1998 年我国的粮食产量达到 5.123 亿吨，创造了 20 世纪的最高水平，但由于政府没有及时通过激励手段保护农民的种粮积极性，粮食产量从 1999 年开始一路下滑到 2003 年的 4.3 亿吨。从 2004 年开始，政府加大了种粮激励力度，粮食产量直到 2008 年才恢复到了 1998 年的水平，粮食产量从"一个下坡"到"一个上坡"的恢复整整花了十年时间。

8.1.5　组合激励的优先序

种粮大户规模化种粮的主要目的是增加经济收入。从这个角度讲，种粮激励的目的就是让种粮大户在有利可图的情况下增加粮食产量、提高粮食种粮、优化粮食品种，从数量、质量和产品结构上满足城乡居民的粮食消费需求，保障市场粮食供应充足，确保国家粮食安全。顺着这一思路，种粮大户组合激励就应当在提高种粮大户粮食销售收入、降低种粮大户粮食生产成本、扩大种粮大户种粮规模经济效益上下功夫。增加收入方面，一是扶持种粮大户拓展粮食销售渠道；二是对粮食价格进行保护支持(最低收购价格、临时收储价格、目标价格补贴)；三是增加种粮大户收入类种粮补贴(种粮直接补贴和农资综合直补)；四是提供良种补贴增加产量；五是提供农业技术服务增加粮食产量和减少灾害损失；六是提供农业保险服务，转移自然灾害风险；七是支持种粮大户发展农产品初级加工、休闲农业和乡村旅游，提高粮食种植的附加值。降低成本方面，主要降低获得农业生产要素的成本，包括测土配方施肥减少肥料投入、降低土地租金和贷款利息、开展机械化替代人工(农业机械购置补贴)，以及政府出资进行高标准农田建设、土地整治、修建沟渠和机耕道路等改善农业基础设施和粮食生产能力的措施。增加规模效益方面，主要包括为种粮大户流转规模化土地提供服务，为种粮大户获得生产经营资金提供信贷支持。此外，还应为种粮大户提升土壤有机质和绿色稳产技术提供激励，改善粮食品质，丰富粮食品种结构。

种粮大户的种粮激励是一项系统工程，既要把握全局系统推进，也要把握重点，从激励效果最好、种粮大户最迫切的地方入手"抓重点、重点抓"。为此，需要从需求的角度摸清种粮大户激励的优先序。种粮大户的种粮激励归纳起来，包括种粮现金补贴(种粮直接补贴、农资综合补贴、良种补贴、农业机械购置补贴等)、生产资料补贴(种子、化肥、农机等实物性补贴)、粮食价格保护(最低收购价、临时收储价、目标价格、价格保险等)、金融保险服务(金融信贷、农业保险等)、农业技术推广(测土配方施肥、秸秆还田、统防统治、节水灌溉等)、粮食生产服务(集中育秧、土地托管、机耕机收)、农田基础设施(土地整治、机耕道路、灌溉设施、晾晒仓储)、土地流转服务、粮食销售服务等九个方面。从本书对 377 户种粮大户的调查数据来看(表 8-3),有 121 户种粮大户把粮食价格保护放在种粮激励需求的第一位,占比 32.1%;有 95 户种粮大户把种粮现金补贴放在种粮激励需求的第一位,占比 25.2%;有 52 户种粮大户把金融保险服务放在种粮激励需求的第一位,占比 13.8%;有 35 户种粮大户把粮食生产服务放在种粮激励需求的第一位,占比 9.3%;有 26 户种粮大户把土地流转服务放在种粮激励需求的第一位,占比 6.9%;另外还有 4.5%、3.2%、2.9%、2.1%的种粮大户分别把农田基础设施、生产资料补贴、农业技术推广和粮食销售服务放在种粮激励需求的第一位。但这仅仅考虑了第一激励需求的情况。为了准确反映种粮大户的种粮激励需求,需要把其他排位的激励需求一并考虑确定优先序,以便政策的重点尽可能照顾到大多数种粮大户的激励需求。

表 8-3 样本种粮大户对各类种粮激励方法的需求排位情况 (单位:户)

	第 1 位	第 2 位	第 3 位	第 4 位	第 5 位	第 6 位	第 7 位	第 8 位	第 9 位
种粮现金补贴	95	123	92	32	9	8	9	6	3
生产资料补贴	12	8	14	34	38	43	43	72	113
粮食生产服务	35	35	53	58	57	48	41	29	21
粮食价格保护	121	93	76	45	15	9	7	6	5
粮食销售服务	8	13	17	35	39	52	66	79	68
金融保险服务	52	47	38	52	63	49	35	25	16
农业技术推广	11	14	27	41	54	55	77	57	41
土地流转服务	26	29	41	43	65	69	52	26	26
农田基础设施	17	15	19	37	37	44	47	77	84

设 $i=1,2,\cdots,m$ 分别代表种粮现金补贴、生产资料补贴、粮食生产服务、粮食价格保护、粮食销售服务、金融保险服务、农业技术推广、土地流转服务、农田基础设施等 m 类种粮激励方法;$j=1,2,\cdots,m$ 表示种粮大户给各类种粮激励方法的需求排位次序,其对应的评价权重为 $v_j=m+1-j$;用 n 表示有效样本数,n_{ij} 表示种粮大户将第 i 类种粮激励方法排在第 j 位的样本数量,满足 $\sum_{i=1}^{n}n_{ij}=\sum_{j=1}^{n}n_{ij}=n$。于是第 i 类种粮激励方法在样本种粮大户中的评价积分 V_i 为

$$V_i=\sum_{j=1}^{m}n_{ij}(m+1-j) \qquad (i=1,2,\cdots,m;j=1,2,\cdots,m) \tag{8-2}$$

本案例中 $n=377$,$m=9$,将表 8-3 的数据代入式(8-2),分别得 $V_1=2794$、$V_2=1222$、$V_3=1993$、$V_4=2784$、$V_5=1332$、$V_6=2104$、$V_7=1522$、$V_8=1846$、$V_9=1368$。对 V_i $(i=1,2,\cdots,9)$

按评价积分由高到低排序得 $V_1 > V_4 > V_6 > V_3 > V_8 > V_7 > V_9 > V_5 > V_2$。由此可见，种粮大户对种粮激励需求的优先序为：种粮现金补贴、粮食价格保护、金融保险服务、粮食生产服务、土地流转服务、农业技术推广、农田基础设施、粮食销售服务、生产资料补贴。排在最优先位置的是种粮现金补贴，排在最后位置的是生产资料补贴，可见种粮大户在物质激励方面更看重现金，同时由于种粮大户更愿意自己去选择化肥、种子等生产资料，对政府免费提供的品种并不感兴趣。排在前五位的分别是粮现金补贴、粮食价格保护、金融保险服务、粮食生产服务、土地流转服务，这与大多数人对种粮大户种粮激励需求的感性认识基本一致。因此，政府在采取各种措施激励种粮大户多种粮的过程中，尤其要重视这五类方法的运用。

8.2　优化种粮补贴结构鼓励大户种粮

8.2.1　WTO 规则下的种粮支持保护

我国农业尤其是粮食生产的弱质性决定其必须依赖政府的大力支持，但我国已是 WTO 的成员国，对农业的补贴必须遵守 WTO《农业协定》规则的约束。WTO 将农业补贴分为"绿箱"政策和"黄箱"政策。按照我国加入 WTO 的承诺以及 WTO《农业协定》的规定，我国农业国内支持保护政策可分为"绿箱"政策和"黄箱"政策，其中"黄箱"政策又分为特定粮食品种支持和非特定粮食品种支持两种情形。

"绿箱"政策是指由政府公共财政支持、对农业生产者不具有价格支持作用的政府服务计划和投入，其费用应通过公共基金资助，而不是从消费者身上转移而来，它属于对国内农业的间接保护，对跨国贸易没有或仅有微小扭曲作用，属于可免于削减就放行的一类补贴，可不计入 WTO《农业协定》的国内支持总量(aggregate measurement of support，AMS)，WTO《农业协定》不要求成员国做出约束和削减承诺。"绿箱"政策有十余项农业支持保护措施(表 8-4)，由于这些措施可以达到调整农业生产结构、提高生产技术科技含量、增强本国农产品竞争力和保护农民生产效益的目的(矫健，2012)，有利于本国农业可持续发展，因而逐渐引起 WTO 成员方的重视。

"黄箱"政策是指由政府公共财政对农产品进行直接价格干预和补贴，包括价格支持、营销贷款、牲畜数量补贴、种子肥料、灌溉等投入补贴，这些补贴容易对跨国贸易造成扭曲，妨碍农产品自由贸易。"黄箱"政策又分为特定农产品支持和非特定农产品支持两类。特定农产品支持是针对某一品种农产品进行的补贴，如对某一品种农产品的市场价格支持等。非特定农产品支持是对非特定品种农产品的投入品补贴和利息补贴。但不管是特定农产品支持还是非特定农产品支持，都会对国内生产、市场价格和国际贸易造成一定程度的扭曲，所以 WTO《农业协定》对"黄箱"政策的特定农产品支持和非特定农产品支持都有支持总量的限制(矫健，2012)。比如，我国特定农产品支持的总量不得超过特定品种产品生产总值的 8.5%，非特定农产品支持的总量不得超过基期农业生产总值的 8.5%。与非特定农产品支持相比，特定农产品支持对国内生产、市场价格和国际贸易的扭曲程度最大。一个国家特定农产品支持水平越高，越容易受到各成员国的指责和舆论批评(马欣，2015)。

表 8-4　WTO《农业协定》"绿箱"政策的主要措施

序号	主要措施	支持内容
1	政府一般性服务	①农业科研投入。②农业防病治病投入。③农民培训。④农业技术、咨询、信息、气象服务。⑤农产品检疫。⑥大型农业、农产品市场基础设施建设和改造。⑦市场推广和促进服务。⑧其他服务
2	粮食安全公共储备补贴	为了粮食安全目标进行储备的支出或税收减免,也包括为此目的的向私营储备提供的政府资助
3	国内粮食援助补贴	对城市和农村低收入居民获得食物进行财政补贴
4	与生产不挂钩的收入支持	涉及种粮直补等农业政策
5	政府参与的收入保险和收入安全网计划	用于农民弱势群体的最低收入和生活保障
6	自然灾害救济补贴	涉及农业保险保费补贴等政策
7	对农民的退休或转业补贴	农民的养老保险、失业培训教育等
8	资源停用或储备补贴	补贴土地沙化、石漠化、采矿塌陷区农民的生产生活
9	农业结构调整投资补贴	涉及退耕还林和退牧还草政策等
10	农业环境保护补贴	涉及环境保护、水土保持等相关政策
11	区域援助计划和扶贫支出	涉及对不发达的农村地区的各项扶贫政策

特定产品综合支持量(aggregate measure of support,AMS)计算公式为:①最低价格保护的特定产品综合支持量(AMS1)=(政策性收购价—固定国际参考价)×收购量+与价格无关的直接补贴(矫健,2012);②临时收储的特定产品综合支持量(AMS2)=(最低收购价—固定国际参考价)×收购量+(临时收储价—固定国际参考价)×收储量;③某品种产品年生产总值(GDP)=该品种年产量×年度平均价格。设 WTO 某成员国承诺的特定产品支持的总量不得超过特定品种产品生产总值的 κ,则特定产品综合支持量 AMS_T 应满足 $AMS_T = AMS1 + AMS2 \leqslant \kappa \times GDP_T$。

非特定产品综合支持量计算公式为:①粮食收购优惠贷款支持量 AMS_a=(商业银行贷款利率—粮食收购贷款利率)×粮油贷款额;②粮食收购优惠贷款支持量 AMS_b=(商业银行 3 年期贷款利率—人民银行 3 年期基准利率)×贷款额(矫健,2012)。设 WTO 某成员国承诺的非特定产品支持总量不得超过该国基期农业生产总值 GDP_B 的 κ,则该国非特定产品综合支持量 AMS_F 应满足 $AMS_F = AMS_a + AMS_b \leqslant \kappa \times GDP_B$。

8.2.2　我国种粮补贴的政策演进

我国最早的种粮补贴可以追溯到 20 世纪 50 年代农垦国营拖拉机站的"机耕定额亏损补贴",但是在这之后的相当长的时间里,我国的发展战略偏重工业和城市,那时出台的一些种粮补贴是建立在征收大量农业税费和巨额工农产品价格"剪刀差"前提下的,并不是现代意义上的种粮补贴。我国真正意义上的种粮补贴是在农业已成为掣肘我国工业化和城镇化的短板的 21 世纪初开始的。2000 年我国进行了农村税费改革,以减轻农民负担。2001 年加入 WTO 并按《农业协定》承诺国内特定农产品支持的总量不得超过特定品种产品生产总值的 8.5%,非特定产品支持的总量不得超过基期农业生产总值的 8.5%。2002 年开始开展良种补贴，2004 年开始开展种粮直补和农机具购置补贴，2006 年全面取消农业税并开始实施农资综合补贴。这期间，我国也进行了农产品价格改革，2004 年开始对稻谷、小麦等基本谷物实现最低收购价格保护，2008 年开始对玉米、大豆、油菜籽等农产品实现临时收储，2014 年开始对大豆等农产品实行目标价格改革，确保种粮主体的合理收益，维护种粮主体的种粮积极性。此外，这期间还启动了退耕还林(草)、农业保险补贴等 WTO "绿箱"政策，以推进我国农业的可持续发展(表 8-5)。

表 8-5 我国 21 世纪初出台的主要种粮补贴政策

年份	政策措施	适用产品	直接目标	最终目标	政策归箱
1999	退耕还林	—	环境保护	环境保护	"绿箱"，环境计划
2002	农作物良种补贴	大豆、小麦、水稻、玉米、花生、青稞、油菜籽	支持种粮主体采用良种降低种粮成本	规模化种粮改善粮食产品品质	"黄箱"，特定产品
2003	退耕还草	—	环境保护	环境保护	"绿箱"，环境计划
2004	种粮直补	主要粮食作物	保障种粮基本收益，提高种粮主体种粮积极性	保障粮食安全，增加种粮主体收入	"绿箱"，不挂钩直接支持
2004	农机购置补贴	—	支持种粮主体购买农机提高种粮机械化水平	实现农业机械化，提高种粮主体收入	"黄箱"，非特定产品
2004	粮食最低收购价	稻谷、小麦	保障种粮基本收益	保障粮食安全，提高种粮主体收益	"黄箱"，特定产品
2006	农资综合补贴	—	降低种粮成本	保障粮食安全，提高种粮主体收益	"黄箱"，非特定产品
2007	农业保险补贴	玉米、水稻、大豆、小麦、花生、油菜等	降低种粮主体生产风险	保障产品供给和种粮主体收入	"绿箱"，自然灾害救助
2008	临时收储	玉米、大豆、油菜籽等	维护市场价格稳定	维护市场价格稳定，保障种粮主体收入	—
2008	东北粳米入关补贴	粳稻	降低成本	保障产品供给和种粮主体收入	"黄箱"，特定产品
2014	目标价格改革	大豆、棉花等	维持市场价格稳定	维持市场价格稳定，保障种粮主体收入	"黄箱"，特定产品
2016	农业支持保护补贴	主要粮食作物	支持耕地保护和适度规模经营	支持耕地保护和适度规模经营	"绿箱"，不挂钩直接支持

注释：农业支持保护补贴为农作物良种补贴、种粮直补和农资综合补贴三项合并整合。

从 2014 年，我国主要农产品开始国内外价格倒挂，国内粮食生产成本"地板"日益接近国际粮食进口价格"天花板"。2015 年每吨国产玉米、大米、小麦分别比同品种进口完税价高出 750 元、900 元和 500 元左右，玉米价差甚至一度超过 1000 元，三大谷物品种配额外进口(缴纳 65%关税)的价格逼近我国的农产品保护价，从而导致我国"黄箱"政策执行的空间越来越窄(魏后凯和黄秉信，2017)。面对"地板"逼近"天花板"的现实，迫切需要国家改变现有的种粮补贴方式(赵丁琪，2015)。价格"天花板"是外生变量，没有办法改变，但种粮成本"地板"对我国来说是内生变量，可以通过把"黄箱"的价格保护转变为"绿箱"的地力保护，让粮食产业实现市场化。在此情况下，针对农作物良种补贴、种粮直补和农资综合补贴发放过程中的一些弊端，以及 WTO 一些成员国对我国这三项补贴的 WTO 箱体归属的争论，我国从 2016 年起将三项补贴整合为农业支持保护补贴，用于支持耕地地力保护和粮食适度规模经营。其中耕地地力保护的奖励资金为 80% 的农资综合补贴存量资金加上种粮农民直接补贴和农作物良种补贴资金(赵丁琪，2015)，拥有耕地承包权的种地农民只要做到耕地不撂荒、地力不降低，就可享受到该项补贴；种粮大户规模化种粮还可获得 20% 的农资综合补贴存量资金加上种粮大户补贴资金和农业"三项补贴"增量资金(赵丁琪，2015)，从而构筑起我国种粮补贴体系的基本框架。

8.2.3 种粮补贴政策的政策效应

实践表明，政府惠农政策的出台都会提高种粮主体的种粮积极性。20 世纪 80 年代初家庭联产承包责任制在全国的实施和 2004～2006 年全国农业税免税，都带来了当期粮食产量 10% 以上的增长(马欣，2015)，尤其 2006 年全面实施的种粮直补、良种补贴、农资综合补贴和农业机械购置补贴更是极大地激发了各类种粮主体的种粮积极性，增加了种粮收益，保障了国家粮食安全。

种粮补贴增加种粮主体的收益。种粮补贴通常按照家庭承包经营面积以每亩一定金额的标准对种粮农户进行补贴(马欣，2015)，这些补贴作为国家转移支付的一部分，转化为了种粮农户的收入，种粮农户用于购买农资，则能减少粮食生产成本。尽管种粮补贴有多种形式，但本质上不外乎减少了种粮主体自身的种粮成本投入，或者实质上提高了种粮主体销售粮食的货币收入两个方面，即生产者收入补贴和粮食价格支持。设 S、D 分别是国内粮食的供给曲线和需求曲线，P 为粮食价格、Q 为粮食数量，$H_0(P_0, Q_0)$ 为市场均衡状态。由于政府采取了生产者收入补贴，农民粮食产出由 Q_0 增加到 Q_1，农民的售粮价格由 P_0 增加到 P_S，农民的种粮收益增加 $\Delta\pi_1 = P_S Q_1 - P_0 Q_0$；市场粮食的供应量由 Q_0 增加到 Q_1，市场粮食价格由 P_0 降到 P_D，由于粮食需求是缺乏弹性的，因此消费者的粮食需求量尽管增加了，但购买的实际货币支出则会减少 $\Delta C_1 = P_0 Q_0 - P_D Q_1$；由此可见生产者收入补贴使粮食生产者(农民)和粮食需求者(消费者)均得到了好处，但政府需要提供 $(P_S - P_D)Q_1$ 的生产者收入补贴。政府也可以采取价格支持，承诺将以 P_S 的最低价格收购市场过剩的粮食，则市场需求曲线从 D 平移到 D^+，农民粮食产出由 Q_0 增加到 Q_1，农民的售粮价格由 P_0 增加到 P_S，农民的种粮收益增加 $\Delta\pi_2 = P_S Q_1 - P_0 Q_0$；市场的粮食价格由 P_0 增加到 P_S，消费者的需求量由 Q_0 降到 Q_2，由于需求缺乏弹性，消费者的实际货币支出增加 $\Delta C_2 = P_S Q_2 - P_0 Q_0$；而市场过剩的粮食 $Q_1 - Q_2$ 由政府以 P_S 的保护价收购(图 8-3)。种粮补贴对农民的增收效应可从农民纯收入的增加得到印证。农民人均纯收入由 2004 年的 2936 元增长到 2016 年的 12363 元，增长了 3.2 倍，其间以四项补贴为主要内容的农民转移性收入由 2004 年的 116 元增加到 2016 年的 2066 元，增长了近 20 倍。

种粮补贴提高了国家粮食安全保障水平。国家开展种粮补贴，有助于调动广大种粮农户的种粮积极性，鼓励其扩大种植规模，提高粮食产量，巩固国家的粮食安全。种粮直补从 2004 年的 116 亿元增加到 2016 年的 140.5 亿元；良种补贴从 2002 年的 1 亿元增加到 2016 年 203.5 亿元；农资综合补贴从 2006 的 120 亿元增加到 2016 年的 1071 亿元。随着种粮补贴的不断增加，农民种粮的积极性日益高涨，粮食播种面积从 2004 年的 10160 万公顷增加到 2016 年的 11303 万公顷，增加了 1143 万公顷，增长率达 11.3%；粮食产量也从 2004 年的 46946 万吨增加到 2016 年底的 61624 万吨，增加了 14678 万吨，增长率达 31.3%（图 8-4）。与此同时，由于粮食补贴缩小了种植粮食与种植经济作物的收入差距，我国的粮食品种和品质也有明显改善，促进了粮食生产由数量型向质量效益型转变。

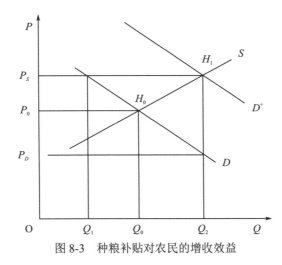

图 8-3 种粮补贴对农民的增收效益

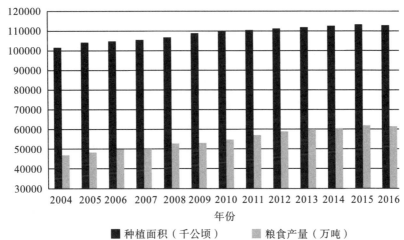

图 8-4 国家实施种粮补贴以来的种植面积与粮食产量变动趋势

8.2.4 种粮补贴政策存在的问题

（1）**提高种粮积极性的作用有限**。进入 21 世纪以来，我国财政收入大幅度增长，财政支农投入也在同步增加，但始终滞后于财政收入的增长速度，离"国家财政每年对农业总投入的增长幅度应高于国家财政经常性收入的增长幅度"的要求有较大差距，导致种粮补贴支持农民种粮的力度和广度都非常有限。粮食生产中最大的考验是种粮的比较收益低，农民种粮的动力不足。理论上粮食补贴都能够降低种粮农户的投入成本，增加农民的收入。

然而实际中，补贴政策在降低农户种粮成本、增加种粮收入方面的影响并不高。调研发现，农户粮食种植主要的投入品包括种子、化肥、农药、灌溉，算上人工、机械等生产成本投入，亩均投入超过 1110 元，而各项补贴亩均也才 70~150 元，种粮补贴相比总投入而言只占较小的比例，不足以弥补农户化肥、农药、种子等生产资料投入。与外出务工经商相比，种粮补贴更难以显著增加农民现金收益，所以农村 98%以上的青壮年更愿意选择非农创业和就业。正因为种粮补贴标准偏低、种粮补贴的增加赶不上粮食生产成本的上涨，以及粮食收购价偏低、种粮不划算等原因(张淑萍，2011)，农村绝大多数农民都是"赚钱靠打工，吃粮靠自种"。农民的心声反映出国家粮食补贴政策的尴尬局面，凸显出国家种粮补贴政策调整的必要性和紧迫性。

(2)**执行效果与政策目标偏差大**。粮食增产和农民增收是我国实施种粮补贴的两大基本目标，政府希望通过粮食补贴的发放激励农民通过粮食增产来增加收入。但政策贯彻落实的成本高，政策执行的效果与政策目标的偏差较大。以粮食直补为例，一些地方政府为简化粮食补贴程序，把补贴统统发给土地承包经营权人，导致一些把土地流转出去了的农民还可以领取补贴，而真正种粮的种粮大户却得不到补贴(张淑萍，2011)。这种"见田就补"的方法，使粮食直补蜕化为农民拥有土地承包权的收入补贴，与粮食生产行为或粮食产量无关。由于种粮补贴主要依据种粮面积进行补贴，对需要投入更多资金、技术、原料及劳动力的无公害、绿色粮食生产等提高粮食品质的行为缺乏激励。同样出于减少操作成本，绝大多数地方政府将种粮直补、良种补贴、综合补贴按照家庭计算常产面积将三项补贴按照相同的渠道一次性打入农户的"一卡通"账户，使得三项政策实质变为农户普惠性收入补贴，完全脱离了激励农民粮食生产的政策设计初衷(马欣，2015)。

(3)**面临 WTO 规则属性争议较大**。随着我国农业支持政策的不断增多，种粮补贴的力度不断加强，"黄箱"和"绿箱"支持水平的快速增长日益引起了一些 WTO 成员方的广泛关注(马欣，2015)，尤其对我国的种粮直补、良种补贴、农资综合补贴和临时收储政策的争论较大，给我国进一步加大种粮补贴力度带来很大压力。我国政府将种粮直补认定为"绿箱"，但国外质疑其为"黄箱"。种粮直补政策的目标是对种粮农户实现直接补贴，旨在补偿农户种粮合理收益、调动农户种粮积极性、促进粮食生产(马欣，2015)，如果真是按照"实际种粮面积"进行补贴，肯定对粮食产量有一定影响，因此国外认为该政策具有典型的"黄箱"特定产品支持属性。但事实上，由于绝大多数省份是按照农村税费改革时核定的计税土地面积补贴，并没有与实际种植面积挂钩，甚至对农户是种植粮食作物、经济作物还是撂荒都没有考虑，具有不与生产挂钩的"绿箱"支持属性，因此我国政府认为该政策的"绿箱"属性更为显著。良种补贴、农资综合补贴的情况与种粮直补的情况类似。虽然临时收储价格在产品快上市时确定，以保证制定的价格与市场价格接近，但从本质上说，与最低收购价相同，仍然是属于"黄箱"价格支持措施(马欣，2015)。但考虑到我国临时收储政策的中粮、中储粮等国有企业完全是按照市场行为进行的，财政仅负责相关利息和储备费用，不涉及相关农产品的生产；同时，若将临储政策归为特定产品支持措施会导致我国大豆、油菜籽、玉米等产品突破 WTO《农业协定》规定的综合支持总量的上限，所以我国将其列为"绿箱"范畴，因而也引起了一些 WTO 成员方的争议。

8.2.5 种粮补贴政策的持续改进

(1)**扩大种粮补贴支持规模**。由于我国的人口基数大、农业资源禀赋差，要保障国家粮食安全，确保"中国人的饭碗主要装中国粮"并不是一件容易的事情，这就决定了我国政府必须加大对种粮补贴的支持力度。中央财政 2016 年有 10419 亿元用于"三农"支出，其中四项补贴 2151 亿元，补贴金额并不算低。但就相对数来讲，我国由于种粮补贴金额仍然偏低，只占 GDP 的 0.3%，占当年农业国内生产总值的 3.7%，还需要进一步扩大种粮补贴规模。政府应把种粮大户作为政策扶持的重点对象，增加对种粮大户的补贴力度，除了对普通种粮农户进行正常补贴外，还可以采取追加补贴的办法，充分利用 WTO"绿箱"政策加大对种粮大户的直接补贴，探索建立种粮大户规模化种粮的特惠制补贴，鼓励普通农户将细碎化的土地向种粮大户集中(刘清娟，2012)。此外，还可根据粮食播种面积、粮食产量增发补贴、赠送大型农机具、设立种粮大户贷款专项基金，为种粮大户规模化种粮提供优惠信贷支持，保护种粮大户的种粮积极性(刘清娟，2012)。从 2016 年起，种粮大户规模化种粮可获得 20%的农资综合补贴存量资金加上种粮大户补贴资金和农业"三项补贴"增量资金(赵丁琪，2015)，大量对种粮大户种粮补贴的政策开始出现。随着农村种粮劳动力的逐年减少，种粮大户在粮食生产中的贡献越来越大。预计未来，种粮大户规模化种粮的种粮补贴力度还会进一步增加。

(2)**调整种粮补贴支持结构**。针对一些 WTO 成员方对我国种粮直补、良种补贴和农资综合补贴的箱体归属的争议，2016 年我国已将三项补贴整合为农业支持保护补贴，将其归属"绿箱"支持中不挂钩的收入支付或收入安全网措施，减小支持水平限制的压力。以此为经验借鉴，未来我国农业补贴支持总量还会大幅度增加，为了避免触碰 WTO《农业协定》支持总量的红线约束，今后新增的农业补贴宜尽量运用"绿箱"政策措施，即便是要用到"黄箱"政策措施，应尽量把"黄箱"政策的特定产品支持转化为"黄箱"非特定产品支持(马欣，2015)。目前，我国特定产品支持涵盖小麦、稻谷、玉米、大豆、棉花、油菜籽和生猪种等几个产品，主要措施是最低收购价和良种补贴。近年来政府为增加农民种粮积极性，提高了玉米、小麦等产品的最低收购价格，对大豆、棉花采取了国内外市场价格倒挂的临时收储，导致特定产品支持增加，并出现突破 WTO 规定上限的迹象。非特定产品主要有农资综合补贴、农机具购置补贴等投入品补贴，由于支持总量的限额是以农业总产值为基数，因此可操作的空间相对要大一些，不过这两项补贴水平近年的增长速度也非常快，2016 年的水平已超过 1200 亿元。相比而言，"绿箱"支持基本对国际贸易不造成扭曲，WTO 规则也未对该箱体的支持水平设限(马欣，2015)，其与我国农业供给侧结构性改革的目标非常契合，因而必将保持长期增长的趋势，尤其要在农业科研、病虫害控制、培训服务、技术推广和咨询服务、农业基础设施建设等方面加强，把历史的欠账补回来。

(3)**完善种粮补贴政策体系**。当前，我国涉及种粮激励的相关补贴共有七种基本类型，包括种粮直接补贴、农资综合补贴等综合性收入补贴，农机具购置补贴、良种推广补贴等政策性专项补贴，粮食最低收购价格政策、临时收储政策和目标价格政策等粮食价格支持，其中粮食直接补贴、农资综合补贴、良种推广补贴属予农业支持保护补贴(图 8-5)。农业补贴政策的出发点是基于生产者的利益，从这个角度讲，一切有利于种粮主体增加销售收入、降低种粮成本的措施就应归属于种粮补贴的政策体系，重点是完善价格支持、粮食补贴、粮食生产保险等政策内容。由于价格支持容易造成价格扭曲，所以在 WTO 规则下尽可能通过种粮补贴降低种粮成本来达到同样的效果。种粮补贴资金来源于粮食风险基金，补贴标准与地区财力直接关联。完善种粮补贴政策应在继续实施粮食补贴的基础上明确粮食补贴的性质和受益对象，健全粮食补贴的机制，降低政策执行成本。在城市化进程中，农民在不同产业就业所得收入差距悬殊时，基于国家粮食安全考虑，政府应给予农民一定程度的粮食补贴，按照"谁种粮谁获得种粮补贴"的原则补足农民由于种粮比较收益低、自然风险和市场风险大可能比外出务工经商减少的收益。既然如此，那粮食直补必须与粮食产量挂钩，只有种粮农民才能获得，所以政府应当细化粮食补贴的受益对象，把种粮补贴真正集中投放到粮食主产区与主要粮食品种上，最大限度地发挥补贴政策对提高粮食竞争力的效率(张瑞红，2011)，通过"四项补贴"降低农民的种粮成本，通过价格保险和期货降低市场风险，通过灾害保险转移农民种粮的自然风险，通过政府购买服务提高农民粮食生产的社会化水平，通过基础设施建设改善农民种粮条件，通过新型职业农民教育培训来提高农民粮食生产经营管理水平。

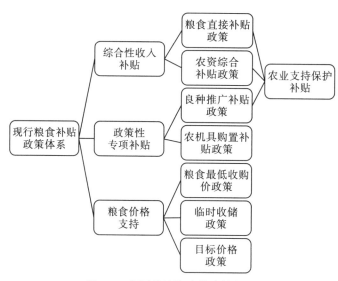

图 8-5　我国种粮补贴的政策体系

8.3　深化粮食价格改革鼓励大户种粮

8.3.1　粮食价格保护的理论解释

(1)**粮食需求价格弹性与谷贱伤农**。需求价格弹性是反映一种商品的需求量变动对该种商品价格变动的反馈，用 $e_d = (\Delta Q/Q)/(\Delta P/P)$ 表示。由于粮食是生活必需品，消费者的

消费占比较大，需求量对价格变动的敏感性差，通常 $|e_d|<1$，是缺乏弹性的，因此当消费需求增加(对应的是农民粮食供给增加)，消费者的消费支出由于价格降低幅度更大而使消费费用支出更低(对应的是农民粮食销售收入减少)。如图 8-6 所示，在需求点 $H_1(P_1,\ Q_1)$ 时，农民卖粮的销售收入为矩形 $P_1H_1Q_1O$；在需求点 $H_0(P_0,\ Q_0)$ 时，农民卖粮的销售收入为矩形 $P_0H_0Q_0O$。显然，矩形 $P_1H_1Q_1O$ 的面积远大于矩形 $P_0H_0Q_0O$ 的面积，这是因为农民粮食卖得越多，粮食的销售价格越低，所以导致谷贱伤农，挫伤农民的种粮积极性。

(2)**粮食价格大起大落的蛛网模型**。蛛网模型最早是由美国学者舒尔茨、荷兰学者丁伯根等在 1930 年提出，后经英国学者卡尔多和美国学者伊其斯尔(1938)扩展建立起来的。该模型假定本期产品的供给量 Q_t^s 由该产品前期的市场交易价格 p_{t-1} 决定，即 $Q_t^s=f[P_{t-1}]$；而本期产品的需求量 Q_t^d 则由该产品本期市场的交易价格 p_t 决定，即 $Q_t^d=h[P_t]$。由于粮食需求价格弹性的缺乏，市场粮食供求曲线形成发散的蛛网模型(图 8-7)，导致价格大起大落，对粮食生产形成过度刺激与过度抑制的交替状态。由于粮食不同于工业品，储藏起来会损耗和质变，一旦出现缺口又不能及时补量，所以粮食产业的"二八定律"特征明显，20%的粮食过剩会引起价格急剧下降，20%的粮食缺口会引起粮食价格急剧暴涨，影响国家粮食安全。

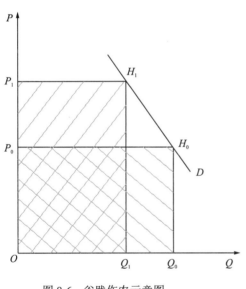

图 8-6　谷贱伤农示意图

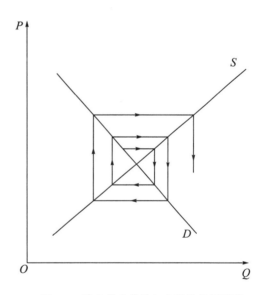

图 8-7　粮食供求价格与产量的蛛网模型

(3)**价格保护的卡尔多-希克斯改进**。为了保护农民的种粮积极性，保障国家粮食安全，政府通常会制定一个高于市场均衡价格 P_0 的保护价格 P_2($P_2>P_0$)，并通过公共财政收储市场上多余的粮食 Q_2-Q_1。价格保护通常为最低收购价格(图 8-8)和托市收购价格(图 8-8)。图 8-8 中，在市场上的粮食价格由 P_0 增加到 P_2，消费者的需求量由 Q_0 降到 Q_1，市场过剩的粮食 Q_1-Q_2 由政府以 P_2 的保护价收购，农民的种粮收益由 $P_0H_0Q_0O$ 的较低收益水平提高到 $P_2H_2Q_2O$ 的较高收益水平。图 8-9 中，政府启动托市收购价格政策，以 P_2 的价格收

购 $Q_1 - Q_2$ 数量的粮食，使粮食的市场供给曲线由 S 移动到了 S^- 。但不管是哪种价格保护形势，由于需求价格弹性的缺乏，在需求量从 Q_0 降到 Q_1 时，消费者反而还需要多支出生活费。这是典型的卡尔多-希克斯改进。卡尔多-希克斯改进指一项政策只要使受益者的所得足以补偿受损者的损失即可以实施。本案中，粮食按保护价格收购，尽管消费者受到了损失，但中储粮及其委托机构等国有粮食收储企业通过保护价格收购获得收储收入的同时，又能以最低价格回购所委托拍卖的承储粮食，并且回购粮食的资金还是中国农业发展银行提供的农业政策性低息贷款，这种依靠吃"政策饭"的企业往往不思进取，运行效率低下，暴露出了我国粮食收储制度的弊端。

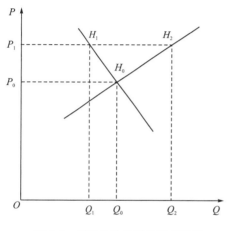

图 8-8　最低收购价格的形成机理

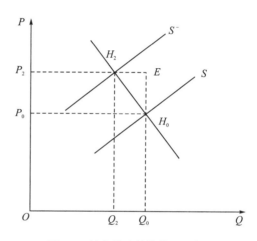

图 8-9　托市收购价格的形成机理

8.3.2　粮食价格保护的基本形式

目前，针对不同的粮食品种和市场状态，我国粮食有三种不同的价格保护形式，即最低收购价格、托市收购价格和市场目标价格。

（1）**最低收购价格**。最低收购价格在粮食播种前公布，以指导农民理性决策粮食生产行为，属于典型的"黄箱"特定产品支持范畴。最低收购价格政策具有三个显著特征：一是只在粮食供求发生重大变化的特定情形下才实行；二是只有短缺的重点粮食品种才实行；三是该政策只在粮食主产区才实行。国家分别于 2004 年、2006 年出台了稻谷和小麦的最低收购价格政策，对水稻和小麦的最低收购价格、地区和时间均有明确要求。从最低收购价格政策执行以来，稻谷在 2008～2014 年已连续 7 年进行了提价，累计提价幅度翻了一番；小麦在 2009～2014 年已连续 6 年进行了提价，累计提价幅度超过 60%。从 2015 年起，由于我国粮食出现国内价超过国外价导致进口粮入市抑制国产粮出库的情况，因此停止了继续提高稻谷和小麦的最低收购价格。

（2）**托市收购价格**。托市收购价格又叫临时收储价格。国家为解决部分重要农产品价格下跌和"卖难"问题对国家粮食安全的威胁，委托符合一定资质条件的农产品收储企业，按照国家确定的收储价、收储量、质量标准收购农民当年所产的农产品。临时收储很多情况下都是出于国家粮食安全的需求，因此该政策通常归属与"绿箱"粮食安全中的公共储备目的。我国于 2008 年开始实施粮食临时收储政策，2008~2009 年先后对东北主产区的玉米、大豆，以及湖北、安徽等省的油菜籽实行临时收储政策；2011~2013 年对棉花主产区的棉花实行临时收储；2011~2012 年对食糖进行收储。托市收购政策与最低收购价格政策的共同点在于它们都属于中央事权并由中央财政承担费用。不同点在于，最低收购价格在播种前公布，托市收购价格在即将收获时公布；最低收购价格对粮食收购的数量没有限制，而托市收购则要自上而下分配收购指标(表 8-6)。总体而言，托市收购政策的"含金量"不及最低收购价格政策。

表 8-6　最低收购价格与托市收购价格政策比较

比较项目	最低收购价格	托市收购价格
目标价格	最低保护价格(大于市场均衡价)	托市收购价格(大于市场均衡价)
运行机制	在市场价格低于最低保护价格时，粮食交易双方都必须按最低保护价格进行交易，国家收储企业按最低保护价格敞开收购农民粮食	在市场价格低于托市收购价格时，受国家委托的企业按照国家规定的托市收购价格收购规定数量的粮食，其余企业随行就市收购农民粮食
费用分摊	产生的费用、利息等计入承储企业成本，承储企业将收购粮食顺价销售，盈利归企业所得，亏损实现企业挂账	国家有关部门制定收购粮食的销售底价进行竞价销售，盈亏归属中央财政，收储费用及收购利息由中央财政支付

(3)**市场目标价格**。政府根据市场供求并参照历史价格，制定一个价格目标 P_s，当市场价格 $P<P_s$ 就向农民补贴差价($\Delta P=P_s-P$)，当市场价格 $P \geq P_s$ 就不向农民补贴。实行目标价格政策后，托市收购价格政策就自动失效，生产者按市场价格出售粮食。目标价格政策属于"黄箱"的特定支出措施。我国于 2014 年开始目标价格政策试点。2014 年，国家启动新疆棉花目标价格补贴取代托市收购价格政策试点，当年新疆棉花的目标价格确定为19800 元/吨，当市场价格低于目标价格时，国家按 19800 元/吨×平均单产量×种植面积，或按 19800 元/吨×产量(销量)，向棉农进行补贴。同年，我国在东北和内蒙古对大豆进行了目标价格试点，还对粮食、生猪等农产品目标价格保险进行了试点探索。根据国家的价格改革政策取向，未来目标价格政策有望全面取代托市收购价格政策。

8.3.3　粮食价格保护的主要弊端

在最低收购价格和托市收购价格的保护下，我国粮食自 2004 年以来出现了恢复性增产，粮食产量已连续多年稳定在 6 亿吨以上，并增加了农民的种粮收益，成功避免了 2008年以来全球粮食的四次"大震荡"。但是，最低收购价格和托市收购价格毕竟是政府干预了市场行为，随着国内外条件的变化，其弊端也日益暴露出来。

(1)**降低了我国粮食的竞争力**。国家粮食最低收购价格和托市收购价格定价原则是"成本加合理的利润"和"成本加基本收益"，但由于核算"成本"的数据不是来源于集约化的新型农业经营主体，而是效率低下的小规模分散经营的农户，导致所谓的最低价格本质上是最高价格，使得我国农产品国内外价格倒挂的拐点提前到来。从 2013 年开始，我国主要农产品价格从普遍低于国际市场转为普遍高于国际市场。目前，我国主要农产品国际价全面超过国际市场离岸价和按配额内低关税计算的进口到岸税后价,部分产品甚至超过了按配额外关税计算的进口到岸税后价。一方面,国内种粮主体在"价格驱动"下不断增加粮食产量。据分析,东北地区低积温带大量种植玉米,一些原来种植大豆和高粱等作物的地区改种玉米,这与玉米逐年收储价格提高有很大的关系;新疆大量边际土地被开发利用、棉花种植面积急剧膨胀,这与棉花临时收储政策的刺激密不可分。另一方面,国内外价格倒挂导致世界过剩农产品向我国转移,加剧了我国农产品供求市场的矛盾。近年来,我国主要农产品进口快速增长,大多属于"价差驱动型",而非"数量不足型"。国内增产与进口增加"双碰头",结果就是国内库存增加,粮食储藏费用增加,而粮食储藏久了还会陈化变质。

(2)**阻碍粮食市场主体的发育**。以中储粮公司为主的国有指定企业是参与我国粮食保护价收购的主体,它们依靠国家所提供的购、销、存费用补贴和贷款进行经营活动,由于收购、存储粮食有稳定的收入,而且收购量越大,储存时间越长,收入越多,所以收储企业都会倾向于多收,并延缓出库,形成事实上的垄断经营,因而缺乏生存压力和发展动力,既制约了国有粮食企业本身的深化改革,也挤压了市场化粮食企业的发展空间(王文涛和肖国安,2010)。由于最低收购价事实上转为最高收购价,政府定价逐步取代了市场价格,并开始逐渐脱离真实的市场价格,导致市场化购销主体难以参与购销活动。在粮食产区,由于政府最低收购价高出合理市场价较多,按照粮食企业应以不低于最低收购价收购粮食的政策,市场化粮食企业因担心收购后亏损不敢入市收购,基本上是中储粮公司委托的定点企业在兜底收购,市场化粮食企业要么按兵不动,要么替中储粮公司"打工"(代收)维持经营。市场化粮食企业不收购粮食,就无事可做,若执行收购政策收购粮食就发生亏损,使得粮食企业左右为难(叶兴庆等,2015)。在此情况下,农产品市场化收购主体及其收购量会减少。对一般市场化企业,除了有稳定渠道的加工企业或流通企业外,如果没有参与政策性购销,要通过正常的市场经营获利很困难。

(3)**造成国家财力和资源浪费**。最低收购价政策在市场价格低于最低收购价格时,由中储粮公司进行托市收购,在市场价格高于最低收购价时,则停止收购,所以,最低收购价一般高于当年市场价格(王文涛,2013)。粮食收购价格高于市场均衡价格,则必然会刺激农民种植农产品的积极性,但由于粮食作物生活必须的需求价格弹性小,极易出现新的"卖粮难"和"谷贱伤农"问题。由于国有体系的粮食收储企业有库容及资金等方面的优势,大部分市场化企业会退出收购,导致实际收购量大于过剩量,多余粮食经过储存之后要通过粮食批发市场进行拍卖,然后再流向用粮企业,比正常的市场化企业直接收购加工销售增加了政府储存渠道,既增加了政府财政成本,又有效率损失(王文涛,2013)。粮食库存实际上已经失去了维持跨期平衡的基本作用,沦为无效生产的回收站。当前粮食安全的库存冗余大多数是完全没有必要的,构成了事实上的浪费。在此机制下,每年的新粮相当部分变为国家库存,市场化加工企业不得不使用国家拍卖的库存陈粮,"储新推陈"导致"稻强米弱"和"麦强面弱",降低了终端市场上粮食产品的品质,也不利于提高消费者生活质量。

(4)**农民其实未得到多少实惠**。国内外粮食价格倒挂造成财政负担增重,部分产品包括价格支持和财政支付性补贴在内的"黄箱"补贴力度已接近甚至超过我国加入WTO做出的上限承诺。实行最低收购价和托市收购价格政策旨在增加农民收益,但真正落实到农民身上的利益非常有限。中央财政用于执行最低收购价政策的成本高、效率低,比直接补贴增加了政府收储环节，费用主要用于额外增加收购集并和监管费用、库存利息费用以及库存期间的降等降级等价差亏损开支，农民真正得到的实惠并不多。即便是名义上给农民的价格支持，但由于我国农民的粮食生产和销售涉及千家万户，在收购时并不是直接面向农民，大部分还是从中间商手中收购，中间商通过压低粮价从农民那里收购粮食，农民实际的粮食销售价格远远低于国家规定的最低收购价水平。其实，最低收购价政策仅考虑了粮价一个因素，但即使农民直接按最低收购价出售粮食，如果农民种粮成本过高，该政策也不一定能有效保障农民收益。

8.3.4 粮食价格改革的条件约束

(1)**确保国家的粮食安全**。牢牢坚持"以我为主、立足国内、确保产能、适度进口、科技支撑"的国家粮食安全新战略，科学确定主要农产品自给水平，合理安排农业产业发展优先序。要集中力量首先把最基本最重要的保住，确保谷物基本自给、口粮绝对安全。我国不能再追求所有品种的粮食都自给自足，关起门来解决吃饭问题，而是要适度进口；不能再追求所有农产品都靠自己解决，关起门来支撑工业化、城镇化，而是要科学确定各种农产品的自给水平，把稻谷和小麦作为扶持重点。集中使用公共资源和"黄箱"政策空间(叶兴庆，2016)。

(2)**提高农业现代化水平**。要按照"桥归桥""路归路"的原则，将农民增收与农业增产两个目标独立开来。退出粮价的保收益功能，将其回归到"解决农民卖粮难"问题的政策初衷，把粮食价格形成还给市场(程国强，2016)。实践证明，增加农民收入的最有效的办法在于坚持"四化"同步，通过城镇化、工业化提供更广阔的非农就业机会，即"减少农民"，让继续留在农业领域的剩余农民人均拥有更多土地和自然资源，农业生产力进一步解放，农业生产效率进一步提升(胡冰川，2016)，从而实现务农农民的增收。这就要求提高农业现代化水平，优化农业生产布局，改善农业生产关系，促进农业全面发展，而并不是兼顾农业增产与农民增收两个目标。由是观之，中国农业改革的目标在于加快供给侧结构性改革，进一步解放和发展农业生产力(叶兴庆，2016)。

(3)WTO"黄箱"政策空间。目前，国内大米和小麦市场价格高于配额内1%的关税到岸税后价，处在冲破第一层"天花板"，与第二层"天花板"尚有一定距离的状态；而国内玉米市场价格高于按配额外65%关税计算的到岸税后价，已经突破了第二层"天花板"(图8-10)。从特定产品"黄箱"补贴来看，如果支持价格逐年提高并有较大的托市收购量，则很快会突破8.5%的上限约束。这表明控制特定产品"黄箱"补贴水平，关键在于控制托市收购行为。从非特定产品"黄箱"补贴来看，由于我国最低收购价和临时收储都是针对具体农产品，因而非特定产品的"黄箱"补贴还有很大空间。今后能用"绿箱"政策解决的不用"黄箱"政策，能用非特定产品"黄箱"政策解决的不用特定产品"黄箱"政策，把支持空间尽可能留个未来，留给稻谷、小麦、玉米等基本口粮(叶兴庆，2016)。

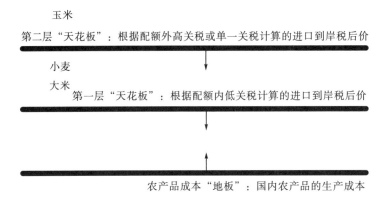

玉米

第二层"天花板": 根据配额外高关税或单一关税计算的进口到岸税后价

小麦

大米   第一层"天花板": 根据配额内低关税计算的进口到岸税后价

农产品成本"地板": 国内农产品的生产成本

图 8-10   我国基本谷物价格国内外市场价格倒挂情况

8.3.5   粮食价格改革的努力方向

当前中国粮食安全从总量上的紧平衡逐步过渡到结构性相对过剩,国内粮食价格长期下行一方面受到国际因素的传导,更重要的因素在于国内供求关系发生新的变化,三大谷物受到关税配额管理,谷物供求变得宽松。此时的市场机制作用在于使价格下跌信号改变增产预期,从而使供求达到新平衡。如果继续维持最低收购和托市收购政策,生产经营主体的微观决策由市场决策转向政策决策,在微观层面必然导致越多越生产,理由在于三大谷物之外的农产品市场整合和开放程度较高,利润空间十分有限,生产谷物存在政策拖底,能保证利润空间,因此决策激励是显而易见的。

(1)**逐步退出粮价支持政策的市场扭曲机制**。逐步将水稻、小麦的最低收购价格和玉米的临时收储价格降至不扭曲市场的合理水平。调整到位后,不再保留具有生产刺激作用的价格支持政策,采取随行就市不扭曲市场的最低保障性临时收储措施,为农民卖粮提供最低保障。农民根据各粮食品种的市场价格信号来决定扩大或减少种植面积。以玉米为例,按照目前的进口到岸价测算,我国玉米价格定在每公斤 1.5 元左右就基本可以阻碍国外玉米、高粱等进入国内市场。根据 2016 年的数据,东北地区的玉米最低保障临储价格若定在 1.5 元/公斤就基本可以阻碍国外玉米、高粱等进入国内市场。事实上,据国家发改委测算的全国玉米种植平均成本为 2129 元/吨,其中土地和劳动力机会成本占了大头,对于拥有承包地的大多数种植户来讲,土地是没有租金成本的,所以扣除土地成本后为 1680 元/吨(1.68 元/公斤)。因此,国家可以采取逐步调整到位的原则,2016 年将最低收储价格调至 1.8 元/公斤,2017 年根据届时的进口价格进一步调低至 1.6 元/公斤。这样,既可以弥补农民种粮的大部分成本,也基本可与进口产品竞争,还可以理顺国内外和上下游价格关系,避免刺激产量继续增加(程国强,2016)。

(2)**推进粮食储备和农产品价格的市场化改革**。尽管当前科技进步使农业旱涝保收成为可能,但农业生产的自然风险仍然客观存在,因此保障粮食安全的适当库存冗余也是必需的。库存消费比是联合国粮农组织提出的衡量粮食安全的一项指标,库存消费比=本期期末库存 / 本期消费量,其中本期期末库存=本期期初库存+本期产量−本期消费量+进出口净额。我国水稻、小麦、玉米三大主粮目前的库存消费比分别是 31%、45%和 77%,远远高于国际公认的粮食安全标准 17%～18%，而美国联邦粮食储备每年的储备量大约为500 万吨，只占粮食产量的 1%左右(胡冰川，2016)。由于我国农业的资源禀赋较差，适当提高库存消费比是必要的，但不宜太高，需要综合我国的具体情况确定科学合理的库存水平，把高企的库存降下来。在操作层面，可以首先考虑政策性储备的必要规模，超过必要规模直接转化为商业储备，将中储粮政策性储备业务专门独立出来，完全执行政策性操作，而中储粮的商业储备则按照市场化运作，在商业领域逐步通过混合所有制改造和资产证券化等方式，同时扶持储备市场多元化经营主体，形成一个充分竞争的环境，利用市场化手段进行去库存化操作。将最低收购价格从保障农民受益转变为一定程度上的保障粮食生产成本，使得最低收购价格有下调空间，通过市场机制在农业生产的资源配置中起决定作用，改变资源配置效率，提升农业生产效率，提高农业生产力水平(胡冰川，2016)。

(3)将粮食价格保护向种粮收益补贴渐进转换。作为粮食价格改革的第一步，可在国家最低收购价政策上适当微调，将现在的托市收购转向差价补贴，把国家制定的粮食最低收购价格作为目标价格，当市场粮价低于目标价格时由国家对农民按粮食出售量直接补贴差价，当市场粮价高于目标价格时还是由农民自行买卖，在此基础上，适时推出种粮补贴收益。种粮收益补贴不与具体粮食品种挂钩，任何粮食品种均获得补贴的权利，属于非特定品种补贴，可按照种植面积进行补贴，单位面积补贴标准根据改革过程中价格调低后种粮收益减少的情况确定，并随着价格地调低逐步提高补贴标准(程国强，2016)。仍以玉米为例，如果 2016 年临储价格为 1.8 元/公斤，比 2015 年降低 0.2 元/公斤，亩产按 500 公斤计算，可考虑给予 100 元/亩的种植收益补贴；如果 2017 年临储价格调低为 1.6 元/公斤，则可考虑给予 200 元/亩的种植收益补贴。从财政成本看，这样的"种粮收益补贴"也明显低于国家对粮食储藏的成本支出，以储藏 2 年期限为例，亩产 500 公斤的玉米储藏成本=0.5〔收购费 50 元/吨+做囤费 70 元/吨+保管费 92 元/(吨·年)×2 年+资金利息 2000 元/吨×5%/年×2 年〕=252 元/亩>200 元/亩。由于种粮收益补贴不与具体品种挂钩，即无论生产者种植何种粮食品种(包括杂粮杂豆)，单位面积均获得相同补贴，这有利于发挥市场机制作用，避免资源向单个品种转移，逐步优化粮食品种结构，规避 WTO 特定产品"黄箱"补贴的"微量允许"约束，充分利用我国非特定产品补贴较大的政策空间(程国强，2016)。此外，种粮收益补贴只针对法定承包地的实际种植面积，补贴到实际生产者，与土地承包权脱钩，撂荒土地不获得种植收益补贴。

8.4　引导耕地向种粮大户规模化集中

8.4.1　我国耕地利用状态及土地流转

我国人口增加导致口粮消费逐年增加，居民消费水平提高对肉食的消费增加导致饲料用粮增加，工业化和能源结构的调整导致工业用粮增加，因此我国粮食需求从整体上趋于逐年增加。而城镇化和工业化对农村土地耕地的大量占用，种植粮食的耕地面积日益减少导致我国粮食综合生产能力在实质性下降，进而对我国粮食安全带来较大隐患。表 8-7 列出了我国 1999～2015 年的耕地面积、农作物播种面积、粮食种植面积、粮食产量和谷物单产水平情况。表面上看，目前我国的耕地数量还处于上升趋势，这实际上是以牺牲耕地质量为代价的。为了守住 18 亿亩耕地红线，我国对城乡建设用地实施占补平衡，即城乡建设占用多少面积耕地就得新开发多少面积耕地进行补充，但事实上城乡建设占用的耕地大部分是水热和土壤条件较好的优质耕地，而补充的耕地大部分集中在水热条件较差的地区，且新补充耕地还有一段较长时间的熟化过程，因此占补耕地的质量总体上趋于下降。还应当指出的是，表面上看我国粮食产量与耕地数量的变动趋势基本一致，实际上我国粮食近十年连续增产是缘于粮食单产提高和风调雨顺。以谷物为例，2015 年的单产水平较1999 年提高了 25.6%，如果别除单产因素，种植面积的增加对我国粮食增产的贡献是不明显的。但是，粮食的单产增长属于 Logestic 阻滞增长，其增长空间毕竟有限。保障国家粮食安全，有赖于耕地数量的保证和质量的提高。

表 8-7　中国耕地面积变动及粮食进出口情况

年份	耕地面积/万亩	农作物播种面积/千公顷	粮食种植面积/千公顷	粮食产量/万吨	谷物单产水平/(公斤/公顷)
1999	194 463	156 373	113 161	50 838.58	4 822.4
2000	193 808	156 300	108 463	46 217.52	4 952.9
2001	192 365	155 708	106 080	45 263.67	4 944.9
2002	191 424	154 636	103 891	45 705.75	4 752.6
2003	188 894	152 415	99 410	43 069.53	4 800.3
2004	185 088	153 553	101 606	46 946.95	4 885.3
2005	183 666	155 488	104 278	48 202.19	4 872.9
2006	183 124	152 149	104 958	49 804.23	5 186.8
2007	182 664	153 464	105 638	50 160.28	5 224.6
2008	182 603	156 266	106 793	52 870.92	5 310.1
2009	182 201	158 614	108 986	53 082.08	5 319.9
2010	181 800	160 675	109 876	54 647.71	5 447.5
2011	192 200	162 283	110 573	57 120.85	5 524.4
2012	202 700	163 416	111 205	58 957.97	5 706.6
2013	202 519	164 627	111 956	60 193.84	5 823.7
2014	202 339	165 446	112 723	60 709.91	5 940.8
2015	202 500	166 374	113 343	62 143.53	6 057.9

与此同时，部分农民外出务工经商以后把土地留给留守妇女、儿童、老人，而他们通常进行粗放耕种或撂荒闲置。为了提高农村土地利用率，国家允许农村土地通过转包、转让、互换、出租等方式流转(表 8-8)，鼓励不愿意种地的农户把土地经营权有偿让与愿意获得土地的人，实现土地所有权、承包权和经营权的三权分置。大量研究表明，农地流转有助于抑制土地抛荒现象，促进规模经营和农业现代化的发展，增加农业生产利润，保护

国家粮食安全。农村土地使用权流转市场建立将使抛荒土地得到重新利用，提升单位面积的农业效益，从而进一步激发农民的生产热情。农村土地使用权流转使土地向种植能手集中，形成规模经营，生产者可以合理规划和组织生产，从而节约成本，增强市场竞争力，提高效益。但由于农业的比较收益较低，容易造成农地非农化和非粮化现象，增加国家粮食安全风险(石冬梅和佟磊，2014)。农地非农化主要是农村土地的征收，是城市建设用地增量的主要来源。农地非粮化是指农民为增加收入而将部分土地改种经济作物或用作畜禽、水产养殖。建设占用、灾害毁损、生态退耕、农业结构调整是耕地减少的主要去向，其中非农化的建设占用占比70%以上，非粮化的农业结构调整占比20%左右。据中华人民共和国农业农村部农村经济体制与经营管理司的一项抽样调查，由于土地的租金成本提高，我国农村流转的土地近一半用于经济作物种植、畜禽或水产养殖等非粮生产，部分还被用于非农化的房地产开发，尤其是工商企业下乡规模流转的土地非农化、非粮化倾向比较严重，我国平均每年增加200多万公顷非农化、非粮化经营的土地。由于土地非农化、非粮化以后往往难以恢复成耕地，因此必须引起高度重视。

表 8-8 农村土地流转的主要形式

序号	类型	基本做法	显著特征
1	转包	承包农户将承包耕地转给本集体组织其他承包户。转包后原土地承包关系不变，原承包方继续享有原土地承包合同规定的权利并履行义务。接包方按转包时约定的条件对转包方负责。承包方将土地交给他人代耕不足一年的除外(阮慧婷，2005)	土地承包权不发生变化；局限在同一集体经济组织内
2	转让	承包农户经发包方农户同意将承包期内部分或全部土地的承包经营权让渡给第三方，由第三方享受相应权利并履行相应义务。转让后原土地承包关系自行终止，原承包户承包期内的土地承包经营权部分或全部失去(绥化日报，2014.3.19)	土地承包权发生变化
3	互换	承包户之间为各自需要和便于耕种管理，对属于同一集体经济组织的承包地块进行交换，同时交换相应的土地承包经营权(崔国强，2010)	土地的承包经营权发生变化，局限在同一集体经济组织内部
4	出租	承包农户将所承包的土地全部或部分租赁给本集体经济组织以外的他人从事农业生产(崔国强，2010)	承包权不发生变化；不局限在同一集体经济组织内
5	股份合作	承包农户将土地承包经营权量化为股份，入股从事农业合作生产	土地承包经营权不发生变化；股份合作性质特征

8.4.2 耕地非农化影响我国粮食安全

农地非农化导致耕地数量减少和质量下降。建设占地、灾毁耕地、生态退耕和农业结构调减是我国耕地减少的主要原因，且以非农化的建设占地为主。由于我国工业化和城镇化还远未完成，建设占地呈刚性增长，耕地流失不可避免，耕地的减少趋势与我国人口增加趋势相互加强，使人多地少的矛盾更加突出。尽管国家近年来采取了一系列强有力的措施，耕地面积减少的趋势得到遏制，但耕地质量的下降却不容忽视。我国实行"占补平衡"和"先补后占"的耕地占补平衡政策，通过土地整理、复垦等方式补充耕地，保障耕地保有量和耕地总量动态平衡。但实际操作中，许多地方可供开发的宜耕荒地所剩无几，只好将不具备开发条件的荒地加以开垦来实现占补平衡(曲颂和夏英，

2015),但这些新开垦的土地质量往往难以达到种粮要求。农地非农化还会导致大量农民因失去土地而退出粮食生产领域。据中国社科院的一项调查显示,我国平均每年约有 300万农民失去土地,预计到 2030 年失地农民数量将增至 1.1 亿,届时我国真正种粮的劳动力将减少至 1 亿左右。种粮劳动力的减少,导致粮食生产的人工成本大幅升高,降低了农民种粮的收益。在比较利益的驱使下,种粮农民的生产积极性进一步下降,荒芜农地增加,粮食增收增产困难。

8.4.3   耕地非粮化影响我国粮食安全

由于种粮效益远远低于种植其他经济作物或搞畜禽水产养殖的效益。一些农民把原本种粮的土地改种经济效益高的经济作物或改作畜禽圈舍、水产鱼塘,发展高效生态农业、休闲农业、体验农业。农田一旦变成养鱼塘或者茶园将很难再恢复为粮田,这种情况发展下去,我国的粮食安全就无法得到有效保障(朱善利,2009)。土地非粮化对我国粮食安全的直接影响是粮食播种面积减少并影响粮食产量。据中国社会科学院金融研究所(2016)的抽样调查,农村土地流转后只有不到一半的耕地用于粮食生产,超过一半的耕地都"非粮化"了(表 8-9)

表 8-9   2013~2014 年农村土地流转用于粮食种植抽样调查(%)(中国社会科学院金融研究所,2016)

年份	河北省	陕西省	辽宁省	浙江省	四川省	湖北省	广西壮族自治区	整体
2013	27.66	45.71	51.67	48.15	29.63	31.43	47.13	42.11
2014	24.14	43.68	55.33	56.15	26.67	32.67	47.83	43.33

8.4.4   耕作粗放化影响我国粮食安全

随着工业化、城镇化和农民就业非农化的发展,农业劳动力的机会成本上升,由于种粮效益低,农民种粮积极性下降,即便是那些没有被非农化和非粮化的耕地的粮食种植利用也不够充分。农户通常会采取资本替代劳动力的投入组合,忽视对土地的培育和管理投入,有机肥的施用、绿肥的种植、秸秆还田大面积减少(刘兆征,2013),造成耕地土壤肥力供求失衡。化肥和农药大量施用又导致土壤污染、水体和植被破坏。有些农户追求短期除虫效果,甚至施用高毒、高残留农药,导致农药残留污染越来越严重。由于农业劳动力投入不足,农户减少连作、轮作的次数或面积,采取单作的耕作方式,降低耕地的复种指数,轮作、套作、间作也很少见。农村青壮劳动力非农转移后,大量耕地要么由年迈的父母或未成年子女留在农村经营,要么干脆将农地闲置。尤其在中西部劳动力转出较多的地区,90%以上农户的农地靠留在农村的老人、妇女、儿童耕种。由于这些人体力跟不上,无法干过于繁重的农活,或者因为农业上的收益不明显,他们种地的目的已不是为了发展农业,更不是想通过农业获得更多的收入,以至于一些地方无人种粮,不会科学种粮,出现了"空心村""无粮村"现象,严重影响粮食的生产能力和创新能力。正是这些原因,导致我国粮食生产格局发生明显变化。过去维持国家粮食安全的格局是"湖广熟、天下足",

而今这一格局变成了"北粮南运""外粮内运",甚至原本不适应开垦的新疆和东北平原还成了全国粮食主产区。

8.4.5 耕地流向种粮大户集约化种粮

就粮食生产而言,要保障国家粮食安全,就需要按照我国居民的粮食消费需求保障粮食产量、质量和品种结构。因此,保障国家粮食安全,一方面迫切需要加快土地流转,避免耕地抛荒,并实现粮食生产的适度规模化、专业化、现代化;另一方面又要求保证流转土地的用途和性质不变,确保粮食生产能力。从上述分析可以看出,农地留在小农户手中无法获得规模经济效益,农民粗放经营或撂荒闲置;农地流转给资本下乡的工商企业,则容易非农化和非粮化。因此,可靠的办法是把土地流转给职业化、规模化种粮大户。由于有规模化经济优势,种粮大户种粮的积极性高;由于是职业化种粮,种粮大户不会把土地用于非粮生产或非农用途;由于是企业化和市场化的运作,种粮大户会根据居民消费需求生产适销对路的粮食产品;由于有专业化的优势,种粮大户科学种粮的集约化水平高。

集约化就是在合理空间布局、优化各类农地结构的前提下,通过增加存量土地投入、改善经营管理、充分发挥农村土地使用潜力等途径,使农村土地使用效率和利用效益得到提高,并取得良好的经济效益、社会效益和生态效益。农村土地的集约化利用首先是农业生产的规模化。因为规模化是农村土地集约化利用的前提,只有集聚效应才能产生规模效益。农村土地的集约利用也表现为土地产出的高效化,既包括经济产值的最大化,也包括生活舒适、环境优美等社会效益和生态效益的最大化。土地集约化利用还包括土地利用的充分化,使农村撂荒地尽可能减少,提高耕地质量,挖掘土地使用潜力,实现粮食增产、农民增收和农业可持续发展(刘清娟,2012)。

种粮大户规模化种粮后获得规模化经济效益,在改善家庭生活水平的同时也为农业投入增加了资本积累,一方面通过有机肥的投入、绿肥的种植、土地的整理、沟渠的修建、路网的建设进行耕地的保护性投入,另一方面通过测土配方施肥、生物或物理方法除虫、机械化对劳动力的替代进行生产性投入,提高农业耕作的集约化和生态化水平。已有的研究表明,化肥的长期施用将导致土壤次生盐渍化、土壤酸化和污染等问题,而有机肥则能提高土壤肥力、改善土壤结构。中国绿肥主要有紫云英、苕子、黄花苜蓿、肥田萝卜、蚕豆、豌豆等。绿肥是氮循环的重要环节,是生物固氮的重要途径,还可以富集土壤中的磷、钾等元素,并为养殖业提供丰富的饲料来源。此外,出于节约成本和增加收益,种粮大户会去学习免耕、少耕或秸秆还田等新的土壤耕作制度。免耕即直接耕种,是指生产上不翻耕土地直接播种或者栽培作物的方法。少耕是指在常规耕作基础上减少土壤耕作次数的一类土壤耕作体系。免耕与少耕的原理基本相同,均为减少机械进地次数以争取农时和减轻对土壤结构的破坏。秸秆还田能够改善土壤理化性状、增加土壤微生物量、增强生物和多数酶的活性、提高土壤有机质积累和养分含量,是改善土壤质量的重要因素。

土地流转是种粮大户规模经营很重要的外部环境,因此各级政府需要采取措施使农村一家一户小规模低效或无效利用的土地向种粮大户集中。①完善土地流转制度。土地流转是在家庭承包制基础上产生的一种制度安排,但农地流转并不是要否定家庭承包制。只有理顺这层关系,才能促进土地的有序流转(刘清娟,2012)并在土地流转中保障农民权益。加快推进农村劳动力的非农产业转移步伐,降低农民对土地的生计和社会保障依赖性,让农民放心地转让土地经营权。②规范农村土地流转行为。土地流转双方要签订书面流转合同,规定流转期限、流转土地的用途及双方当事人的权利和义务,对合同签订、双方权利义务(邵培霖和衣世伟,2015)、纠纷处理、违约责任等进行明确规定,若在流转期内提前收回土地或是随意抬高土地转包租金,要依据合同内容提供相应的法律保障(邵培霖和衣世伟,2015),维护双方的合法权益,稳定土地流转预期,规避土地权属纠纷(郭素霞,2015)。对粮食生产经营规模大小要有一个标准,种粮大户的经营规模应坚持以单产和效益高于分散经营为原则(许靖波等,2013)。通常情况下,北方以一户种粮大户经营100亩左右的土地为宜,南方以50亩左右为宜。③创新土地流转方式。引导和鼓励农户采取转包、租赁、互换、转让、入股等多种形式流转土地承包经营权,促进土地向新型农业生产经营主体集中。针对一些农户在承包地上只进行单季粮食作物生产的情况,种粮大户可以向这部分农户承包一季作物的种植,扩大生产规模。承包农户将承包土地委托给种粮大户管理,种粮大户根据情况将流转费折算成实物支付给农户,或者将粮食全部给承包农户,再收取一定的服务费。鼓励种粮大户牵头创办土地股份合作社,普通农户自愿以所承包的土地经营权入股,合作社将入社的土地集中连片,流转给大户,让农民以土地入股,每年从收入中分红。④加强土地流转管理。赋予村集体对土地承包经营权流转的调配权,探索由农户将承包地统一向村委集中再统一流转给新型农业经营主体的模式,降低种粮大户直接向农户流转土地的交易成本。完善土地流转中介服务组织和管理机构,建立土地承包纠纷仲裁机构,开展流转供求信息、合同指导、价格协调、纠纷调解等服务,完善信息发布机制,促进土地科学高效、有序健康流转。对以圈地为目的,造成农转非、粮转非,或造成土地抛荒的,要依法制止,鼓励土地代耕。

8.5　发展农业金融保险支持大户种粮

8.5.1　农业的金融抑制及其排斥

金融是现代经济的核心,是国民经济的血液。通过金融活动可以集中大量碎片化的社会闲置资金用于国家经济建设,让资金在各经济主体之间余缺调剂促进国民经济发展。金融的本质是"为有钱人理财,为缺钱人融资"。在一般层面上,金融主要涉及商品、服务贸易向未来收益的资金转移。在更高层面上,金融则通过动员储蓄、配置资本、风险转移进行资金融通,对实体经济发展产生影响(王妍君,2016)。金融机构通过资金融通规模和融资成本的增减引导社会资金流向符合经济发展要求和经济效益好的行业,从而提高社会资金的使用效率,促进经济发展。而金融资金的有偿使用对用款单位也会形成一种外部压力,促进其精打细算提高资金使用效益。但是,"金融不是单纯的卡拉OK、自拉自唱的行业,它是为实体经济服务的,金融如果不为实体经济服务,就没有灵魂,就是毫无意义的泡沫"(黄奇帆,2012)。但长期以来,以银行为主体的传统金融对实体经济的服务并不给力。一方面是货币传导不畅,大量金融资源滞留金融领域,助推房价虚高和大宗商品投机,出现明显的流动性陷阱,导致央行实施的宽松货币政策失效,无法刺激银行放贷、企业投资和居民消费,即资金不再流入实体经济(冉芳和张红伟,2016)。另一方面是银行同质化服务导致效率低下,贷款门槛高、周期长,普遍倾向于向低风险、高利润的国有企业发放贷款或向稳定收入阶层进行消费贷款,对农业等信用等级不高、缺乏足够抵押物的弱质性产业的金融服务明显不足,结果导致主要金融资源流向房地产、钢铁、煤炭等产能严重过剩的产业,形成金融资源错配(鞠市委,2016)。

农业是国民经济的基础产业,粮食生产则是农业的支柱产业,更是"三农"工作的重心,自然应当是农村金融资源配置的主要方向。尤其在当下,随着国家不断释放农村土地政策红利,农村土地流转加速适度规模经营主体的崛起,新型农业经营主体在流转土地、农业机械、化肥农资、水利设施、土壤改良、农业设施等方面的资金投入大,而自有资金严重不足,有较强烈的融资需求(朱文胜和王德群,2014)。并且,不同于普通小农户,新型农业经营主体由于经营规模大,出现巨灾对经营主体的打击具有毁灭性,所以新型农业经营主体对农业保险服务有强烈的需求。但现实情况是这些规模化农业经营主体的金融服务需求往往得不到满足。据统计显示,截至2016年6月,全国农村贷款余额达22.26万亿元,同期农业贷款余额达6.67万亿元,占比仅为29.96%。农村地区的信贷资源主要配置到非农经营主体或非农产业。即便是有限的涉农资金,运用效率也不高。以黑龙江为例,截至2016年6月涉农贷款余额7819.9亿元,但大部分被经商或非农企业获得,真正贷给农业经营主体从事农业生产经营的还不到1/10(杨秋爽和马丽,2016)。传统金融不愿服务农业的主要原因在于我国农业普遍采取小规模经营,面临着较高的自然风险和市场风险,导致农户的信用风险较大,使得农业常常在信贷资源获取中处于弱势地位。农业异于其他产业的基本特征在于生产过程对自然力、自然条件及生命个体的依赖,容易受旱灾、洪涝、病虫害等自然风险的破坏,农业的自然灾害风险高(林乐芬和法宁,2015)。千家万户单打独斗的小农户分散经营与社会化大市场往往造成产需脱节,加之国际金融投机、期货炒作和国际大粮商操纵全球农产品市场供求信息,农产品价格大起大落;同时,由于农产品标准化、品牌化不足,某个地方某个企业某种产品出现问题往往给整个行业带来灭顶之灾,农业的经济风险也很高。在自然灾害风险和经济风险的双重威胁下,农民又缺乏有效的担保品,作为经营风险、趋利避害的金融机构在农村自然会采取多吸存少放贷的策略,不愿把更多金融资源配置到高风险的农业(李庚南,2015)。

农业的融资难问题一直是学术界关注的热门话题,专家学者提出了很多真知灼见。温涛等(2005)发现,我国长期重工业轻农业、重城市建设轻农村发展的政策取向导致"三农"工农剪刀差、城乡剪刀差,形成城市金融对农村金融的倒吸和反哺是我国"三农"金融抑制与排斥形成的根本原因。而正规金融不能满足"三农"的融资需求则是我国长期的金融抑制政策的结果(林毅夫和孙希芳,2005)。高峰(2016)认为,农业自然风险和市场风险大且信息不对称是银行惜贷的重要原因。而在大银行管理体制下信贷员难以深入了解客户,农村金融的信息不对称问题非常严重,加上农业经营主体单体融资规模小和频繁交易成本高,所以传统金融不愿意介入农业领域(陈道富,2015)。从而导致农村多元化的金融保险服务严重不足,突出表现为农业的直接融资规模偏小,农业类上市公司数量较少;农产品期货市场发育不充分,只有少数种粮大户利用期货市场进行套期保值,期货品种仅限于粮棉油糖等大宗农产品，期货交割仓库和现货市场布局不匹配，期货市场机构投资者较少，期货价格起伏较大；农业风险的保障水平低(王雨晴，2017)，适应农业一、二、三产业融合发展的全产业链保险产品不足，农业保险的大灾风险分散机制尚不健全。即使有金融资源愿意向农村进行配置，由于中国农贷存在着严重的"精英俘获"现象，导致有限的农村金融资源被农村非农精英掠走(温涛等，2016)。为缓解此类问题，冉光和和田庆刚(2016)建议通过培育农村资产流转市场、加快农村资产产权确认、强化农户贷款担保创新推动农村家庭资产金融价值转化来缓解农村金融资源的匮乏。罗浩轩(2016)提出要通过发展适度规模经营降低金融服务的交易成本。王曙光和张春霞(2014)强调要因势利导将互联网金融引入农业为农业发展补充金融资源。这些研究成果对全面把握和准确理解我国农村金融的现状、问题和成因有重要帮助，对寻找农村金融抑制与排斥的解决方案有重要启示。但这些研究成果还很碎片化，系统性和全面性不足。事实上，解决我国农村金融排斥与抑制问题是一项系统工程，既需要对局部问题的专题性深入研究，也需要对全局问题进行系统集成，但已有文献对后者的研究明显较弱。有鉴于此，需要从金融服务实体经济的本质要求出发，从农村金融的首要任务是服务农业产业发展出发，从传统金融机构服务"三农"的主要顾虑和农业经营主体融资门槛太高的现实问题出发，构建现代农业全产业链的金融服务解决方案，解决农村金融信息不对称和农业产业风险分担机制缺乏问题，消除金融机构服务农业的主要顾虑，并降低农业经营主体获得金融服务的门槛，以动员更多的金融资源服务我国农业的现代化建设。

8.5.2　粮食全产业链的资金融通

1. 全产业链的融资需求

农业最大的特点是产业链条长。以粮食产业为例，完整的产业链包括种子、农资、种植、仓储、物流、加工、销售等环节，而每个环节还可以进一步细分为多个子环节(图8-11)。我国农业最大的隐患在于产业链条断裂，生产与流通、流通与消费、生产与消费脱节。在国际大粮商加速进入我国粮食产业的背景下，我国农业仅仅着眼于生产环节增产是远远不够的，必须顺应现代农业产业化、链条化、集团化、集聚化发展趋势，整合信息流、物流等资源，改变产业节点分散、链条不完整状态，运用全产业链思维将生产、收储、物流、加工、销售各个环节整合起来，以资本为纽带进行全产业链分工协同、网络化集成和产销对接，增强我国农业在生产、加工、流通、储运、销售等环节的控制力及定价权和话语权，在保障国家粮食数量、质量、生态和产业安全的同时，拓展我国粮食产业链上各市场主体在各环节的利润空间。

现代农业是重资产行业，规模化和产业化后产业链各个业务单元都需要大量资本投入，都可以成为信息对称性强、交易金额大、交易成本低的金融产品，满足金融机构提供金融服务的资产标准的要求。在农业的产前，农业经营主体购买农资、农机、农具，开展农场信息化建设，流转土地扩大经营规模，有较大的融资需求。在农业的产中，需要通过农业保险来规避农业经营的自然风险，购买农产品期货套期保值来规避农业经营的市场风险。在农业的产后，农产品加工销售企业往往是整个产业链上的核心企业，通常会利用自身在产业链上的优势地位延期支付上游原料供应商的货款,而下游经销商的产品销售与终端客户的现金支付往往存在一定时差,也存在着较大的融资需求。在全产业链下,资金从供应商到生产商、分销商、零售商和最终消费者之间形成封闭循环,从而使贷款人发放的资金安全地用于产业链上各环节,带动农业企业、合作社、家庭农场、普通农户形成利益共同体,资金用途清晰、经营透明,有效减少对抵押物的依赖,有利于借款人资金实实在在用于农业产业发展,还款来源有保障。

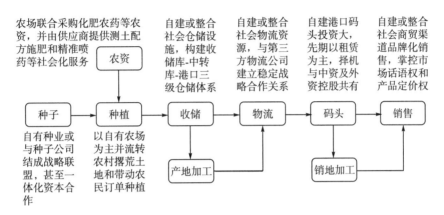

图 8-11 现代粮食产业的全产业链

2. 投贷联动的融资组合

根据农业经营主体不同的融资来源,农业融资方式可分为股权融资和债权融资两种基本形式。按照农业经营主体由小到大成长过程中对股权融资的需求,股权融资可分为内部股权融资、天使投资基金、风险投资基金、私募股权基金、产业引导基金、农业众筹融资以及首次公开募股(initial public offerings,IPO)。内部股权融资通过吸纳合伙人投资入股进行融资,由于无须支付固定的利息,农业经营主体面临相对较小的财务风险,但这种方法会稀释股权,对农业经营主体原有的管理可能会造成一定影响。当农业经营主体进入种子期后就可以吸收天使投资基金的投资,由于天使投资对农业项目的创意性有较高要求,所以一般农业经营主体很难引起天使投资的注意。进入成长期,农业经营主体的商业模式或产品基本成型,也在市场上取得了一定成绩,可以申请风险投资基金进入。不过,风险投资基金通常只对有一定技术壁垒的农业项目感兴趣。进入成熟期,农业经营主体在市场化运作方面取得一定成功(邵腾伟和吕秀梅,2017),希望通过融资上一个更高的台阶,因此可申请私募股权投资基金。由于 IPO 是各种股权投资基金退出的重要形式,所以农业经营主体一旦条件成熟往往会谋求在资本市场上市。近年来,随着互联网金融的兴起,众筹融资开始成为农业融资的新方式。众筹融资分公益众筹、奖励众筹和权益众筹,农业众筹主要是奖励众筹和权益众筹。农业奖励众筹是农业经营主体以相关农产品作为出资者(城市用户)的回报的众筹形式。城市用户提供资金按照某种价格来预订农业产品,城市消费者在农产品收获季节就可以按照约定的条件收到农产品。在项目实施过程中,农业经营者往往会采取一些措施,让种植过程透明化,让农产品全程可质量追溯。国内"大家种"以及"本来生活"与"众筹网"联合推出的尝鲜众筹上的项目基本上都采用这种形式。农业股权众筹因涉及土地产权,目前在我国尚处于试点阶段,比较典型的是"聚土地"。继"聚土地"之后,很多众筹平台都推出了类似的土地众筹项目。这类项目的基本做法是:农场开辟出专门的土地,供认购者(城市高端消费人群)前来认购耕种,农场提供种子及技术指导,土地产出的农产品由认购者自己采摘食用。通过这种方式让消费者吃到安全的食材,同时也能体会到劳动的快乐。一些农场还会为不能经常亲临农场的城市认购者提供代耕代种和农产品的采收及配送等全程服务。

农业的债权融资有银行贷款、债券融资、P2P 网贷和民间借贷。由于债券融资门槛高、民间借贷融资成本高,所以农业的债权融资主要是银行贷款,而随着互联网金融向农业领域渗透,P2P 网贷也日渐成为一种新型的农业债权融资。银行贷款可进一步分为信用贷、抵押贷、联保贷、担保贷和保险贷等形式。信用贷完全凭农业经营主体的资信状况进行无附加条件放款。由于农村的征信体系建设滞后,一般农业经营主体难以获得信用贷款,即使获得信用贷款,金额也不高,通常在 5 万元以下,难以满足规模化经营的新型农业经营主体的信贷需求。抵押贷要求农业经营主体在向银行申请贷款时必须提供充足的抵押物作为担保。担保贷是指农业经营主体委托担保公司为自己向银行贷款提供担保,当农业经营主体无法偿还银行贷款时由担保公司代为还款,担保公司则反过来要求农业经营主体提供涉农直补资金担保、土地流转收益保证等反担保措施,并向农业经营主体收取一定担保费。联保贷是指相互间并无直系亲属关系的若干农业经营主体,在自愿的基础上组成联保小组,为小组成员的贷款承担连带保证责任的贷款方式。保险贷是指农业经营主体作为投保人向保险公司购买以银行等借款机构为被保险人的保证保险,当自己无力偿还银行借款时由保险公司按保险合同约定代自己向银行还款。P2P 网贷是指农业经营者作为资金需求者通过互联网金融 P2P 平台寻找有放款能力和投资意愿并能满足其借款需求的资金供给者,资金供需双方不见面,通过互联网渠道进行材料审核、合同签订和资金划转。

农业经营主体通常不会只采取单一的股权或债权融资,而会进行股权与债权的融资组合,实现投贷联动(邵腾伟和吕秀梅,2017)。以重庆一家在新三板上市的农牧企业为例,该企业计划在西安建一个生鲜乳加工厂,以抢占西安的低温奶市场,计划投资 3300 万元。苦于资金紧张,于是该企业增发了 1000 万股的股票,该股票被几家产权投资基金以每股 2.1 元的市值购买。该企业拿到这 2100 万元后,再向银行配贷 1200 万元,从而筹足了 3300 万元。由于该项目市场前景好,该公司的股价持续增长。各产权投资基金在股价 5 元时成功退出,赚得收益 2900 万元,而银行也获得了固定的本和息,企业则抓到了商机,获得了发展,这正是投贷联动的魅力所在。至于农业经营主体何时采取股权融资,何时采取债权融资,可通过计算每股收益 $EPS = [(EBIT - I)(1 - T) - PD] / N$ 来粗略判断,其中 EBIT 为息税前利润、PD 为优先股股利、T 为税率、I 为应付利息、N 为流通在外的普通股股数。设有两种融资方案 A 和 B,当两种方案的 EPS 相等时,计算出每股收益无差别的 EBIT*(邵腾伟和吕秀梅,2017),即 $EPS_A = [(EBIT^* - I_A)(1 - T) - PD_A] / N_A = [(EBIT^* - I_B)(1 - T) - PD_B] / N_B = EPS_B$。此时,若 EBIT > EBIT*,宜采取债权方式增加融资;若 EBIT < EBIT*,采取股权方式增加融资;EBIT = EBIT*则债权和股权融资对农

业经营主体无差异。

3. 信用合作的共享金融

从目前的情况看,股权和债权融资门槛仍然很高,一般规模较小的农业经营主体如果没有有效的抵押物或可靠的担保保证,很难从传统机构获得大额融资。从全球破解农村金融抑制与排斥的经验来看,要从根本上破解一般农业经营主体融资的难题,还必须发展真正意义上的农村信用互助合作,具体的实现路径可沿着农民合作社内部信用合作和新型社区性农村合作金融组织两个方向进行,通过发展农村资金互助社和融资性担保基金实现农业经营主体间的金融资源共享。

农村资金互助社是农业经营主体作为社员自愿联合起来出资组建的金融互助组织。已经加入合作社的农业经营主体,可以在合作社内部开展信用合作。对于没有加入合作社的农业经营主体,也可以设立资金互助合作社,按照"组织封闭、对象封闭、贷款封闭"的模式吸收会员参与。但不管是哪种方式,农业经营主体向资金互助社缴纳的股本金往往都有最低和最高限额,资金只允许贷给资金互助社内部的成员,主要用于发展涉农产业,且累计贷款金额不得超过社员自己缴纳股本金额的一定倍数,贷款利息通常低于同期银行贷款基准利率。资金互助社坚持"吸股不吸存,分红不分息"的原则,入股社员的收益计算是先按社员投入资金互助社的股本金额和投入天数,计算出该成员资金互助积分;然后互助社在全年的信用合作收益中扣除相应比例的风险金,计算出该资金互助社可分配的资金互助红利金额;最后根据资金互助社可分红利总额除以社员积分总额,计算出每个积分可分配的红利金额,得出每个成员信用合作应分红利。

资金互助社主要解决的是农业经营主体的小额资金需求。调研发现,农业经营主体的资金需求通常远大于资金互助社能提供的资金规模,导致很多成员的融资需求得不到满足。农业经营主体较大规模的资金需求仍然需要求助银行等正规金融机构。为了获得银行等正规金融机构的大额融资,农业经营主体可采取合作担保的形式将合作资金作为担保金,建立合作性融资担保基金,为农业经营主体成员向银行等正规金融机构申请大额担保贷款提供担保。合作性融资担保基金的资金来源以农业经营主体为主、地方财政为辅,参加的农业经营主体每户交一定金额股本(比如3万~5万元),地方财政配套向合作担保基金注入一定资金(比如10万元),作为"风险拨备金"与农业经营主体所交的股价一起存入贷款银行。贷款银行根据各农业经营主体的信用等级,按入股金额3~5倍的杠杆比率给各农业经营主体成员设立授信额度,从而放大农业经营主体信用合作的融资规模。在合作过程中,银行也逐步从后台走向前台,主动为供应链上下游的供应链成员提供金融服务,其中以粮食银行最为典型。"粮食银行"是指粮食仓储加工企业在提供粮食仓储和收购等传统经营业务的基础上,依托自身信用基础,以种粮生产主体存粮为载体,向种粮生产主体提供延期点价收购、短期融资和存粮价格保险等一系列保值、增值服务的新型粮食经营模式。种粮生产主体缺少生产性流动资金时,可与粮食仓储加工企业签合同进行订单种植,并将在田粮食作物未来的粮食产出抵押给粮食仓储加工企业,粮食仓储加工企业以此向旗下设立的担保公司提供反担保措施,担保公司向银行担保为粮食生产主体提供土地流转、农资购买等生产性融资,种粮生产主体在粮食收割后出售给粮食仓储加工企业,扣除银行还贷后的销售收益归粮食生产主体。有的粮食银行甚至还自己设立小额贷款公司、商业保理公司、融资租赁公司，或对接 P2P 网贷平台，为粮食银行上游的粮食生产主体或下游的粮油经销商提供直接的融资服务。此外，粮食银行将粮食生产主体闲散的粮食集中起来进行存储管理，再进行期货套期保值，进一步降低了粮食生产经营的市场风险，摆脱了"谷贱伤农"困境。

随着涉农电子商务的发展，农业供应链金融逐步向涉农电商金融转型。涉农电商企业利用电商平台在农村积累的大数据，独自或与传统金融机构合作为参与电商交易的农村用户提供在线供应链金融，形成"电商+互联网金融+农户经营者"的交易闭环生态圈。涉农电商金融依托农业供应链对相关成员企业线上审批及授信，打造封闭的农业供应链体系，使资金在供应链体内封闭循环，实现了贷款资金在供应链内使用。依据电商平台搭建企业的行业不同，它可将农村电商金融分为互联网企业主导的电商金融、银行主导的电商金融和"三农"服务企业主导的电商金融三种基本类型。互联网主导的涉农电商金融的典型代表是蚂蚁小贷和京东供应链金融。银行主导的电商金融利用农产品电商平台发展农业供应链金融服务，如中信银行对接服务网等相关平台和运营商开展 B2B 电商在线融资服务。"三农"服务企业主导的电商金融是指"三农"服务企业将自己传统业务上线扩大销量的同时，与传统金融机构合作，逐步涉足农村金融服务，为自己服务的对象提供信用担保，甚至还专门成立小贷公司、信用担保公司、商业保理公司、融资租赁公司等微型金融公司向传统客户提供金融增值服务，实现流量变现，如大北农、新希望、诺普信等(表 8-10)。这类企业有完整的产业链、庞大的客户群，在向农业经营主体提供农资产品、农技服务的同时，以互联网线上即时服务工具为端口，以平台上户群的交易数据为基础建立农村征信系统，通过旗下的金融服务平台与金融结构合作为不同信用等级的农业经营主体提供土地抵押融资担保、农机分期或融资租赁、农资网络小贷、P2P 网贷、农业众筹等普惠金融，既显著提升农资企业传统业务销售效率与客户黏性，又通过通道提成、利差等多种形式增加收入来源，扶持产业链上利益相关者发展，加之有传统线下实体服务手把手教会农民网上产品购销、资金融通，可线下进一步核实客户信息，真正实现产融结合和融合，对发展农村互联网普惠金融具有特别重要的意义。

表 8-10　"三农"服务商的电商供应链金融

企业简称	"三农"服务	电商供应链金融
大北农	以猪管网的线上服务(包括养猪学院、猪场 ERP、猪价查询、猪病诊断治疗)和终端门店的线下服务为入口，从智农商城(智农通 App、智农网站)的农资(饲料、兽药、疫苗、种子)及生猪电商(线上生猪拍卖交易)获取种养殖户海量交易数据以建立种养殖户征信体系，公司通过产品销售和农信网的金融服务实现流量变现	企业向银行推荐需要融资的优质种养殖户(农银贷和农信保)、以自有资金向种养殖户小贷(农富贷)、产业链上利益相关者间 P2P 网贷(农农贷)和向种养殖户提供的互联网理财与支付(农富宝)
新希望	配合线下服务体系打造集农民技术教育(云教育)、动物保健技术服务(云动保)、猪场物联网(云养殖)、养殖综合服务(云服务)、猪场综合托管服务(云农科)以及养殖户和经销商金融服务(云金融)于一体，从育种到养殖(监控)再到流通环节全程可追溯的养殖云服务平台，从中积累养殖户的海量交易数据以建立养殖户征信体系，公司通过产品销售及互联网金融实现流量变现	企业将优质养殖户融资推荐给银行并提供担保(担保养殖)、企业以自有资金向产养殖户小贷(网络小贷)；养殖户与城市资金直接对接(P2P 网贷)、企业对平台交易主体的支付与理财(希望宝)和向养殖户提供养殖保险
诺普信	以农易网 B2B2C 平台为入口，从中积累种植农户的海量交易数据以建立种植农户征信体系，公司通过农资销售及农发贷 P2P 互联网金融实现流量变现	把农发贷平台从网上募集的资金，以 P2P 形式直接借款给从事水稻、小麦、土豆、香蕉、茶叶、苹果等主要产区的大中型优

企业简称	"三农"服务	电商供应链金融
		质种植户,满足农户在作物种植过程中的农资采购需求
康达尔	公司以合作社合担保向社员种植农户提供以土地承包/经营权及其农作物作为抵押物的丰收贷、农机融资租赁以及农业股权投资,农户所获资金用于在康达尔合作伙伴中的农资连锁店、农机服务站购买产品和服务,种植出的农产品可选择在康达尔都市农场平台销售,形成资金闭环	为产业链上下游配套企业和农户提供村镇银行、网络小贷、P2P网贷、农业融资租赁、农业股权投资等金融服务,对接种植大户在发展农业适度规模经营中的资金需求
云农场	以村站和测土配肥站为基础构建"从厂家到农户"的农资流通模式,满足农户定制化农资需求,降低农民农资采购成本,改善农村的土壤环境;以县域为基本单位,建立集农资中转、农技推广、农产品销售为一体的县级服务中心,形成农业产前、产中、产后全方位的种植业一体化农业商城	以农资交易、农技服务为入口,建立物流配送"乡间货的"、农产品交易"丰收汇"、农技在线服务"农技通",在此基础上植入农村网上支付与理财"云农宝"互联网金融
村村乐	提供乡镇动态、农业行情、农村发展、农民致富等信息,提供村庄产业发展解决方案,提供农资农技及家电下乡、农产品进城和农民就业创业资讯,搭建村间、村民间交流平台,采取O2O形式招募网络村干部在农村开展墙体广告、电影下乡、农村连锁超市、农村金融服务等增长服务	发挥网络村干部线上线下点对点的桥梁纽带作用,推出村村贷和保险理财,提供农民子女上学、就医看病、产业发展等小额信贷及重大疾病、人寿保险及投资理财等金融服务

随着农村产权交易的日趋活跃,农村产权交易成为供应链金融新的场景。传统金融机构服务"三农"总是显得力不从心,原因在于农户的抵押物不多,而信用放贷风险大。但随着农村土地承包经营权、居民房屋所有权和林权的权能抵押实现,农村抵押贷款难的问题得以缓解。尤其是通过互联网设立农村产权量化交易系统,使过去分散隔离的产权、债权、林权得以聚合起来与供需方互联互通,为互联网农村普惠金融的嵌入创造了便利条件。以湖南"土流网"和云南"林业惠农云服务"为例。土流网通过 PC 端网站和移动端 App 进行农村土地流转信息收集、供需信息发布及撮合交易精准匹配的同时,在平台上为农业经营者和土地投资者提供土地抵押贷款、土地银行及农业保险等互联网金融增值服务。以往银行不接受农民用土地承包权申请抵押贷款,原因是出现违约时银行拿到零散地块无法变现。在土流网上的农民抵押贷款则完全不同,一旦农户出现违约,银行可将零散地块委托土流网进行变现。为进一步降低风险,土流网还要求申请抵押贷款者先与保险公司签订农业保险协议。与土流网类似,云南林业惠农云服务平台在通过 PC 端网站和移动端 App 实现数字化林权信息及政府惠农政策传递的同时,为林农提供在线支付、生产资料小微信贷、个人消费信贷、林权质押担保、保险、理财等金融服务,让林农足不出户就可以一站式办理金融业务。通过该系统可以让林业资产快速进入金融资本市场,在金融杠杆的带动下提升林业资源附加值。

8.5.3　粮食生产经营的风险规避

1. 粮食生产经营的主要风险

传统金融机构不愿意服务农业,因为农业经营活动有较高的自然风险和市场风险。农业的自然风险是指农业生产经营活动容易受到干旱、洪涝、冰雪、霜冻、冰雹、泥石流、龙卷风等自然灾害、地质灾害及疫病、虫害等生物灾害的影响。我国是世界上农业自然灾害最严重的国家之一,灾害种类几乎包括了世界上所有灾害类型,干旱、暴雨、涝灾、寒潮等重大灾害频发,其中干旱和洪涝灾害最为严重。据统计,我国每年旱灾损失占各种自然灾害的15%以上,每年因旱灾减产粮食1000万吨以上。随着社会经济发展和人口膨胀,水资源短缺现象日趋严重,全国旱灾面积和受灾成灾面积呈逐年上升趋势。农业自然风险往往会导致农业减产甚至绝收,除了增加农业基础设施改变农业靠天吃饭的状况,可通过发展农业灾害保险帮助农业经营主体规避自然风险,保护农业经营主体的农业生产经营积极性。

农业市场风险是指市场环境的不确定性导致农产品的价格波动,给农业经营主体造成损失和福利减少的可能性。农业市场风险的发生缘于农产品市场发育不成熟,产销信息不对称。与农业自然风险的发生会导致社会福利的总量减少不同,农业市场风险的发生对不同的风险主体的后果往往是不同的,既存在损失的可能性,也存在获利的可能性,使农业生产经营过度刺激与抑制交替进行形成蛛网波动,农产品价格大起大落,导致“谷贱伤农,谷贵亦伤农”。比如近年来发生的“姜你军”“豆你玩”“蒜你狠”等事件,投机者炒作是赚得盆满钵满,但广大农业经营者则因为产销信息不对称而没有生产该农产品,所以市场价格再高也难以盈利。为保护农业经营主体的生产积极性,可通过发展农产品价格保险、农产品期权期货稳定农业经营主体的收入预期。

2. 规避自然风险的金融工具

农业灾害保险可以帮助农业经营主体规避自然风险。随着经营规模和资金投入的扩大,农业经营主体的风险意识逐步增强,农业灾害保险成为农业适度规模经营发展必需的金融产品。目前我国已有种植业、养殖业、林业、水产及农机和农房保险,初步构建起了农业灾害保险体系。但由于我国再保险市场发展滞后,分保能力有限,农业自然灾害风险分散或转移明显不足。加上农业生产经营风险大、信息不对称、保险赔付率高,商业保险公司开展农业灾害保险积极性低,农业灾害保险的供给严重不足,保险覆盖面窄,保额普遍较低,尤其是大田作物保额偏低问题突出,需要政府健全农业政策性保险,扩大农产品保险品种范围,特别是水稻、玉米和小麦等粮食品种应逐步实现全覆盖,提高保障水平。不过,随着互联网技术深刻运用到农业领域,运用互联网信息技术监测和收集农业天气、土壤及作物大田表现和畜禽牧场表现、自然灾害、虫害疫病等大数据,通过大数据挖掘定制化设计保险方案,可明显改善农业保险信息不对称、赔付率高等问题。在美国,孟山都旗下的 Climate 公司将保险业务平台与互联网农业数据形成有效协同,公司利用其互联网保险业务平台每天从 250 万个采集点获取天气数据,并结合大量的天气模拟、海量的植物根部构造和土质分析等信息对意外天气风险做出综合判断,以此为依据为农场主提供农业保险。在我国,农业农村部信息中心正与保险机构开展合作,拓宽农业保险服务渠道,打通村级信息服务站与保险服务站“两站合一”,实现政府、保险、银行、企业、农场“大协作”模式,探索“互联网+”农业保险发展新模式。国内首家网络保险公司——众安在线于 2013 年推出的高温险有部分的“自然灾害”保险属性,而且投保方便,理赔灵活。理赔时,投保人无须提供相关证明,保险公司会根据中央气象台的天气预报进行自动赔付。可以预期,随着互联网技术的深刻运用,大数据、云计算和保险精算的进一步融合,基于互联网保险的农业灾害保险会大量涌现并更好地服务于农业经营主体,规避自然风险。

3. 规避市场风险的金融工具

农产品价格保险是规避农业市场风险的重要金融工具。目前我国规模较大的农业保险险种主要还是以防范自然风险为目标的灾害保险。事实上，也可以设计农产品价格保险以防范农业市场风险，为农业经营主体保产量乃至保收入提供保险。所谓农产品价格保险是以第三方公允的农产品价格为标的、以既定价格或价格指数为赔付依据的一种农业保险产品，是对农业生产经营者因市场价格大幅波动，农产品实际价格低于既定价格或价格指数造成的损失给予经济赔偿的一种制度安排。农产品价格保险实施的关键是确定第三方公允的农产品价格标的。经过多年的实践，全国各地在模式农产品价格保险的价格标的方面取得了一些成功的经验。比如上海的蔬菜价格保险，由统计部门抽样调查提供市内 18 家标准化菜市场前三年蔬菜平均价格作为"保险的依据价格"，如果在保险期内平均零售价格低于"保险的依据价格"，由保险公司对参保方进行差额赔付。又如北京的生猪价格保险，以国家发改委每周发布的"猪粮比"为参照系，在保险期内平均猪粮比低于 6：1 时，视为保险事故发生，保险公司按照合同约定给予养殖户赔偿。农产品价格保险以农产品价格波动产生的损失作为存保对象，与具体的农业生产行为无关，不需要查勘被保险人的实际损失，直接以第三方发布的客观数据与保险设计的价格或价格指数直接的差额进行赔付，既确保了赔付的公正透明，又防止了道德风险和逆向选择，还能降低保险公司的经营成本。由于价格保险的购买者既可以是农业生产者，也可以是从事农产品经营的市场商户，从而大幅度扩大了农业保险保障的范围。

农产品期货也是规避农业市场风险的重要金融工具。在粮食购销市场全面市场化的新形势下，可通过农产品期货进行套期保值，通过先卖后种，发展订单农业，把千家万户的农业经营主体与千变万化的市场联结起来，解决小生产与大市场之间的矛盾，提高农业经营主体的收益。由于农业经营主体的经营规模一般都很小，单个农业经营主体的农产品产出难以达到期货市场的最低交易规模，对期货市场又不了解，而资金实力、知识储备、操作经验及抗风险能力也非常有限，难以直接参与期货市场对价格波动风险进行管理。农业经营主体通常采取"农业经营主体+合作社+期货投资者"的组织形式参与农产品期货交易，即农业经营主体先加入合作社聚合成一个具有相当产出规模的农业生产组织，然后统一委托期货投资者代表合作社进行期货交易。这里的合作社既可以是基于地理位置集中的传统意义上的线下合作社，也可以是有期货交易需求的分散农业经营主体基于互联网而聚合起来的线上合作社。最简单的形式是"期货+订单"，即期货投资者先在期货市场上卖出一笔期货合约锁定实物交割价格，然后通过合作社向农业经营主体下订单锁定实物购买价格，从而获得稳定的价差收益；而合作社及农业经营主体也获得了稳定的预期收入。合作社在与期货投资者的交往中学会操作期货后，可由合作社自己进行套期保值，即合作社在现货市场和期货市场对同一种类的农产品同时进行数量相等但方向相反的买卖活动，在买进或卖出实货的同时，在期货市场上卖出或买进同等数量的期货，经过一段时间，当价格变动使现货买卖上出现盈亏时，可由期货交易上的亏盈得到抵消或弥补。由于套期保值交纳的保证金给合作社带来了较高的资金占用成本，可考虑采取"期权+期货"的形式降低合作社进入期货市场的交易成本，合作社以支付少量的权利金为代价向期货投资者买入看跌期权，期货投资者将合作社的期权转化为期货到期货市场上去对冲风险。

8.5.4 种粮大户的金融支持建议

（1）**拓展银行涉农贷款的抵押物范围**。当前，尽管各种服务"三农"的金融创新层出不穷，但新事物的发展壮大往往需要时间。在相当长的时间内，以抵押为主的银行贷款仍然是农业融资的主渠道。以往金融机构服务"三农"总是显得力不从心，原因在于银行要求的抵押物范围太窄，基本基于信用，违约风险高、收益低，即便是开展联户担保或者能人担保，贷款风险仍然高。事实上，随着农村产权交易的发展和土地"三权"分置的实施，农村的很多东西都可以成为银行贷款的抵押物。比如对种植类农业经营主体，探索开展农机具抵押、大棚设施抵押、大额订单质押、涉农直补资金担保、土地流转收益保证贷款；对养殖类农业经营主体，探索开展养殖圈舍抵押、畜禽产品抵押、养殖补贴资金担保、水域滩涂使用权抵押贷款等。

（2）**建立农村信用互助合作监管制度**。合作性金融是基于合作社内部成员间的内生性金融，适合缺少银行贷款抵押物的小规模农业经营主体。由于合作社对借款者的资金用途、还款来源和还款意愿比较了解，能有效避免事前逆向选择和事后道德风险，只要能够遵循内部性、社员制，并依托良好的产业基础，根据社员的需要筹集资金，其风险是可控的，可有效避免非法集资行为。但调查发现，由于目前我国对资金互助合作组织的性质和地位还没有明确，信用互助合作组织的登记和监管制度缺少，农业经营主体参与信用互助合作的积极性并不高，担心随时可能被取缔。因此，国家有关部门应该尽快拿出政策意见，明确资金互助社、合作性融资担保基金等信用合作组织的登记和监管部门，既可以是银监部门登记和监管，也可以是银监部门授权农业管理部门来登记和监管，还可以是工商部门登记、银监部门和农业部门根据各自职权进行监管。

（3）**支持发展农业供应链金融的产融结合**。农业经营主体普遍缺乏抵押品和合格财务报表，而供应链金融基于产业链上的真实交易最能体现金融服务实体经济的本质，由于不需要抵押物，也大大降低了农业经营主体获得金融服务的门槛，因此应当大力发展"粮食银行"、融资租赁、结构性融资等传统线下供应链金融和涉农电商金融、农业众筹及 P2P、农村产权交易和农产品消费信托等 O2O 形式的供应链金融，及时把互联网金融的创新成果用于发展农村普惠金融。与传统金融相比，互联网金融在农村小额信贷方面可以解决很多传统金融解决不了的问题。互联网金融通过自身的快速等多重优势，可将金融服务嵌入农业产业链上的各个环节，缓解资源错配问题，改善配置效率；依托大数据和云计算等技术，引入非结构数据，挖掘潜在需求，精准配置资源，提高贷后管理的有效性，而快速放款和灵活的期限也切实降低了农业经营主体的财务成本。

（4）**支持发展多层次政策性农业保险服务**。农业保险的保障功能多，灾害保险和农产品价格保险可以分散农业经营的市场风险，而风险发生后的保险理赔对银行贷款还本付息进行托底，也有利于银行为农业增加融资服务，因此应针对种粮大户等新型农业经营主体的需要设计多层次的农业保险产品，坚持政策性农业保险的制度属性，增加各级财政支持农业保险发展的农业保险保费补贴投入。在国家给予适当支持和实现商业可持续性原则的前提下，按照种粮大户的组织属性设计多层次的农业保险产品，增加农业保险覆盖的农作物范围和畜禽、水产种类，提供更多风险保证水平档次的保险产品供各类不同的农业经营主体自由选择，扩大农业保险政策的受益主体。

(5) **支持发展农业衍生品金融交易市场**。当今世界农业的一个突出特征就是国际大粮商以农产品期权、期货等衍生金融工具对全球农产品市场的主导作用日益增强。我国农业要在全球农业竞争中占有一席之地，必须引导种粮大户等农业经营主体积极参与农产品期权期货市场，进行风险管理。由于我国农业经营主体规模偏小、金融知识缺乏，可采取"农业经营主体+合作社+机构投资者"模式让各类农业经营主体通过"干中学"稳步进入农产品期货、期权市场。要不断丰富农产品期货的品种，降低农业金融主体进入期货市场的门槛。同时，鉴于国内还没有期权的场内市场，导致机构投资者不得不在期货市场上频繁操作以冲抵场外期权的市场风险，应尽快启动期权的场内市场建设，降低投资主体参与期权的运作成本。此外，借鉴我国农业保险的发展经验，建议将农业经营主体出于管理农产品价格波动风险而购买期权的费用纳入财政支农范畴进行补贴。

8.6　发展生产性服务业支持大户种粮

8.6.1　生产性服务业与农业现代化

农业生产性服务业是指随着农业生产力和市场经济的发展，直接从事农业生产的劳动者逐渐变少，越来越多的人专门为农业生产者提供所必需的生产资料(产前)，生产过程中各种生产性的服务(产中)以及农产品的采收与加工、运输、储藏和销售服务(产后)，且提供服务的组织和个人彼此联系起来形成一个严密的服务体系(图8-12)，重点是农业市场信息服务、农资供应服务、农业绿色生产技术服务、农业废弃物资源化利用服务、农机作业及维修服务、农产品初加工服务、农产品营销服务等服务领域(臧宏，2013)。农业生产性

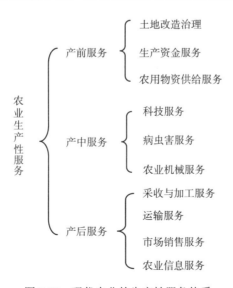

图8-12　现代农业的生产性服务体系

服务在本质上属于农业专业分工的范畴。一个农场的耕地,播种、施肥、除草、洒药,甚至收割都可以雇用专业化的商业组织和公益化的社会化组织来完成。农业内部诸多环节的专业化分工又推动了各个经济主体在分工基础上的合作,各种契约一体化及产权一体化使农业融合为一个有机整体(黎元生,2013)。

8.6.2　种粮大户的生产性服务需求

适度规模的种粮大户与全程生产性服务相结合,是我国农业现代化保障粮食安全的一个重要路径选择。现代农业发展领域由产中向产前、产后不断扩展。分工分业已是大势所趋,尤其是规模化种粮的种粮大户对农业生产性服务的需求越来越大、要求越来越高。未来的种粮大户可以只是规模化土地的提供者,生产过程中的良种研发推广或引进、优良品种选用、配方施肥、种植技术指导和服务、病虫害综合防治、农业信息发布、农资农具供给等工序都由农业龙头企业、农资公司、农业科技开发公司、粮食加工企业、流通企业等专业的组织提供(房瑞景等,2016),很少亲自进行全部环节的具体劳动。在江苏姜堰区调查发现,当地为了更好地为种粮大户提供粮食质量服务,前移质监关口,在粮食品种选育、改进种植方法、科学使用农药等方面为种粮大户科学种田提供质量依据,指导种粮大户调优种植品种,为广大消费者提供优质、安全口粮,同时也有助于种粮大户拓展粮食销售渠道,实现优质优价,提高经济效益。该地着重开展了以下工作:一是召开种粮大户专题座谈会,倾听他们的诉求,为精准服务提供第一手资料;二是根据种粮大户的需求,在服务对象、服务内容等方面制定具体实施方案;三是在夏粮收获期间深入田间,了解种粮大户的粮食品质,并根据种植面积和种植品种科学扦取有代表性的样品;四是及时开展粮食的质量检测,为种粮大户的粮食生产、销售提供质量依据,实现优质优价、增产增收。

四川省绵阳市努力探索建立农机"一站式"服务中心为种粮大户提供农资销售、农机推广、培训、维修、检测、报废、更新、拆解等一条龙服务。由于当地收割市场不规范,收割机手"挑肥拣瘦"和哄抬价格的事情时有发生,种粮大户对农机社会化服务的需求十分强烈。但是如果种粮大户自购所有农机,不仅费用高,还要支付农机手工资、油费、修理费、折旧费等,运行成本也很高。但如果种粮大户自己去联系农机进行讨价还价,费时又费力。服务中心了解到这种情况后,向种粮大户收集了收割需求,然后把来自浙江、重庆等地的各类收割机、拖拉机、旋耕机190余台整合集中,按需求、片区进行分配,集中收割,服务价格也通过事先测算为1200元/公顷,并在向种粮大户服务前公示。对农机手而言,看似每亩收割价格比以往的1800元/公顷低,但连续十多天集中连片收割提高了收割效率,收入反而比在其他地方"打游击"还高。借助于生产性服务,种粮大户也得了实惠,从种到收他们都可以外包,自己当"跷脚老板"。

8.6.3　种粮大户的生产性服务供给

种粮大户围绕粮食生产各环节为周边兼业农户提供生产性服务,能够将分散的土地经营主体通过多样化、规模化、全方位的服务联结起来,从而跨越了地块和家庭的界限,既可以把一家一户办不了、办不好的事情办好,又可以有效地解决耕地闲置、经营粗放等问题，客观上形成了土地和机械成片作业的规模效益。农户兼业经营是一定土地规模约束下家庭内的分工组织形式，家庭成员同时从事农业与非农业生产经营，以获得成员个体的专业化与家庭整体的专业多样化的收益。世界各国工业化过程中农业发展均出现了不同程度的兼业化经营。尽管理论上对农户兼业经营的效率评价有分歧，但它却是充分利用农业剩余劳动力和增加农民收入的重要方式。重要的是，农业生产要适应农户兼业经营的长期趋势，依靠农业生产的社会化服务弥补其效率损失。对于那些在非农忙季节举家外出打工的兼业农户，必然对农田管理有需求，对兼业农户而言，对区域内种粮大户提供的生产性服务的依赖将会增强，从而为种粮大户开展生产性服务、拓展收入来源创造了条件。换句话说，随着种粮大户的专业化和普通农户的兼业化经营程度的提高，农业生产性服务程度也将同步提高，从产前的种子、化肥、农药、技术等要素投入，产中的施肥、田间管理到产后的收割、销售、储存、加工、转化、流通等各环节都要求有诸如种粮大户等农业生产性服务组织来满足兼业农户对农业生产性服务的需要。这样，依靠农业生产性服务，既弥补兼业户生产的效率损失，又能与种粮大户协调分工，形成少量种粮大户的适度规模生产与大量的分散兼业农户的小规模生产的格局。当前一些地方正在探索推广既不改变农户承包关系，又保证地有人种的"土地托管""代耕代种""联耕联种""农业共营制"等全托管、半托管的服务模式，鼓励种粮大户等新型农业经营主体开展全程托管或主要生产环节托管，实现统一耕作、规模化生产。按照这种"种粮大户的规模化生产与产业化经营、兼业农户的小生产与社会化经营"的思路发展粮食产业，有望带动种粮大户与兼业农户走上致富道路。

8.6.4 种粮大户的生产性服务模式

(1)**通过土地流转利用种粮大户周边农村闲散土地**。随着工业化和城镇化对农村优质劳动力的大量吸纳，农业副业化、农民老龄化和农村空心化问题日益显现，一些地方甚至出现土地撂荒现象。种粮大户粮食生产能力水平高，经营体制机制呈现出"新型"和"现代"的特征，特别是在农业良种良法推广应用、农业机械化水平和产业化经营能力等方面始终走在前列，代表着现代农业的未来发展方向。种粮大户既可以做给周边农户看，也可以带着周边农户干，在农业现代化中发挥着重要的辐射引领和示范带动作用(王守聪，2015)。在我国经营自家承包地的普通农户仍占大多数的状况下，按照中共中央办公厅、国务院办公厅《关于引导农村土地经营权有序流转发展农业适度规模经营的意见》，种粮大户通过转包、转让、入股、合作、租赁、互换和窗口展示、科技服务、跨区作业、土地托管、代工代销、投资入股等方式着力做大做强农业生产性服务，示范带动周边兼业农户发展。由于种粮大户流转农民不愿耕种的土地不会造成非农化、非粮化，因而可以严防死守国家 18 亿亩耕地红线，提高粮食综合生产能力和产业化经营水平，增强国家粮食安全的掌控能力(王守聪，2014)。

(2)**以农资团购为入口搭建农资服务云平台**。农资包括种子、秧苗、化肥、农药、薄膜、饲料、兽药等，是农业生产的主要投入品。农资流通环节多导致农业经营主体购买农资的成本高，农资供应链信息不对称导致农资的产品质量问题多，农资供应商重产品推销、轻技术服务导致我国农业的现代化技术应用不足、农业技术推广效果不佳,这是当前我国各类农业经营主体在农资问题上的主要"痛点"。互联网最大的优势在于互联互通和信息对称,在缩减农资流通环节、简化农业技术服务流程、降低农资交易费用和农业技术推广成本等方面有突出的优势。种粮大户以自己的规模化农资采购为基础,搭建一个线上线下相结合、为农业经营主体提供农资产品及配套农业技术服务的云平台既必要又前景光明,可为周边广大普通兼业农户提供优质农资购销及配套农技服务解决方案,解决我国农资交易成本高、质量风险大、配套技术服务缺失等突出问题。

(3)**开展农机跨区作业提高农业机械化水平**。随着科技进步,我国农业的机械化水平正在快速提高,无论是平原大田农业还是丘陵山地作业,从耕整、播种、插秧、施肥、打药、收割、烘干到秸秆处理都可以实现机械化。当前我国农业适度规模经营加快发展,而农村劳动力又不断减少,人力成本快速上升,加之农业的时令性强,需要抢收抢播,各类农业经营主体的农业机械化服务需求旺盛。但普通农户一家一户的经营规模有限,机械闲置期长,农机购买成本高,资金回收期长,更新压力大。种粮大户的机械化水平高,农机动力装备充足,除了满足自身农场的需求,还可以通过建立农机4S店等形式,为周边普通农户提供机械化育插秧、机械化翻耕、机械化收割、机械化晾晒和机械化秸秆处理等农机作业服务,提高农业生产效率和农机利用率,缓解农业生产劳动力短缺的矛盾,有效推动农业现代化发展。

(4)**设立技术服务公司提供农业生产性服务**。随着农村青壮劳动力大量外出打工,各类农业经营主体对农业社会化服务的需要正逐步由单一环节服务向资金、技术、信息、金融、保险、经营管理等生产性综合服务扩展(关锐捷,2012)。种粮大户适应各类农业经营主体对生产性服务需求的增长,顺势发展专业化农业服务公司,通过农场示范点、示范片、示范场的运营模式、运营效果和运营质量的示范展示,为周边农户提供保姆式的全程代耕代种代收、节水灌溉、排灌管理、测土配方施肥、作物栽培技术、病虫害统一防治及防疫治病、农场物联网建设及农业政策、技术咨询、农产品购销信息、农资供应信息、优良品种开发信息和农业气象变化信息服务。农业服务公司采取线上线下相结合、中介服务和自营服务相结合的运营模式,为各类农业经营主体提供代耕代种代养、农机作业、农资、农技、烘干、仓储等菜单式一条龙服务。农业服务公司在开展农业生产性服务时,要与农业经营主体签订服务外包合同,明确双方权利义务、服务内容、收费标准、补贴标准,强化对服务质量的监管和评价,提高农业生产性服务的质量和实效。通过农业服务公司开展农业生产性服务,是解决我国土地碎片化、农民兼业化、生产资料市场混乱、农作物抗灾能力弱、作物病虫害和畜禽疫病严重、农产品质量安全隐患多等制约农业农村发展瓶颈问题的有益探索和实践。

(5)**领办种粮合作社开展农业生产性综合服务**。种粮大户可以牵头组织周边的农户一起建立种粮专业合作社,向合作社社员提供农业生产性服务。合作社对社员农户提供的生产性服务主要包括技术服务、信息服务和资金服务三个方面。技术方面的服务主要包括技术培训、技术指导和直接技术服务三种形式。技术培训是指合作社以培训班的形式对社员农户进行粮食种植方面的知识、技能培训,使农业经营主体的生产达到预期的效果;技术指导是指合作社派专业人员对社员农户的生产和经营进行相关的指导,并且对社员农户生产过程中出现的问题进行解答和提供对策;直接技术服务是指合作社派专业人员直接参与社员农户的生产过程,其中的技术环节直接由合作社进行现场操作。合作社的信息服务主要包括提供技术信息、价格信息、政策法律信息、生产资料供应信息、农产品销售信息和外出打工信息等。合作社在资金方面提供的服务主要包括:提供资金给社员农户购买种子、农药、化肥等生产资料;为社员农户提供生产性贷款担保;帮社员农户购买农业保险;提供信用评级证明;介绍贷款渠道;组织社员农户集体贷款等。

8.6.5 发展农业生产性服务的建议

(1)**加强政府农业部门的指导**。加快构建以国有农业技术推广机构为依托、以农村合作经济组织为纽带、以龙头企业及其他社会力量为补充,公益性服务和市场化服务相结合、专项服务和综合服务相协调的新型农业生产性服务体系。采取政府购买、定向委托、奖励补助、招投标等方式引导经营性组织参与公益性和有偿服务,满足各类种粮主体对社会化服务的需求。建立农业服务领域信用记录,纳入全国信用信息共享平台。对农业服务领域严重违法失信主体,按照有关规定实施联合惩戒。

(2)**充分发挥公益组织的作用**。基础农技推广部门要经常派出农业、土肥、植保等专业技术人员奔赴农业生产一线,与种粮大户建立联系,帮助种粮大户引进新品种和新技术,根据种粮户需要和农事季节特点,不定期到种粮大户基地进行粮食生产技术指导,或举办技术培训班,发放技术资料,为种粮大户提供高效便捷、简明直观、双向互动的服务,实现农业技术服务与广大农户"零距离"接触。开展农业科技入户工程,深入开展农业科技培训和推广服务,做到科技人员直接到户、良种良法直接到田、技术要领直接到人。用政策引导农户采用良种,提高科技成果转化率,推动其广泛应用,促进良种良法配套,真正把专家试验的产量变成农民的粮食产量。

(3)**积极培育经营性服务组织**。培育和发展农机、植保、农资、农技等中介服务组织,推进以机耕、机播、机收等机械化作业为主的农机大户和农机专业组织发展,提升粮食生产全程机械化水平,鼓励生产性服务组织为种粮大户提供承租、代管、代耕、烘干等各项服务;引导农业龙头企业、农资公司、农业科技开发公司、粮食加工企业、流通企业等经济主体与种粮大户形成良好的利益联结机制,为种粮大户提供相关服务。支持农民专业合作社和龙头企业为单个种粮大户解决难题,实现种粮大户与市场的无缝对接;鼓励引导有实力的粮食加工企业与种粮大户开展订单合作;支持工商资本下乡开展农业生产性服务。

(4)**鼓励种粮大户对外提供服务**。种粮大户在长期的规模种粮实践中积累了大量管理经验、先进技术的应用实践、生产经营相关的人脉以及长期进行固定资本投资所拥有的农业机械、仓储设施、运输设备等。鼓励种粮大户充分发挥自身丰富的资源优势来拓展经营范围,为周边农户提供农资采购、代育、代耕、代种、代管、代收、技术指导、销售、仓储等服务,示范带动周边农户一起加快我国农业现代化进程。支持种粮大户牵头领办种粮专业合作社开展生产性服务,成为生产和经营的利益共同体,组织培训、信贷、对外销售等活动,共同抵御生产风险和经营风险。

(5)**重视对种粮大户职业教育培训**。借鉴发达国家和地区的先进经验,建立种粮大户准入制度，建立种粮大户职业培训体系，保证种粮大户健康发展和国家粮食安全。种粮大户是独立的经营体，集生产、经营于一体，自然风险、经营风险于一身。按照现代农业发展的要求，以种粮大户和种养大户为主要培训目标，对种粮大户管理者和从业者开展普及性培训、职业技能培训和农民学历教育，切实提高种粮大户的生产技能和经营管理水平。建立由政府出资、面向市场、培训主体多元化的种粮大户和职业农民培训体系，全方位提升种粮大户在生产技能、经营管理、法律意识、市场观念等方面的素质，增强生产经营能力，引导种粮大户开展企业化经营，树立成本核算意识，建立健全生产、财务管理等相关规章制度。改善和提升种粮大户从业者的文化层次、知识结构和经营管理水平。

9 对 策 建 议

基于前文的论述，为确保新型种粮大户持续健康发展，遵循种粮大户做大、做强、做优的组织成长规律和动态复制的组织发展规律，围绕着制约种粮大户成长的"钱难赚、地难租、资难融、人难请、天难测、基础设施差、生产服务缺、管理水平低、政策落实难"等突出问题，本书提出以下对策建议。

9.1 科学发展种粮大户

新型种粮大户是在普通农户小生产逐渐退出的条件下兴起的新型农业大生产组织形式，有望成为保障国家粮食安全和实现农业现代化的重要力量。遵循新事物产生与旧事物灭亡的客观规律，需要积极稳妥地引导种粮大户持续健康发展。

（1）**积极发展种粮大户**。要综合运用物质激励与精神激励相结合、正面激励与负面激励相结合、中央激励与地方激励相结合的种粮激励手段，强化政府政策的支持力度，确保国家普惠性惠农政策对种粮大户全覆盖，在此基础上制定一些特殊扶持政策，对经营规模适度、技术水平较高、经营管理较好的种粮大户进行倾斜性支持，为种粮大户的健康成长营造良好的外部环境。其中，最重要的是要保护好种粮大户的种粮积极性。种粮大户作为微观市场主体，规模化粮食生产的主要目的是获取规模经济效益，实现收益最大化，因此要从增加收益的角度保护好种粮大户的种粮积极性。在国际低价粮食进口冲击、WTO"黄箱"政策约束、国内粮食生产成本刚性上涨导致国内粮食价格"天花板"与种粮成本"地板"双重压缩种粮比较效益的情况下，政府可以通过合理控制粮食进口，严厉打击粮食走私活动，减少国外低价粮进口对国内粮食价格的冲击；通过费用减免，以奖代补等形式支持种粮大户自己投资或对外合作开展种养加循环，粮改饲统筹，一、二、三产业融合发展，实施规模化、产业化、生态化、差异化、品牌化战略，增强市场竞争力；建立农资价格与粮食价格联动机制，保障农民种粮有合理的比较效益，通过税收和费用的增减把农资企业的利润控制在合理的水平，破除粮食领域的"剪刀差"；加大农业科技推广、机耕道路、灌溉沟渠、晾晒仓储等基础设施建设，增加良种补贴、农资补贴，提高农业的物质装备和机械化水平，减少农民种粮的物资及服务、人工费用，直接或间接降低种粮生产成本；引导农村无效、低效利用状态的耕地向种粮大户规模化集中，通过规模经济效应弥补粮食单产比较效益低的问题。

（2）**规范发展种粮大户**。按照中共中央办公厅、国务院办公厅《关于引导农村土地经营权有序流转发展农业适度规模经营的意见》重点扶持种粮规模相当于当地户均承包地面积 10～15 倍、务农收入相当于当地二、三产业务工收入的参考标准，结合当地农业资源禀赋、人力资源禀赋和经济社会发展状况，科学划定种粮大户认定的规模标准，建立种粮大户准入制度。明确农业部门为种粮大户的职能管理部门，掌握种粮大户的基本情况，有效监管和指导种粮大户生产与发展，为他们提供政策、信息、技术等方面的服务。县级农业部门要建立种粮大户档案台账，构建大户信息网络。要对种粮大户实行专门登记，动态管理，确保资金真正用到需要扶持的种粮大户身上。由于种粮大户的数量庞大且具有动态性，全国各地的情况差别很大，国家农业主管部门需要把扶持种粮大户发展作为一项专门政策，建立一个覆盖全国的监测网络，摸清各地情况，准确监测种粮大户的数量、结构、基本特点、迫切需要解决的问题，为各地制定具体操作办法提供依据。地方农业部门需要完善中央政策的制度配套，抓制度的落实，积极开展当地种粮大户示范户创建活动，制定种粮大户示范户的评定标准，开展种粮大户示范户评定工作，通过示范户的示范带动效应，促进种粮大户科学种粮、精细管理，提高种粮大户的市场竞争力。

(3) **健康发展种粮大户**。种粮大户作为一种顺应市场经济条件下农业经营规模化、企业化发展趋势的新型经济组织，适当的引导性政策扶持是必要的，但应尊重市场规律，坚持以市场"看不见的手"为主、政府"看得见的手"为辅，创造一个有利于农村低效利用或无效利用耕地向种粮大户集中实现帕累托改进的政策环境。土地向种粮大户规模化集中从理论上讲是十分必要的，但人多地少的国情也决定了它的局限性，只适用于那些经济发展水平较高、农村劳动力转出多、非农就业渠道多、农户种地预期收益低而机会成本高的地方，在严重存在"100 个人的地给 1 个人种后，其余 99 个人到哪里去？干什么？"问题的地方则明显"水土不服"。据有关专家预测，发挥土地作为农民的基本生活保障的作用在我国还将持续十年、甚至上百年，因此只有循序渐进才能确保种粮大户的健康发展。

9.2 改进种粮补贴政策

根据对种粮大户种粮收益的调查，绝大多数种粮大户的种粮利润主要来源于种粮补贴，如果没有种粮补贴还略有亏损。可见种粮补贴在稳定种粮大户种粮积极性方面具有重要作用，尤其在粮食价格下行压力大而生产成本刚性上涨的情况下，种粮补贴更是保护种粮大户种粮积极性的"压舱石"。因此，要维持种粮大户的发展，需要持续增加我国种粮补贴力度、幅度和效度。

(1) 在补贴力度方面，国家种粮补贴年年增长，2016 年中央财政拿出 10419 亿元用于"三农"支出，其中四项补贴占 2151 亿元，补贴金额并不算低。从绝对量看，中国农业支持总量超过发达国家水平，有潜力成为全球对农业支持力度最大的国家。但就相对数而言，中国种粮补贴金额只占 GDP 的 0.3%、占当年农业国内生产总值的 3.7%，补贴金额仍然偏低，需要进一步扩大补贴规模。在保证普通种粮农户享受正常补贴的基础上，还可以采取追加补贴的办法，充分利用 WTO "绿箱"政策加大对种粮大户的直接补贴，探索建立种粮大户规模化种粮的特惠制补贴，鼓励普通农户将细碎化的土地向种粮大户集中，促使土地集约化经营，降低粮食生产的机会成本，提高粮食生产的比较效益。此外，还可根据粮食播种面积、粮食产量出台针对种粮大户的奖励政策，如增发补贴、赠送大型农机具、设立种粮大户贷款专项基金、提供优惠信贷支持等，保护好种粮大户的种粮积极性。

(2)在补贴幅度方面,农业补贴政策的出发点是基于生产者的利益,从这个角度讲,一切有利于种粮主体增加销售收入、降低种粮成本的措施就应归属种粮补贴的政策体系。①增加收入方面,一是扶持种粮大户拓展粮食销售渠道;二是对粮食价格进行保护支持(最低收购价格、临时收储价格、目标价格补贴);三是增加种粮大户收入类种粮补贴(种粮直接补贴和农资综合直补);四是提供良种补贴增加产量;五是提供农业技术服务增加粮食产量和减少灾害损失;六是提供农业保险服务转移自然灾害风险;七是支持种粮大户发展农产品初级加工、休闲农业和乡村旅游提高粮食种植的附加值。②降低成本方面,主要是降低获得农业生产要素的成本,包括测土配方施肥减少肥料投入,降低土地租金和贷款利息,开展机械化替代人工(农业机械购置补贴),以及政府出资进行高标准农田建设、土地整治、修建沟渠和机耕道路等改善农业基础设施和提高粮食生产能力的措施。③增加规模效益方面,主要包括为种粮大户流转规模化土地提供服务,为种粮大户获得生产经营资金提供信贷支持。此外,还应为种粮大户提升土壤有机质,学习绿色稳产技术提供激励,改善粮食品质,丰富粮食品种结构。

(3)在信度方面,由于价格支持容易造成价格扭曲,所以在 WTO 规则下可通过种粮补贴降低种粮成本,以此达到同样的效果。针对一些 WTO 对我国种粮直补、良种补贴和农资综合补贴的箱体归属的争议,2016 年我国已将三项补贴整合为农业支持保护补贴,归属"绿箱"支持中不挂钩的收入支付或收入安全网措施,减小支持水平限制的压力。以此为经验借鉴,未来我国农业补贴支持总量还会大幅度增加,为了避免触碰 WTO《农业协定》支持总量的红线约束,今后新增的农业补贴宜尽量运用"绿箱"政策措施,即便是要用到"黄箱"政策措施,也应尽量把"黄箱"政策的特定产品支持转化为"黄箱"非特定产品支持。为了充分发挥种粮补贴对种粮大户的种粮激励效果,还应探索按照当年粮食实际种植面积进行补贴的办法,根据面积、产量出台针对种粮大户的奖励政策,如增发补贴、赠送大型农机具、设立种粮大户贷款专项基金,提供优惠信贷支持等,保护好种粮大户的积极性。应重点增加对种粮大户和合作社的补贴,按耕种土地面积,直接享受"四大补贴",并在信贷、科技推广、农业机械作业等方面给予重点扶持。

9.3 深化粮食价格改革

当前的国家粮食最低收购价格和托市收购价格定价使得国内粮食生产主体在价格驱动下不断增加粮食产量,忽视产品质量和粮食综合生产能力保护,使得我国农产品国内外价格倒挂的"拐点"提前到来,导致世界过剩的低价农产品向我国转移,加剧了我国农产品供求市场的矛盾。同时,以中储粮公司为主的国有粮食收储指定企业依靠国家所提供的购、销、存费用补贴和贷款等从事经营活动,存在着依靠多储粮增收的利益驱动,并形成事实上的垄断,挤压其他市场化粮食企业的发展空间,导致每年的新粮相当部分变为国家库存,市场化加工企业不得不使用国家拍卖的库存陈粮,"储新推陈"导致"稻强米弱"和"麦强面弱",降低了终端市场上粮食产品的品质,既造成国家财力和资源浪费,也不利于提高消费者生活质量。在这个过程中,中央财政用于粮食价格支持保护的费用相当一部分用于额外增加收购集并和监管、库存利息以及库存期间的降等降级等价差亏损开支，农民并未得到多少实惠，违背了国家实行最低收购价格和托市收购价格政策以增加农民种粮收益的初衷。基于低收购价格和托市收购价格政策的诸多诟病，迫切需要按照"桥归桥""路归路"的思路，将农民增收与农业增产两个目标独立开来，退出粮价的保收益功能，将其回归到"解决农民卖粮难问题"的政策初衷，通过调低乃至取消价格支持来消除其对市场的干预和扭曲影响。

作为粮食价格改革的第一步，可在国家最低收购价政策上适当微调，将现在的托市收购转向差价补贴，把国家制定的粮食最低收购价格作为目标价格，当市场粮价低于目标价格时由国家对农民按粮食出售量直接补贴差价，当市场粮价高于目标价格时还是由农民自行买卖，在此基础上，适时推出种粮收益补贴。种粮收益补贴不与具体粮食品种挂钩，任何粮食品种均获得补贴的权利，属于非特定品种补贴。可按照种植面积进行补贴，单位面积补贴标准根据改革过程中价格调低后种粮收益减少的情况确定，并随价格调低逐步提高补贴标准。由于种粮收益补贴不与具体品种挂钩，即无论生产者种植何种粮食品种(包括杂粮杂豆)，单位面积均获得相同补贴，这样有利于发挥市场机制作用，避免资源向单个品种转移，逐步优化粮食品种结构，规避 WTO 特定产品"黄箱"补贴的"微量允许"约束，充分利用我国非特定产品补贴较大的政策空间。此外，种粮收益补贴只针对法定承包地的实际种植面积，"谁种谁补"，与土地承包权脱钩，撂荒土地不获得种植收益补贴。

9.4　推进农村土地流转

拥有规模化土地是种粮大户的第一硬件，土地流转是种粮大户规模经营很重要的外部环境。在种粮比较效益低、种粮机会成本高的背景下，只有规模化种粮才有效益。各级政府应当抓住这个时机，采取措施推动农村一家一户小规模低效或无效利用的土地向种粮大户集中。当前，种粮大户"租地难"主要表现为农户惜租导致市场土地供应不足、土地细碎化难以集中连片、流转期短导致种粮大户不敢对土地进行投资、流转的合同不规范导致土地纠纷时有发生、土地流转价格太高挤占了种粮的利润空间。针对这些问题，各级政府应从以下几个方面推进农村土地流转。

(1)**完善土地流转制度**。土地流转是在家庭承包制基础上产生的一个制度安排，并不是要否定家庭承包制。只有理顺这层关系，才能促进土地的有序流转并在土地流转中保障农民权益。加快推进农村劳动力的非农产业转移步伐，降低农民对土地的生计和社会保障依赖，让农民放心地转让土地经营权。

(2)**规范农村土地流转行为**。土地流转双方要签订书面流转合同，规定流转期限、流转土地的用途及双方当事人的权利和义务，对合同签订、双方权利义务、纠纷处理、违约责任等进行明确规定，若在流转期内提前收回土地或是随意抬高土地转包租金，要依据合同内容提供相应的法律保障，维护双方的合法权益，稳定土地流转双方预期，规避土地权属纠纷。对粮食生产经营规模大小要有一个"适度"的标准，种粮大户的经营规模应坚持以单产和效益高于分散经营为原则。通常情况下，北方以一户种粮大户经营 100 亩左右的土地为宜，南方以 50 亩左右为宜。各地要具体制定种粮大户发展规划，明确种粮大户应该具备的种粮规模、土地产出率和利用率等相关条件，确保农田流转到真正想种田、会种田的大户手中，引导种粮大户健康有序发展。

（3）**创新土地流转方式**。引导和鼓励普通农户采取转包、租赁、互换、转让、入股等多种形式将细碎分散的土地向种粮大户集中连片。鼓励只进行单季粮食生产的普通农户把闲置时的土地流转给种粮大户以增加种植茬数，提高耕地的利用率。鼓励普通农户用承包经营的土地入股种粮大户进行规模化经营。

（4）**加强土地流转管理**。探索由农户将承包地统一向村委集中再统一流转给新型农业经营主体的模式，降低种粮大户直接向农户流转土地的交易成本。完善土地流转中介服务组织和管理机构，建立土地承包纠纷仲裁机构，开展流转供求信息、合同指导、价格协调、纠纷调解等服务，完善信息发布机制，促进土地科学高效、有序健康流转。农村基层组织对以圈地为目的，造成农转非、粮转非，或造成土地抛荒的土地处置行为，要及时向地方农业部门和国土部门反映，地方国土、农业部门要依法制止。

9.5 改善农业基础设施

农业生产是一个自然再生产与社会再生产相结合的过程，良好的农田基础设施建设是粮食生产的基础，可旱涝保收增加粮食产量，采用机械化耕、种、收降低生产成本，提高规模化种粮的经济效益。

没有良好的物质条件，农业就缺乏生产基础。农业基础设施建设包括土地整治、农田水利、田间道路、农电设施、通信网络、晾晒场地、仓储物流、加工厂房等。尽管近年来国家加大了对农业基础设施建设的投入力度，但由于历史欠账太多，导致水利化程度较低、排灌体系不健全、耕道不畅通、沟渠淤塞严重、用电线路老化、机械设备年久失修、仓储条件差。很多耕地旱不能浇、涝不能排。很多时候，种粮大户都要面对"要雨没雨、想浇没水，要井没井、缺水无电"的局面。由于输电能力跟不上，有的地方有井没电。一些大型喷灌设备由于无电可用，只能摆在地里成为景观。由于田间道路达不到要求，即便有农业机械，农机开不进田也只能采取人力种植，相比机械化作业，这无疑增加了种粮成本，降低了效率，同时还有人员伤害风险。由于缺少烘干设备、晒坪、仓储，粮食收获之后便只能尽快销售，通常粮贩子会抓住种粮大户这种心理而压低粮价，造成出售价格不理想。针对这些突出问题，政府应通过公共财政或 PPP 项目加大农田基础设施投入。为提高资金的利用效率，可借鉴扶贫资金和农业综合开发资金的管理经验，建立专门的监督管理机制。为调动农民对农田基础设施投入的积极性，政府可采取"以奖代补"的形式鼓励种粮大户进行农田水利设施改造，支持种粮大户进行土地整理、晒场建设、仓库建设、田间道路建设、加工设施建设。同时，由于农业基础设施覆盖面广，涉及多个部门，需要建立专门联合协作机制，共同扶持种粮大户发展。

9.6　发展农业普惠金融

种粮大户是进行规模化种粮,资金需求量远远超过了家庭的承受力,需要从外部融资。但银行等正规金融的融资条件要求苛刻,而民间借贷等非正规金融的融资成本高,因此种粮大户的融资难、融资贵问题突出。建议通过以下途径缓解种粮大户融资难、融资贵问题。

(1)**增加农村金融服务的供给**。放宽农村金融业准入政策,形成政府扶持、多方参与、市场运作的农村信用担保机制,为种粮大户提供优质、完善的贷款服务。商业银行应开拓贷款业务,简化银行和其他各类金融机构的贷款手续,满足种粮户生产的资金需求。县域分支机构应把种粮大户作为优先支持对象,每年安排一定额度的农业信贷资金,缓解种粮大户季节性、临时性的种粮资金需求,对于实力强、资信好的种粮大户给予一定的信贷授信额度,允许种粮大户以联保等形式办理贷款手续。农村信用社应把新型种粮大户作为信贷支农的重点,对不同规模的新型种粮大户提供不同额度标准的信贷支持。鼓励社会资本建立新型种粮大户生产贷款担保基金会,成立专门的农业担保公司,专门对种粮大户贷款提供担保,让种粮大户获得更多的生产性贷款。

(2)**拓展银行涉农贷款的抵押物范围**。当前,尽管各种服务"三农"的创新金融层出不穷,但新事物的发展壮大往往需要时间。在相当长的时间内,以抵押为主的银行贷款仍然是农民融资的主渠道。以往金融机构服务"三农"总是显得力不从心,原因在于银行要求的抵押物范围太窄,基本信用的贷款违约风险高、收益低,即便是开展联户担保或者能人担保,贷款风险仍然高。事实上,随着农村产权交易的发展和土地"三权"分置的实施,种粮大户的很多东西都可以成为银行贷款的抵押物,如农机具抵押、大棚设施、大额订单、涉农直补资金担保、土地承包合同、土地流转收益保证等。银行应适当延长种粮大户购买大中型农机具贷款的还贷期限。

(3)**建立农村信用互助合作监管制度**。合作性金融是基于合作社内部成员间的内生性金融,适合缺少银行贷款抵押物的小规模农业经营主体。由于合作社对借款者的资金用途、还款来源和还款意愿比较了解,能有效避免事前逆向选择和事后道德风险,只要能够遵循内部性、社员制,并依托良好的产业基础,根据社员需要筹集资金,其风险是可控的,可有效避免非法集资行为。但由于目前我国对资金互助合作组织的性质和地位还没有明确,缺少信用互助合作组织的登记和监管制度,农业经营主体参与信用互助合作的积极性并不高,担心随时可能被取缔。因此,国家有关部门应该尽快拿出政策意见,明确资金互助社、合作性融资担保基金等信用合作组织的登记和监管部门,既可以是银监部门登记和监管,也可以是银监部门授权农业管理部门来登记和监管,还可以是工商部门登记、银监部门和农业部门根据各自职权进行监管。

(4)**支持发展粮食供应链金融的产融结合**。种粮大户普遍缺乏抵押品和合格财务报表,而供应链金融基于产业链上的真实交易最能体现金融服务实体经济的本质,不需要抵押物,大大降低了种粮大户获得金融服务的门槛。还可开展"粮食银行"、融资租赁、结构性融资等传统线下供应链金融和涉农电商金融、农业众筹及P2P、农村产权交易和农产品消费信托等 O2O 形式的供应链金融。

(5) **对粮农贷款进行扶持**。一方面，减免农村金融机构的税收等；另一方面，简化贷款手续，降低粮农贷款利率，对粮农贷款进行贴息，降低粮农的贷款成本，延长农户还款期限。扩大农业保险的覆盖面，加大对农业的扶持力度。在财政层面设立专项资金，按出售粮食的数量，对新型种粮大户用于粮食生产的贷款给予贴息。

9.7　发展农业灾害保险

尽管近年来我国农业基础设施有所改善，建成了一大批旱涝保收的高产、稳产、高标准农田，但农民靠天吃饭的局面依然没有发生根本性改变，种粮大户规模化粮食生产常常面临较高的灾害风险，需要通过发展农业保险进行风险转移、分散，最大限度降低种粮大户承担的灾害风险，消除种粮大户规模化种粮的后顾之忧。但由于种粮大户的风险意识不强，加之我国农业保险发展滞后，种粮大户投保农业保险的热情不高，建议通过以下途径提高种粮大户的农业保险参与度。

(1) **向种粮大户推广农业保险**。要在种粮大户中宣传普及农业保险意识，增加种粮大户对农业保险的了解，增强种粮大户对农业保险重要性的认识，提高种粮大户的投保积极性，让更多的种粮大户参与到农业保险中来，做到"种粮有保险，风险不用愁"。完善和规范投保与理赔制度，帮助种粮大户增强抵御自然灾害的能力，分解自然灾害带来的经济负担，确保他们的收入稳定，实现"自愿投保""谁投保谁受益""花小钱保大险"，有效化解种粮大户种粮风险。

(2) **建立多层次的农业风险保障机制**。构建以政策性保险为主、商业性保险和合作性保险相结合的农业保险和再保险体系。坚持市场运作原则，推行政策性粮食生产保险，扩大对种粮大户的保险覆盖面；鼓励成立粮食互助合作保险社，通过种粮主体互助的形式来实现粮食生产保险，降低粮食风险；通过政府补贴商业保险公司的形式，鼓励商业保险公司开展针对粮食生产的业务；通过再保险方式，在更大范围内分散风险，分摊损失。

(3) **发挥政策性保险的主体作用**。农业保险的保障功能多，灾害保险和农产品价格保险可以分散农业经营的市场风险，而风险发生后的保险理赔对银行贷款还本付息进行托底，也有利于银行放心为农业增加融资服务。因此，应针对种粮大户等新型农业经营主体的需要设计多层次的农业保险产品，增加农业保险覆盖的农作物范围和品种，提供更多风险保证水平档次的保险产品供种粮大户自由选择，扩大农业保险政策的受益主体。

(4) **发挥商业性保险的积极作用**。以商业保险机构为主体，设计面向种粮大户的综合保险机制，政府通过保费补贴的杠杆作用，例如灾害保险和目标价格保险，与种粮大户共担风险。在技术操作层面，在执行过程中可对参保对象进行必要的识别，以防参保对象规模过小、数量过多使运行成本过高，最终导致保险设计失败。将传统意义上的粮食市场风险的财政托底转化为种粮大户的风险共担，发挥财政补贴的杠杆作用，一方面调动种粮大户的积极性，另一方面增强种粮大户的抗压能力，促进生产经营理性决策、审慎决策，提高微观决策主体的生产效率。

(5) **加大财政对农业保险的支持**。坚持政策性农业保险的制度属性，增加各级财政支持农业保险发展的农业保险保费补贴投入。国家财政通过采取分摊大部分保费的办法解决种粮大户买不起农业保险的问题。通过提供费用补贴和税收优惠减轻商业保险公司的费用压力，比如对专业农业保险公司免征或减征一定比例的所得税，对农村营业员减免营业税和个人所得税等，对农业保险经营主体实施税收优惠，鼓励商业保险兼营农业保险。国家财政提供再保险费补贴以及为农业保险建立巨灾风险准备基金，解决农业保险中巨灾风险难以分散的问题。通过建立政府主导下的中央农业保险风险基金，规避巨灾风险，基金来源主要以中央财政拨付的专项资金为主，兼有农村金融体系和保险公司的资金筹集等。

9.8　发展农业生产服务

农业生产性服务涉及产前、产中和产后各个生产经营环节，是农业全产业链的专业化分工与服务外包。发展农业生产性服务既有利于良种、良法技术的推广运用，也有利于缓解农业劳动力不足的压力，拉伸农业产业链。我国的农业生产性服务近几年才兴起，还需要通过以下途径加快发展，为种粮大户规模化粮食生产提供重要支撑。

(1) **加强政府农业部门对生产性服务的指导**。加快构建以国有农业技术推广机构为依托、以农村合作经济组织为纽带、以龙头企业及其他社会力量为补充，公益性服务和市场化服务相结合、专项服务和综合服务相协调的新型农业生产性服务体系。采取政府购买、定向委托、奖励补助、招投标等方式引导经营性组织参与公益性和有偿服务，满足各类种粮主体对社会化服务的需求。建立农业服务领域信用记录，纳入全国信用信息共享平台。对农业服务领域严重违法失信的主体，按照有关规定实施联合惩戒。

(2) **充分发挥公益性服务组织的作用**。基础农技推广部门要经常派出农技、土肥、植保等专业技术人员奔赴农业生产一线，与种粮大户建立联系，帮助种粮大户引进新品种和新技术，根据种粮大户需要和农事季节特点，不定期到种粮大户基地进行粮食生产技术指导，或举办技术培训班，发放技术资料，为种粮大户提供高效便捷、简明直观、双向互动的服务，实现农业技术服务与广大农户"零距离"接触。开展农业科技入户工程，深入开展农业科技培训和推广服务，做到科技人员直接到户、良种良法直接到田、技术要领直接到人。用政策引导农户应用良种，提高科技成果转化率，推动其广泛应用，促进良种良法配套，真正把专家试验的产量变成农民的粮食产量。

(3) **积极培育经营性服务组织**。培育和发展农机、植保、农资、农技等中介服务组织，推进以机耕、机播、机收等机械化作业为主的农机大户和农机专业组织发展，提升粮食生产全程机械化水平，鼓励生产性服务组织为种粮大户提供承租、代管、代耕、烘干等各项服务；引导农业龙头企业、农资公司、农业科技开发公司、粮食加工企业、流通企业等经济主体与种粮大户形成良好的利益联结机制，为种粮大户提供相关服务。支持农民专业合作社和龙头企业为单个种粮大户解决难题，实现种粮大户与市场的无缝对接；鼓励引导有实力的粮食加工企业与种粮大户开展订单合作。支持工商资本下乡开展农业生产性服务。

(4) **鼓励种粮大户对外提供生产性服务**。种粮大户在长期的规模种粮实践中积累了大量管理经验、先进技术的应用实践、生产经营相关的人脉、长期进行固定资本投资所拥有的农业机械、仓储设施、运输设备等。鼓励种粮大户充分发挥自身丰富的资源优势，拓展经营范围，为周边农户提供农资采购、代育、代耕、代种、代管、代收、技术指导、销售、仓储等服务，示范带动周边农户一起加快我国农业现代化进程。支持种粮大户牵头领办种粮专业合作社开展生产性服务，成为生产和经营的利益共同体，组织培训、信贷、对外销售等活动，共同抵御生产和经营风险。

9.9　加强种粮大户培训

新型种粮大户是规模化粮食生产经营实体，集生产与经营于一体，集自然风险与市场风险于一身。按照现代农业发展的要求加强对种粮大户管理者和从业者的职业技能培训、经营管理培训和农民学历教育，切实提高种粮大户的生产技能、经营管理水平和科学文化素质，打造一批"有学历、有技能、懂管理、善经营"的粮食生产专门人才。

(1)**职业技能培训**。通过送科技下乡、农技推广服务、农广校教育等渠道，建立健全对种粮大户的日常技能培训制度，强化生产技术、农机使用技术、病虫防治技术和植保技术等技能培训，提高粮食生产的标准化、专业化水平。以乡镇为单位，对土地经营规模超过一定数量的种粮大户开展技术培训，提高种粮大户高产、稳产、优质的种粮技术水平，使之成为技术型种田能手。

(2)**经营管理培训**。按照现代企业管理的要求，加强种粮大户的业务计划、会计核算、经营管理、法律意识、市场观念等方面的素质，树立成本核算、风险管理意识，建立健全生产、财务管理等相关规章制度，提高大户的业务计划管理、大田作业管理、质量安全管理、市场购销管理、经营风险管理及科学决策水平，按照收益最大化原则配置生产要素，优化收支结构，改进商业模式。指导和鼓励种粮大户创建品牌，开展粮食产后加工、销售，延长产业链条，提高生存管理能力。

(3)**综合素质培训**。在工业化、城镇化和城乡一体化背景下农村大量优质劳动力通过上大学、外出打工、当兵等离开农村，使城乡之间的经济"剪刀差"变成人力资源"剪刀差"，导致留守农业劳动力的综合素质总体偏低，需要通过各级农校、电大和各种农村成人教育形式对留守农民进行培训，培养一批有文化、懂技术、会经营的新型农民，使之朝着职业农民的方向发展，守住国家粮食安全的底线。

参 考 文 献

蔡恒. 2013. 农业社会化服务大有可为[J]. 群众, (11): 59-60.

曹庆穗. 2014. 江苏省发展家庭农场面临的问题与对策建议[J]. 江苏农业科学, 42(11): 464-466.

常敏. 2016. 当代大学生科学就业观及其培育路径研究[D]. 南京: 南京工业大学.

陈道富. 2015. 我国融资难融资贵的机制根源探究与应对[J]. 金融研究, (2): 45-52.

陈家骥, 杨国玉, 武小惠. 2007. 论农业大户[J]. 中国农村经济 (4): 12-17.

陈家骥. 2002. "四荒"治理开发的产业化经营[J]. 山西农经, (4): 17-22.

陈杰, 苏群. 2017. 土地流转、土地生产率与规模经营[J]. 农业技术经济, (1): 28-36.

陈洁, 罗丹. 2010. 我国种粮大户的发展: 自身行为、政策扶持与市场边界[J]. 改革, (12): 5-29.

陈洁, 罗丹. 2012. 种粮大户: 一支农业现代化建设的重要力量[J]. 求是, (3): 32-34.

陈军. 2008. 种粮大户发展现状及扶持对策——基于安徽省种粮大户调查资料分析[J]. 安徽农业大学学报(社会科学版), (4): 4-6.

陈锡文. 2015. 理性看待国内外粮价倒挂局面[J]. 农村工作通讯, (23): 54.

陈悦. 2016. 当今农业、农村环境新变化、新难题及治理对策研究——重庆案例[J]. 西部论坛, 26(3): 27-36.

程国强. 2016. 我国粮价政策改革的逻辑与思路[J]. 农业经济问题, 37(2): 4-9.

崔国强. 2010. 农户农地承包经营权流转行为及影响因素的实证研究[D]. 郑州: 河南农业大学.

邓曦泽. 2009. 家庭联产承包责任制取得成功的文化因素分析[J]. 农业经济问题, (7): 37-42, 111.

丁慧媛. 2012. 沿海地区小规模兼业农业向适度规模现代农业转化的方向与机制研究[D]. 青岛: 中国海洋大学.

董宏林, 王微. 2015. 宁夏家庭农场发展存在的问题及对策[J]. 现代农业科技, (20): 294-295+297.

董筱丹, 温铁军. 2008. 宏观经济波动与农村"治理危机"——关于改革以来"三农"与"三治"问题相关性的实证分析[J]. 管理世界, (9): 67-89.

董欣楠. 2016. 种粮大户融资行为分析[D]. 沈阳: 沈阳农业大学.

窦大海, 罗瑾琏. 2011. 创业动机的结构分析与理论模型构建[J]. 管理世界, (3): 182-183.

段凤桂. 2014. 一个种粮大户的烦恼[D]. 武汉: 华中师范大学.

段锦云, 王朋, 朱月龙. 2012. 创业动机研究: 概念结构、影响因素和理论模型[J]. 心理科学进展, 20(5): 698-704.

樊英. 2014. 职业农民培育问题研究[D]. 长沙: 湖南农业大学.

房瑞景, 杨鲜翠, 陈雨生. 2016. 我国种粮大户发展现状、问题与对策[J]. 农业经济, (11): 12-14.

付云. 2014. 互联网对农业的五大改造[J]. 经理人, (3): 17-19.

高峰. 2016. 根治融资难需要多方发力[J]. 中国工程咨询, (1): 35-35.

顾桥, 梁东, 赵伟. 2005. 创业动机理论模型的构建与分析[J]. 创新创业与创业科技进步, 22(12): 93-94.

关锐捷. 2012. 构建新型农业社会化服务体系初探[J]. 农业经济问题, 33(4): 4-10+110.

郭利京, 赵瑾. 2014. 非正式制度与农户亲环境行为——以农户秸秆处理行为为例[J]. 中国人口·资源与环境, 24(11): 69-75.

郭素霞. 2015. 阳城县种粮大户发展探索与研究[J]. 农业技术与装备, (8): 57-59.

郭亚萍. 2008. 家庭农场中新型雇佣制度探析[J]. 改革与开放, (11): 31-32.

韩长赋. 2015. 坚定不移加快转变农业发展方式——学习贯彻习近平总书记在中央经济工作会议上的重要讲话精神[J]. 求是

(2)：36-43.

韩长赋. 2016. 构建三大体系推进农业现代化——学习习近平总书记安徽小岗村重要讲话体会[J]. 休闲农业与美丽乡村, (6)：
    4-7.

郝凌峰. 2017. 有多大的力气挑多重的担子——从河北种粮大户退地现象看适度规模经营[J]. 农村工作通讯, (2)：6-8.

何嘉. 2014. 农村集体经济组织法律重构[D]. 重庆：西南政法大学.

何军, 李庆. 2014. 代际差异视角下的农民工土地流转行为研究[J]. 农业技术经济, (1)：65-72.

何志聪. 2004. 中小民营企业家创业动机及其影响因素研究[D]. 杭州：浙江大学.

贺霞. 2016. 种粮大户现状特点及发展建议[J]. 现代农业, (2)：75-76.

贺艺. 2013. 发展种粮大户促进粮食生产——专访湖南省农业厅厅长田家贵[J]. 湖南农业科学, (2)：2-7.

胡冰川. 2016. 优化生产布局加快农业供给侧改革步伐[J]. 中国农村科技, (5)：44-47.

胡小平, 朱颖. 2011. 种粮大户小麦生产成本收益情况分析——基于河南省许昌地区的实证分析[J]. 农村经济, (11)：38-40.

黄奇帆. 2012. 国际金融危机的启示和反思[J]. 西部论坛, 22(4)：1-4.

黄宗智. 2006a. 制度化了的"半工半耕"过密型农业(上)[J]. 读书, (2)：30-37.

黄宗智. 2006b. 制度化了的"半工半耕"过密型农业(下)[J]. 读书, (3)：72-80.

黄祖辉, 俞宁. 2010. 新型农业经营主体：现状、约束与发展思路——以浙江省为例的分析[J]. 中国农村经济, (10)：16-26+56.

纪赛丽. 2015. 互联网金融对小微企业融资模式的创新研究[D]. 重庆：重庆大学.

贾昌荣. 2012. 老板"独裁"有理可依[J]. 人力资源, (9)：44-46.

蒋和平, 王克军, 朱福守, 等. 2016. 粮食主产县种粮大户的困境与出路[J]. 中国发展观察, (Z1)：47-48.

矫健. 2012. 中国粮食市场调控政策研究[D]. 北京：中国农业科学院.

金琼. 2016. 楚雄市培育种粮大户存在的问题及其对策[J]. 农民致富之友, (4)：12-13.

鞠市委. 2016. 我国金融资源错配及其影响研究[J]. 技术经济与管理研究, (7)：1-8.

冷志杰. 2011. 黑龙江垦区粳稻供应链协作集成原则及支持政策研究[J]. 农业系统科学与综合研究, 27(2)：186-191.

黎元生. 2013. 论农业分工深化与产业链延伸拓展[J]. 南京理工大学学报(社会科学版), 26(3)：13-19.

李彬, 范云峰. 2011. 我国农业经济组织的演进轨迹与趋势判断[J]. 改革, (7)：88-95.

李翠芹, 白娟. 2016. 大田作物田间管理技术应用研究[J]. 中国农业信息, (7)：46-47.

李庚南. 2015. 不要让"借贷"成为银行的魔咒[J]. 金融经济, (4)：21-22.

李光, 吴林羽. 2010. 三农问题与人民公社的深度思考[J]. 湖南科技学院学报, (2)：84-86.

李继志. 2014. 新型农民专业合作社：参与主体行为、组织制度与组织绩效[D]. 长沙：湖南农业大学.

李瑞, 晁赢. 2014. 种粮大户收益影响因素与适度种植规模探讨——以湖北省枣阳市为例[J]. 农村经济, (2)：27-30.

李松. 2016. 农业新业态成长遭遇"政策困惑"[N]. 经济参考报, 2016-02-18(005).

李伟. 2012. 当前中国粮食安全形势与对策思考[J]. 中国粮食经济, (9)：4-9.

李先德, 孙致陆. 2014. 法国农业合作社发展及其对中国的启示[J]. 农业经济与管理, (2)：32-40+52.

李雪. 2016. 新经济时代企业市场营销战略新思维方向分析[J]. 经济研究导刊, (32)：103-104+107.

廖祖君, 郭晓鸣. 2015. 中国农业组织体系演变的逻辑与方向：一个产业链整合的分析框架[J]. 中国农村经济, (2)：13-21.

林建华, 肖培强, 孙明河, 等. 2013. 山东家庭农场发展状况调研[J]. 农村经营管理, (12)：22-23.

林乐芬, 法宁. 2015. 新型农业经营主体融资难的深层原因及化解路径[J]. 南京社会科学, (7)：150-156.

林毅夫, 孙希芳. 2005. 信息、非正规金融与中小企业融资[J]. 经济研究, (7)：35-44.

林毅夫. 2005a. 缩小城乡差距关键是减少农村劳动力[J]. 财经, (20)：54-54.

林毅夫. 2005b. 新农村运动与启动内需[J]. 小城镇建设, (8): 13-15.

林毅夫. 2008. 制度、技术与中国农业发展[M]. 上海: 格致出版社, 上海人民出版社.

刘海二. 2014. 手机银行可以解决农村金融难题吗——互联网金融的一个应用[J]. 财经科学, (7): 32-40.

刘剑文. 2003. 贸易自由化与中国粮食安全政策[D]. 武汉: 华中农业大学.

刘美玉. 2013. 创业动机、创业资源与创业模式: 基于新生代农民工创业的实证研究[J]. 宏观经济研究, (5): 62-70.

刘敏, 杨玉华, 黄艳. 2014. 土地"三权分离"能给农民带来什么实惠?——透视中央农地流转意见三大突破[J]. 农村·农业·农民(A版), (12): 22-23.

刘清娟, 王勇, 周慧秋. 2011. 我国粮食专业合作社发展成效与政策取向[J]. 农机化研究, 33(8): 249-252.

刘清娟. 2012. 黑龙江省种粮农户生产行为研究[D]. 哈尔滨: 东北农业大学.

刘啸东. 2016. 以投促贷完善金融资源配置[J]. 中国金融, (5): 48-49.

刘炎周, 王芳, 郭艳, 等. 2016. 农民分化、代际差异与农房抵押贷款接受度[J]. 中国农村经济, (9): 16-29.

刘远熙. 2011. 论土地流转与农民土地权益的保护[J]. 农村经济, (4): 53-56.

刘长喜. 2017. 发展种粮大户面临的问题与困难[J]. 农村·农业·农民(B版), (3): 54-55.

刘兆征. 2013. 城镇化对新农村建设的影响分析[J]. 求实, (9): 84-88.

罗浩轩. 2016. 要素禀赋结构变迁中的农业适度规模经营研究[J]. 西部论坛, 26(5): 9-19.

罗振军, 兰庆高. 2016. 种粮大户融资路径偏好与现实因应: 黑省例证[J]. 改革, (6): 100-110.

麻福芳, 徐光耀, 戴天放. 2015. 江西省种粮大户发展现状及对策研究[J]. 湖南农业科学, (1): 131-134.

马朝霞, 程鸿飞. 2016. 种粮大户刁建军的生意经——种什么要看市场省工钱得靠合作[J]. 农药市场信息, (28): 66.

马文起. 2013. 河南种粮大户面临的问题与发展对策[J]. 河北农业大学学报(农林教育版), 15(1): 97-101.

马欣. 2015. 中国农业国内支持水平及典型政策效果研究[D]. 北京: 中国农业大学.

毛晓雅. 2017. 加快将农业生产性服务业打造成战略性产业[N]. 农民日报, 2017-08-23(002).

蒙世欢. 2010. 广西种粮大户发展现状、问题及扶持培育对策[J]. 广西农学报, 25(1): 76-78.

穆月英. 2010. 关于农业补贴政策的作用和局限性的思考[J]. 理论探讨, (1): 87-91.

潘利红, 杨小霞. 2010. 马克思主义农业合作化理论在我国的实践与创新[J]. 前沿, (24): 43-45.

钱克明, 彭廷军. 2013. 关于现代农业经营主体的调研报告[J]. 农业经济问题, 34(6): 4-7+110.

瞿云明. 2014. 丽水市莲都区菜稻轮作模式推广应用现状与对策[J]. 浙江农业科学, (12): 1879-1881.

曲颂, 夏英. 2015. 基于农村土地征收视角的我国粮食安全研究[J]. 中国食物与营养, 21(6): 10-13.

冉芳, 张红伟. 2016. 我国金融与实体经济非协调发展研究——基于金融异化视角[J]. 现代经济探讨, (5): 34-38.

冉光和, 田庆刚. 2016. 农村家庭资产金融价值转化的问题及对策[J]. 农村经济, (4): 56-61.

任晓娜, 孟庆国. 2015. 工商资本进入农村土地市场的机制和问题研究——安徽省大岗村土地流转模式的调查[J]. 河南大学学报(社会科学版), 55(5): 53-60.

任晓娜. 2015. 种粮大户经营状况与困境摆脱: 五省155户证据[J]. 改革, (5): 94-101.

阮慧婷. 2005. 论实践中农村土地承包经营权的法律问题[D]. 北京: 对外经济贸易大学.

邵培霖, 衣世伟. 2015. 2014年黑龙江省种粮大户生产经营现状与对策建议[J]. 统计与咨询, (3): 4-6.

邵腾伟, 吕秀梅. 2016. 基于F2F的生鲜农产品C2B众筹预售定价[J]. 中国管理科学, 24(11): 146-151.

邵腾伟, 吕秀梅. 2016. 植入Farmigo的城乡互助农业模式优化[J]. 系统工程学报, 31(1): 24-32.

邵腾伟, 吕秀梅. 2017. 服务现代农业的金融工具选择及组合[J]. 财会月刊, (17): 86-94.

邵腾伟, 冉光和. 2010. 基于劳动力有效利用的农业产业化路径选择[J]. 系统工程理论与实践, 30(10): 1781-1789.

邵腾伟, 冉光和. 2011. 基于 POT-GPD 损失分布的农业自然灾害 VAR 估算[J]. 统计研究, 28(07): 79-83.

邵腾伟. 2011. 基于转变农业发展方式的农户联合与合作经营研究[D]. 重庆: 重庆大学.

邵腾伟. 2017. 国际大粮商的成长规律及对中国农垦的启示[J]. 湖北社会科学, (5): 76-84.

邵腾伟. 2017. 培育农垦国际大粮商研究[M], 北京: 科学出版社.

邵腾伟. 2017. 现代农业家庭经营的共享化组织创新研究[M]. 成都: 西南财经大学出版社.

石冬梅, 佟磊. 2014. 农村土地流转中的粮食安全问题研究[J]. 广东农业科学, 41(20): 207-210.

宋洪远. 2010a. 新型农业社会化服务体系建设的探索之路[J]. 中国乡村发现, (1): 6-9.

宋洪远. 2010b. 新型农业社会化服务体系建设研究[J]. 中国流通经济, 24(6): 35-38.

宋江伦. 2015. 互联网+农业, 农资行业将如何被颠覆[J]. 营销界(农资与市场), (7): 9-16.

苏振锋. 2017. 构建现代农业经营体系须处理好八大关系[J]. 经济纵横, (7): 74-80.

汤学俊. 2006. 企业可持续成长研究[D]. 南京: 南京航空航天大学.

唐耘. 2000. 农村经济大户的基本特征与发展[J]. 经济界, (6): 82-83.

童霞, 高申荣, 吴林海. 2014. 农户对农药残留的认知与农药施用行为研究——基于江苏、浙江 473 个农户的调研[J]. 农业经济问题, 35(1): 79-85+111-112.

万丽. 2016. 休闲农业旅游经营者创业动机的研究[D]. 荆州: 长江大学.

汪维. 2013. 加大新型经营主体培育力度稳定发展粮食生产[J]. 衡阳通讯, (8): 32-35.

汪晓海. 2011. 浅析土地流转破解"三农"问题[J]. 安徽农学通报(下半月刊), 17(12): 1-2+85.

王会贤. 2014. 农村土地流转中的租金形成机制[D]. 银川: 宁夏大学.

王乐君, 赵海. 2016. 日本韩国发展六次产业的启示与借鉴[J]. 农村经营管理, (7): 9-14.

王守聪. 2014. 推动农垦成为国家掌控农业产业的战略力量[J]. 中国农垦, (4): 7-10.

王守聪. 2015. 努力把农垦做强做优做大——深刻理解习近平总书记关于中国特色国有企业改革发展道路系列论述[J]. 中国农垦, (11): 7-9.

王曙光, 张春霞. 2014. 互联网金融发展的中国模式与金融创新[J]. 长白学刊, (1): 95-95.

王文涛, 肖国安. 2010. 国际化和市场化背景下稳定粮食价格的政策建议[J]. 湘潭大学学报(哲学社会科学版), 34(2): 60-65.

王文涛. 2013. 确保安全的粮食供求紧平衡研究[D]. 长沙: 湖南大学.

王雅鹏. 2000. 保护粮食生产的必要性和迫切性[J]. 科技导报, (10): 14-16+10.

王妍君. 2016. 农村金融资源配置效率研究综述[J]. 商, (4): 157-157.

王义昭, 王千六. 2014. 运用年度业务计划工具提升农垦经济发展效能[J]. 中国农垦, (3): 35-37.

王雨晴. 2017. 对互联网金融在农村发展情况的探究[J]. 时代金融, (9): 31-32.

王玉珏. 2013. 粮食直接补贴政策与农户种粮决策行为研究[D]. 南京: 南京农业大学.

王玉帅. 2008. 创业动机及其影响因素分析[D]. 南昌: 南昌大学.

王运才. 2011. 种粮大户遭遇"招工难"[N]. 新华每日电讯, 2011-10-10(008).

魏后凯, 黄秉信. 2017. 中国农村经济形势分析与预测(2016~2017)[M]. 北京: 社会科学文献出版社.

魏延安. 2015. "互联网+农业"弯道超车[J]. 江西农业, (3): 31-34.

温涛, 冉光和, 熊德平. 2005. 中国金融发展与农民收入增长[J]. 经济研究, (9): 30-43.

温涛, 朱炯, 王小华. 2016. 中国农贷的"精英俘获"机制: 贫困县与非贫困县的分层比较[J]. 经济研究, (2): 111-125.

翁贞林, 朱红根, 张月水, 等. 2010. 种稻大户稻作经营绩效及其影响因素实证分析——基于江西省 8 县(区)619 户种稻大户的调研[J]. 农业技术经济, (2): 76-83.

吴乐. 2016. 粮食直补政策与种粮大户生产决策行为研究[D]. 重庆: 西南大学.

吴晓佳. 2013. 从典型案例看现代农业经营体系构成[J]. 农村经营管理, (11): 12-13.

夏蓓, 蒋乃华. 2016. 种粮大户需要农业社会化服务吗——基于江苏省扬州地区 264 个样本农户的调查[J]. 农业技术经济, (8): 15-24.

夏明珠. 2015. 家庭农场: 优势、规模与效益实证分析(合肥个案)[J]. 山西农业大学学报(社会科学版), 14(5): 446-451.

肖端. 2015. 土地流转中的双重委托-代理模式研究——基于成都市土地股份合作社的调查[J]. 农业技术经济, (2): 33-41.

谢力. 2016. 扩大粮食规模经营的制约因素及建议——以四川省夹江县种粮大户为例[J]. 四川农业与农机, (4): 49-50.

徐勇. 2010. 农民理性的扩张: "中国奇迹"的创造主体分析——对既有理论的挑战及新的分析进展的提出[J]. 中国社会科学, (1): 103-108.

许靖波, 钟武云, 任泽民, 等. 2013. 湖南种粮大户发展现状、问题与对策[J]. 中国稻米, 19(3): 4-8.

许月明. 2006. 土地规模经营制约因素分析[J]. 农业经济问题, (9): 13-17.

杨华. 2012. 种粮大户面临的现实困境与对策——基于河南新县种粮大户柳学友的调查[J]. 农村·农业·农民(B 版), (6): 47-48.

杨秋爽, 马丽. 2016. 黑龙江省农业产业化金融支持研究[J]. 经济, (8): 115-115.

杨三军. 2011. 粮食生产基地化种粮大户扩种忙[N]. 中国信息报, 2011-06-27(03).

杨树立. 1993. 一个种粮大户的"市场观"[J]. 瞭望周刊, (30): 27.

杨唯一. 2015. 农户技术创新采纳决策行为研究[D]. 哈尔滨: 哈尔滨工业大学.

杨小凯. 1993. 企业理论的新发展[J]. 改革, (4): 59-65.

杨小磊, 李保英. 2017. 高校学生工作体系的系统构建与整体优化[J]. 系统科学学报, 25(1): 81-85.

杨亚菲. 2015. 谁说种地不赚钱种粮大户有妙招[J]. 农药市场信息, (13): 62.

杨乙丹. 2010. 组织结构演进、利益分化与传统国家农贷的目标偏离[J]. 中国农史, (2): 120-131.

姚增福. 2011. 黑龙江省种粮大户经营行为研究[D]. 咸阳: 西北农林科技大学.

叶兴庆, 秦中春, 金三林. 2015. "十三五"时期农产品价格支持政策改革总体思路[J]. 中国发展评论(中文版), (6): 35-44.

叶兴庆. 2016. "十三五"时期农产品价格支持政策改革的总体思路与建议[J]. 中国粮食经济, (1): 28-32.

尹成杰. 2014. 加快构建新型农业经营体系[J]. 中国农民合作社, (2): 6-13.

于娜. 2011. 某工程中岩石成分与其力学性质关系浅析[J]. 广州建筑, 39(4): 53-59.

余守武, 顾佳妮. 2015. 传统农业的升级发展——互联网+农业[J]. 现代经济信息, (13): 42-46.

余欣荣. 2015. 转变观念、突出重点、强化创新, 推动转变农业发展方式开好局起好步[J]. 农村工作通讯, (16): 3-5.

臧宏. 2013. 农垦宝泉岭管理局农业社会化服务研究[D]. 呼和浩特: 内蒙古农业大学.

臧云鹏. 2012. 中国农业真相[M]. 北京: 北京大学出版社.

张柏齐. 1995. 浅谈种粮大户的经营模式与经营素质[J]. 江西农业经济, (5): 36.

张春兴. 2002. 论心理学发展的困境与出路[J]. 心理科学, (5): 591-596, 640.

张峰. 2015. 中国农业产业化融资体系研究[D]. 太原: 山西财经大学.

张红宇, 李伟毅. 2014. 新型农业经营主体: 现状与发展[J]. 中国农民合作社, (10): 48-51.

张红宇. 2016. 关于深化农村改革的四个问题[J]. 农业经济问题, 37(7): 4-11.

张会萍, 胡小云, 惠怀伟. 2016. 土地流转背景下老年人生计问题研究——基于宁夏银北地区的农户调查[J]. 农业技术经济, (3): 56-67.

张江涛. 2013. 河南省种粮大户现状及发展对策研究[D]. 郑州: 河南农业大学.

张玲, 魏春晓, 曹子奕. 2017. 浅谈恩施茶产业营销所面临的问题及对策[J]. 中国商论, (27): 142-143.

张瑞红. 2011. 我国粮食直补政策的绩效、问题与对策研究[J]. 河南农业科学, 40(1): 24-28.

张淑萍. 2011. 我国粮食增产与农民增收协同的制度研究[D]. 北京: 中共中央党校.

张雪峰. 2014. 家庭农场农产品品牌营销策略研究[J]. 甘肃农业, (17): 14-16.

张燕林. 2010. 中国未来粮食安全研究[D]. 成都: 西南财经大学.

张叶. 2015. 智慧农业: "互联网+"下的新农业模式[J]. 浙江经济, (10): 15-18.

张滢. 2015. "家庭农场+合作社"的农业产业化经营新模式: 制度特性、生发机制和效益分析[J]. 农村经济, (6): 3-7.

张幼芳. 2015. 直接融资: 发展农村资本市场新引擎[J]. 江汉论坛, (4): 25-29.

张忠明, 钱文荣. 2014. 不同兼业程度下的农户土地流转意愿研究——基于浙江的调查与实证[J]. 农业经济问题, 35(3): 19-24+110.

赵丁琪. 2015. 陶夏新: 种粮补贴要补给真正种粮的人[N]. 粮油市场报, 2015-09-15(A01).

赵鲲, 刘磊. 2016. 关于完善农村土地承包经营制度发展农业适度规模经营的认识与思考[J]. 中国农村经济, (4): 12-16+69.

赵兴泉. 2006a. 浙江省种粮大户概况及其发展对策的探讨[J]. 浙江农业科学, (5): 485-488.

赵兴泉. 2006b. 浙江种粮大户步入理性发展阶段——关于种粮大户的问卷调查[J]. 浙江经济, (10): 36-38.

郑尚元. 2012. 土地上生存权之解读——农村土地承包经营权之权利性质分析[J]. 清华法学, 6(3): 80-95.

中国社会科学院金融研究所. 2016. 中国农村土地市场发展报告(2015~2016)[M]. 北京: 社会科学文献出版社.

中国社会科学院农村发展研究所课题组. 2017. 中国农业体制改革评估及相关政策建议[J]. 求索, (4): 27-34.

种昂. 2013. 第一种粮大户的"苦水"[J]. 营销界(农资与市场), (9): 55-57.

周菁华, 谢洲. 2012a. 农民创业能力及其与创业绩效的关系研究——基于重庆市366个创业农民的调查数据[J]. 农业技术经济, (5): 121-126.

周菁华, 谢洲. 2012b. 自身素质、政策激励与农民创业机理[J]. 改革, (6): 82-88.

周菁华. 2012. 转型期我国农民创业: 行为、风险与激励[D]. 重庆: 西南大学.

周晓庆. 2010. 中日韩农业社会化服务体系比较研究[J]. 世界农业, (11): 70-74.

朱俊. 2016. 新农村住宅生态环保化的发展方向和设计趋势[J]. 科学发展, (11): 65-72.

朱丽娟. 2013. 农业机械化发展的国际经验及启示[J]. 世界农业, (8): 23-25+32.

朱文胜, 王德群. 2014. 新型农业经营主体融资难[J]. 中国金融, (21): 94-94.

朱颖. 2012. 土地集中经营的有效方式探讨[J/OL]. 当代经济管理, 34(2): 29-31.

朱颖. 2012. 我国粮食生产组织形式创新研究[D]. 成都: 西南财经大学.

朱永丰. 2004. 当前我国农民收入增长面临的问题及对策[D]. 长春: 吉林大学.

Abhilash P C, Singh N. 2009. Pesticide use and application: an Indian scenario[J]. Journal of Hazardous Materials, 165(1-3): 1-12.

Ahuja R K, Magnanti T L, Orlin J B. 1993. Network flows: theory, algorithms, and applications[J]. Journal of the Operational Research Society, 45(11): 791-796.

Amit R, Muller E, Cockbum I. 1995. Opportunity costs and entrepreneurial activity[J]. Journal of Business Venturing, 10(2): 95-106.

Berry R A, Cline W R. 1979. Agrarian Structure and Productivity in Developing Countries[M]. Baltimore: The Johns Hopkins University Press: 46-55.

Bharat N A. 2006. Relationships, competition, and the structure of investment banking markets[J]. The Journal of Industrial Economics, 54(2): 151-199.

Bijman, J. 2010. Agricultural cooperatives and market orientation: a challenging combination? //Lindgreen A, Hingley M K, Harness D, et al. Market Orientation: Transforming Food and Agribusiness Around the Customer[M]. Aldershot, UK: Gower Publishing

Company.

Binswanger H P. Siller D. 1983. A risk aversion and credit constraints in farmers' decision-making; a reinterpretation[J]. Journal of Development Studies, (20): 5-21

Bottazzi G, Dosi G L. 2001. Innovation and corporate growth in the evolution of the drug industry[J]. International Journal of Industrial Organization, 2(19): 1161-1187.

Carsrud A, Brännback M. 2011. Entrepreneurial motivations: what do we still need to know? [J]. Journal of Small Business Management, 3: 540-657.

Chandler A D. 1992. What is a firm - a historical perspective[J]. European Economic Review, 36(2-3): 483-492.

Churchill C, Lewis V L. 1983. The five stages of small business growth[J]. Harv. Business Review, 61(3): 30-50.

Coase R H. 1937. The nature of the firm[J]. Economica, 4: 386-405.

Cook M L. 1995. The future of U. S. agricultural cooperatives: a neo-institutional approach American[j]. Journal of Agricultural Economics, 77: 153-159.

Deininger K, Byerlee D. 2012.The rise if large farms in land abundant countries: do they have a future? [J]. World Development, 40(4): 701-714.

Duncan R B. 1972. Characteristics of organizational environments and perceived environmental uncertainly[J]. Administrative Science Quarterly, 1972. 17(3): 313-327.

Eckhardt J T, Shane S A. 2003. Opportunities and entrepreneurship[J]. Journal of Management, 29: 333-349.

Feder G, O' Mara, Gerald T. 1981. Farm size and the adoption of green revolution technology[J]. Economic Development and Cultural Change, (30): 59-76

Feder G, Umali D L. 1993. The adoption of agricultural innovations: a review[J]. Technological Forecasting and Social Change, 43(3-4): 215-239.

Gilad E, Biger Y. 1986. Paralysis of convergence caused by mushroom poisoning[J]. American Journal of Ophthalmology, 102: 124-125.

Hellin J, Lundy M, Meijer M. 2009. Farmer organization, collective action and market access in Meso-America[J]. Food Policy, 34(1): 16-22.

Holtz-Eakin D. 1994. Public-sector capital and the productivity puzzle[J]. The Review of Economics and Statistics, 769(1): 12-21.

Jenkins P. 1988. Whose terrorists?[J]. Contemporary Crises, 12(1): 5-24.

Johnston B F, Mellor J W. The role of agriculture in economic development[J]. American Economic Review, 51(4): 566-593.

Joram E, Woodruff E, Bryson M. 1992. The effects of revising with a word processor on written composition[J]. Research in the Teaching of English, 26(2): 167-193.

Kirzner, Israel M. 1973. Competition and Entrepreneurship[M]. Chicago, IL: University of Chicago Press.

Knowler D, Bradshaw B. 2007. Farmers' adoption of conservation agriculture: a review and synthesis of recent research [J]. Food Policy, 32: 25-48.

Kuratko D, Hornsby J, Naffziger D. 1997. An examination of owner' s goals in sustaining entrepreneurship[J]. Journal of Small Business Management, 35(1): 24-33.

Levine R D. 1986. Dynamical stereochemistry of the hydrogen-exchange reaction-a computational study[J]. Int. J. Chem. Kinet., 18: 1023-1045.

Liu K E. 2003. Food demand in urban China: an empirical analysis using micro household data[D]. Ohio: The Ohio State University.

Morrison A, Wilhelm W. 2007. Investment banking: present and future[J]. Journal of Applied Corporate Finance, 19(1): 42-54.

Morrison A, Wilhelm W. 2008. The demise of investment banking partnershiips: theory and evidence[J]. Journal of Finance, 63(1): 311-350.

Orhan M, Scott D. 2001. Why women enter entrepreneurship: an explanatory model[J]. Women in Management Review, 16 (5): 232-243.

Pearce D W. 1992. The Macmillan Dictionary of Modern Economics[M]. Fourth Edition. London: Macmillan.

Penrose, Tilton E. 1965. Foreign investment and the growth of the firm[J]. Economic Journal, 66(262): 220-235.

Phlips J. 1988. Whose terrorists?[J]. Contemporary Crises, 12(1): 5-24.

Rahm M R, Huffman W E. 1984. The adoption of reduced tillage: the role of human capital and other variables[J]. American Journal of Agricultural Economics, 66: 405-413.

Ranis G, Fei J C H. 1961. A theory of economic development[J]. American Economic Review, 51(4): 533-565.

Richard K L, Jebbufer A C, Caneel K J. 2007. Innovation in services: corporate culture and investment banking[J]. California Management Review, 50(1): 174-191.

Rindova V, Barry D, Ketchen D J. 2009. Entrepreneuring as emancipation[J]. Acad. Manage. Rev., 34(3): 477-491.

Roger R. 2001. Searching for entrepreneurship[J]. Industrial & Commercial Training, 15(3): 78-89.

Rustam R. 2010. Effect of integrated pest management farmer field school of farmer's knowledge, farmers groups' ability, process of adoption and diffusion of IPM in Jember district[J]. Journal of Agricultural Extension and Rural Development, 2(2): 29-35.

Saha A, Love H A, Schwar R. 1994. Adoption of emerging technologies under output uncertainty[J]. American Joural of Agricultural Economics (76): 836-848.

Samuelson, P A. 2004. Where Ricardo and Mill Rebut and confirm arguments of mainstream economists supporting globalization[J]. Journal of Economic Perspectives, 8(1): 3-22.

Scott C A. 1976. The effects of trial and incentives on repeat purchase behavior[J]. Journal of Marketing Research, 13(3): 263-269.

Shiferaw B, Holden S T. 1998. Resource degradation and adoption of land conservation technologies in the Ethioplan Highlands: a case study in Andi Tid, North Shewa[J]. Agricultural Economy, (18): 233-247

Solow R M. 1957. Technical change and the aggregate production function[J]. Review of Economics & Statistics, 39(3): 554-562.

Solvay J, Sanglier M. 1998. A model of the growth of corporate business review productivity[J]. International Business Review, 4(7): 463-481.

Stauffer J. 1998. The water crisis-constructing solutions to freshwater pollution[J]. London: Earth Scan Publications Ltd.

Stigler G J. 1983. Industrial Organization[M]. Chicago: University of Chicago Press.

Tatlidil F F, Boz I, Tatlidil H. 2009. Farmers' perception of sustainable agriculture and its determinants: a case study in Kahramanmaras province of Turkey[J]. Environment, Development and Sustainability, 11(6): 1091-1106

Tesfaye T, Adugna L. 2004. Factors affecting entry intensity in informal rental land markets in the southern ethiopian highland[J]. Agricultural Economics, (30): 117-128.

Vroom R J. 1964. Changes in kidney function after aorta ography with diodone[J]. Ned Tijdschr Geneeskd, 108: 1288-1289.

Wickstrøm E, Barbo S E, Dreyfus J F, et al. 1983. A comparative study of zopiclone and flunitrazepam in insomniacs seen by general practitioners[J]. Pharmacology, 27(S2): 165-172.

Yee J, Ferguson W. 1996. Sample selection model assessing professional scouting programs and pesticide use in cotton production[J]. Agribusiness, 3(12): 291-300.